2020 年湖北省社科基金一般项目（后期资助项目）

" 元代司法程序研究 "

（立项号 :2020079)

元代
司法程序研究

韩清友◎著

江西人民出版社
Jiangxi People's Publishing House
全国百佳出版社

图书在版编目(CIP)数据

元代司法程序研究／韩清友著. -- 南昌：江西人
民出版社，2021.11
ISBN 978-7-210-12818-2

Ⅰ．①元… Ⅱ．①韩… Ⅲ．①司法制度-研究-中国
-元代 Ⅳ．①D929.47

中国版本图书馆 CIP 数据核字（2021）第 248129 号

元代司法程序研究
YUANDAI SIFA CHENGXU YANJIU

韩清友　著

责 任 编 辑:陈　茜
装 帧 设 计:上尚设计

江西人民出版社
Jiangxi People's Publishing House
全 国 百 佳 出 版 社　出版发行

地　　　址:江西省南昌市三经路 47 号附 1 号（330006）
网　　　址:www.jxpph.com
电 子 信 箱:jxpph@tom.com
编辑部电话:0791-88677352
发行部电话:0791-86898815
承　印　厂:北京虎彩文化传播有限公司
经　　　销:各地新华书店

开　　　本:720 毫米×1000 毫米　1/16
印　　　张:22.5
字　　　数:358 千字
版　　　次:2021 年 11 月第 1 版
印　　　次:2021 年 11 月第 1 次印刷
书　　　号:ISBN 978-7-210-12818-2
定　　　价:68.00 元
赣版权登字-01-2021-759

序

　　韩清友博士的论著《元代司法程序研究》即将出版,元代法制史领域终于出现了一本近年来罕见的学术专著,对于该领域的学术贡献当然不可低估,真是可喜可贺!这部学术专著是以他的博士论文为基础,进一步修改和完善而成,作为他的博士研究生的导师,本人见证以及参与了该论著从酝酿到写作、修改、博士论文答辩以及毕业后进一步完善的过程,可谓感慨良多!

　　韩清友2015年考入武汉大学历史学院,成为我指导下的元史方向的博士研究生。他硕士学习的是世界史,几乎没有任何中国古代史特别是元史方面的学业基础,他年龄偏大,已经过了体力和智力最好的年龄,因此,当时招他进来,我本人和学院同事都认为他以后的学习和毕业会比较困难。不过,他入学以后的表现,逐步让我打消了这个看法。该同学非常勤奋,几乎把所有时间用于上课和阅读,据说学校图书馆专为研究生和教师开设的一个小空间,由于他每日必到,成为他"独有"的学习空间。他以前自学过法律,博士期间通过了国家司法考试,因此,元代法制史成为我和他都认可的博士论文选题。可喜的是,他在博士期间发表学术论文三篇,其中一篇被人大复印报刊资料《法理学　法史学》全文转载,达到了武汉大学博士研究生的毕业要求。此后他顺利完成博士论文的写作,于2019年6月顺利通过博士论文答辩,其论文取得较好的学术评价。毕业以后,他在教学科研的间隙认真修改和完善博士论文。现在,我看到已经杀青的书稿,感到非常高兴,既为清友的努力终于有了结果而高兴,也为长期以来相对冷清的元代法制史研究领域有了如此分量的学术专著而欣慰。

　　法律是人类社会最重要的行为规范,古代和今天的国家和社会都不可能离开法律。而法制简单地说就是依法治国,其中包括法律条文(法典)、司法程序、司法机构和设施等部分,这一点古今一致。法制作为国家政权的重要组成部分,其目的当然是维护国家稳定和社会发展,也可以说是维护以现行政权为主的社会秩序。由于古今社会不同,中国现代社会的法制与古代的法制相去甚远。现代法制最根本的原则是自由、平等和人权,司法治理的最终追求是司法公正。中国古代法制则是在汉代"独尊儒术"以后礼法合流,传统儒学提倡的社会伦理和有等级的社会秩序是其法制思想的内核。这种差别并不是说古今法制有优劣之分,法制是为社会的和谐稳定和发展服务的,不同的法制,当然是和不同时期的社会需求相适应。

我这里要强调的是两个问题:第一,法制史的研究要结合特定时间、地点的特定历史环境。元王朝是蒙古统治的统一多民族政权,蒙古族在部族时期和成吉思汗建立大蒙古国以后,颁布过一系列的法律,称为"大扎撒",元世祖忽必烈建元以后,元朝境内民族、文化、语言的多样性,对法制提出了比以往单一中原王朝更复杂的要求。准确地说,"元朝的刑法体系,始终没有成为一个统一的完整的有机体,而是包括了蒙古法、汉法以及部分回回法在内的多元素联合体。不同性质的刑事立法,有各自不同的施行对象,同时也在不同程度上相互渗透和影响"①。不过,就元代法律的主体部分来看,元朝通过立法活动和司法实践,将适用于中国大部分汉族地区的中国传统法律进行了完善,建立了以诏令、条格和判例为主的法律体系。这个体系为基础的元代司法,涵盖了当时中国范围内绝大部分的司法实践活动,是元朝中国法制史研究的主要内容。韩清友《元代司法程序研究》的研究内容符合上述定位,重点对于元代特定历史条件下司法程序的内容、运行特征以及元代司法程序在整个司法实践中的影响与作用进行考察,这种考察继承了陈高华等学者的研究成果,将元代司法程序的研究推进到一个新的阶段,这一点是肯定的。

第二,法制史的研究要有"法律意识"。尽管古今法制有很大的区别,但古今法律都是重要的社会行为规范,都有强制性;法律在制定和实施的过程中涉及的司法文书、司法程序、司法检验、司法侦察、司法审判等问题都具有某些相

---

① 姚大力:《论元朝刑法体系的形成》,《蒙元制度与政治文化》,北京大学出版社2011年版,第280页。

同的特征,因此,法制史研究仍然需要通过将"法律意识"转换成问题意识,然后通过历史学的研究范式,对于这些问题进行深入的探究。韩清友能够圆满完成这部专著,与他自学法律,通过国家司法考试,在法律修养方面达到较高的水平有关。

察古可以知今,古代史的研究自觉不自觉的会有现实的关怀,法制史的研究与当今的社会发展同样非常密切。希望这部专著的出版,成为韩清友博士学术研究的一个继往开来的契机,在元代法制史方面开辟新领域,探讨新问题,为当今中国法制的完善提供借鉴和作出应有的贡献。期待清友博士的下一部新作!是为序。

申万里

2021 年 2 月 19 日于武汉大学振华楼办公室

目　录

表 录

绪　论

一、选题缘由与意义

在中国古代历史上，有关诉讼的明确记载，早在周代就已经产生[①]，荀子云："人生而有欲，欲而不得，则不能无求；求而无度量分界，则不能不争。"[②]司法效率不仅涉及诉讼双方的切身利益，而且成为历代王朝统治效能的重要体现之一。作为中国古代历史上第一个由少数民族建立的统一王朝，元朝疆域的空前扩大和多民族社会文化的碰撞与融合，不可避免地使中国历史的发展异彩纷呈又独具特色，使元朝统治下的经济、政治制度、思想文化与前代相比产生了鲜明的特点。元代的法律亦不例外，在司法领域表现出独有的特色，在中华法系发展的历史画卷上留下了浓重一笔，比如诉讼独立成章、代理的正式形成、监察制度的较为完善、司法检验的发展以及具有民族性色彩的司法规定等。

我国是一个有两千多年专制历史的国家，由于受历史传统、经济和地理环境等因素的影响，中国古代的法律编纂体例，从魏国李悝创立《法经》六篇以来，直到清末沈家本等人变法修律之前，程序法与实体法，民法与刑法始终没有严格意义上的区分。但我们不应该以此为理由，认为中国古代法律完全混合而无分门别类，在编纂体例上毫无时代的差异与变化。其实，只要我们探研历史，考求典籍，仍能发现法律编纂从简单到翔实，从不合理到相对科学的发展特点，其

---

　　① 　徐朝阳：《中国古代诉讼法·中国诉讼法渊源》，吴宏耀、童友美点校，中国政法大学出版社 2012 年版，第 8 页。

　　② 　《荀子·礼论》廖名春、邹新明校点，新世纪万有文库 1997 年版，第 89 页。

中,元代法律编纂中"诉讼"的独立成篇,亦是这个运行链条中的合理一环。"诉讼篇"的出现是中国法制史上比较重要的转变,它很大程度上反映了中国古代"重实体、轻程序"法律传统发生了变化,昭示了诉讼制度在元代受重视的程度,是司法制度趋于完善的体现。其实,不仅在诉讼领域,在司法实践中的其他环节,元政府对司法程序亦很重视。元代的司法程序如何?它有哪些特色?这些问题促使笔者展开研究。

目前学术界有关法制史的研究,大多是在西方法律体系划分和模式语境下的探究,是一种所谓"填充式法律研究",在这种强势话语的笼罩下,学界丧失了对本土法律研究的话语权和自主性。换言之,中国法律史的叙事范式基本处于西方法律知识系谱的"认知控制"下。但对这套知识体系究竟能否有效地"体悟"中国古代的法律制度,是有疑问的。按照现代意义上的法学划分特点来研究 13—14 世纪中国元代的法律,难免会出现"枘凿不投"的尴尬。① 19 世纪 40 年代以来,中国法律开始近代化的转变。在西方法律的模式和语境下研究法律,在法律认识层面固然增添了一个探研的维度,但也会造成中国本土法律文化的缺失,比如中国的调解、保辜以及礼法制度,在西方语境下,是没有涉及或很难讲通的。即使不谈西方话语下研究范式的优劣,单就此语境下的中国古代诉讼有无刑事诉讼与民事诉讼的划分,学界历来争论不已。否定说如戴炎辉,他认为中国古代法律虽有田土、户婚、钱货案件与命盗案件之分,但不能截然分为民事诉讼和刑事诉讼,"刑事的诉讼与民事的争讼,非诉讼目标本质上之差异,只不过其所具有之犯罪的色彩有浓淡之差而已。在诉讼程序上,民事与刑事并无'质的差异',即其所依据的原则,并无二致"②。吴海航认为"在中国古代,很多今天看来属于民事案件的内容,也会以刑事案件的审理程序进行对待"③。肯定说如张晋藩,他认为中国古代"刑事诉讼与民事诉讼'实有本质上的差异'",虽然不能从现代的角度将二者进行严格意义上的区分,"但是不能由此而漠视纯粹的民事诉讼的存在"。④ 元朝"诉讼"单独成篇且分化更加明显这

① 郑鹏:《"轻罪过"与"重罪过":元代的诉讼分类与司法秩序》,载《庆祝蔡美彪先生九十华诞元史学术研讨会会议资料》(下),2017 年。

② 戴炎辉:《中国法制史》,三民书局 1979 年版,第 137 页。

③ 吴海航:《中国传统法制的嬗递:元代条画与断例》,知识产权出版社 2009 年版,第 290 页。

④ 张晋藩:《中国古代民事诉讼制度通论》,《法制与社会发展》1996 年第 3 期。

是事实,日本学者有高巖早就指出:"元代关于诉讼明显地区别民事与刑事,这的确是较唐、宋更为进步的一个事实。"①国内有学者甚至认为元代是历史上"人们公认的民事与刑事诉讼分离最明显的时代"②。应注意到的是,虽然两者之间分歧甚大,但这些说法是在西方法律研究语境下先入为主的划分,并没有结合史实进行系统分析,在此前提下讨论中国古代法律本身是有问题的,这与秉持学术研究要结合历史的客观现实是相违背的。不仅如此,以西方法学的观点对待中国传统法律,势必产生对中国古代法律的误读,从诉讼的角度看,若以现代法学体系硬性把古代法律分成民事诉讼和刑事诉讼,则于古代很多具有目前民事诉讼意义上的案件以刑事处罚方式执行无法得到合理解释。正如郑鹏所说:"与现代司法制度中诉讼分类所蕴含的公权、私权相分离不同,元代刑名与户婚钱债等诉讼中展现出以刑统罪、公权判决的一致性。"把诉讼分为"重罪过"和"轻罪过"诉讼更为合理和更具有历史契合性。③ 笔者赞同此种说法。对于元代诉讼类别之争,笔者不作优劣之辩。但据此认为元朝诉讼杂乱无章也是不科学的④,元朝诉讼自有其体系。

从日本学者内藤湖南 20 世纪 50 年代提出"唐宋变革论"以来,学界公认宋代是一个商品经济繁荣,更加重视个人权益的时代,民间纠纷大为增加。到了元朝出现大一统,虽然战乱给北方带来很大伤害,但对于南方的经济破坏并不明显,加上元朝统治者对于农业和经济的重视,国家经济很快步入恢复和发展的快车道,并取得了不亚于甚至超过宋朝的经济繁荣,各民族间的交往更趋频繁,民众间的权益之争更加多样化、复杂化,"田宅增价,民讼繁滋"⑤,法律诉讼案件增多。

　① [日]有高巖:《元代诉讼裁判制度研究》,《蒙古史研究参考资料》1981 年第 18 辑,第 25 页。
　② 胡兴东:《元代民事审判制度研究》,《民族研究》2003 年第 1 期。相关论述还可参见赵文坦、孙成状:《元代司法制度的特点》,《东岳论丛》1995 年第 3 期;白翠琴:《略论元朝法律文化特色》,《民族研究》1998 年第 1 期;舒炳麟:《试析〈元典章〉的特色》,《法学》1995 年第 1 期。
　③ 郑鹏:《"轻罪过"与"重罪过":元代的诉讼分类与司法秩序》,载《庆祝蔡美彪先生九十华诞元史学术研讨会会议资料》(下),2017 年。
　④ 参见郭颖:《论元朝法律对唐朝法律的反动》,《青春岁月》2012 年第 23 期。田莉姝:《论元朝法制的民族特色》,《贵州民族研究》2002 年第 1 期。郭氏认为元朝司法黑暗,田氏认为元朝司法机构互不统属、执掌不清。
　⑤ 陈高华等:《元典章·圣政二》,中华书局、天津古籍出版社 2011 年版,第 90 页。

本书关于元代司法程序的研究,就是在元朝司法"日繁"的背景下展开的,程序法是比诉讼法更大的概念,在法学家徐朝阳看来,"诉讼法者,手续法也"。"盖国家之组织既已成立,虽其时文明尚极幼稚,法制未曾存立;人民或蒙他人之侵凌危害,告之国家,国家依其公力以求救助匡正,犹之赤子号泣于父母,穷民号泣于旻天,人情之自然,无足为怪也。法制须待官吏而活动,是所谓诉讼者,因之以起焉。诉讼既起,国家须审理而裁定之,而起诉、审理及裁判之惯行,则手续法之形成。"他认为手续法常先于实体法而发生。① 日本学者籾山明认为"诉讼是第三者对社会上所产生的纠纷下判断的过程"②,这里的第三者应该主要指官方力量。本书所论司法程序包括起诉、强制措施、证据搜集、审理、裁判、执行及司法监督程序等方面,在前人研究的基础上,重点选取元代学界还没有或很少有研究的司法程序论题进行探究。司法程序研究离不开统治阶层法律的贯彻和民众参与,以及统治阶级(执法者)对于司法程序的掌握和熟悉程度,这不仅能够保证司法运作的效率、确保审理结果的公正性,而且对于减轻民众诉讼成本、缓和社会矛盾进而维护统治者利益都有着重大影响。这也是笔者选择这一研究课题的原因所在。

任何一个国家的发展都不可能割裂历史和传统。元代司法程序的研究,对于认识中国古代法律体系中一贯被统治者所忽视的"程序法"具有较大的学术意义,还可以帮助我们深化认识当时处于社会底层民众的法律意识,对于当前法律建设亦有一定的现实意义。

二、学术前史

学术界目前有关元代司法程序方面的专门研究不多,但在元代法律和司法制度研究方面已有比较丰厚的学术积累,构成本书研究的学术基础。在 20 世纪 80 年代以前,日本学者是元代法律研究的主力军,对元代司法机构、司法制度等问题予以了系统的探讨,展现了元代司法制度的基本图景。20 世纪 80 年代以后,国内学者后来者居上,逐渐成为元代法律研究的主要力量,将研究继续

---

① 徐朝阳:《中国古代诉讼法·中国诉讼法渊源》,吴宏耀、童友美点校,中国政法大学出版社 2012 年版,第 7—8 页。

② [日]籾山明:《中国古代诉讼制度研究》,李力译,上海古籍出版社 2009 年版,第 4 页。

深入,尤其注重探讨蒙古统治下元代司法的独特性,对元代司法的评价也越来越理性和客观。在此,笔者根据本书研究论题,结合学界最新研究动态,对主要研究成果进行梳理和回顾。

(一)元代法律通论性的研究成果

一些学者对 20 世纪以来中外学者有关元代司法相关问题的研究和讨论,进行了初步梳理,①出现了一些在西方法学体系下研究中国法制的通论性著作:一类是中国法制通史,如杨鸿烈的《中国法律发达史》、陈顾远的《中国法制史》、戴炎辉的《中国法制史》、日本学者仁井田升的《中国法制史》等②,其中有关元代司法的论述对以后的司法研究有着重要影响。清末法学家沈家本的代表作《历代刑法考》是一部以史料考证见长的专著,其中涉及元代司法的内容至今仍有影响。③ 另一类是元代断代史对有关司法的研究,如韩儒林的《元朝史》以及周良霄、顾菊英的《元代史》断代著作,对元代司法制度进行了较为详细的研究。④ 张晋藩、韩玉林的《中国法制通史·元》是第一部全面研究元代法制的专著,对元代的行政、刑事、经济和民事法律规范进行分类研究,司法制度的考察更为详细,既包括司法机构、告诉、证据和审判制度,还涉及民间调解活动以及监狱管理制度等问题。⑤ 陈高华、史卫民的《中国政治制度通史·元代》辟有专章讨论元代的审判机构和审判程序。⑥ 不过,元代司法的论述相对其他断代则显得比较薄弱。

---

① 刘晓:《日本有关元代法制史研究概述》,《中国史研究动态》1996 年第 4 期;《元史研究》,福建出版社 2006 年版,第 126-127 页。王平原:《一枝一叶总关情——蒙元法制的开端与学术社会思潮的演变》,《法律文化研究》第 2 辑,中国人民大学出版社 2006 年版。李泽岩:《元代法律研究概述》,《法律文献信息与研究》2007 年第 4 期。胡兴东:《元代法律史研究几个重要问题评析(2000—2011)》,《内蒙古师范大学学报》2013 年第 4 期。郑鹏:《20 世纪以来元代司法研究回顾与展望》,《中国史研究动态》2018 年第 6 期。

② 杨鸿烈:《中国法律发达史》,上海书店出版社 1990 年版;陈顾远:《中国法制史》,商务印书馆 1934 年版;戴炎辉:《中国法制史》,三民书局 1966 年版;[日]仁井田升:《中国法制史》,牟发松译,上海古籍出版社 2011 年版。

③ (清)沈家本:《历代刑法考》,邓经元、骈宇骞点校,中华书局 1985 年版。

④ 韩儒林:《元朝史》,人民出版社 2009 年版,第 290-305 页;周良霄、顾菊英:《元代史》,上海人民出版社 1993 年版,第 456-462 页。

⑤ 张晋藩、韩玉林:《中国法制通史·元》,法律出版社 1999 年版。

⑥ 陈高华、史卫民:《中国政治制度通史·元代》,人民出版社 2011 年版,第 292-351 页。

（二）有关元代法律制度研究

李治安在《元代政治制度研究》一书中对元代路总管府、县官、巡检司、行御史台、肃政廉访司等的司法职能都有详尽的论述。① 张金铣在《元代地方行政制度研究》一书对元代行省及路、府、州、县各级行政机构的司法职责亦有简单涉及。② 胡兴东在元代法律史研究领域成果丰硕，在《元代民事审判制度研究》和《元代刑事审判制度之研究》两文中，从审判机构、诉讼程序、诉讼特点等方面对元代的民事审判制度和刑事审判制度分别进行研究。③ 刘晓的《元代的监狱制度》是对元代监狱制度进行系统研究的文章，从中央到地方的监狱设置、监狱管理及羁押对象、恤囚及狱政弊端进行较为全面的研究，④认为对于古代监狱制度的探究，有助于加深对当时司法制度的了解；他的《元代的警迹与警迹人》一文对警迹人制度的对象、性质和目的进行了考察，认为该制度执行效果不是很好。⑤ 阮剑豪的《释元代"警迹人"》从文献学角度对"警迹人"进行释义，即指元代那些被政府纳入视线，实行重点管理和控制的民众，这些人可能有过前科受过处罚，亦可能仅仅是因被政府怀疑而受监控。⑥ 约会制度方面。日本学者很早关注到这一制度，有高巖、海老泽哲雄都进行了相关研究。⑦ 赵文坦的《元代的诉讼管辖与约会制度》一文对元代约会制的具体内容和作用进行了详细考察，认为约会制是元代所创之新制。⑧ 杨德华、胡兴东的《元代"约会"制度初探》一文对约会制度产生的原因、适用范围、调整对象、制度变迁及作用进行了综合探究，认为约会制度是元代司法制度的一大创举，使各民族或不同的权利主体的利益得到协调，保护了元统治下各民族的权益，有利于维护多民族国家

① 李治安：《元代政治制度研究》，人民出版社 2003 年版。

② 张金铣：《元代地方行政制度研究》，安徽大学出版社 2001 年版。

③ 胡兴东：《元代民事审判制度研究》，《民族研究》2003 年第 1 期；《元代刑事审判制度之研究》，《云南大学学报（法学版）》2005 年第 2 期。

④ 刘晓：《元代的监狱制度》，《元史论丛》第 7 辑，江西教育出版社 1999 年版；范洋达：《元代的地方狱政初探》，（台湾）新竹清华大学历史研究所硕士学位论文，2006 年。

⑤ 刘晓：《元代的警迹与警迹人》，《北大史学》第 2 辑，北京大学出版社 1994 年版，第 239-245 页。

⑥ 阮剑豪：《释元代"警迹人"》，《西南交通大学学报（社会科学版）》2009 年第 2 期。

⑦ ［日］高巖：《元代の司法制度特に约会制に就いて》，《史潮》1936 年第 6 卷第 1 号；海老泽哲雄：《约会に关する觉书》，载小竹文夫、冈本敬二编：《元史刑法志の研究訳注》，教育书籍 1962 年版。

⑧ 赵文坦：《元代的诉讼管辖与约会制度》，载《中国史论集》，天津古籍出版社 1994 年版，第 242-255 页。

的安全。① 吕志兴在《元代"约会"审判制度与多民族国家的治理》一文中亦进行了类似的阐述。② 陈景良的《元代民事诉讼与民事法规略论》一文主要就元代的民事诉讼和民事法规进行论述,认为元代民事诉讼与民事立法相比唐、宋有着较大的发展,有些方面还达到了相对完善的程度,且具有其时代特色,并对以后的明律产生了深远影响。③ 杨淑红的《元代有关民事司法制度及其实效》一文对元代的审判机构、司法管辖及其实效予以了探讨,对元代司法中的弊端,特别是稽迟和违错进行了分析。④ 武波的博士论文《元代法律问题研究》对元代的录囚制度进行了较为系统的阐述。⑤ 郑鹏的《元代大赦与政治关系论析》一文认为元代大赦从大蒙古国到元朝施行逐渐频繁,成为蒙古统治者常用的一种政治策略,这一现象与元代的政治变迁息息相关,是其应对复杂统治局面的有效策略,有着重要的政治功能,但同样也常常扰乱行政与法律的正常运行。⑥ 于洋在《刍议元代奉使宣抚——兼议元中后期监察制度》一文中叙述了元中后期的吏治情况与奉使宣抚制度出台的背景,宣抚制度的内涵、职责、官员配置情况,并分析了奉使宣抚制度的运行和成效。⑦ 罗叶丹的硕士论文《元代诉讼的二元制及其当代启示》从蒙汉二元制角度对元代的诉讼制度加以阐释。⑧ 乌日乐格的硕士论文《元代刑事诉讼制度研究》对元代"刑事诉讼"制度进行探研。⑨ 有高巖的《元代の诉讼裁判制度の研究》是较早对元代司法机构和司法程序进行综合研究的文章,他的一些观点,如有关元代民、刑分离的论断,对后来学者的研究影响很大。⑩

　　作为一个由草原民族肇建的王朝,元代司法的特色一直是研究元代法律的学者们十分关心的问题。李淑娥在《独具特色的元朝法制》一文考察了管军官、

①　杨德华、胡兴东:《元代"约会"制度初探》,《云南师范大学学报(哲学社会科版)》1999 年第 5 期。
②　吕志兴:《元代"约会"审判制度与多民族国家的治理》,《西南政法大学学报》2011 年第 4 期。
③　陈景良:《元代民事诉讼与民事法规略论》,《法律史论集》第 2 卷,法律出版社 1999 年版。
④　杨淑红:《元代有关民事司法制度及其实效》,《元史及民族史研究集刊》第 17 辑,澳亚周刊出版公司 2004 年版。
⑤　武波:《元代法律问题研究》,南开大学博士学位论文,2010 年。
⑥　郑鹏:《元代大赦与政治关系论析》,《史学月刊》2014 年第 12 期。
⑦　于洋:《刍议元代奉使宣抚——兼议元中后期监察制度》,《新西部》2017 年第 31 期。
⑧　罗叶丹:《元代诉讼的二元制及其当代启示》,中央民族大学硕士学位论文,2011 年。
⑨　乌日乐格:《元代刑事诉讼制度研究》,内蒙古大学硕士学位论文,2006 年。
⑩　[日]有高巖:《元代の诉讼裁判制度の研究》,《蒙古学报》1940 年第 1 号。

管民官、断事官司法各司其职,从奥鲁官决断军户狱讼、"就便断遣"与"有斩无绞"简易判决办法以及刑案检验制度的创新等方面考察了元代司法制度的"破惯例创新例的事实"。① 赵文坦、孙成状在《元代司法制度的特点》一文中指出元代司法制度的五个方面特点,即中央并存两个最高审判机构;明确区分民事和刑事;审判上实行圆坐圆署制;多级录囚机制;刑罚上的轻刑原则。② 李明德的《元代司法制度述略》一文对元代的司法制度、特别司法管辖、审判监督、理冤、录囚亦进行了概括性的论述。③ 田莉姝的《论元朝法制的民族特色》主要关注到元代法制上的民族不平等,以及司法机构的互不统属、执掌不清等方面。④还出现了专门研究古代诉讼的专著,如徐朝阳的《中国古代诉讼法·中国诉讼法渊源》是有关古代诉讼的通论性著作,其中涉及元代司法检验、诉讼代理、亲属相隐、讯问中对蒙古人的优待等记载。⑤ 李交发在《中国诉讼法史》一书中对元代诉讼机关、诉讼制度、基层调解、官纠举、诬告、限制起诉、囚禁、亲属相隐、检验、刑讯、上诉、直诉都有涉及。⑥

元代的司法特色。首先,是判例的适用。胡兴东在《元代司法中判例适用问题研究》一文中着重分析了判例适用的前提、方式以及功能,认为元代存在较为严格意义上的判例法。⑦ 吴海航在《论元代判例的生成及其运用》一文中认为元代成为中国古代判例最为发达的时期,考察了元代判例的生成背景,还认为元代判例的生成与蒙古法传统渊源甚深,亦与元初法制的形成过程密切相关,而判例的运用在为元代提供了司法裁判的工具性手段的同时也造成元代立法进程愈加迟滞的后果。⑧ 其次,元代法律是蒙古法律与中原法律传统相结合的产物,既带有浓重的中原法律的特色,亦受蒙古习惯法的影响。柴荣的《论古代蒙古习惯法对元朝法律的影响》与邹敏、李学华的《试论蒙古族习惯法对元朝

① 李淑娥:《独具特色的元朝法制》,《西北大学学报(哲学社会科学版)》1997 年第 2 期。
② 赵文坦、孙成状:《元代司法制度的特点》,《东岳论丛》1995 年第 3 期。
③ 李明德:《元代司法制度述略》,《法学研究》1995 年第 1 期。
④ 田莉姝:《论元朝法制的民族特色》,《贵州民族研究》2002 年第 1 期。
⑤ 徐朝阳:《中国古代诉讼法·中国诉讼法渊源》,吴宏耀、童友美点校,中国政法大学出版社 2012 年版。
⑥ 李交发:《中国诉讼法史》,中国检察出版社 2002 年版。
⑦ 胡兴东:《元代司法中判例适用问题研究》,《司法》第 4 辑,厦门大学出版社 2009 年版。
⑧ 吴海航:《论元代判例的生成及其运用》,《法治研究》2014 年第 5 期。

法制的影响》分析了蒙古习惯法对元代司法的影响,认为其突出表现是处理民事诉讼案件时,广泛运用调解方式。① 元代僧侣、蒙古人、色目人特权问题研究。刘向明的《元朝法制中的僧侣特权》对元代僧侣的司法特权及其危害进行了探讨。② 李莎的《试析元代的刑律优免政策》一文对蒙古人、色目人以及僧道在司法中的特殊优待进行了较为全面的讨论。③ 杨国宜在《略论元朝的法律》一文中认为,皇帝个人意志的干扰、司法不能独立、科刑不一、使用刑讯逼供是元代法律执行的突出特点。④ 美国学者陈恒昭的博士论文《蒙古统治下中国的法律传统》考察了元代的司法机构、司法程序以及特殊司法管辖等问题,对元代法律的职业化尤其关注,认为元代官、吏的法律训练以及民间法律知识的普及有着十分积极的意义。⑤ 美国学者柏清韵在《辽金元法律及其对中国法律传统的影响》一文中指出,元代司法监督的加强以及法典的缺失使得司法官员不愿意作出最终判决,她同时对元代的民族特权、职业区分及特殊司法管辖进行了讨论。⑥

元代司法机构研究。日本学者田村实造很早就在《元朝札鲁忽赤考》一文中对元代札鲁忽赤的名称、执掌、组织以及由札鲁忽赤演变而来的大宗正府进行了研究。⑦ 刘晓的《元朝断事官考》一文则对断事官在元朝各机构中的设置与职掌问题进行了更为系统的分析,并对元朝统治下蒙汉官制相结合特点进行了探讨。⑧ 他的《元代大宗正府考述》一文则对大宗正府的渊源与职掌变化进行了分析,认为它很难与中原传统意义上的宗正机构等同。⑨ 元代中央司法机构的一大特色是不立大理寺而并置大宗正府与刑部,赵文坦的《元代的刑部和

① 柴荣:《论古代蒙古习惯法对元朝法律的影响》,《内蒙古大学学报》2000 年第 6 期;邹敏、李学华:《试论蒙古族习惯法对元朝法制的影响》,《西北民族大学学报》2008 年第 2 期。

② 刘向明:《元朝法制中的僧侣特权》,《嘉应大学学报》1998 年第 4 期。

③ 李莎:《试析元代的刑律优免政策》,《学术探索》2012 年第 1 期。

④ 杨国宜:《略论元朝的法律》,《安徽师范大学报(哲学社会科学版)》1982 年第 3 期。

⑤ Paul Heng-chao Chen:*Chinese Legal Tradition Under the Mongols*:*The Code of 1291 As Reconstructed*. *Studies in East Asian law*. Princeton, N. J. :Princeton University Press,1979,pp. 69–98.

⑥ [美]柏清韵:《辽金元法律及其对中国法律传统的影响》,蔡京玉译,载柳立言:《中国史新论·法律史分册》,联经出版事业股份有限公司 2008 年版,第 141–192 页。

⑦ [日]田村实造:《元朝札鲁忽赤考》,《桑原博士还历纪念东洋史论丛》,弘文堂 1930 年版。

⑧ 刘晓:《元朝断事官考》,《中国社会科学院研究生院学报》1998 年第 4 期。

⑨ 刘晓:《元代大宗正府考述》,《内蒙古大学学报(哲学社会科学版)》1996 年第 2 期。

大宗正府》一文对这两大机构的编制与司法职责进行了考察。① 回回哈的司是元代回回人的司法机构,王东平、邱树森、马建春等先后对此进行了研究。② 笔者的《元朝路总管府推官初探》一文对元朝路级推官的职责、待遇、官品、出身及仕宦进行了较为系统的研究,认为元朝统治者对于推官的任用,是其利用汉民族治理和统治汉地政策的一个缩影。③ 洪丽珠在其博士论文《元代县级官员群体研究》中考察了元代县级官员的司法职责,并从词讼案件与人命官司入手展现了县级官员的司法实践。④ 首领官作为负责具体事务的官员在司法中有着重要作用,许凡与日本学者大岛立子都对此进行了探讨。⑤ 许凡的《元代吏制研究》一书是有关元代吏制的重要著作,书中对吏员在司法中的参与进行了考察。⑥ 同样关注元代吏员的还有日本学者胜藤猛、会沢卓司。⑦

（三）元代法制和社会研究

元代法律资料编纂、典籍及法律文化研究。这方面的研究已经有很多成果,陈高华等点校的《元典章》促进了中国学界对中国古代法制史尤其元代法制史的研究。黄时鉴辑点的《元代法律资料辑存》将元代法典、散见或稀见的法律资料以及与法典有关的重要部分加以搜集整理出版,方龄贵、黄时鉴分别对《通制条格》进行校注,韩国李玠奭等对《至正条格》的校注,⑧对于研究元朝法律史带来很大方便。王晓欣点校的《宪台通纪（外三种）》将元代有关监察制度的政

---

① 赵文坦:《元代的刑部和大宗正府》,《历史教学》1995 年第 8 期。

② 王东平:《元代的回回、回回法和回回哈的司》,《民族史研究》第 1 辑,民族出版社 1999 年版;邱树森:《元"回回哈的司"研究》,《中国史研究》2001 年第 1 期;马建春:《元代答失蛮与回回哈的司的设置》,《宗教学研究》2005 年第 1 期。

③ 韩清友:《元朝路总管府推官初探》,《元史及边疆与民族研究集刊》第 35 辑,上海古籍出版社 2018 年版。

④ 洪丽珠:《元代县级官员群体研究》,（台湾）新竹清华大学历史研究所博士学位论文,2012 年,第 114-121 页。

⑤ 许凡:《元代的首领官》,《西北师大学报（社会科学版）》1983 年第 2 期;大岛立子:《元朝の首领官》,《明代史研究》2002 年第 30 号。

⑥ 许凡:《元代吏制研究》,劳动人事出版社 1987 年版。

⑦ ［日］胜藤猛:《元朝初期の胥吏について》,《东洋史研究》1958 年第 17 卷第 2 号;［日］会沢卓司:《元杂剧における胥吏の姿》,《集刊东洋学》第 29 号,1973 年。

⑧ 参见黄时鉴辑点:《元代法律资料辑存》,浙江古籍出版社 1988 年版。方龄贵:《通制条格校注》,中华书局 2001 年版;黄时鉴点校:《通制条格》,浙江古籍出版社 1986 年版。［韩］李玠奭等校注:《至正条格》,韩国学中央研究院 2007 年版。

书《宪台通纪》《宪台通纪续集》《南台备要》《乌台笔补》四种元代资料加以汇编整理,对于研究元代的司法监察带来很大便利。① 方龄贵的《〈通制条格〉新探》一文阐述了《通制条格》作为史料的重要性,列举了其在研究中国法制史,元代法律、政治、社会经济方面的史料价值。② 黄时鉴的《〈大元通制〉考辨》一文针对元代没有成律的说法,通过对《大元通制》全面系统的考察,提出新的见解,认为其是中国法律编纂史上一部完整的法典,是元代法典的代表作。③ 曾代伟的《〈大元通制〉渊源考辨》一文诠释了《大元通制》渊源之谜,剖析其"难产"原因,认为以兴圣太后为代表的"后党"保守派与皇帝为首的"帝党"改革派之间的激烈政争,是其难产的主要原因。④ 殷啸虎的《论〈大元通制〉"断例"的性质及其影响——兼与黄时鉴先生商榷》一文对黄时鉴先生前文提出的"断例"即元朝成律的观点提出不同看法,认为从法律形式和内容上看其应是成文法与判例法的结合,对后世尤其清朝立法产生了重要影响。⑤ 刘晓的《〈大元通制〉到〈至正条格〉:论元代的法典编纂体系》一文认为元朝编纂的《大元通制》与《至正条格》,是在试图保留法律文献相对原始性的前提下,采取生硬套用前代法典分类体系的方法,来整合现有的法律文献是不可取的,最终造成断例与条格归类的严重混乱。⑥ 陈高华等的《〈元典章·户部·户计〉校释》一文对《元典章》卷十七《户部三·户计》进行详细校释。⑦ 他的《〈至正条格·条格〉初探》一文对《至正条格》中的"条格"部分逐篇加以考察,重点探讨了与《通制条格》相应篇目的异同以及新增条目的背景和意义。⑧ 李淑娥的《〈元典章〉试析》一文对《元典章》产生的历史背景、内容和特点进行较为全面的分析。⑨ 舒炳麟的《试析〈元典章〉的特色》亦对其特色进行阐释。⑩ 胡兴东的《元代"例"考——以〈元典

---

① (元)赵承禧等:《宪台通纪(外三种)》,王晓欣点校,浙江古籍出版社 2002 年版。

② 方龄贵:《〈通制条格〉新探》,《历史研究》1993 年第 3 期。

③ 黄时鉴:《〈大元通制〉考辨》,《中国社会科学》1987 年第 2 期。

④ 曾代伟:《〈大元通制〉渊源考辨》,《现代法学》2003 年第 1 期。

⑤ 殷啸虎:《论〈大元通制〉"断例"的性质及其影响——兼与黄时鉴先生商榷》,《华东政法学院学报》1999 年第 1 期。

⑥ 刘晓:《〈大元通制〉到〈至正条格〉:论元代的法典编纂体系》,《文史哲》2012 年第 1 期。

⑦ 陈高华等:《〈元典章·户部·户计〉校释》,《暨南史学》第 4 辑,暨南大学出版社 2005 年版。

⑧ 陈高华:《〈至正条格·条格〉初探》,《中国史研究》2008 年第 2 期。

⑨ 李淑娥:《〈元典章〉试析》,《史学月刊》1986 年第 1 期。

⑩ 舒炳麟:《试析〈元典章〉的特色》,《法学》1995 年第 1 期。

章〉为中心》一文认为元朝"例"在基本含义上与中国其他王朝并无二致,都是对"律"的解释和补充,构成元朝重要的法律渊源,但由于"例"的种类繁多,也给法律适用带来了问题。① 洪金富的《〈元典章〉点校释例》一文以《元典章》中两则官文书为例,对其中的前后矛盾人名进行点校勘误,认为是编者、钞者、梓者草率使然。② 刘迎胜的《〈元典章·吏部·官制·职品〉考》一文从历史文献学角度,通过《辍耕录·大元官制》《事林广记》中的《元代官制表》与《元史·百官志》对《元典章》加以对勘考证。③ 日本学者宫崎市定和岩村忍在 20 世纪 50 年代都参加了由安部健夫时任组长的"《元典章》读书班",同时在《东方学报》的"元典章の研究"专号上发表了自己的研究成果。④ 其中宫崎市定《宋元时代の法制と裁判机构——元典章成立の时代的社会的背景》,对宋元间法制和审判机构的承袭与变革的论述,直到现在少有能超越。国内外多位学者对《至正条格》进行研究,取得了不少研究成果。⑤ 吴海航的《元代法文化研究》着重对元代的二元法律文化进行了研究,对具有蒙古法传统特点的审判程序"约会制"和重视实用性的鞫狱法律文书署押制进行了考察。⑥ 白翠琴的《论元朝法律文化特色》一文探讨了元朝法源的多元性,认为元代的诉讼审判制度颇有创新,主要表现是监察司法机构的变化、民刑分离以及约会制。⑦

元代有关法律社会史方面的研究。郑鹏的博士论文《元代江南地区司法秩序研究——以司法场域中的官、民实践为中心》,从法律社会史的研究路径,从官、民实践入手,试图展现元代地方司法的实际状态,认为元代江南司法的现实

① 胡兴东:《元代"例"考——以〈元典章〉为中心》,《内蒙古师范大学学报(哲学社会科学版)》2010 年第 5 期。

② 洪金富:《〈元典章〉点校释例》,《中国史研究》2005 年第 2 期。

③ 刘迎胜:《〈元典章·吏部·官制·职品〉考》,《元史及民族与边疆研究集刊》第 25 辑,上海古籍出版社 2013 年版。

④ [日]宫崎市定:《宋元时代の法制と裁判机构——元典章成立の时代的社会的背景》,《东方学报》1954 年第 24 号;[日]岩村忍:《元典章刑部の研究——刑罚手续》,1954 年《东方学报》第 24 号。其中宫崎市定的文章有译本中,以"宋元时代的法制和审判机构"为题收录于刘俊文主编的《日本学者中国史著作选译·法律制度》(中华书局 1992 年版,第 252-312 页)。

⑤ 参见赵晶:《〈至正条格〉研究管窥》,《法律文化研究》2010 年 00 期;涉及中国学者陈高华、张帆、党宝海、张国旺、赵晶、李鸣飞、李如钧的相关论文,还有日本学者植松正、大岛立子,韩国学者李玠奭、金浩东、金文京、安承俊等。

⑥ 吴海航:《元代法文化研究》,北京师范大学出版社 2000 年版,第 104-108 页。

⑦ 白翠琴:《论元朝法律文化特色》,《民族研究》1998 年第 1 期。

状态与制度本身有着不小的距离,通过行动者能动的实践策略实现了司法秩序的重构,同时显示出江南地方力量的增长和元政府在江南统治上的吃力。① 他的《文本·话语·现实——元代"江南好讼"考论》一文指出元代文献中江南地区普遍呈现出"好讼"现象,多非对民众诉讼状态的客观描述,而是服务于具体语境的模式化书写。对于普通民众来说,诉讼更多的是两难下的权衡,而非主观上的"好讼"。② 他的《元代民众诉讼实践中的"诉冤"与"告奸"》一文认为元代民众诉讼主要有"诉冤"和"告奸"两种形式,在诉讼中,官民之间展现出明显的立场差异。③

结合传世文献及石刻资料案例的司法实践研究。一些学者从具体案例入手,对相关的司法与社会问题进行了讨论。高荣盛的《元大德二年的珠宝欺诈案》一文则是君权凌驾于司法权之上的一个绝好注脚,由于元成宗的"迷信",尽皆被处死的 12 名中央大员最后却出现全部释放的戏剧化结果。④ 谭晓玲的《浅析元代的判决离婚》一文以《元典章》所载离婚案例为依据,对元代的判决离婚进行了分析和探讨,认为元朝的判决离婚客观上起到保护妇女权益的作用,但根本目的是为了维护封建纲常、规范社会统治秩序。⑤ 郑鹏的《官、民与法——元代判决离婚的制度与实践》一文依据《元典章》中有关案例指出元朝政府判决离婚并不是国家对民众婚姻的单方面干预,不一定完全按照法律规定判离,有时会出现"法意"和"人情"的衡平,此实践正是元代官、民法律实践的一个缩影。⑥ 他在《元代江南地区的司法秩序与地域社会——以湖田争讼案为中心的考察》一文中以湖田争讼案件为中心进行考察,认为其司法实践反映出元代地方权力关系对江南司法秩序的深刻影响,凸显出地方官府功能的不足以及统治的吃力;不同地方势力在司法运作中的角色,体现了元代江南地区司法秩序

---

① 郑鹏:《元代江南地区司法秩序研究——以司法场域中的官、民实践为中心》,武汉大学博士学位论文,2016 年。

② 郑鹏:《文本·话语·现实——元代"江南好讼"考论》,《中国史研究》2018 年第 1 期。

③ 郑鹏:《元代民众诉讼实践中的"诉冤"与"告奸"》,《西北师大学报(社会科学版)》2017 年第 4 期。

④ 高荣盛:《元大德二年的珠宝欺诈案》,《元史论丛》第 9 辑,中国广播电视出版社 2004 年版。

⑤ 谭晓玲:《浅析元代的判决离婚》,《内蒙古大学学报(人文社会科学版)》2003 年第 3 期。

⑥ 郑鹏:《官、民与法——元代判决离婚的制度与实践》,《古代文明》2015 年第 4 期。

与地域社会之间的复杂关系。① 默书民在《元代前期腹里地区的土地开发与田产争讼》一文中关注到元世祖中后期出现土地价格暴涨和元代腹里地区田产争讼剧增的现象。② 党宝海的《略论元代江南学田与地方社会——以碑刻上的学田诉讼案为中心》一文对碑刻资料中所见的庆元、镇江两地学田案进行了研究，从中展现出了江南地域社会中儒学、豪民、高官以及地方官府间错综复杂的关系。③ 张重艳的《从也火汝足立岿地土案卷看元代亦集乃路复业案件的审判程序》一文从提交诉状、审理过程两个方面对亦集乃路土地复业案件的审判程序进行探讨，为研究元代土地复业案件的审理程序提供了最原始的数据。④ 日本学者七野敏光的《元初强奸犯杀害の一裁判案件について》一文对元初一例杀死强奸犯的案例进行了考察，进而探讨了在法律变化过程中元代对这一案件的处置及其意义。⑤ 日本学者大岛立子《从"继承"判例看法律的适用》一文从元代"继承"案例入手，分析了宋—清这一长时段中法律适用的不同及其原因。⑥ 她还在《元代的刑事案件与女性》一文中对元代涉及女性的刑事案件进行了分析，指出元代存在减轻女性罪行和负担的事例，但另一方面又常将女性置于家庭秩序与夫妻关系的儒家价值体系中理解。⑦

（四）有关元代司法程序的专门研究

陈高华的《元朝的审判机构和审判程序》一文对元代各级司法机构以及司法程序中的各环节进行详尽考述，并对司法效果及其原因进行了分析。⑧ 申万里在《元代的粉壁及其社会职能》一文中提到元朝利用排门粉壁形式宣传防盗

① 郑鹏：《元代江南地区的司法秩序与地域社会——以湖田争讼案件为中心的考察》，《北京社会科学》2018 年第 2 期。

② 默书民：《元代前期腹里地区的土地开发与田产争讼》，《河北师范大学学报（哲学社会科学版）》2003 年第 4 期。

③ 党宝海：《略论元代江南学田与地方社会——以碑刻上的学田诉讼案为中心》，《13、14 世纪东アジア史料通信》2009 年第 11 号。

④ 张重艳：《从也火汝足立岿地土案卷看元代亦集乃路复业案件的审判程序》，《元史论丛》第 14 辑，天津古籍出版社 2013 年版。

⑤ ［日］七野敏光：《元初强奸犯杀害の一裁判案件について》，《法学论集》2000 年第 46 号。

⑥ ［日］大岛立子：《从"继承"判例看法律的适用》，载氏编《宋至清代的法律与地域社会》，东洋文库 2006 年版。

⑦ ［日］大岛立子：《元代的刑事案件与女性》，《中国女性史研究》2008 年第 17 号。

⑧ 陈高华：《元朝的审判机构和审判程序》，《东方学报》1994 年第 66 号。后收入氏著《元史研究新论》，上海社会科学院出版社 2005 年版，第 121-170 页。

的措施。① 胡兴东的《元代司法运作机制之研究》一文,从元代法律运作机制的原则、司法运作中如何适用法律、判例及衡平救济进行判决以及元代法律审判中的运作特点进行考察。② 陈彩云在有关元代温州路研究中,对路总管府的司法审判进行了考察。③ 靳红曼的《浅论元朝刑事诉讼程序》一文对元代的刑事诉讼程序进行简单阐释,认为相比其他朝代有其独特之处,这种多元化的刑事法律制度,对维护元朝的社会稳定起了重要作用。④ 郑鹏的《"轻罪过"与"重罪过":元代的诉讼分类与司法秩序》一文认为在元人的法律观念以及司法制度中,刑名与婚田钱债等诉讼有明显的区别,二者不等同于"刑事诉讼"与"民事诉讼",而是"轻罪过"与"重罪过",这种诉讼分类体系既与案件本身内容有关,亦与元代审级制度下轻刑、重刑的区别相契合。⑤ 日本学者岩井茂树在《元代行政诉讼与审判文书》一文中从《元典章》中的一则案牍"都省通例"入手,对元代行政审判过程进行了考述,其有关监察御史与路府州县官在行政诉讼中居于不同立场的观点颇具启发性。⑥ 王翠柏的《元代弓手制度初探》一文,对元代弓手的设置、选拔、职责运行与社会地位所体现的元朝特色进行阐释。⑦ 宋国华的《论元代的拘捕制度》一文对元代的拘捕主体、促进拘捕赏罚措施进行考察,认为元代拘捕制度是对唐宋拘捕制度的继承,是中华法系的组成部分。⑧ 笔者的《元朝捕盗述论》一文结合《元典章·儒吏考试程式》中有关材料,从司法捕盗程序视角对元代捕盗过程、捕盗过程中弊端及其成效进行考察;⑨《元代司法检验论析》一文认为元代司法检验在继承宋代基础上有所发展,仵作成为检尸的主要角色和官方正式职役,检验更趋制度化、法制化,对于元代诉讼制度研究有重要意义。⑩

---

① 申万里:《元代的粉壁及其社会职能》,《中国史研究》2008 年第 1 期。
② 胡兴东:《元代司法运作机制之研究》,《云南大学学报(法学版)》2006 年第 6 期。
③ 陈彩云:《元代温州研究》,浙江人民出版社 2011 年版,第 145-151 页。
④ 靳红曼:《浅论元朝刑事诉讼程序》,《黑龙江省政法干部管理学院学报》2011 年第 4 期。
⑤ 郑鹏:《"轻罪过"与"重罪过":元代的诉讼分类与司法秩序》,《江西社会科学》2019 年第 01 期。
⑥ 〔日〕岩井茂树:《元代行政诉讼与审判文书》,《东方学报》2010 年第 85 号。
⑦ 王翠柏:《元代弓手制度初探》,《中国史研究》2017 年第 1 期。
⑧ 宋国华:《论元代的拘捕制度》,《福建江夏学院学报》2013 年第 4 期。
⑨ 韩清友:《元朝捕盗述论》,《暨南史学》第 18 辑,暨南大学出版社 2019 年版。
⑩ 韩清友:《元代司法检验论析》,《政法学刊》2019 年第 1 期。

　　元代司法监督研究。王敬松的《元代宪司分行录囚述论》一文认为元代的宪司及地方监察机构在实施行政监察职能的同时,亦承担了大量的录囚司法职责,但录囚本身也存在弊病。① 吴海航的《元朝整肃官僚队伍的钦差大臣——奉使宣抚》一文对元朝中央政府派遣奉使宣抚代替监察官员巡行地方的独特行政司法监察职能进行考察,指出在国家常规制度尚不能有效发挥作用的情况下,这种临时性补救措施无法达到目的。② 申万里的《元朝国家政权内部的沟通与交流——以宣使为中心的考察》一文提到元政府临时派遣宣使监督地方司法的职能。③

　　结合纸背文书、黑城出土律令对元代司法程序的研究。国图藏公文纸本《魏书》纸背文献,是继黑水城文献后又一宗元代文书的重要发现。李哲申的硕士论文《国图藏公文纸本〈魏书〉纸背所见元肃正廉访司职责问题研究》对元代肃正廉访司按问官吏的职责及文书所见元代审判程序进行考察。④ 黑城文书的发现是 20 世纪元史学界的一件大事,其中包含的律令与词讼文书对元代司法程序研究有着重要意义,⑤近年来相关成果不断涌现。除上文已提及的以外,陈志英对皇庆元年(1312 年)十二月一件刑房文书进行了考证,认为俄藏黑水城文献和中国藏黑水城文献中的两件杀夫案文书为同一案件,进而分析了诏赦在司法中的执行情况。⑥ 侯爱梅通过对《失林婚书案文卷》的考释分析了元代司法文状和审判程序,⑦其博士论文《黑水城文书元代词讼文书研究》则对黑城出土的词讼文书进行了综合研究。⑧ 张重艳对《也火汝足立嵬地土案文卷》进行

　　① 王敬松:《元代宪司分行录囚述论》,《北京联合大学学报(人文社会科学版)》2013 年第 1 期。

　　② 吴海航:《元朝整肃官僚队伍的钦差大臣——奉使宣抚》,《西安外事学院学报》2007 年第 3 期。

　　③ 申万里:《元朝国家政权内部的沟通与交流——以宣使为中心的考察》,《元史论丛》第 14 辑,天津古籍出版社 2013 年版。

　　④ 李哲申:《国图藏公文纸本〈魏书〉纸背所见元肃正廉访司职责问题研究》,河北师范大学硕士学位论文,2016 年。

　　⑤ 相关讨论参见张重艳:《中国藏黑水城所出元代律令与词讼文书的史学价值》,《南京师大学报(社会科学版)》2012 年第 5 期。

　　⑥ 陈志英:《元皇庆元年(1312 年)十二月亦集乃路刑房文书初探》,《内蒙古社会科学》(汉文版)2004 年第 5 期。

　　⑦ 侯爱梅:《失林婚书案文卷初探》,《宁夏社会科学》2007 年第 3 期。

　　⑧ 侯爱梅:《黑水城所出元代词讼文书研究》,中央民族大学博士学位论文,2013 年。

了研究,对元代站户两地入籍的情况以及案件长期未能得到审理的原因作了分析。① 苏力的《黑城出土 F116:W98 号元代文书研究》一文围绕一件黑城文书展开研究,认为其性质应为告拦状,并进而对元代民事诉讼告拦的条件、程序等进行了探讨。② 张笑峰对黑水城出土元代律令与词讼文书案件种类进行统计,分析案件成因及背景,并以盗贼案件为例,探讨亦集乃路总管府对案件的处理过程,认为亦集乃路总管府在处理盗贼、财物等案件上积极作为,甚至出现由镇戍宗王统领诸军参与抓捕盗贼的现象。③

除正式的司法审判外,元代在解决纠纷时还有特别的调解机制,尤其是社制的建立和社长的设置,在调解民间纠纷方面有着重要意义,中、日学者很早就予以了关注,并有十分丰富的学术成果。④ 此外,周绍泉的《退契与元明的乡村裁判》一文将元代和明代放在一起研究,作者透过对元、明时期徽州文书中的退契及相关文书,发现这些退还土地文书的背后常隐藏着民间纠纷和争讼,在处理这些纷争时,元代的社长和明代的里老发挥着惊人相似的作用。⑤ 日本学者中岛乐章在《明代乡村纠纷与秩序:以徽州文书为中心》一书中同样关注到了元代徽州乡村社会中的纠纷处理,并对其与明代老人制之间的联系予以了分析。⑥ 苏力的《元代地方精英与基层社会——以江南地区为中心》一书,主要从地方精英与乡里秩序角度入手,考察了地方精英在民间调解中的作用。⑦ 王盼的《由黑

---

① 张重艳:《也火汝足立鬼地土案问卷初探》,《西夏学》第 6 辑,上海古籍出版社 2010 年版。

② 苏力:《黑城出土 F116:W98 号元代文书研究》,《古代文明》2011 年第 4 期。

③ 张笑峰:《元代亦集乃路诸案成因及处理初探——以黑水城出土元代律令与词讼文书为中心》,《西夏学》第 10 辑,上海古籍出版社 2013 年版。

④ 主要成果有:[日]有高巖、松元善海:《元代に于ける社制の创立》,《东方学报》,1940 年第 11 卷第 1 号;[日]井之崎隆兴:《元代社制的政治的考察》,《东洋史研究》1956 年第 15 卷第 1 号;杨讷:《元代农村社制研究》,《历史研究》1965 年第 4 期;[日]冈本敬二:《元代の社制と郷村》,《历史教育》1965 年第 13 卷第 9 号;太田弥一郎:《元代社制の性格》,《集刊东洋学》1970 年第 23 号;全晰纲:《元代的村社制度》,《山东师范大学学报(社会科学版)》1996 年第 6 期;胡兴东:《元代"社"的职能考辨》,《云南师范大学学报(哲学社会科学版)》2001 年第 4 期;[日]中岛乐章:《元代社制の成立と展开》,《九州岛大学东洋史论集》2001 年第 29 号。

⑤ 周绍泉:《退契与元明的乡村裁判》,《中国史研究》2002 年第 2 期。

⑥ [日]中岛乐章:《明代乡村纠纷与秩序:以徽州文书为中心》,江苏人民出版社 2012 年版,第 62-67 页。

⑦ 苏力:《元代地方精英与基层社会——以江南地区为中心》,天津古籍出版社 2009 年版,第 51-63 页。

水城文书看亦集乃路民事纠纷的调解机制》和《麦足朵立只答站户案文卷初探》
两文都以黑城文书中为中心结合《元典章》有关案例,对元代亦集乃路民事纠纷
的调解机制进行了考察,验证了相对偏远的亦集乃路法律调解机制的存在。①
张斌的《从黑城汉文书看元代地方社会民事纠纷的解决机制》一文也对黑城文
书中展现的民间纠纷解决机制进行了分析,用黑城文书验证了黄宗智提出纠纷
解决的"第三领域"。② 总体上看,元代司法研究多集中于司法审判、法律文书、
调解方面的研究,缺乏对司法进行系统研究的著作,尤其缺少从司法程序视角
研究的文章。

整体上看,元朝法律史研究进步明显,其研究较为薄弱的局面正在改变。
但是较元史其他研究领域,仍处于薄弱地位,其主要集中于传统中原汉地法律
的研究,对于涉及多民族汉地外的法律还缺乏充分的探讨,尤其是对其西部地
跨欧亚的那些名义上臣属于帝国而实际上具有很大独立性的部分的法律更是
语焉不详。与明清法律研究"四处开花"、无所不及的研究对比,元朝法律研究
还基本集中在一些专题方面,其研究的广泛性和深入性还需加强。元史法律研
究大多限于元朝法律特色的研究,缺乏从长时段视角分析探讨元朝法律在历史
长河中具有的特色和地位。目前元朝法律史的研究开始关注制度之外司法实
践和案例,是可喜现象,但毕竟做得还很不够。目前有关元代法律的研究,多属
于通论性成果,关于元代司法程序方面的专题研究较为薄弱,缺乏对其较为系
统的研究。尤其对于涉及民众的法律史社会层面以及司法秩序背后的社会图
景亦少有论及。这也是元朝法律史研究将来需要努力的方向。

三、研究思路、方法和材料

本书研究的基本思路是对元代司法各阶段程序进行探讨,研究其运作过程
中的特点及其存在弊端,分析其背后的制度因素和社会背景,探研其在历史长
河中的地位和影响。具体包括以下三个方面的内容:

第一,对元朝司法审判前、中、后的司法程序进行系统考察。本书结合元代

---

① 王盼:《由黑水城文书看亦集乃路民事纠纷的调解机制》,《西夏研究》2010 年第 2 期;《麦足朵立
只答站户案文卷初探》,《西夏学》2009 年第 4 辑。
② 张斌:《从黑城汉文书看元代地方社会民事纠纷的解决机制》,《青海社会科学》2012 年第 1 期。

传世和出土文献、石刻以及元杂剧中具体史料和案例进行论述,审判前主要针对强制措施以及元代诉讼证据的种类和收集进行探究。对于元代的审判程序从审判、诉讼主体,结合文书和元杂剧中案例,以路级推官为中心进行论述。分析元代的代理制和约会制,最后对其审判特点进行阐述。针对元代诉讼的补救措施,元代告诉、上诉、越诉和直诉以及元代司法监督进行系统探研。

第二,结合大量案例对元代的司法实践和元代法律规定对照研究。分别选择涉及上层和民众的司法案例,并结合元人笔记、域外史料进行具体研究。从官、民角度来探研其在司法实践中的态度,进而分析元代司法尤其审判对于司法原则的分离,展现司法诉讼实践中情、法、理及儒家"礼法一体"思想因素对官方审理案件的重大影响,解析法律的表达与实践的差异背后的制度和传统影响。

第三,重视元代民众诉讼意识和民众参与诉讼的研究。通过元人笔记和域外史料中的案例,分析元代民众的诉讼意识。通过元代的告拦案例和史料展现元代官民参与案件调解的过程和特点,探索这一被西方认为最具东方特色的法律实践背后的思想动因。为研究元代司法程序影响的社会化层面,就需要眼光向下,从民众这一视角,结合元朝"讼师"和民间诉讼来探研元朝司法程序对民众诉讼和实践的影响。通过这种更加社会化的书写,可以将元朝法律制度的"静态"的阐释转变为底层民众的"动态化"的诉讼实践,可以更真切地看到元朝社会的司法程序场景。

本书采用文史互证方法,突出史论结合,结合文本的法,重视对文献的梳理、辨析与解读。注意利用实践中的法,立足于史学研究的实证立场,尤其重视通过对具体案例的分析,从基本史料入手,探讨元朝司法审判程序和运行机制。重视传世文献与出土文献互证的二重证据法,力争所做的研究更趋近历史本相。更注重运行层面和司法实践的社会面相,结合实际案例来考察生活在元代的人们是如何参与诉讼的。最后结合元代典型案例来探研元代诉讼制度的表达与实践的歧异,进一步深化对元代诉讼制度的司法实质的认识。借助在长时段、总体史的视角下对其予以审视。此外,本书根据研究需要,在论述中使用其他社会科学领域的分析工具,如话语分析、计量统计等,以求对史料进行更深入的理解,力图还原和再现元代诉讼制度运行特点和演进发展的情况,揭示元朝诉讼制度发展及对明清诉讼制度的影响,认清元代诉讼制度在中国古代诉讼发展史的地位和特色。

在材料方面,除正史外,《元典章》《通制条格》《至正条格》等法律文书是本书论述的基本材料,这些材料记载大大弥补了《元史》的不足,大量的案例更为展现元代地方司法实践提供了丰富的分析对象。此外,文集、笔记、方志、石刻、出土文书乃至类书、元杂剧中都有丰富的有关元代地方司法的材料。其中,方志为我们提供了不可或缺的地方性史料,如地方风俗、地方事迹,由于元代方志存留不多,因此明清方志的重要性大大凸显。元代杂剧中有大量公案剧,虽然并不能将其作为真实案例,但却在很大程度上反映了当时的司法实践,应得到合理的利用。本书力求灵活使用各种材料,从而在最大程度上展现当时的历史现实。

第一章

元代拘捕程序

元代案件进入官方领域,才可以说是司法程序的开始。从原告或受害人告状,案件进入官方视线,下一步面临着传唤被论人、干连人,对于出逃在外的,需要启动拘捕程序。案件的正式审理一般需要在诉讼双方参与的情况下进行。为了方便取证、保证案件处理的顺利进行,对当事人双方或有关干连人需要采取临时性的强制措施,本章从元代的强制措施谈起。

第一节　元代强制措施

老百姓来告状,受理后,官府就要把原告、被告及证人传来审问。对于被告或犯罪嫌疑人,为防止他们逃跑或毁证灭迹、伪造证据、勾连串供,就需要把他们囚禁和关押起来,于是就有了传讯、逮捕、囚禁、保候等一系列强制措施。现代意义上强制措施是指公安机关、人民检察院或人民法院为了保证刑事诉讼的顺利进行,依法对刑事案件的犯罪嫌疑人、被告人所采取的在一定期限内暂时限制或剥夺其人身自由的一种法定强制方法。现代强制措施一般包括拘传、取保候审、监视居住、拘留、逮捕。对于中国古代而言,也存在类似措施,亦主要针对重刑案件。那么在中国元代类似的强制措施有哪些呢?通过研究发现,中国元代强制措施主要包括逮捕、囚禁、追摄(勾取)、勾问和保候等。被限制人身自由的人一般都要进行牢禁,囚禁人犯及其他有关人员的场所主要是监狱。元代的监狱不同于现今的监狱,其职能类似现代的拘留所,收押着大批各种案件的未决囚犯。凡官府认为是犯罪人或嫌疑人的都可以抓来讯问并临时关押。元代监狱属于官方设施,"应监禁之人除官府正设牢禁外,并不得擅置牢狱,违者并行纠治"①。据刘晓研究,除中央刑部、御史台设狱外,行御史台、地方路、府、州、县,亦设有各级监狱机构,录事司下亦有监狱。② 监狱设有专门的官员"司狱","司狱之设,职专囚禁,冤者录问申明,滞者随事申举"③。犯重刑人犯一般都要拘收。为防止被羁押者越狱,往往对他们使用械具。

一、逮捕与囚禁

(一)逮捕

逮捕是元代强制措施中强制性最强的措施,它和勾摄、传唤的不同在于它一般针对犯有重刑案件的人犯,且已经有切实的犯罪证据。勾摄和传唤往往针对诉讼双方因田土、债负等较轻型的案件,至于被采取该措施的人员具体是否违法犯罪有待进一步调查和审理。逮捕的强制性在元代官方人员签署的捉拿人犯的承管状中可以看出。如黑水城出土编号为[F111:W31]的文书,就是一件捉拿逃驱所使用的承管状:

> 承管人也火着屈
> 今当
> 官承管,限今月初十日将本家
> 逃驱忙古歹捉拿到官。如违,
> 甘当违限罪犯不词,承管执结
> 是实。伏取
> 台旨

---

① (元)刘孟琛等:《南台备要·立江南提刑按察司条画》,王晓欣点校,浙江古籍出版社 2002 年版,第 155 页。

② 刘晓:《元代监狱制度研究》,《元史论丛》第七辑,江西教育出版社 1999 年版,第 37 页。

③ 陈高华等:《元典章·新集·禁司狱用刑》,天津古籍出版社、中华书局 2011 年版,第 2161 页。

大德二年五月日承管人也火着屈(押)状①

(二)囚禁

元代官府逮捕人犯后,在判决前必须将他们羁押起来,这就是囚禁,在强制措施中是较为严厉的一种。《尔雅》:"囚,拘也。"《说文》:"囚,系也。从人在口中。"②关于囚禁使用的方式,《元典章》规定:"诸罪囚应枷锁、散禁之例,各以所犯轻重斟酌。"③《南台备要》中亦有类似记载,"诸罪囚应枷锁监(散)禁之例,各以所犯轻重斟酌"④。囚禁在古代有"囚拘""囚桎""囚执""囚系"等不同名称,形式上都要关押,完全限制人身自由。元代的诉讼参与人,都可以成为官府的囚禁对象。至于原告及与原告、被告有关的乡邻、干连人,甚至事主、被害人的亲属,在被告没有招供、罪行没有得到证实的情况下,官府也可以对他们施行囚禁,以防诬告和伪证。至元二十一年(1284 年)八月,福建行中书省汀州路,谢阿丘告姊夫张叔坚、兄张十、习学染匠师弟陈生来家,将阿丘近腹肚下摸讫一下,告到人匠提领所,将阿丘、陈生监收。该案件罪行很轻微,甚至说无罪的情况下,也将嫌疑人陈生和被害人阿丘进行了监收。元代甚至有"将过钱带行人监押,发还元籍官司羁管。仍令各道廉访司严加体察相应"的规定。⑤"过钱人"就是充当贿赂的中间人,无论其是否知道内情,也要先予以监禁,听候发落。囚禁在元代社会被广泛使用,很多人跟案件稍涉其中,甚至只是和原、被告有某种社会关系,而自身根本无罪的情况下,一经到官,也常常被囚禁。对于自首罪人,符合一定条件官府才予以准首,亦要先行监收或羁管,元朝规定:"今后应首罪人,拟事轻重,权且监收,或召壮保羁管,行移勘当得所首公事别无隐漏差异,

---

① 塔拉等:《中国藏黑水城汉文文献》第 4 册《捉拿逃驱忙不歹案》,北京图书馆出版社 2008 年版,第 677 页。

② (清)沈家本:《历代刑法考·刑法分考十二》,邓经元、骈宇骞校,中华书局 1985 年版,第 325 页。

③ 陈高华等:《元典章》卷 40《刑部二·系狱·斟酌监保罪囚》,天津古籍出版社、中华书局 2011 年版,第 1362 页。

④ (元)刘孟琛等:《南台备要·立行御史台条画》,王晓欣点校,浙江古籍出版社 2002 年版,第 152 页。

⑤ 陈高华等:《元典章》卷 48《刑部十·过钱·带行人过钱断罪发还元籍》,天津古籍出版社、中华书局 2011 年版,第 1602 页。

及他处未经事发,方许准首。"①对杀人、故意伤害等涉及人命案件的嫌犯进行囚禁更是毋庸置疑的,应犯死罪,枷杻收禁,妇人去杻。杖罪以上并锁收。② 具体案例如下:

> 元贞二年七月发生在江西行省南安路,任闰儿于奸所捕获奸夫权令史,不行送官,却将本人绑缚行打,因伤身死罪犯。从本路拟定申省,将任闰儿锁收听候。③

> 大德元年十二月,江西行省瑞州路,敖英孙与潘阿王通奸,将潘九四推落下水身死。奸妇潘阿王所招,奸夫敖英孙于潘九四生前对伊说知谋杀夫事情,不行报夫知会。潘九四被死之后,敖英孙又向阿王说知推落水内淹死,亦不经官陈告。若以因奸杀夫论罪,缘潘阿王不曾亲行下手。除将潘阿王监收听候外,咨请照验。④

> 皇庆二年十月,建宁路叶云一因与张明争斗,被张明孙推倒墙下,骑压在田,将云一头髻揪扯,连头脑于田禾内连撞数下。云一挣挺不放,寻思无可抵敌,省记元系尖头雕刀在身,用手扯下,于张明孙胸膛戳伤,致命身死。议得:叶云一所招,始与张明孙斗毆,就身扯下元带铁雕刀,将张明孙胸膛左边等处戳死。原其所犯,初无故杀情由,拟合钦依释放。为事干通例,具呈江浙行省照详,及下本路,将叶云一牢固收管听候。⑤

> 延祐四年闰正月,江西行省龙兴路童庆七、童庚二,为崇法院僧游慧元拐借钱谷不还,挟仇用挑牙篦子故将游慧元刺损双睛。蒙本处官司将童庆七、童庚二断罪,迁徙辽阳迤东屯种。递发到于黄州路,钦遇释放。本省除

---

① 陈高华等:《元典章》卷48《刑部十·首赃·出首取受定例》,天津古籍出版社、中华书局2011年版,第1608页。

② 陈高华等:《元典章》卷40《刑部二·狱具·巡检司狱具不便》,天津古籍出版社、中华书局2011年版第1357页。

③ 陈高华等:《元典章》卷42《刑部四·因奸杀人·打死奸夫不坐》,天津古籍出版社、中华书局2011年版,第1467页。

④ 陈高华等:《元典章》卷42《刑部四·因奸杀人·奸妇不首杀夫》,天津古籍出版社、中华书局2011年版,第1471页。

⑤ 陈高华等:《元典章》卷42《刑部四·故杀·持刃杀人同故杀》,天津古籍出版社、中华书局2011年版,第1438-1439页。

已札付龙兴路,将童庆七、童庚二牢固监收听候外,咨请照详。[①]

上述案例对于于奸所杀死奸夫的任闰儿,挟仇刺损游慧元双眼及虽已断罪却遇赦的童氏,对杀人犯罪中知而不报、不曾亲自参与的潘阿王人犯,都采取监收并听候处置措施。可见对于犯有重罪过、面临重刑判决的人犯,一般都要监禁锁收。即使在叶云一具有现代意义上的防卫性质、拟合钦依释放的情况下,但因涉及命案,也要收管听候。另外,对于涉及危害官府利益的案件,一般对嫌犯也要监收,如《元典章》中载:至元六年(1269 年)十月北京路张裕为折讫官粮,蒙总管府监收。[②] 管课官若有侵欺瞒落官课者,监收取招。[③]

在囚禁中,元代官府存在对人犯及有关人员的滥禁现象,"愚民冒法,小有词诉,根连株逮,动至什伯,系累满途,囹圄成市。至于相争田地、婚姻、债负、家财、殴詈、干证之类,被勾到官,罪无轻重,即监入禁,动经旬月,诛求横取,百端扰害,不可胜言"。被囚禁而死的人犯亦不在少数。"重刑往往追会不完,未经结案而死,明正典刑者甚少,轻囚亦有监系致死者,官司视以为常。"[④]延祐四年(1317 年),"陵州群凶为官民害,悉收系死狱中"[⑤]。泰定二年(1325 年),翰林学士不花、中政使普颜笃、指挥使卜颜忽里为铁失等所系死。[⑥] 至正二年(1342年),王思诚云:"夫罪不至死,乃拘囚至于饥死,不若加杖而使速死之愈也。况州县俱无囚粮,轻重囚不决者,多死狱中,狱吏妄报其病月日用药次第。请定瘐死多寡罪,着为令。"[⑦]王思诚对于囚徒遭到囚禁至死的现象予以揭露,并提出自己的法律建议,对囚禁瘐死有责任者要定罪。至于是否被采纳,不得而知。

大量囚禁人犯,造成了监狱人满为患、难于管理等弊端,元政府注意到此情

---

①　陈高华等:《元典章》卷 39《刑部一·迁徙·迁徙会赦不原》,天津古籍出版社、中华书局 2011 年版,第 1338 页。

②　陈高华等:《元典章》卷 18《户部四·官民婚·品官取被监人男妇为妾》,天津古籍出版社、中华书局 2011 年版,第 638 页。

③　陈高华等:《元典章》卷 22《户部八·课程·办课合行事理》,天津古籍出版社、中华书局 2011 年版,第 800 页。

④　陈高华等:《元典章》卷 40《刑部二·提牢·究治死损罪囚》,天津古籍出版社、中华书局 2011 年版,第 1381 页。

⑤　(明)宋濂等:《元史》卷 124《塔本传》,中华书局 1976 年版,第 3045 页。

⑥　(明)宋濂等:《元史》卷 29《泰定帝一》,中华书局 1976 年版,第 662 页。

⑦　(明)宋濂等:《元史》卷 183《王思诚传》,中华书局 1976 年版,第 4211 页。

况,这种状况发生过变化,如大德九年(1305年)规定,杖罪以下轻罪过案件及笞刑以下杂犯可不囚禁,随衙待对,随时听候官府召唤。都省准拟,"今后除奸盗诈伪杖罪以上,罪状明白,依例监禁"外,"其余相争田土、婚姻、家产、债负、欧詈"等轻罪及"自笞以下杂犯罪名,及攀连干证之人",不再允许似前监收,只令随衙待对,免于监禁。① 从上面规定可以看出原告、被告及干连人起初不分罪行轻重一般都被监收,到后来涉及田土、债负等轻型罪名的案犯及干连人,不再监收,实行随衙待对措施。② 至大四年(1311年)十月,袁州路戴荣一说合甘元亨前去其家刊板造伪钞公事。甘元亨首告到官,本路已原其罪。戴荣一所犯,若比朱来兴例,杖断一百七十下、徒役,却缘事干通例。除将戴荣一监收听候外,咨请照详。③ 该路只提到将戴荣一监收,甘元亨已原其罪,应是没被监收而是随衙待对。原因大概是其首告到官,且又是从犯,罪行显著较轻,符合前文规定。可是在监禁司法实践中,存在狱卒透露狱情、脱放罪囚等作弊现象,为此至元二十二年(1285年),都省准拟此后元政府专门委官一员,专一提调,加强对监禁罪囚的监督管理,提出:"近体知内外百司,凡有罪囚,不为严切禁锢,以致狱卒因缘作弊,情伪多端,若不禁治,害政良深。都省拟自今后诸衙门罪囚,或枷锁、散禁,须管明立案验,委官一员,不妨本职专一提调,无致轻重纵肆,透漏狱情,因而脱放。"④

元代官府对于不同情况的人犯所采取的监禁措施有所不同。如对捉获人犯,先禁于司县,后申解所属有司,据其所犯罪行轻重、性别及族群施以不同的监禁措施,并且男女、僧尼囚禁分开。《元史·刑法二》中有"诸大小刑狱应监系之人,并送司狱司,分轻重监收"。⑤ 轻重异处,不得掺杂。《宪台通纪》中有"诸

---

① 陈高华等:《元典章》卷40《刑部二·系狱·讼情监禁罪囚》,天津古籍出版社、中华书局2011年版,第1362-1363页。
② 陈高华等:《元典章》卷45《刑部七·吓奸·欺奸囚妇》,天津古籍出版社、中华书局2011年版,第1524页。
③ 陈高华等:《元典章·新集·伪钞·伪钞板未成遇革释放》,天津古籍出版社、中华书局2011年版,第2085页。
④ 陈高华等:《元典章》卷40《刑部二·系狱·监禁轻重罪囚》,天津古籍出版社、中华书局2011年版,第1362页。
⑤ (明)宋濂等:《元史》卷103《刑法二》,中华书局1976年版,第2635页。

罪囚枷锁监禁之例,各以所犯斟酌"①的规定。即使对于死刑犯,男女亦有分别,"应犯死罪,枷杻收禁,妇人去杻。杖罪以下并锁收"②。对于各路见禁罪囚,根据皇帝圣旨,男女异处,分别关押,并且具有人文关怀,体现出司法的文明和进步,如"妇人仍与男子别所囚禁。无亲属,官给米粮。内有病患,医人看治。在狱罪囚,皆委佐贰、幕职分轮一员提控"③。至元二十八年(1291年),行宣政院亦依照中书省"诸犯罪者,对问其间,分别轻重,然后监禁枷锁,男女异处"的条画,针对"各处大小僧司衙门,凡有僧尼人等为事,不问所犯轻重、被诉虚实,便行监禁枷锁,及将僧尼混杂同禁"的现象,发文称"使院合下,仰今后僧尼罪犯,奸盗徒罪以下,不得监收,止令召保随衙。如有应监者,仍令异处,毋得混杂";行宣政院规定似乎更为宽容些,"奸盗徒罪以下,不得监收"④。僧人关押地点与常人不同,"凤翔府龙泉寺僧超过等谋乱遇赦,没其财,羁管京兆僧司"⑤。

蒙古人案犯在被收禁时却享有优待,蒙古人即使"犯真奸盗者",却照样可以"解束带佩囊,散收"⑥。《元典章》中亦有"据正蒙古人每,除犯死罪监房收禁,好生巡护,休教走了,不得一面拷掠,即便申覆合干上司,比及申覆明降,据合吃底茶饭应付与者外,据真奸真盗之人,达鲁花赤与众官人一同问当得实,将犯人系腰、合钵去了,散收,依上申覆"⑦的规定,蒙古人只有在犯死罪的情况下才予以收禁,但很多情况下也仅是散收,这无疑体现出元代司法制度对蒙古人的优待。对于元朝存在监禁囚犯违背程序的案例,统计见表1-2。

为规范监禁,"诸郡县佐贰及幕官,每月分番提牢,三日一亲临点视,其有枉禁及淹延者,即举问。月终则具囚数牒次官,其在上都囚禁,从留守司提之。诸

① (元)赵承禧等:《宪台通纪·行台体察等例》,王晓欣点校,浙江古籍出版社2002年版,第21页。

② 陈高华等:《元典章》卷40《刑部二·狱具·巡检司狱具不便》,天津古籍出版社、中华书局2011年版,第1357页。

③ 陈高华等:《元典章》卷40《刑部二·系狱·罪囚暖匣》,天津古籍出版社、中华书局2011年版,第1365页。

④ 陈高华等:《元典章》卷40《刑部二·系狱·僧尼各处监禁》,天津古籍出版社、中华书局2011年版,第1372页。

⑤ (明)宋濂等:《元史》卷5《世祖二》,中华书局1976年版,第99页。

⑥ (明)宋濂等:《元史》卷103《刑法二·职制下》,中华书局1976年版,第2632页。

⑦ 陈高华等:《元典章》卷39《刑部一·刑名·蒙古人犯罪散收》,天津古籍出版社、中华书局2011年版,第1344页。

南北兵马司,每月分番提牢,仍令提控案牍兼掌囚禁。诸盐运司监收盐徒,每月佐贰官分番董视,与有司同"。① 元政府对出现枉禁和囚禁至死者要追究所涉官员责任。如诸衙门若存在"枉被囚禁及不合拷讯之人"行为,由监察部门从实体察追究。如果被囚禁之人"实有冤枉,即开坐事因,行移元问官司,即早归结改正。若元问官司有违,即许纠察",对于囚禁非理以致出现死亡或损伤的官员,委监察部门随事推纠。②《元史·刑法二》有对囚禁罪囚管理不善官员的处罚规定,"诸禁囚因械梏不严,致反狱者,值日押狱杖九十七,狱卒各七十七,司狱及提牢官皆坐罪,百日全获者不坐";对于受贿,有意隐瞒罪犯,畏罪逃避者,根捉到官,加等断决,"诸司狱受财,纵犯奸囚人,在禁疏枷饮酒者,以枉法科罪,除名"。③ 对于监禁罪囚长达五年的疑狱,遇赦时释放。"诸疑狱,在禁五年之上不能明者,遇赦释免。"④

与滥加监收相反,在做佛事、帝有疾、皇帝登基以及一些册封皇后、皇太后等大典时,元朝官府存在频繁大赦,滥释狱囚现象。据郑鹏研究,元朝在武宗朝、泰定帝、文宗朝大赦频繁,分别达到五年五赦、五年四赦、五年五赦的大赦频率,这当然与当时政局起伏不定有关,⑤但笔者认为如此高频率的大赦,一定程度上影响了法律的权威性,破坏了司法程序的公正性。笔者收集了一些释囚的史实,记录如下:元太宗十三年(1241 年),帝有疾,诏赦天下囚徒。⑥ 至元十年(1273 年)八月,前所释诸路罪囚,自至大都者凡二十二人,并赦之。⑦ 至元二十八年,诏释天下囚非杀人抵罪者。⑧ 大德十年(1303 年),虑大都囚,释上都死囚三人。⑨ 至大四年(1311 年)曲赦大都大辟囚一人,并流以下罪。⑩ 西僧以作佛

---

① (明)宋濂等:《元史》卷 103《刑法二》,中华书局 1976 年版,第 2635 页。
② 陈高华等:《元典章》卷 5《台纲一·内台·设立宪台格例》,天津古籍出版社、中华书局 2011 年版,第 144 页。
③ (明)宋濂等:《元史》卷 103《刑法二》,中华书局 1976 年版,第 2634 页。
④ (明)宋濂等:《元史》卷 105《刑法四》,中华书局 1976 年版,第 2690 页。
⑤ 郑鹏:《元代大赦与政治关系论析》,《史学月刊》2014 年第 12 期。
⑥ (明)宋濂等:《元史》卷 2《太宗本纪》,中华书局 1976 年版,第 37 页。
⑦ (明)宋濂等:《元史》卷 8《世祖五》,中华书局 1976 年版,第 150 页。
⑧ (明)宋濂等:《元史》卷 16《世祖十三》,中华书局 1976 年版,第 354 页。
⑨ (明)宋濂等:《元史》卷 21《成宗四》,中华书局 1976 年版,第 468-469 页。
⑩ (明)宋濂等:《元史》卷 24《仁宗一》,中华书局 1976 年版,第 548 页。

事之故,累释重囚。① 皇庆二年(1313年)癸巳,以作佛事,释囚徒二十九人。② 延祐元年(1314年)释天下流以下罪囚。③ 延祐五年(1318年)九月,"以作佛事,释重囚三人,轻囚五十三人"④。延祐六年(1319年)三月,"以天寿节,释重囚一人"。⑤ 至治二年(1322年)西僧亦思剌蛮展普疾,诏为释大辟囚一人、笞罪二十。⑥ 泰定元年(1324年)元政府曲赦重囚三十八人,以为三宫祈福。⑦ 致和元年(1328年),命帝师修佛事,释重囚三人。⑧ 至正十四年(1354年)皇太子修佛事,释京师死罪以下囚。⑨

可见,元朝几乎每位皇帝在位期间都实行过释囚行为,结合武宗、泰定帝和文宗三位皇帝的大赦,可以看出,有时皇帝对赦免囚徒达到毫无原则的地步。当然,对此滥释行为,就有大臣提出质疑。如大德七年(1303年)中书左丞相答剌罕就对此释囚现象提出质疑:"僧人修佛事毕,必释重囚。有杀人及妻妾杀夫者,皆指名释之。生者苟免,死者负冤,于福何有?"⑩至治二年十二月,"西僧灌顶疾,请释囚,帝曰:'释囚祈福,岂为师惜。朕思恶人屡赦,反害善良,何福之有。'"⑪至元二十一年,议大赦天下,"雄飞谏曰:'古人言:无赦之国,其刑必平。故赦者,不平之政也。圣明在上,岂宜数赦!'帝嘉纳之"⑫。张德辉亦主张"正刑罚而勿屡赦"。⑬ 官府及高层的违规滥释罪囚现象,不利于罪囚的改造,被害人的冤屈得不到伸张,不利于缓和社会矛盾,更重要的是破坏了正常的司法程序,影响了法律的权威和公信力。

犯有杖刑以上重刑即使取得罪犯本人及家属的伏辩文书,仍然要收监关

---

① (明)宋濂等:《元史》卷24《仁宗一》,中华书局1976年版,第556页。
② (明)宋濂等:《元史》卷24《仁宗一》,中华书局1976年版,第557页,
③ (明)宋濂等:《元史》卷25《仁宗二》,中华书局1976年版,第563页。
④ (明)宋濂等:《元史》卷26《仁宗三》,中华书局1976年版,第586页。
⑤ (明)宋濂等:《元史》卷26《仁宗三》,中华书局1976年版,第588页。
⑥ (明)宋濂等:《元史》卷28《英宗二》,中华书局1976年版,第620页。
⑦ (明)宋濂等:《元史》卷29《泰定帝一》,中华书局1976年版,第652页。
⑧ (明)宋濂等:《元史》卷30《泰定帝二》,中华书局1976年版,第675-676页。
⑨ (明)宋濂等:《元史》卷43《顺帝六》,中华书局1976年版,第917页。
⑩ (明)宋濂等:《元史》卷21《成宗四》,中华书局1976年版,第450页。
⑪ (明)宋濂等:《元史》卷28《英宗二》,中华书局1976年版,第626页。
⑫ (明)宋濂等:《元史》卷163《张雄飞传》,中华书局1976年版,第3822页。
⑬ (明)宋濂等:《元史》卷163《张德辉传》,中华书局1976年版,第3825页。

押,等候最后判决和执行。就是犯杖刑以上较重罪行的人犯,无论断否,都要收禁在案,即予以关押,加以人身控制,以免脱逃。对于罪行较重人犯押解到上司时,路途上正犯要枷项杻手,事主和捉事人也要一同前去,只不过他们是散行,不限制人身自由。也就是说,对于重犯的监禁强制措施是随时都存在的。有赃仗的要一同差人送达上司。对于监禁的监督,除有隶属于肃政廉访司的司狱直接管理外,同时"令州县佐官兼提控囚禁"①,毕竟在其行政区域内,便于监管。按照元代旧例,杖以下轻罪未断责保,至徒人某收禁外,正犯犯重刑人某,经本道廉访对本人家属明示犯由,取到伏辩文状,依旧收禁。后枷项杻手,同家属某差人监押,赴部引审。② 由于古代的法律不够严密,所以对传唤、逮捕等强制措施的界限划分得并不严格,但是有些拘禁措施却可以很清楚地辨别,如保候措施是古代强制措施中比较轻的一种。保候是对与案件有关的证人、可能无罪或证据不足的被告及有病之囚禁者采取的。③

二、追摄、勾问和保候

(一)追摄

元代追摄或称勾取,亦称根捉、捉拿、根勾、勾返等,"追寻曰根,擒捕曰捉"。④ 轻于逮捕,类似于现在诉讼中的拘传。元朝规定:若果有情犯,畏罪逃避,根捉到官,比本犯加等断决。⑤ 此类强制措施在下面案例中就有体现,如至元二十年(1283 年),淮西道同知宣慰使徐绍祖参议,不曾之任,前来上都,因闫二嫂媒合,与木匠周德进妻徐小春,就闫二嫂家内二次通奸,被唐胜宝等就奸所捉获,与讫钞两在逃。御史台认为,若不根捉得获,痛行断遣,使奸淫之人不知

---

① 陈高华等:《元典章》卷 40《刑部二·提牢·佐职提控罪囚》,天津古籍出版社、中华书局 2011 年版,第 1380 页。

② 陈高华等:《元典章》卷 12《吏部六·吏制·儒吏考试程式》,天津古籍出版社、中华书局 2011 年版,第 427 页。

③ 陈光中:《中国古代司法制度》,北京大学出版社 2017 年版,第 226 页。

④ (元)徐元瑞:《吏学指南》,浙江古籍出版社 1988 年版,第 109 页。

⑤ 陈高华等:《元典章》卷 40《刑部二·系狱·讼情监禁罪囚》,天津古籍出版社、中华书局 2011 年版,第 1362 页。

畏惧,何以劝善黜恶! 具呈中书省获准。① 该案例提到对案犯根捉问题。对窃盗、强盗,元政府立限捕捉,"往来客旅、斡脱、商贾及赍擎财物之人,必须于村店设立巡防弓手去处止宿。其间若有失盗,勒令本处巡防弓手立限根捉"②。对于脱逃军人、犯私盐等犯,有很多官府派员捉拿的案例,这里不一一列举。

(二)勾问

勾问或称"勾唤",比追摄的强制性小一些,与现代刑事诉讼法中不带有强制性的传唤有区别,仍类似于拘传。元朝规定:"诸人告状,受理官司披详审问,所告之事有理而实,先将被告人勾唤到官,取问对证。若已承服,不须别勾证佐。若被告人不伏,必须证佐指说,然后将紧关干连人指名勾摄。无得信从司吏一概呼唤,违者痛断。"③黑城出土元代词讼文书中,往往将"合干人等"全部勾唤到官。在此过程中,一般由官府"给信牌,令执里役者呼之"④;被告勾唤到官,承差人员须呈报官府。黑水城出土元代词讼文书中,有一件编号[Y1:W64]"忙不及印"的信牌:

> 奉
>
> 总府官台旨,据撒兰伯告李典病故,伊……抵奴将
>
> 瞻站地典与阔阔歹耕种,将站……应当事,凭
>
> 今发信牌一面,仰……抵奴,限十一月初九日早赴
>
> ……奉此
>
> 右仰
>
> 忙不及印
>
> 至元三年十一月初七日发行⑤

---

① 陈高华等:《元典章》卷45《刑部七·官民奸·职官犯奸在逃》,天津古籍出版社、中华书局2011年版,第1540页。

② 陈高华等:《元典章》卷51《刑部十三·防盗·商贾于店止宿》,天津古籍出版社、中华书局2011年版,第1696页。

③ 陈高华等:《元典章》卷53《刑部十五·听讼·不须便勾证佐》,天津古籍出版社、中华书局2011年版,第1778页。

④ (明)宋濂等:《元史》卷182《许有壬传》,中华书局1976年版,第4199页。

⑤ 塔拉等:《中国藏黑水城汉文文献》第4册《瞻站地典与阔阔歹耕种案》,北京图书馆出版社2008年版,第759页。

信牌开头顶格写"奉"字,提行书写签发信牌的官府及相关意旨,其后信牌正文,"据某人所告某事","今发信牌一面,仰将某人,限某月某日赴某官府……奉此"。再提行署字"右仰"。最后一行为"某年某月某日发行"。由文中"忙不及印"可知正式的信牌应加盖有主管官员的印章,方为有效。其强制性具体体现在限月日传唤人犯赴官府上面,传讯被告人具有明确的期限,具有一定的紧迫性。

元代官府传唤"合干人等"除用信牌外,还使用"唤帖"的形式。如编号[F116:W237]的《麦足朵立只答站户案卷》:

> (皇帝)圣旨里亦集乃路总管府据麦足
> 朵立只答状告云云,为此,总府今
> 差人前去勾返状内一干人等
> 押来赴府,照验施行
> 亦称布沙真布
> 干连人
> 梁汝中玉也火答合兀
> 廿六日(巴思巴文印章)①

该传唤帖的开头写"皇帝圣旨里",接着书写签发唤帖的官府,然后书写正文,"据某人状告某事,为此,某官府今差人前去勾返(亦称勾唤、追摄等,强制措施之一)状内一干人等押来赴府,照验施行",接着书写"被告人""干连人"等,最后一行署日期,并盖章。其强制性体现在"押""勾返"字词上及盖有官员印章等方面。

可见信牌和唤帖都是官府在受理案件后,签署的具有官方性质的具有明确被传唤人的官方文书,相比唤帖,信牌具有较强的强制性质。除了后者具有明确的传讯期限外,大概由于唤帖除了传唤被告人外,还包括与案件有关"干连人"的原因,如何现今对于传唤证人一般不能采取强制手段。元朝就已经有所

---

① 塔拉等:《中国藏黑水城汉文文献》第4册《麦足朵立只答站户案卷》,北京图书馆出版社2008年版,第788-789页。

体现。当然唤帖并非没有强制性。代表官方的巡尉和弓手等，对人犯采取措施都需要持有一定的官方文书，履行一定的手续方可进行。如同今日的逮捕和缉拿人犯，官方人员要通过签发官方"逮捕令"或"通缉令"才可。

拘捕人犯、传唤干连人，须签署承管状，是收管犯人时所用。如编号为[F116:W162]有关失林婚书案的文书，就是勾唤案件相关人员时的承管状。[①]

> 取承管人李哈剌章
> 今当
> 总府官承管委得限日……
> 妾妻失林并小闫、干照人史……
> □□根勾前……不致违……
> （八思巴文印章）
> 台旨
> □□日

此承管状开头写"承管人某"或"取承管人某"，换行书写正文，"今当"二字，另提行书写"某官承管（委得）限某日将某人捉拿（根勾到官）"或其他承管事项，结尾书写"如违甘当违限罪犯不词，承管执结是实，伏取台旨"等惯用语，最后一行署年款、承管人姓名并画押。显而易见，捕拿盗贼和杀人伤害案犯也应有承管状。承管状文书的强制性比起信牌和唤帖来更强，具体体现在三点：一是捉拿人犯明确期限性，二是"捉拿"或"根勾"等词语包含强制性，三是此类文书需要承管人保证画押，明确责任，便于事后追责，这是与前两者最大的区别。

（三）保候

保候，即召保听候处理，召保就是"取保"，要找保人确保被保候人随传随到，不得有误，否则追究保人的责任。所谓责保，就是说虽不关押，释放到家，但并不表明没有责任，事情未完结，要随时听候官衙召唤处理，即随衙听候。元朝

---

① 塔拉等：《中国藏黑水城汉文文献》第 4 册《失林婚书案卷》，北京图书馆出版社 2008 年版，第914 页。

对有疾病或年老者、孕妇或杖刑以下轻罪没有审断的、社会危害性不大的贼盗可适用取保程序,采取取保措施。即使对于罪轻的正犯亦可以召保,如至元十四年(1277年)圣旨条画内一款规定,"干连不关利害,及虽正犯而罪轻者,召保听候"①。《宪台通纪》中亦有类似规定。② 皇庆三年,番禺县拿获贼盗韩天佑及回回人火者及等人犯,火者及假托有病,就被保管出外,致其在逃。③ 此案例说明元朝捕盗中存在因病取保程序。皇庆三年(1314年),赵世延劾奏铁木迭儿罪恶十有三,诏夺其官。④ 仁宗崩,铁木迭儿复居相位,锐意报复,诬告世延罪。世延以疾抵荆门,留就医。此时在许有壬为赵世延的辩解中有"为本官患病,奏奉圣旨,保管在外"记载,当时赵世延就是因病奉旨被保管在外的。⑤ 再如在"枉勘死平民"案件中"谢彻广年逾八十,无招监禁九个月余,病重才方召保还家"⑥。谢彻广因年老有病被召保回家。

妇人犯罪如临产者亦听取保,"临产月者,召保听候"⑦。《元史·刑法四》中有"诸孕妇有罪,产后百日决遣,临产之月,听令召保,产后二十日,复追入禁。无保及犯死罪者,产时令妇人入侍"。对于确需随时听候的妇女,除了有保人担保外,必须定期汇报本人所在处所和动向,以确保随叫随到。对无保人担保的,官府提供养济之物,安排固定处所,一般不允许安排在民户之家。"诸狱讼,有必听候归对之人,召保知在,如无保识,有司给粮养济,勿寄养于民家。"⑧《儒吏考试程式》中有"某人召保"字眼。收监事件中亦有"保"项:"据某人状招,如何

① 陈高华等:《元典章》卷40《刑部二·系狱·斟酌监保罪囚》,天津古籍出版社、中华书局2011年版,第1362页。

② (元)赵承禧等:《宪台通纪·行台体察等例》,王晓欣点校,浙江古籍出版社2002年版,第21页。另见《元典章》卷5《台纲一·行台·行台体察等例》,第151页。

③ 陈高华等:《元典章》卷55《刑部十七·放贼·番禺县官保放劫贼》,天津古籍出版社、中华书局2011年版,第1857页。

④ (明)宋濂等:《元史》卷180《赵世延传》,中华书局1976年版,第4165页。

⑤ (元)许有壬:《至正集》卷76《辩平章赵世延》,《元人文集珍本丛刊》第7册,新文丰出版股份有限公司1985年版,第342页。

⑥ 陈高华等:《元典章》卷54《刑部十六·违枉·枉勘死平民》,天津古籍出版社、中华书局2011年版,第1813页。

⑦ 陈高华等:《元典章》卷40《刑部二·系狱·孕囚产后决遣》,天津古籍出版社、中华书局2011年版,第1371页。

⑧ (明)宋濂等:《元史》卷105《刑法四》,中华书局1976年版,第2690页。

有失觉察罪犯,行下本司县,召保知在去讫"①,有失觉察属于显著轻微、因失误而触犯法律,可采用取保程序。此外,原告人在逃日期达到百日,捕捉不获,被告人可召保知在,品官复职。② 原告人告状却逃跑,说明有不可告人目的,或诬告,或受人挑唆或出于个人私利等原因,因担心被追责而逃,被告明显被冤枉,原告人逃跑百日的,对被告人可采取召保措施,有职官复原职。对自首官员犯轻罪者取保,元政府规定:"今后官吏首罪,事重者监收,轻者召保听候。"③加强对警迹人监管,盗贼刺断后"司县籍记,充警迹人",不能擅自离开,"令村坊常切检察,遇有出处经宿或移他处,报邻佑知"。④ 发还原籍官司收管和对警迹人监管都具有召保听候的性质,不过警迹人做法具有"管制"执行的意味,管制责任交于当地里正和社长等人加以监管。元朝司法实践中的取保程序,是重视罪犯差异性、司法人性化和进步性的体现。

总之,元代逮捕、勾摄、勾唤、保候都具有强制性,虽有所不同,但又不像当前司法领域中的强制措施区别那么明显,有时还混淆使用。元代的司法强制措施根据不同情况采取相适应的做法,体现出元代司法的进步。

第二节　元代强制措施的执行
——从《儒吏考试程式》中的捕盗材料谈起

捕盗是盗贼案件司法审判前的必要举措,对维护社会稳定和王朝统治具有重要意义。因此,史料说:"王者之政,莫急于盗贼"⑤,"民患莫甚于盗贼,不可视为小事"⑥。盗贼之害,为历代统治者所忌惮,历代法典和法律文书中大都有

---

① 洪金富:《元典章》卷12《吏部六·吏制·儒吏考试程式》,"中央研究院"历史语言研究所专刊2016年版,第517页。注:陈氏校本为"收竖事件"。

② 陈高华等:《元典章》卷53《刑部十五·元告·元告人在逃》,天津古籍出版社、中华书局2011年版,第1762页。

③ 陈高华等:《元典章》卷48《刑部十·首赃·出首取受定例》,天津古籍出版社、中华书局2011年版,第1608页。

④ 陈高华等:《元典章》卷49《刑部十一·警迹人·盗贼刺断充警迹人》,天津古籍出版社、中华书局2011年版,第1672页。

⑤ (唐)房玄龄等:《晋书·刑法志》卷30《刑法》,中华书局1974年版,第922页。

⑥ (元)王恽:《秋涧先生大全文集》卷92《议盗贼》,《四部丛刊初编》第1397册,商务印书馆1922年版。

盗贼、捕盗的规定,可见中国历史上各朝代对捕盗的重视。盗的意义很多,有司法意义上的盗,指以非法占有为目的,盗窃财物;有政治意义上的盗,主要指反叛国家政权,以反抗国家统治秩序甚至以推翻国家政权为宗旨。这两种盗,法律规定的惩罚方式是不同的,捕盗的方式当然也不同。本节只涉及司法意义上的"盗",对政治意义上的盗贼暂不涉及。

对元代捕盗进行研究,目前尚没有专门成果。李治安的《元代政治制度研究》一书对县级官府的捕盗方式、县级正官提控捕盗过程、县尉捕盗政绩进行考察,认为到元世祖朝捕盗赏罚逐步走向制度化。① 薛磊的《元代县尉述论》一文考察了元朝县尉设置、执掌、选任、管理及与同僚关系,认为元代县尉被占役现象明显减少。他的《元代州判官兼捕盗考述——从两方"州判官兼捕盗印"说起》一文修正了《元史·百官志》中只有下州判官才可兼职捕盗的规定。② 申万里的《元代学官选注巡检考》一文探讨了元代学官选注为巡检这一中国职官史上颇有趣味的现象。③ 刘晓的《元代的警迹与警迹人》一文对元代警迹人及警迹制度进行了阐述。④ 武波在博士论文《元代法律问题研究》涉及"捕盗程限"内容。⑤ 宋国华的《论元代的拘捕制度》中从元代拘捕主体、拘捕运行及赏罚三个方面对元代拘捕制度进行叙述,认为该制度既借鉴唐宋,又根据本朝实际情况进行立法,是中华法系的一部分。⑥ 王翠柏的《元代弓手制度初探》一文论述了元代捕盗者——弓手的主要职能,探讨了元代弓手制度异于前代更具职业化的特征。⑦

本节在前人研究的基础上,从司法程序的角度,结合《元典章·儒吏考试程式》中有关捕盗程序,对元朝捕盗制度加以初步探讨。

---

① 李治安:《元代政治制度研究》,人民出版社2003年版,第204-210页。
② 薛磊:《元代县尉述论》,《史学月刊》2011年第12期。《元代州判官兼捕盗考述——从两方"州判官兼捕盗印"说起》,《西北师大学报(社会科学版)》2014年第6期。
③ 申万里:《元代学官选注巡检考》,《中央民族大学学报(哲学社会科学版)》2005年第5期。
④ 刘晓:《元代的警迹与警迹人》,《北大史学》1994年第2期。
⑤ 武波:《元代法律问题研究》,南开大学博士学位论文,2010年。
⑥ 宋国华:《论元代的拘捕制度》,《福建江夏学院学报》2013年第4期。
⑦ 王翠柏:《元代弓手制度初探》,《中国史研究》2017年第1期。

一、捕盗体系

元朝捕盗机构和官员相对专业化，捕盗力量多元化。京师旧制州县捕盗止从南北两城兵马司，"诸南北兵马司，职在巡警非违，捕逐盗贼，辄理民讼者，禁之"①。大都路兵马都指挥使司，"掌京城盗贼奸伪鞫捕之事"②。各路、府及所辖州、县，设有录事司（路府治所）、捕盗司（州）、县尉司、巡检司等。③ 前三司一般每地只设一处，巡检司设在离县城较远或偏远之地，因地理、人口等原因，各地设置数量不一。④ 录事司判官、州判、县尉，每日带领弓手负责维护城内及周围村镇的治安。城外各地根据距离远近、居民人数多少或位置的重要程度，设巡防弓手，⑤由巡检率领弓兵捕盗。危素曾指出捕盗官员的重要性，"凡州判官、县尉、巡检之设，职捕盗也，官甚卑，职为甚要"⑥。元政府还根据地理和治安形势，增设或改设捕盗机构，如皇庆元年四月，"置察罕脑儿捕盗司，秩从七品"⑦。延祐七年（1320 年），元政府于深重狭隘之处，设置巡兵警捕一所。⑧ 元顺帝时，"增立巡防捕盗所于永昌"⑨。地方各级正官担任提控捕盗官，他们要"常切觉察，毋致盗贼生发"⑩。元朝专职捕盗人员是巡尉（县尉和巡检）和弓兵，州判和录判（录事司设）则是兼职捕盗官。县级官府招捕盗贼，采取县尉专掌、县长贰过问相结合的方式，⑪县尉"不须署押县事，止令专一巡捕勾当"⑫，某些下县一

　①　（明）宋濂等：《元史》卷 103《刑法二》，中华书局 1976 年版，第 2631 页。
　②　（明）宋濂等：《元史》卷 90《百官六》，中华书局 1976 年版，第 2301 页。
　③　（明）宋濂等：《元史》卷 20《成宗三》，中华书局 1976 年版，第 427 页；卷 24《仁宗纪一》，第 551 页；卷 87《百官三》，第 2198 页。
　④　王翠柏：《元代弓手制度初探》，《中国史研究》2017 年第 1 期。
　⑤　陈高华等：《元典章》卷 51《刑部十三·防盗·设置巡防弓手》，天津古籍出版社、中华书局 2011 年版，第 169 页。
　⑥　（元）危素：《危学士全集》卷 11《邬子柴巡检方君去思碑》，《四库全书存目丛书》集部 24，齐鲁书社 1997 年版，第 789 页上。
　⑦　（明）宋濂等：《元史》卷 24《仁宗一》，中华书局 1976 年版，第 551 页。
　⑧　（清）胡聘之：《山右石刻丛编》卷 32《丰州平治道路碑》，国家图书馆善本金石组：《辽金元石刻文献全编》第 1 册，国家图书馆出版社 2003 年版，第 447 页上。
　⑨　（明）宋濂等：《元史》卷 41《顺帝四》，中华书局 1976 年版，第 869 页。
　⑩　方龄贵：《通制条格》卷 19《捕亡·捕盗责限》，中华书局 2001 年版，第 558 页。
　⑪　方龄贵：《通制条格》卷 19《捕亡·捕盗责限》，中华书局 2001 年版，第 558 页。
　⑫　陈高华等：《元典章》卷 9《吏部三·捕盗官·县尉专一巡捕》，天津古籍出版社、中华书局 2011 年版，第 359 页。

度主簿兼县尉掌捕盗。录事司为路府治所所在,人口密集,每夜由录事判官轮流带领弓手在城内巡捕。[1] 皇帝有时直接指定某官员招捕盗贼,如江西肃政廉访使某"奉诏招捕盗贼,十年不返"[2],此时捕盗官具有不特定性,这是例外情况。地方诸管军官职当镇守,亦有促使盗贼不生之责,[3]其"守把城池,专一巡警,若遇失过盗贼,合令失盗坊巷坐铺军兵与当该提巡管军官责限捕捉"[4]。至元二十二年(1285 年)十月,元政府对捕捉强窃盗贼职责作出明确划分,"窃盗,捕盗官捕捉;强盗,镇守官一同捕捉"[5],并设巡军协助巡捕。[6] 邻境官员有协作捕盗义务,元政府规定:"诸盗贼生发,当该地分人等速报应捕官司,随即追捕。如必当会合邻境者,承报官司即须应期而至,并力捕逐,勿以彼疆此界为限,违者究治。"[7]亦集乃路甚至出现由镇戍宗王统领诸军参与抓捕盗贼的现象。[8]

　　除上述官方捕盗机构和捕盗力量外,民众有协助捕盗义务。元代规定两邻、主首、社长人等,对贼盗"知而不首者,同罪,失觉者量行治罪"[9]。平民亦需协助捕盗,《原本老乞大》载有此类例子:"当时有一个客人,赶着一头驴,背上驮着两笼枣子。后面跟着一个骑马的贼,带着弓箭,行到无人处,那贼将客人脊背上射了一箭,那人倒了,贼人以为死了。客人被射昏了,苏醒过来,恰有捕盗官来那里巡警,便告了",捕盗官领着弓兵去赶捉贼人,一弓手被射伤,"捕盗官袭将去,到各村里,差了一百个壮后生,将着弓箭器械,把那贼围在一个山谷里,才

① 陈高华等:《元典章》卷 51《刑部十三·捕盗·录事司巡捕事》,天津古籍出版社、中华书局 2011 年版,第 1701 页。

② (元)危素:《危学士全集》卷 4《临川吴文正公年谱序》,《四库全书存目丛书》集部 24,齐鲁书社 1997 年版,第 673 页。

③ 方龄贵:《通制条格校注》卷 19《捕亡·防盗》,中华书局 2001 年版,第 554 页。

④ 陈高华等:《元典章》卷 51《刑部十三·失盗·军官捕盗责罚》,天津古籍出版社、中华书局 2011 年版,第 1721 页。

⑤ 陈高华等:《元典章》卷 51《刑部十三·捕盗·军民官一同巡禁》,天津古籍出版社、中华书局 2011 年版,第 1703 页。

⑥ 陈高华等:《元典章》卷 51《刑部十三·防盗·设置巡防弓手》,天津古籍出版社、中华书局 2011 年版,第 1693 页。

⑦ 陈高华等:《元典章》卷 51《刑部十三·捕盗·捕盗勿以强界》,天津古籍出版社、中华书局 2011 年版,第 1705—1706 页。

⑧ 张笑峰:《元代亦集乃路诸案成因及处理初探——以黑水城出土元代律令与词讼文书为中心》,《西夏学》2013 年第 2 期。

⑨ (元)王恽:《秋涧集》卷 80《中堂事记上》,《四部丛刊初编》第 1394 册,商务印书馆 1922 年版。

拿着回来"，①可见有时平民在捕盗中还起到不小的作用。元政府悬赏鼓励民众告发、抓捕盗贼，由平民抓获贼盗并扭送官衙的亦有存在。如大德五年（1301年），处州民户章文焕就因抓获强盗五名而被授予县尉之职。②

综上所述，元朝政府捕盗体系具有相对专业化特征，同时利用军民捕盗，使捕盗方式多元化。元代捕盗主体是各级地方捕盗官员，县级由巡尉专职负责，州由州判、录事司由录判兼理，这些官员率领所属弓兵招捕盗贼，路府州县镇守军亦有捕盗之责，民间百姓有协助官员捕盗的义务。

二、捕盗程序及运作

捕盗程序是指盗贼刑名案件正式审理前直到申解盗贼时的整个过程，元代的捕盗程序在《元典章·儒吏考试程式》中有明确的体现，有关史料摘录如下：

> 某州备某司、县申该：据某人状告（贴题备录全文，直至"告乞施行"）。得此（贼盗，须云委官验过本家失盗踪迹）。移文县尉并下所属地分，及牒邻境官司捉贼。施行间，准某处官司公文该：据某人状告，某年月日，缘何认是前项贼人，以此亲手捉获监押赴官（因赃败露者，即云并赃一就赴官。涉疑捉获者，即云缘何疑是贼人，盘捉到官。非盗贼，云就将犯人勾捉到官）。县司略行问得贼人某招伏，与事主元申并捉事人见告俱各相同。追获赃仗，勒令事主认过，委是被（强曰劫，切曰盗）本物。契勘逐人所招，事干刑名，县司地卑，不敢留问。今将正犯人某人枷项纽手，事主某、捉事人某散行，同赃仗一就差人牢固监押前去。乞收管施行。③

上述材料体现捕盗程序如下：

状告捕盗（书写状纸、委官勘验盗踪）

---

① ［韩］郑光：《原本老乞大》，外语教学与研究出版社2002年版，第40页。
② 陈高华等：《元典章·新集·刑部·巡捕》，天津古籍出版社、中华书局2011年版，第2191页。
③ 陈高华等：《元典章》卷12《吏部六·吏制·儒吏考试程式》，天津古籍出版社、中华书局2011年版，第427-428页。

移文县尉并牒发邻境官府协同捕盗

↓

捕获盗贼(或民众扭送,亦要呈状纸)

↓

县司略审(事涉刑名、贼人招伏、追获赃仗)

↓

向上司申解盗贼(连同赃仗、事主或捉事人)

上述捕盗程序体现了司、县从接到状告、移文捕盗、获盗略审到押解盗贼的过程。一般说来,元朝捕盗程序可归纳为捕盗启动、捕获盗贼、初步审讯、申解人犯四个步骤。捕盗程序开启有两种方式:一是事主向县尉司(或巡检司)告状,告发盗贼案件。有关官员经现场勘验,如有证据证明所告属实即可立案,并移文县尉或巡检捕盗。就是说,捕盗的开启一般要有捕盗官的认可才可执行。官员认可捕盗,需要有明确的证验为前提,但如所告属于重案、急需抓捕盗贼,即不受证验有无的限制,"当该官司凡受词状,即须仔细详审。若指陈不明及无证验者,省会别具的实文状,以凭勾问。其所告事重、急应掩捕者,不拘此例"①。对于严重治安案件或危害统治阶层利益事件,元政府允许越级飞申,向上级的路、府申报。② 一般元代捕盗机构每月需上报,"具盗贼、囚徒起数,月申省部"③。如果有人告捕,官司不理或理断不当,要追究有关官员责任。以告捕私茶为例,"凡诸人告捕,本处官司不为理问,或理断不当,并听运司依法究治。仍督各处巡捕官司严行巡禁,毋致私茶生发,侵衬官课。如巡禁不严,败获到官,验事发起数,少者罚俸,多者的决,任满于解由内开写,视为殿最"④。

第二种方式是县司衙门或捕盗县司、巡尉官兵发现盗贼线索(或民众举报)

---

① 陈高华等:《元典章》卷53《刑部十五·听讼·至元新格》,天津古籍出版社、中华书局2011年版,第1748页。

② 陈高华等:《元典章》卷53《刑部十五·听讼·词讼不许里正备申》,天津古籍出版社、中华书局2011年版,第1750页。

③ (明)宋濂等:《元史》卷5《世祖二》,中华书局1976年版,第98页。

④ 陈高华等:《元典章》卷22《户部八·茶课·巡茶及茶商不便》,天津古籍出版社、中华书局2011年版,第813页。

主动开启捕盗程序。第一种应是开启捕盗程序的主要方式,即以告状的方式开启捕盗。当事人向县、司上呈状纸,状纸书写要简洁,"应告一切词状,并宜短简,不可浮语泛词,所谓长词短状故也"[1]。词状"一般不过二三百字,短的仅数十字"。[2] 并有固定格式,笔者抄录两则元代强窃盗贼状纸样式如下:

应被窃盗告状式

告状人张某

　　右某年几岁,无病系某处某村籍民伏为状告:某年月日夜二更时分,睡觉听得某屋内外房响声,疑有贼人,随即起床,明灯照觑得某睡房门被贼人推开,将房内衣服笼一只于内有至元钞若干定,段子、银钗、布帛、衣服等物尽行偷去无存。当出外房得见左畔门边壁堵被贼剜开一穴,系是贼人出入去处,就叫唤邻人丙知证分晓。今将被盗物件开单在前。谨状上告某处巡尉司伏乞详状施行,所告执结是实,伏取裁旨。

　　　　　　　　　　年　月　日　告状人　姓　某　状

应被强盗告状式

告状人黄某

　　右某年几岁。无病系某乡某都籍民伏为状告:某年月日夜三更分,忽听得所住屋外门被人打开,忽见有贼几人各用墨抹面,手执枪棒、火炬突入屋内。将某拿住,用麻绳绣缚,家小并皆惊走。被各贼于某卧房内搜检劫讫钞若干定、段子若干匹,衣服、金银器皿、首饰等物,尽行劫掠去讫。当时投叫邻人丙等赶逐,有各贼落路登山逃走,不知去向。今将被劫钞物开具单目,黏连在前,谨状上告。

　　右县尉司伏乞详状施行,所告如虚甘罪不词,执结是实,伏取裁旨。

　　　　　　　　　　年　月　日　告状人　姓　某　状[3]

---

① （元)陈元靓:《事林广记·别集》卷4《告状新式》,中华书局1963年版。
② 杨一凡:《中国法制史考证·甲编》第5卷《历代刑法考·宋辽金元法制考》,中国社会科学出版社2016年版,第571页。
③ 黄时鉴:《元代法律资料辑存》,浙江古籍出版社1988年版,第234-235页。

从上面所引史料可以看出,元代状纸分为两种,一种是被窃盗告状式,一种是被强盗告状式。元代状纸分为状头、主体、状尾三部分,状头由告状性质名称、告状人自身状况(姓名、年龄、籍贯、健康情况)组成;主体是状纸主要部分,包括被抢或窃简单经过、损失钱物清单;如损失财物较多,可单列明细清单,粘连在状纸前面。状尾要点明状纸投递部门,告状人甘结属实保证,不得诬告或妄告,诬告者抵罪反坐。① 状尾还包括企望官府受理等语以及年月日、告状人签名。

因案件性质不同,告状时限也会有不同。一般婚姻、田土、债务纠纷案件上诉有务限的规定,一般在农闲时节,衙门务开时才可上告。对于盗贼等刑名案件无时间限制,可随时申诉。当然失盗要及时报官,超过一定期限事主再告发的,盗贼捉获不到,捕盗官兵亦可免责。至元二十三年(1286 年)中书省的规定即说明了这种情况:"军人、和尚牛群内被盗牛只,经隔贰拾余日才行申官,委的难以追袭捉贼。若同被盗财物一例责罚捕盗官兵,实是虚负。"②

前面已经说明,县尉司(或巡检司)接到贼盗案件状纸后,有关官员要勘验现场,须"委官验过本家失盗踪迹",确认所告是否属实,搜集必要人证、物证(嫌疑人作案痕迹等)。③ 此后,县尉司需要启动捕盗程序,移文所属县尉或巡检,签发信牌(或称文贴)和承管状,发布悬赏缉捕文告,并向邻境官司发文牒,联合捕盗。捕盗官兵一般要有上司部门的文帖,方可巡捕。例如元朝关于私茶案件的捕盗程序规定:"如果有私茶告发去处、必合巡捉者,即听茶司与本处官司若应捕之人明赍文帖,方许巡捕。其非应捕人员,别无文帖在手,并不得一面搜捉。运司亦不许非时泛滥差人巡捉,惊扰民商。"④抓捕过程中,盗贼可能被巡尉或弓兵捉获,亦可能被民众扭送到官,或为邻境所获,他们要移交所管县司。盗贼或人犯被人扭送到官,亦要先呈状纸,史料中没有发现此类状纸,书写格式当和上述告状式差不多。从引文可看出,内容包括发现贼盗时间、捉拿贼犯缘由,如是

① (明)宋濂等:《元史》卷 105《刑法四·诉讼》,中华书局 1976 年版,第 2670 页。
② 方龄贵:《通制条格校注》卷 19《捕亡·追捕》,中华书局 2001 年版,第 567 页。
③ 陈高华等:《元典章》卷 12《吏部六·吏制·儒吏考试程式》,天津古籍出版社、中华书局 2011 年版,第 427 页。
④ 陈高华等:《元典章》卷 22《户部八·茶课·巡茶及茶商不便》,天津古籍出版社、中华书局 2011 年版,第 813 页。

涉疑而捉获,需点明涉嫌理由并承诺所说属实。如有赃物,要和贼盗一并送官。此外,如捉获非盗而是其他犯人亦要声明。因贼盗案件相关民众的生命财产安全,为使捕盗不致淹滞,元政府确立捕盗期限:若有失盗,勒令当该弓手立定三限收捕(每限一月)。① 至元六年(1269 年)元朝规定:"中都应系失盗,依先帝圣旨体例,限一年,教巡军每根寻贼人。"②至元九年(1272 年)中都(今北京)改号大都。③ 中都捕盗期限长于其他地方的捕限,当与该地盗贼复杂情势有关。巡尉司要把捕获贼盗情况定期上报,"每月将应有捉获见禁贼徒,开具败获监禁月日,并取到略节招词,不行牒发缘由,依期申报合属,通类牒呈宪司。如无,亦具执结申报,以凭体察"④。路府州郡镇守军官,若遇失过盗贼,亦"责限捕捉,须要限内得获,发付有司归勘"⑤。

　　县尉、巡检或弓兵捕盗人员获贼略加讯问后,要连同所获赃仗及时发送本属县、录事司,再行审问。元代政府对捉获盗贼,先禁于司县,后申解所属有司,"应监禁之人除官府正设牢禁外,并不得擅置牢狱,违者并行纠治"⑥。据刘晓研究除中央刑部、御史台设狱外,行御史台,地方路、府、州、县,亦设有各级监狱机构,录事司下亦有监狱。⑦ 据盗贼性别、所属族群及所犯罪行轻重、施以不同的监禁措施,可参见第一节有关监禁的叙述。蒙古人犯罪嫌疑人在监禁方面受到优待,元朝规定:"诸正蒙古人,除犯死罪,监禁依常法,有司毋得拷掠,仍日给饮食。犯真奸盗者,解束带佩囊,散收。余犯轻重者,以理对证,有司勿执拘之,逃逸者监收。"⑧行省所属区域要季报罪囚起数,盗贼亦不例外,行省"所管去处

---

① 陈高华等:《元典章》卷 51《刑部十三·防盗·设置巡防弓手》,天津古籍出版社、中华书局 2011 年版,第 1694 页。

② 陈高华等:《元典章》卷 51《刑部十三·巡军捉贼不获陪赃》,天津古籍出版社、中华书局 2011 年版,第 1719 页。

③ (明)宋濂等:《元史》卷 90《百官六》,中华书局 1976 年版,第 2300 页。

④ 陈高华等:《元典章·新集·刑部·巡尉司囚月申》,天津古籍出版社、中华书局 2011 年版,第 2162—2163 页。

⑤ 陈高华等:《元典章》卷 51《刑部十三·失盗·军官捕盗责罚》,天津古籍出版社、中华书局 2011 年版,第 1721 页。

⑥ (元)刘孟琛等:《南台备要·立江南提刑按察司条画》,王晓欣点校,浙江古籍出版社 2002 年版,第 155 页。

⑦ 刘晓:《元代监狱制度研究》,《元史论丛》第 7 辑,江西教育出版社 1999 年版,第 37 页。

⑧ (明)宋濂等:《元史》卷 103《刑法二》,中华书局 1976 年版,第 2632 页。

见禁罪囚,略具所犯情节、收禁月日,施行次第,开写元管、新收、开除、见禁,类总每季咨省。失过强切盗贼,登答已、未获起数,依上季报施行"①。元朝司、县对于巡尉发送过来的盗贼,要进行初步审理。巡尉、捕盗官"如是获贼,略问情由,即便牒发本县一同审问"②,实行集体参议鞠问的方式。元朝官员审问案件要及时,虽县尉无须署押县事,但对自己负责预审的盗贼狱案,县尉须和长贰同僚一同"公座圆问"③,一同署押。一般只审"今次所犯,使首尾情实",但如"情辞别有可疑,说出他事者,亦合鞠问"。④ 审判官员对盗贼不得擅自刑讯,但赃证明白,避罪不肯招伏,审问官一致同意,可以依法拷讯,强盗在证据清楚情况下不招服甚至可直接刑讯,不必所有审问官都同意。⑤ 但"不得曲加凌虐,转生余事"⑥,"不得专委司吏、弓手人等私下拷问、推勘"。元朝县司官员初步审理案件要达到使贼盗招伏或验证案件真伪的目的。如贼人招伏后,审理官员亦要把其招伏与事主原申诉求或捉事人所述进行比对,勒令元告辨认,所获赃仗(赃物、作案工具等)是否为被盗劫原物,与贼盗作案所用器具是否一致,通过辨认,如一切属实,有关人员签字画押,不致冤枉。不难推测,如通过辨认比对,可能涉嫌误捉,就要撤案且放人。在此阶段,官员应注意收集物证、言辞证据并注重现场勘验,因盗贼招供和赃仗都是最后正式审理判决的重要证据,因此需要制作勘验、辨认有关记录文书。元代地方官府"公座推问是实,解赴本州岛府再行鞠勘施行,⑦通过初步审理,如盗贼涉及刑名重案,司、县需要申解上司,正如引文所记申解盗贼缘由是"事干刑名,县司地卑,不敢留问"。一般元朝县、司审理

① 陈高华等:《元典章》卷40《刑部二·系狱·罪囚季报起数》,天津古籍出版社、中华书局 2011 年版,第 1373 页。

② 陈高华等:《元典章》卷51《刑部十三·获盗·获贼略问即解》,天津古籍出版社、中华书局 2011 年版,第 1708—1709 页。

③ 李治安:《元代政治制度研究》,人民出版社 2003 年版,第 187 页。

④ 陈高华等:《元典章》卷6《台纲二·体察·察司体察等例》,天津古籍出版社、中华书局 2011 年版,第 156 页。

⑤ 陈高华等:《元典章》卷40《刑部二·狱具·有罪过人依体例问》,天津古籍出版社、中华书局 2011 年版,第 1359 页。

⑥ (元)胡祇遹:《紫山大全集》卷23《吏治杂条》,《景印文渊阁四库全书》第 1196 册,台湾商务印书馆 1986 年版,第 424 页。

⑦ 陈高华等:《元典章》卷40《刑部二·狱具·巡检司狱具不便》,天津古籍出版社、中华书局 2011 年版,第 1357 页。

多涉及刑名外的婚姻、田土、钱债或笞刑五十七以下等轻刑案件,有权结案并执行,但"若有冤枉"①,或"有疑狱不能断决者"②,要实时申解本路上司。若路、府"犹有疑惑不能决者,申行中书省"③。再则,如涉及盗贼等刑名案件,则县、司无权受理,一般都要呈上司部门审理。申解时,县、司将正犯贼盗上枷或纽手并派人监押,事主和捉事人散行,连同所获赃仗、问审状由一并送交上司州府(据其可能判刑轻重送交州、府或路),由上司具体审理。

总之,对于盗贼案件,县、司只是进行简单的初步审讯,弄清案情(原发事头),收集必要的物证及口供,确保案件属实,毋致冤枉。如是刑名案件,县、司要负责押解盗贼,连同具体状由、赃仗一并交由上司具体审理,捕盗程序即告终结。值得注意的是,若在押解盗贼过程中,出现盗贼脱逃或身死的情况,押解官兵要受罚。④

盗贼案件审理管辖涉及不同的受理机关,和捕盗程序密不可分,一般盗贼告发案件,有明确被论人(被告人)的,就被论人所在官司陈告:"邻近州县与本管司县军民户计相关词讼,拟就被论官司归对。"⑤没有明确被论人的,可以推断应就案发地官司归问。"诸四怯薛及诸王、驸马、蒙古、色目人,犯奸盗诈伪,从大宗正府治之。"⑥大宗正府是由蒙古人控制的中央审判机关,体现出元朝案件审理中蒙古统治的特点。在地方发生的不涉及上述人等的强窃盗贼刑名案件,要分付有司审理,至元二十一年(1284 年),元世祖圣旨:"如今拣那阿谁,但属城子的人,如拿住贼呵,交本处达鲁花赤官人每断者。如他每断不定呵,省里呈

①　陈高华等:《元典章》卷6《台纲二·体察·察司体察等例》,天津古籍出版社、中华书局 2011 年版,第 156 页。

②　陈高华等:《元典章》卷40《刑部二·狱具·巡检司狱具不便》,天津古籍出版社、中华书局 2011 年版,第 1357 页。

③　陈高华等:《元典章》卷40《刑部二·狱具·巡检司狱具不便》,天津古籍出版社、中华书局 2011 年版,第 1357 页。

④　陈高华等:《元典章》卷55《刑部十七·脱囚·脱囚监守罪例》,天津古籍出版社、中华书局 2011 年版,第 1852 页。

⑤　陈高华等:《元典章》卷52《刑部十五·元告·元告就被论问》,天津古籍出版社、中华书局 2011 年版,第 1762 页。

⑥　(明)宋濂等:《元史》卷104《刑法一·职制》,中华书局 1976 年版,第 2611 页。

说者。"①据盗贼所犯罪行轻重,其审理官府级别不同。大德五年(1301 年)元廷规定:

> (诸)盗贼既有颁定条例,今后杖以下罪,府州追勘明白,即听断决。徒罪,总管官司公厅完坐,引其囚人,明示所犯罪名,取责准服文状,然后决配,仍申合干上司照验。流罪以上,须牒廉访司官审复无冤,方得结案,依例待报。其徒伴有未获、追会有不切而不能完备者,如服审既定,赃验明白,理无可疑,亦听依上归结。②

录囚是中国封建王朝由君主或上级长官查阅囚犯或直接向囚犯询问决狱情况,平反冤狱或督办久系未决疑案的制度。到了元末,朝廷遣官录囚侧重为五府官录囚,五府官由中书省、枢密院、御史台、宗正府、刑部委派的官吏组成。为避免案件积压和狱囚淹滞,至元三年(1266 年)元政府规定:除人命重刑案件外,偷大头匹等盗贼案件,赃仗完备,不须候五府官审录,有司部门有权结案。扩大有司的审判权限。③重案要接受每三年一次的五府官复审。

元代在捕盗方面出现了一些功绩卓著的捕盗官吏。大德间,汝州(今河南汝阳县)胡知州消弭盗贼有方,"道民以善,节民以礼,前日卸货穿窬之徒,皆化而为良民,境内肃然,盗贼屏息"④。至元间,磁州成安县(今河北磁县)簿尉刘仁胆略过人,随贼盗踪迹至军营。他县无敢窥伺者,仁直入其营,俱获赃贼。⑤顺天路清苑县尉石昌璞,强干有为,巡捕得法,察贼推情,遂破窟穴。自到任以来甫及一年,擒捕强窃及印造伪钞知名剧贼郝荣、杨留儿等凡十七起,计贼党九

---

① 陈高华等:《元典章》卷 51《刑部十三·获盗·获贼分付民官》,天津古籍出版社、中华书局 2011 年版,第 1709 页。

② 陈高华等:《元典章》卷 49《刑部十一·强窃盗·强窃盗贼通例》,天津古籍出版社、中华书局 2011 年版,第 1626 页。

③ (元)苏天爵:《滋溪文稿》卷 27《建言刑狱五事》,陈高华、孟繁清点校,中华书局 1997 年版,第 451 页。

④ (元)李俞:《汝州知州胡公德政碑》,(明)王雄:《正德汝州志》卷 8,《天一阁藏明代方志选刊》第 66 册,上海古籍书店影印本 1963 年版。

⑤ (元)杨威:《簿尉刘公去思碑》,(清)张应麟修,张永和纂《成安县志》卷 14 上《金石》,《中国方志丛书·华北地方·第 199 号》,成文出版社 1931 年版。

十八名。① 延祐五年(1318 年),潍州(今山东潍坊市)北海县尉马文进,擒强窃盗贼一百八十余起。② 大德年间,雷彦植改美原(今陕西富平县)巡检。盗贼畏威远遁,两司为之肃然。后敕授临潼县尉,"谨巡捍,严督捕,阖境安寝,无草窃之虞"③。类似例子还有不少,不再赘举。

三、捕盗实施过程中的问题及改进措施

元代捕盗程序中亦存在很多弊端,都有哪些问题? 政府又是如何应对的呢?

(一)元代捕盗过程中的问题

元代官府在捕盗中出现一些违背程序现象,参见表 1-1。

表 1-1　元代捕盗违背程序案例统计表

时间	案例	出处
至元三年	应山民被劫,巡徼执五人坐之,以冀官赏。狱具,公疑而讯之,果皆良民,而巡徼以罪免。五人者,非公之明死狱中矣	苏天爵《滋溪文稿》卷13《元故翰林直学士赠国子祭酒范阳郡侯谥文清宋公墓志铭并序》
至元三十年	龙兴路乌山程仓官被贼劫杀,乌山巡检司承告报后,贾义不合将引弓手,于程仓官家看踏踪迹,以致众贼逃走。丁上舍被贼七十余人劫掠,不合不行粘踪追捕,以致贼人走透	《元典章》卷 54《刑部十六·巡检有失巡捕》
至元三十二年	江西南安小名翟寿的万户,交他收捕草贼,不去收捕,推病,引着军回来了。那草贼却交别人去收捕	《元典章》卷 54《刑部十六·收捕推病回还》

① (元)王恽:《秋涧先生大全集》卷 89《乌台笔补·论顺天清苑县尉石昌璞系狱事状》,《四部丛刊初编》第 1396 册,商务印书馆 1922 年版。

② (元)马骧:《管民百户邓英墓碑》,(清)李祖年修,于森逢纂:《文登县志》卷 4 下,《中国方志丛书·华北地方·第 368 号》,成文出版社 1933 年版,第 343 页。

③ (元)同恕:《榘庵集》卷 7《临潼县尉雷君墓志铭》,《景印文渊阁四库全书》第 1206 册,台湾商务印书馆 1986 年版,第 724 页。

续表

时间	案例	出处
至元三十二年	益津县尹张英兼掌尉印,凡失盗二起,明有窟穴显迹,不即督勒弓兵严限缉捕,却擗问失盗李、郑二家亲属,勒要讫事主自愿不行申告文状	王恽《秋涧集》卷 87《乌台笔补·益津县尹张英非违等事状》
大德三年	瑞州翼千户范震、永新县尉周铎,收捕草贼,不行救援,被贼杀死乔百户、马巡检等	《元典章》卷 54《刑部十六·收捕不救援例》
大德五年	东平路东阿县北枢密院都事王毅奔丧还家,回赴大都,强贼二人将元骑马匹、衣服、钞两等物尽行劫夺。告报尉司,坐视不以为意	《元典章》卷 11《吏部五·捕盗官给由例》
至大二年	山阴县郝秀状告达鲁花赤兀马儿,因以捉获强贼小萧,妄称攀指各家寄放赃钞,捉拿监收,与讫兀马儿中统钞五定撒放等事	《元典章》卷 46《刑部八·犯赃再犯通论》
至大二年	盗窃真州库钞三万缗,有司大索,追逮平民数百人,吏因为奸利,睿躬自详谳而得其情,即纵遣之。未几,果得真盗	《元史》卷 125《高睿传》
延祐三年	泽州高平民有盗窃其家资,官诬执一家五人为盗,榜掠无完肤,父子二人已死狱中。公阅其文书,察其辞色,而遽释之。召其主人询问,知其邻村五人者曾来贷粟。公即擒之,赃索皆在,遂具狱	苏天爵《滋溪文稿》卷 23《故嘉议大夫江西湖东道肃政廉访使董某行状》
延祐三年	杭州路仁和县巡检司弓兵相先、贴书陆荣祖捉获犯人钱百四、周显保、王三十八私盐十二担,要讫王、周中统钞三定二十五两入已,将各人脱放,止将钱百四解官	《元典章》卷 12《户部八·盐法通例》
延祐三年	松江万户府军人俞胜、徐福捉获犯人陈寿一、李万七私盐四草包,停留五日,接受陈中统钞五十两,于金山镇守官张百户处打话,将犯人脱放,作无犯人私盐申解	《元典章》卷 12《户部八·盐法通例》
延祐三年	嘉兴万户府军人王马儿捉获犯人王千四等私盐,解赴千户所引过,差刘百户与军人王马儿等一同赴解间,有金三等于本所说合,用财换扣文解,作无犯人私盐分付刘百户等,纵放王等还家	《元典章》卷 12《户部八·盐法通例》

续表

时间	案例	出处
延祐四年	龙兴路侯澄将马一匹、驴二头、行李、钞、绢等物,前来大都求仕。至清池县,有达达三人用箭射伤澄,强劫财物。告到该县马县尉,本官带酒不理,将侯澄毁骂,隔六日才行验伤	《元典章·新集·刑部·马县尉不即拿贼》
延祐五年	锦州闫李家驴等三名打死事主曹大用,劫讫段匹等物。巡检扈永泰等不即捉贼令事主将被害身尸焚烧。受理后不即追捕,故行蔽匿。事主曹成自获正贼并赃后,再行陈告,取曹成不行申官招伏	《元典章·新集·刑部·扈巡检不即拿贼》
延祐五年	安喜县人吏刘令史,追袭强盗一十余人至中山府南关,亲获强盗,本处官兵不为救捕,被贼斫射伤损	《元典章·新集·刑部·提控捕盗官不向前捉强贼罪》
泰定四年	余姚孙国宾求盗,获姚甲造伪钞,受贿而释之,执高乙、鲁丙,诬以同造伪。高尝为姚行用,实非自造,孙既舍姚,因加罪于高,鲁与孙有隙,故并连之,鲁与高未尝相识	《元史》卷187《贡师泰传》
元统二年	益都路有马贼白昼劫人,久不能捕,谙都剌生擒之,其党赂宣慰使罗锅,诬以枉勘,纵其贼,已而贼劫河间,复被获,尽输其情,谙都剌之诬始白	《元史》卷192《谙都剌传》
至正年间	华阴县李谋儿累杀商贾于道,为贼十五年,至百余事。事觉,狱已具,贿赂有司,谓徒党未尽获,五年不决,人皆以为愤	《元史》卷188《董抟霄传》

首先,捕盗官素质会影响捕盗成效和结果。那么捕盗官的选任就很重要。

1. 捕盗官选任存在弊端

至治元年(1321 年),一监察御史呈文中提到,近年以来巡尉"多系荫授子弟,年皆幼冲",既不习弓马,不知警捕方略。中间多有年迈之人,精神衰惫,被坚乘马,尚且不能,如果"一旦盗贼生发,无所措手足"。① 甚至有的巡尉,在捕

---

① 陈高华等:《元典章·新集·吏部·县尉巡检于正从九品内选注》,天津古籍出版社、中华书局 2011 年版,第 2045 页。

盗中良莠不分,"良□民俱被收禁",将正贼反行出放,^①出现这种情况显然是选任捕盗官吏不当使然。

2.捕盗效率不高

元代捕盗效率不高的例子较多,至元三十年(1293年)二月,江西行省龙兴路(今江西南昌市)乌山巡检贾义在接到劫贼的告发后,不去立刻捕贼,却"引弓手,于程仓官家看踏踪迹",丁上舍被贼劫掠,亦"不行粘踪追捕",以致贼人走脱。^② 还有捕盗官"每闻盗发必请命于大府,大府又请命于朝廷",等到捕捉令下来,"盗已劫卤而去,虽乘急传皆后时无及矣"。^③ 这种情况与官员死守捕盗的程序、不知变通有关。此外,捕盗官借口官司不相统摄,不即追捕,致使贼徒在逃;对盗贼案件,官吏从中作弊,虚调文移,以致刑狱淹滞。^④ 更有多处巡尉司,捕获盗贼后,"不随时略问情由,牒解有司归勘,淹延月日,因而致命者有之"。^⑤ 豫章(今江西南昌市)平民黄氏一晚遇盗多至八人,家产为之一空,捕盗官捕盗无果,朱渊甫不堪忍受民众被盗所侵扰,活捉其中七人扭送到官。令人啼笑皆非的是朱氏不仅没有被奖赏,反而被讥讽其有越俎代庖之嫌。^⑥ 如此捕盗效率,岂能有好的捕盗效果。

3.捕盗官兵存在多种渎职现象

拘捕人犯过程中,承差人员对"来自它所经过地方,不凭关引,取要钱物,稍涉疑似,监收锁索,百方侵扰"^⑦。如有捕盗官员坐视愚民之为非,只知道为自己

---

① (元)王恽:《秋涧集》卷92《议盗贼》,《四部丛刊初编》第1397册,商务印书馆1922年版。

② 陈高华等:《元典章》卷54《刑部十六·违慢·巡检有失巡捕》,天津古籍出版社、中华书局2011年版,第1834页。

③ (元)苏天爵:《滋溪文稿》卷3《新升徐州路记》,陈高华、孟繁清点校,中华书局1997年版,第39页。

④ (元)苏天爵:《滋溪文稿》卷27《建言刑狱五事》,陈高华、孟繁清点校,中华书局1997年版,第451页。

⑤ 陈高华等:《元典章·新集·刑部·巡尉司囚月申》,天津古籍出版社、中华书局2011年版,第2162页。

⑥ (元)刘岳申:《申斋集》卷1《丰城朱渊甫捕盗序》,《景印文渊阁四库全书》第1204册,台湾商务印书馆1986年版,第186页。

⑦ (元)王恽:《秋涧先生大全集》卷91《罢规运硝碱山楂等官》,《四部丛刊初编》第1397册,商务印书馆1922年版。

谋求私利,"假弓兵之力以要能声,以求赏赠秩"①。有的捕盗官兵时常扰民,"遇有烟火、逃亡、诈伪等项公事,巡尉司一番买卖,弓手遍扰乡落,排门受摊指之害;骧突叫嚣,鸡犬不得焉"②。再如福州路练门巡检司弓手钟志㞟等,侵扰乡民,诈取钱物。③ 还有捕盗官员担心捕限内难以捕获盗贼,干脆对本该受理盗贼案件不予受理,并百般推卸责任。如锦州桃花岛巡检扈永泰,事主曹成告报强贼将兄曹大用打伤身死,劫讫财物,因畏避捕限而不受理。后曹成自获劫贼并赃物,再行陈告,扈氏却责曹成不行申官招伏,意欲弥缝已罪。④ 益津县尹张英,对于盗贼已经明有显迹,不即督勒弓兵严限缉捕,却勒要讫事主王伯英自愿不行申告文状;并纵滋盗贼,以有为无,匿而不申。⑤ 这些状况进而形成"各处捕盗官吏畏惧不获贼人罪名,往往将失盗事主非理疏驳,百端撮拾,故行推调,不即受理追捉"的局面,造成"贼人全无忌惮,因而滋盛,为害愈深"的恶果。⑥ 更有公吏巡捕人等往往趁其捕获乘隙,肆为抢夺、隐匿盗贼的家产。盗贼"所犯罪有轻重",可是"家赀为之一空",捕盗官吏"甚至取其赃仗",其家不敢上告。⑦ 如怀庆路(今河南焦作市)河内县尉王璧,在强贼扈王驴家内,搜到赃物不行牒县,私家隐放,估价折至元钞62.4贯。⑧ 更有甚者,本当肩负捕盗之责的巡捕人员竟发生直接夺取百姓钱财现象,如至元二十三年(1286年)建昌县巡军张焦住

———————————

① (元)胡祇遹:《紫山大全集》卷8《送刘舜钦县尉之官广宗序》,《景印文渊阁四库全书》第1196册,台湾商务印书馆1986年版,第162页。

② (清)杨士奇、黄淮等:《历代名臣奏议》卷67《治道》,《景印文渊阁四库全书》第434册,台湾商务印书馆1986年版,第878页。

③ (元)《至正条格·断例》卷6《职制·弓手犯赃》,[韩]李玠奭等校注,韩国学中央研究院2007年版,第224页。

④ 陈高华等:《元典章·新集·刑部·扈巡检不即拿贼》,天津古籍出版社、中华书局2011年版,第2191页。

⑤ (元)王恽:《秋涧集》卷87《益津县尹张英非违等事状》,《四部丛刊初编》第1395册,商务印书馆1922年版。

⑥ 陈高华等:《元典章》卷51《刑部十三·失盗·失盗添资降等》,天津古籍出版社、中华书局2011年版,第1722页。

⑦ (元)苏天爵:《滋溪文稿》卷27《建言刑狱五事》,陈高华、孟繁清点校,中华书局1997年版,第450页。

⑧ (元)《至正条格·断例》卷6《职制·捕盗官匿赃》,[韩]李玠奭等校注,韩国学中央研究院2007年版,第224页。

见财发意,夺讫顾同祖赎田价钞一百二十五两。① 有些捕盗官兵徇私枉法,索取或收受钱物后竟私自放贼,元贞二年(1296年),弓手周百六捉拿劫贼李丑儿,要讫中统钞二十两脱放;②大德元年(1297年),许州临隶县达鲁花赤平州八撒儿,放贼分到赃钞一百定,折至元钞一千贯。③ 有捕盗官兵捕获真盗不得,却反过来掠夺被盗之家,"每有一二人窃盗,便称某郡、某县一同作歹,上司闻此欣然出兵,子女玉帛恣其所欲,真盗何尝捕得! 而无辜一切受祸"④。平民失盗告官,不仅财物无法追回,还要承受被捕盗官索要十倍于被盗财物的恶果,故宁愿不告,他们因此把这些捕盗官称为"大盗",⑤具有讽刺意味。更有捕盗官吏畏避逾限责罚或为邀奖赏,竟至枉勘平民为盗。当捕盗限期已到,承捕弓兵在缉探未明情况下,"乃捉捕疑似之人",没有赃物,"或勒取于被盗之家,或责办于头目之手",甚至捕人自己收买,捏造为正贼真赃。诬服之人,已受刑讯,何敢不承!"苦主之家,但图得赃,亦复妄认"。⑥ 还有捕盗官"率多执平人,妄恣捶挞苦楚,捏合指示,虚令招认",致使狱问初情,难以推究,正常司法程序被扰乱。有些官员为捕盗得奖赏,"持檄遍虐其乡,俘平民以献,曰此盗也。又执傍近之人,以告曰此贼党也"。⑦《老乞大》中亦有"官司检了尸,正贼捉不住,干把地主并侧近平人涉疑打拷"记载。⑧ 后至元六年(1269年),温州路平阳州民倪景元尝捕海寇,后为克埒州判及其子雅勒呼攘其功赏,反以倪为贼,遂枉问于连沈贵宁,拷

---

① 陈高华等:《元典章》卷50《刑部十二·抢夺·巡军夺钞刺断》,天津古籍出版社、中华书局2011年版,第1681—1682页。

② 陈高华等:《元典章》卷55《刑部十七·放贼·弓手受财放贼》,天津古籍出版社、中华书局2011年版,第1855—1856页。

③ 陈高华等:《元典章》卷55《刑部十七·放贼·职官受财放贼》,天津古籍出版社、中华书局2011年版,第1856页。

④ (元)程钜夫:《程雪楼文集》卷10《公选》,《元代珍本文集汇刊》,台北中央图书馆1970年版。

⑤ (元)刘岳申:《申斋集》卷1《丰城朱渊甫捕盗序》,《景印文渊阁四库全书》第1204册,台湾商务印书馆1986年版,第186页。

⑥ 陈高华等:《元典章》卷49《刑部十一·评赃·赃仗详审本物》,天津古籍出版社、中华书局2011年版,第1648页。

⑦ (清)储大文等:《山西通志》卷196《吕简肃公神道碑铭》,《景印文渊阁四库全书》第549册,台湾商务印书馆1986年版,第405页。

⑧ [韩]郑光:《原本老乞大》,外语教学与研究出版社2002年版,第39页。

掠死。仲温察倪冤,克埒坐罪,灭死一等,倪冤获申。①

4.捕盗过程中存在捕盗官擅置狱具,非法刑讯盗贼现象

狱具,是有司不得已的情况下所用之物。"巡检职当捕盗,岂可得而行使?"说明元朝存在巡检擅自使用狱具的情况。② 如元贞三年(1297年),县尉李蘼捉获偷驴正贼张厨,不即牒县,反行拷打,枉勘虚招,将平民朱三捉拿,不立案验,辄便加刑,讯疮举发,才方保放。③ 至元七年(1270年),良乡县尉司弓手高伯山,捉获犯罪嫌疑人张德林,不即申官,私下拷问,令其虚招并妄指其姐夫刘德林。后高伯山又将刘德林捉拿,亦不申官,向其索要交钞衣物,并无理加刑,以致刘德林因拷疮身亡等等。④ 长期任职监察系统的官员苏天爵云:"各处刑狱冤滥,盖因捕盗官迫于期限,推问官暗于刑名,审复之司不加详谳,以致在禁之人轻则淹延岁月,破荡家产,重则死于非命"⑤,无辜之人淹禁身死者不可胜计。从上述不难看出,元朝司法实践中存在的捕盗官兵渎职之乱象。此外,"禁私置牢狱"⑥。

5.捕盗官兵存在被差占现象

元人姚燧把盗贼不获的原因归于尉兵被大量占用,他写道:"江南大县,户动十万,一尉兵额止于数十,而押纲卫使恒抽其半,又其身有疾疢,丧婚之请,其直司日不盈三、二十辈,盗遂不得。"⑦此外,地方官防送往来官员,⑧甚至货物不

① (元)郑元佑:《侨吴集》卷12《江西行中书省左右司郎中高昌布达实哩公墓志铭》,《景印文渊阁四库全书》第1216册,台湾商务印书馆1986年版,第605页-606页。
② 陈高华等:《元典章》卷40《刑部二·狱具·巡检司狱具不便》,天津古籍出版社、中华书局2011年版,第1357页。
③ 陈高华等:《元典章》卷54《刑部十六·违枉·枉禁贼攀上盗》,天津古籍出版社、中华书局2011年版,第1804-1805页。
④ (元)王恽:《秋涧先生大全集》卷89《乌台笔补·纠弹良乡尉司非理拷勘刘德林事状》,《四部丛刊初编》第1396册,商务印书馆1922年版。
⑤ (元)苏天爵:《滋溪文稿》卷27《乞差官录囚》,陈高华、孟繁清点校,中华书局1997年版,第463页。
⑥ (明)宋濂等:《元史》卷157《刘秉忠传》,中华书局1976年版,第3692页。
⑦ (元)姚燧:《牧庵集》卷29《浏阳县尉阎君墓志铭》,《四部丛刊初编》第1433册,商务印书馆1922年版。
⑧ (元)虞集:《经世大典·驿传·站赤》,(明)解缙:《永乐大典》卷19421《站赤六》,中华书局1986年版,第7234页。

分贵细,一概亦差拨捕盗官兵护送,①还有官吏擅自役使尉兵,并骑坐其所用马匹,②占用本就很有限的捕盗资源,这些都无疑会妨碍捕盗官兵正常警捕职能的发挥。

(二)元政府针对捕盗程序中的问题所采取的改进措施

针对上述存在的捕盗官选任、捕盗效率低下、捕盗官兵渎职和被差占等一系列违背程序问题,元朝政府采取了一些相应的举措。

其一,选官方面,重视捕盗官选任,选官以责其治,如有违规则由宪司部门对之监察并追责。至治二年都省批准刑部所呈,巡尉从正从九品官内选任,并考察其资历和年龄,"于到选正从九品内,验其历仕根脚,年三十之上、六十之下者"方可选任。对于承荫捕盗官必须无奸盗过名,才可任职,"当官再行审问,相验相同,如承荫人别无所患笃废疾、经断十恶奸盗过名,……依上保结,令承荫人亲赍文解及父祖元受的本宣命札付,赴部定夺"③。

其二,为提高捕盗官员积极性,改变捕盗官员效率低下问题,元政府加大对捕盗官、民众的奖惩力度,捕获他境盗贼,功过相补,并且重视对捕盗者的保护。大德五年(1301年),元政府规定一般民众"获强盗至伍人,与壹官","至拾人应捕人与壹官,捕盗官升一等④"。百姓获盗与应捕人获盗,奖励不一样。对于一般平民,俘获强盗至五人,即可授予一官职;对于有捕盗职责的人员,破获强盗达到十人亦可授予一官,如果本人是捕盗官,在原官品上升一等。至治二年(1322年),归德府弓手全青,获强盗十一名,除泗州虚塔巡检。处州民户章文焕,捉获强盗五人,除信州路玉山县尉。⑤ 对于能捕获海盗者,"以船畀之,获贼首者,赏以官⑥"。大德到延祐年间,元政府对捕盗官员失职处罚力度逐渐加大,由罚俸或断罪不明,到明确处断笞杖刑,从只处罚捕盗官到对镇守军官和提控捕盗官一同处罚。如大德五年(1301年)强切盗贼通例规定,捕盗官限内强盗

---

① 方龄贵:《通制条格校注》卷7《军防·巡军》,中华书局2001年版,第316页。
② 陈高华等:《元典章》卷54《刑部十六·私役·防禁盗贼私役弓手》,天津古籍出版社、中华书局2011年版,第1847页。
③ 方龄贵:《通制条格校注》卷6《选举·荫例》,中华书局2001年版,第263页。
④ 方龄贵:《通制条格校注》卷20《赏令·获贼》,中华书局2001年版,第575页。
⑤ 陈高华等:《元典章·新集·刑部·巡捕》,天津古籍出版社、中华书局2011年版,第2191页。
⑥ (明)宋濂等:《元史》卷183《王思诚传》,中华书局1976年版,第4212页。

不获,罚俸两月;切盗,罚俸一月。① 大德七年(1303 年)"除功过相折外,捕盗官不获强盗一起,约量断罪,切盗依例罚俸,三起之上亦行断罪"②。皇庆元年(1312 年),提控捕盗正官失盗,除受宣官取招呈省,受敕以下就便的决相应,③"的决"即处以杖刑。延祐四年(1317 年)六月,各处当该捕盗官任内失过盗贼,除获别境准折外,如三限不获强盗三起,切盗五起,各笞决十七下;强盗五起,切盗十起,各笞二十七下;强盗十起,切盗一十五起,各决三十七下。当该镇守军官如与捕盗官一体捕限者,同罪。亲民提控捕盗官,减罪二等。④ 延祐五年(1318 年)圣旨内有:"不肯追袭,致令逃逸者,捕盗官决四十七下,解任别仕,提控捕盗官决二十七下。"⑤《元史·刑法志》中载:"诸捕盗,境内若失过盗贼,却获他境盗贼,许令功过相补。"⑥对捕盗者加以保护,"诸盗贼闻赦,故杀捕盗之人者,不赦"⑦。元政府对失职捕盗官处罚力度逐渐加大,且处罚措施愈加明确,可操作性也逐步增强。

元政府重视捕盗官员的伤亡抚恤,解其后顾之忧。如元政府规定:被射死的捕盗官员,应继之人本等承袭,官司仍给埋葬钱中统钞壹拾定;射死的弓手人等,官给各家中统钞壹拾定外,弓手依例存恤贰年;被伤流官任回减一资;被伤投下官员、弓手,官给各人医药钱中统钞伍定。⑧ 此外,元政府还规定以下情况捕盗官兵即使限内盗贼不获也可免于处罚:交替捕盗官不停俸,捕盗官身故难议追罚,迥野失盗难议责罚,⑨即是说:后面继任之捕盗官不是本人任职内违限,

---

① 陈高华等:《元典章》卷 49《刑部十一·强窃盗·强窃盗贼通例》,天津古籍出版社、中华书局 2011 年版,第 1627 页。

② 陈高华等:《元典章》卷 51《刑部十三·失盗·失盗添资降等》,天津古籍出版社、中华书局 2011 年版,第 1722 页。

③ 陈高华等:《元典章》卷 51《刑部十三·失盗·失盗的决不罚俸》,天津古籍出版社、中华书局 2011 年版,第 1725 页。

④ 陈高华等:《元典章》卷 51《刑部十三·失盗·失盗的决不罚俸》,天津古籍出版社、中华书局 2011 年版,第 1726~1727 页。

⑤ 陈高华等:《元典章·新集·刑部·提控捕盗官不向前捉强贼罪》,天津古籍出版社、中华书局 2011 年版,第 2193 页。

⑥ (明)宋濂等:《元史》卷 103《刑法二》,中华书局 1976 年版,第 2630 页。

⑦ (明)宋濂等:《元史》卷 104《刑法三》,中华书局 1976 年版,第 2663 页。

⑧ 方龄贵:《通制条格校注》卷 20《赏令·告获谋反》,中华书局 2001 年版,第 569 页。

⑨ 陈高华等:《元典章》卷 51《刑部十三·失盗》,天津古籍出版社、中华书局 2011 年版,第 1720、1728、1729 页。

虽捕捉盗贼不获,不应停俸,捕盗官生前不获贼徒,身死后难议追罚,对于旷远之地,不应同于应设巡防之地,捕盗官失获盗贼,亦难以处罚。此三种情况宋文有述;①补充两点,一是"格前失盗革拨"。如盗贼案发在至大二年(1309 年)十月十七日诏赦之前,应捕官兵即使违限捕获或不获,亦可免除处罚,但仍需捕贼。② 二是"诸殴死应捕杀恶逆之人者,免罪,不征烧埋银"③。捕盗官打死应该被捕杀的犯恶逆之罪行者,免其处罚且不征烧埋银。这些无疑提高了捕盗官兵的捕盗积极性和责任心。

监察机构对捕盗官兵种种违规及渎职行为加强督察。《宪台通纪续集》载:"近年水旱荐臻,郡县失治,盗贼窃发,百姓被害。有司不即申报,或申报不即收捕,虚文会和,贼东己西,兵弗教阅,器不坚利,忽遇贼兵,反为所胜。仰监察御史、廉访司多方设法,督并有司,务要盗息,毋事虚文。"④对于捕盗弓兵被差占现象,监察机构进行监督,至正七年(1347 年)《作新风宪制》载:"弓手专一巡防。近年以来,本管官员及过往使客,往往差占,有妨巡捕。违者,监察御史、廉访司究治。廉访司亦不得多余占使迎送,违者,监察御史体察。"⑤《元史·刑法志》亦有规定:"诸监临官私役弓手,笞二十七,三名已上加一等。"⑥监察机构还对捕盗的受理及邻境官兵联合捕盗的执行状况进行监督,延祐四年(1317 年)圣旨中有:"盗贼生发地面,告发到官呵,不即受理着紧拿贼的军官、奥鲁官每,约会不来的邻境官司,推辞着不是我管的地面么道,不肯会合向前拿贼的,随即举申本管上司究问者。监察御史、肃政廉访司常加纠治。"⑦对于动辄收禁无罪之人者,规定处罚措施,"诸有司辄收禁无罪之人者,正官并笞一十七,记过。无招枉禁,致自缢而死者,笞三十七,期年后叙"⑧。总之,元政府为了促进和规范捕

---

① 宋国华:《论元代的拘捕制度》,《福建江夏学院学报》2013 年第 4 期。

② 陈高华等:《元典章》卷 51《刑部十三·失盗·格前失盗革拨》,天津古籍出版社、中华书局 2011 年版,第 1727 页。

③ (明)宋濂等:《元史》卷 105《刑法四》,中华书局 1976 年版,第 2675 页。

④ (元)唐惟明等:《宪台通纪续集·作新风宪制》,王晓欣点校,浙江古籍出版社 2002 年版,第 135 页。

⑤ (元)唐惟明等:《宪台通纪续集·作新风宪制》,王晓欣点校,浙江古籍出版社 2002 年版,第 135 页。

⑥ (明)宋濂等:《元史》卷 102《刑法一》,中华书局 1976 年版,第 2614 页。

⑦ 陈高华等:《元典章·新集·刑部·防盗》,天津古籍出版社、中华书局 2011 年版,第 2196 页。

⑧ (明)宋濂等:《元史》卷 103《刑法二》,中华书局 1976 年版,第 2623 页。

盗,对捕盗程序中出现的种种问题,作出了一定努力,亦采取了一些有针对性的措施,对于日益恶化捕盗状况的改善应该起到了一定作用。

通过上文所述,元代捕盗体系主要由巡尉专职捕盗,州判、录判兼职捕盗,镇守官捕盗,社长、主首、邻人等协同捕盗组成,捕盗呈现相对专职化,官、军、民结合的特点。元朝捕盗程序分为捕盗启动、捕获盗贼、初步审讯、申解人犯四个步骤。捕盗过程中,每个步骤都有一定的程序规定,比如捕盗启动一般要呈交状纸,要进行现场勘验,缉拿盗贼有捕盗期限,对于捕获盗贼的羁押应根据盗贼的具体情况不同而采取不同的措施,捕盗官捕获盗贼后要略加讯问后及时押解到县、司,县、司初步审问时需公坐圆署,集体鞫问。最后申解盗贼要连同赃仗、审问案由及事主、捉事人一并送交上司。每一程序对审理都至关重要,比如告状中出现诬告,捕盗过程中枉勘平民为盗,初步审理中的非法刑讯,押解盗贼过程中盗贼逃脱或死亡,都会影响最终审判的进行和结果公正性。在元朝政府应对捕盗弊端的措施中,注重对捕盗官伤亡的抚恤以解其捕盗的后顾之忧,对捕盗官例外情形不予处罚的规定,以及在盗贼监禁中对盗贼区别对待,对老疾、孕妇、罪行轻微者可采取保候等措施,是元朝司法进步的体现。但官府对盗贼监禁中亦存在优待蒙古族的情况,存在捕盗官选任弊端,捕盗过程中存在捕盗效率低、捕盗官渎职行为及捕盗官兵被差占等问题,这亦是造成元朝很多盗贼冤案、捕盗效果不佳的重要原因。元政府虽采取了一些应对措施,但最终由于元朝统治日益腐朽,很多措施没有被认真贯彻,使得元朝的盗贼问题最终没有解决,成为继宋以后又一个盗贼盛行的朝代。①

第三节 从元杂剧和出土文献看元代拘捕

一、从元杂剧看元代拘捕

元杂剧是当时现实生活的反映,可以作为研究元代司法程序研究的参考,出土文献资料是当时较为真实的体现,史料价值较高,二者中有关元代拘捕材

---

① 李治安:《元代政治制度研究》,人民出版社 2003 年版,第 223 页。

料结合起来,可以反映元朝拘捕程序实施的具体情况。元戏曲《钱大尹智勘绯衣梦》一剧中对元代拘捕的启动有所体现,当出现王员外家梅香被杀,开封钱府尹召唤掌管开封风火盗贼的五衙都首领窦鉴、张弘时,对他们说"既管的是风火盗贼,有李庆安人命之事,你怎么不捉拿?"窦鉴云:"不曾得大人的言语,未敢擅便捉拿。"①这句话表明,捕盗官捉拿盗贼凶人确实要遵循一定程序。一般要得到上司的正式训令,比如刑房要把盖有主管官员印章的正式签牌交于捕盗官,捕盗官方可携带此签牌去捕捉盗贼,否则不会得到官方认可。窦、张二人在得到钱府尹的训令后(显然会有正式的签牌),方可到棋盘街井底巷,捉拿杀人凶手裴炎。同样,该捕盗程序在剧目《感天动地窦娥冤》中亦有所体现。剧中提到官员窦天章(窦娥之父),时任两淮提刑肃政廉访使之职,到淮南地楚州审囚刷卷、体察贪官污吏之时,得知窦娥的冤情后,派属员张千去拘拿真正杀人凶手张驴儿以及赛卢医、蔡婆婆等人犯:"张千,吩咐该房签牌下山阳县,着拘张驴儿、赛卢医、蔡婆婆一起人犯火速解审,毋得违误片刻。""该房"应是楚州地所属刑房。捕盗官张千解到人犯后立刻向窦天章呈报,"山阳县解到人犯听点"②。元代司法审理程序在元剧中也有所体现。比如在官府判案时,除要讯问诉讼双方外,还需要传唤有关的干连人进行讯问,以便进一步了解案情,收集有关证据,促进审理的顺利进行和确保案件审理的公正性。如在《张孔目智勘魔合罗》曲目中河南府六案孔目张鼎奉府尹之命问案时,派人勾取杀人嫌犯李文道就是使用的传唤程序,张鼎云:"张千,将刘玉娘提在一壁,你与我唤将赛卢医来。"③张鼎对萧令史囫囵断定的刘玉娘案件,提出很多质疑,都遵照的是元代司法审案的必经程序。比如其中有"这寄信人多大年纪?曾勾到官不曾?"令史云:"不曾勾他。"张云:"这个不曾勾到官,怎么问得?"④显然他提出的疑问,合情合理。试问:在没有把关键干连人勾唤到官的情况下,审理案情如何能审得明白?当然,常年混迹官场的萧令史也许不会不知道这样的司法程序,只是收了李文道的贿赂,碍于情面,枉法曲判罢了,这明明就是"故入人罪",按照元律,当罪加一

---

① (元)关汉卿:《钱大尹智勘绯衣梦》,《全元戏曲》第1册,人民文学出版社1999年版,第170页。
② (元)关汉卿:《感天动地窦娥冤》,《全元戏曲》第1册,人民文学出版社1999年版,第207页。
③ (元)孟汉卿:《张孔目智勘魔合罗》,《全元戏曲》第3册,人民文学出版社1999年版,第704页。
④ (元)孟汉卿:《张孔目智勘魔合罗》,《全元戏曲》第3册,人民文学出版社1999年版,第695页。

等。这是在司法实践中,元朝官员出于私利对司法审理程序规定的明显背离,从一个侧面也反映出元代司法审判的黑暗性。

二、从黑城文书看元代拘捕

那么在元代出土文书中,司法程序运作是否有体现呢? 在黑水城元代司法文书编号为[F116:W237]的《麦足朵立只答站户案卷》中就有载明:"据麦足朵立只答状告云云,为此,总府今差人前去勾返状内一干人等押来赴府,照验施行",①其中"勾返"即是勾取、勾唤的意思,其中"押"字进一步验证其比起传唤,更具有强制性,这在司法强制措施中已有说明。同样,在编号为[F116:W162]的《失林婚书案卷》中,在传唤案件相关人员时,有关官员要签写承管状,其中有"总府官承管委得限日……妾妻失林并小闫、干照人史……根勾前……不致违……"②。"根勾"与前面勾返、勾摄意思相近,根勾人犯具有期限性,不乏强制性的一面。在编号为[F116:W202]的《失林婚书案卷》中有:

> 取责……
>
> 今当
>
> 总府官责领到锁收男子……
>
> 从亮,妇人一名失林,委将……
>
> 去在牢,如法监收,毋致疏……
>
> 违,当罪不词,责领是实,伏……
>
> 台旨
>
> 至正廿二年十二月取责领……
>
> 初九日(八思巴文印章)③

---

① 塔拉等:《中国藏黑水城汉文文献》第4册《麦足朵立只答站户案卷》,北京图书馆出版社 2008 年版,第 788—789 页。

② 塔拉等:《中国藏黑水城汉文文献》第4册《失林婚书案卷》,北京图书馆出版社 2008 年版,第 914 页。

③ 塔拉等:《中国藏黑水城汉文文献》第4册《失林婚书案卷》,北京图书馆出版社 2008 年版,第 893 页。

在官员把根勾到的有关人犯投入监狱时,司狱官要签署责领状,依法"监收"。上文所引就是一份责领状。承管人将涉案人员根勾到官以后,要实时向官府及主管官员呈牒报告人犯解到、验明正身及监收情况,在《失林婚书案卷》中有:

差祗候李哈剌章
谨呈:近蒙
总府差哈剌章前去根勾阿兀所告妾妻失林,并……
婚书人小闫等各正身押来赴府取问,施……
依奉根勾到阿兀妾妻失林并小闫,干……
典各正身……
台旨
至正二十二年十二月……①

从上面一些元曲剧目以及有关元代黑城文书司法案件的文书中所引用的材料,可以验证元代的拘捕过程中一些程序。

本章小结

元代的逮捕、勾摄、勾唤、保候都具有强制性,强制性程度又有所不同,又不像当前司法领域中强制措施的区别那么明显,有时还混淆使用。但元朝的司法强制措施根据不同情况采取相适应的做法,体现出了元代司法的进步。

元代的拘捕程序已经十分明确,从案件进入司法程序后,从上司签署拘捕训令后,启动拘捕程序,拘捕人犯到案后,根据具体情形采取对应的强制措施,或拘禁或召保等,每一步都有明确规定。根据人犯族群、性别、年龄、有无疾病状况,元政府采取不同的措施,体现出元代司法人性化和进步性的一面。但与其他朝代明显不同的地方,就是蒙古人享有优待,除犯死罪外,一般不拘禁,即

---

① 塔拉等:《中国藏黑水城汉文文献》第 4 册《失林婚书案卷》,北京图书出版社 2008 年版,第913 页。

使需要关押,亦是散收。当然在拘禁或拘捕过程中,还存在其他一些问题,可参见表1-1、表1-2,或受贿放贼、或诬民为盗,或枉勘监禁狱囚甚至监禁至死等现象,不一而足。举一官员捕捉人犯不到,将平民监收的案例:至元六年(1269年)三月内,有施仁关倡户鱼王嫂赴大兴县告称男妇阿肖欲行私遁还家,想见别有奸事。有周县尹并司吏张荣禄将阿肖枷收,辄行推问,指称在家曾与刘和尚、安三通奸。随即捕捉各人不见,却将平人刘贵、刘庆甫监收。[①] 张养浩在其诗文中对此种现象亦有表述,"一个无罪监收,一个自抹咽喉。仔细寻思,都不如一叶扁舟"[②]。此类案例还有很多,不再赘举。

总之,元代的拘捕强制程序与现今有相似的地方,对当今有关程序有较大的借鉴意义。但现代意义的监狱并不存在,当时只是临时关押人犯及有关干连人的地方。

表1-2 元代监禁狱囚违背程序或失职案例统计表

时间	案例	出处
至元三年	平阳路弓手郑进,监送贼人谢奈僧,沿路在逃罪犯	《元典章》卷55《刑部十七·脱囚监守罪例》
至元三年	真定路巡军马百户侯甫,赍实封文字,前去真定路捉获伪钞刘皮,自合与本处添差弓手监押,到真定府交割,转付弓手孟进监押,以致在逃	《元典章》卷55《刑部十七·脱囚监守罪例》
至元三年	河间路强盗刘千奴劫狱在逃	《元典章》卷55《刑部十七·脱囚监守罪例》
至元三年	东平路禁子张升等失囚,走讫杀死王重四贼人陈天佑	《元典章》卷55《刑部十七·脱囚监守罪例》

① (元)王恽:《秋涧先生大全集》卷88《乌台笔补·弹大兴县官吏乞受事状》,《四部丛刊初编》第1396册,商务印书馆1922年版。
② (元)张养浩:《云庄乐府·折桂令》,《全元散曲》,中华书局1964年版,第424页。

续表

时间	案例	出处
至元二十九年	婺州路阿老瓦丁被劫,兰溪县尉涉疑捉拿包舍等二十一名,在禁身死。后获正贼真赃	《元典章》卷54《刑部十六·枉禁平民身死》
大德十年	河北河南道白沙提举司管下东张冶牢子宋僧住,将配役贼徒陈福兴等所带镣镰、脚镯取去,故纵在外,持仗强劫良民钱物	《元典章》卷55《刑部十七·牢子私纵配囚行劫》
大德十一年	瑞州路牢子肖德、陈万监禁钟三自缢身死。录事司达鲁花赤小云失海牙等,不分轻重发落,枉禁钟三八十余日,以致自缢身死	《元典章》卷54《刑部十六·枉禁轻生自缢》
大德十一年	大都路昌平县祇候人刘顺,因为监押信万奴,申来本县归问打伤人民公事,沿途不为用心,以致信万奴自抹身死	《元典章》卷55《刑部十七·脱囚监守罪例》
至大四年	广州路番禺县回回番客贼人,各执枪刀,跳过船上,将蔡梢等九人杀死,劫夺财钞。番禺县拿获贼韩天佑及回回火者及等,追搜真赃仗到官,不即取问,反受贼人火者及托饰词,保管出外,纵令在逃	《元典章》卷55《刑部十七·番禺县官保放劫贼》
延祐四年	福州路司狱张守仁不为用心铃束见禁轻重罪囚,以致牢子等受要在禁囚徒钱物,纵容罪囚林荣公等脱狱在逃,后将元逃贼徒全获还禁	《元典章》卷55《刑部十七·牢子私纵配囚行劫》
延祐五年	吉安路永丰县李寿三等系首贼周篯博纠合,行劫夏、余两家财物,竖旗聚众。首贼周篯博供招止与徐五等同谋聚众行劫,被武司狱拷打,勒令招指税家同谋,妄指仇人撰造妖言	《元典章新集·刑部·禁司狱用刑》

第二章

元代诉讼证据收集和使用程序

证据制度是整个司法过程中的核心内容和灵魂,它贯穿于整个司法过程的始终。证据问题是司法诉讼的核心问题,在任何一起案件的审判过程中,一般需要通过证据和证据形成的证据链还原事件的本来面目,依据充足证据而作出的判决才有可能是公正的判决。胡兴东认为:古代死刑案件中出现冤、假、错案与获取证据上出现问题关联度十分高。① 元代司法活动中重视证据,元朝下达地方的司法文件就指出:"今后应有鞫问公事,须凭证佐,赃验明白,究情研穷磨问。"②拘捕人犯,重视收集有关证据。司法勘验实质上是依法收集和确定证据的过程。起诉、审判需要对证据辨别、确认、审理,并在此基础上确定判决。平反冤狱是法律监督部门重新收集和核查、检验证据,推翻原判决,确立新判决的过程,和证据更是息息相关。古代很多冤假错案的发生大多因证据的收集和甄别出现问题所致。中国古代先人早在西周时期,对证据的重要性就已有所认识,比如《周礼》中有"听政役以比居""听闾里以版图""以取予以书契""听出入以要会"这样的句子。③ 意思是说,征发徭役,以所在户籍为准;田土争讼,以地图为准;借贷钱物,以书契为准;审计库藏,以簿书为准。这都肯定了文书证据的重大作用。秦律中有"治狱,能以书从迹其言,毋笞掠而得人情为上;笞掠

① 胡兴东:《中国古代死刑制度史》,法律出版社 2008 年版,第 446 页。
② 陈高华等:《元典章》卷 40《刑部二·刑狱·不得法外枉勘》,天津古籍出版社、中华书局 2011 年版,第 1358 页。
③ 吴树平等:《十三经》上册《周礼·天官·小宰》,北京燕山出版社 1991 年版,第 389 页。

为下;有恐为败"①,即是说治狱审理案件,如能根据书证记录的口供,进行追查,不用笞掠、拷打等刑讯的方式而查得犯人的违法真相,还原案情,这是最高明的审判方法;通过笞掠犯人审理案件是下策;恐吓犯人以致不得真情,就是失败。可见秦代已经把书证、嫌犯口供置于十分重要的地位。唐朝,对证据重要性的认识提高到更高的地位。如唐律进一步规定:"若赃状露验,理不可疑,虽不承引,即据状断之。"②意思是说如计赃者被收获到真赃,杀人者被检得实状,赃状明白、确实,理论上没有疑点,即使犯人不认罪、不交代,亦可以据证定罪,在历史上确立了"零口供断案"的先例,当然这是建立在充分证据基础上的,进一步凸显了证据在断案中的重大作用。这在中国古代司法制度发展史上是一个重大的进步,是证据制度进一步完善的表现。此制度被后面的朝代所继承。

可以说,中国传统证据制度肇始于先秦时期,在秦汉时期基本确立,③发展于唐宋元时期,到明清时期较为完善。那么元代的证据制度有哪些特点? 在整个司法程序运作中,元代官员又是如何收集证据,利用证据加以判案的呢?

第一节　元代司法中的证据制度

元代司法中更加重视证据,更加重视证据的利用和收集,首先探研一下元代政府对于证据制度的一些规定。

一、证据决定案件的受理

元代证据的重要性体现在案件受理前后的各个阶段。为此元朝政府对证据有关制度作出了一系列规定。

首先,有无证据是决定能否上告和官府是否受理的基础。如元朝明确规定告状要有事实证据,不能存在疑问。这在元朝圣旨里多次提道,"诸告人罪者,

---

① 睡虎地秦墓竹简整理小组:《睡虎地秦墓竹简·封诊式·治狱》,文物出版社1990年版,第147页。

② (唐)长孙无忌等:《唐律疏议》卷29《讯囚察辞理》,刘俊文点校,中华书局1983年版,第552页。

③ 睡虎地秦墓竹简整理小组:《睡虎地秦墓竹简·封诊式·治狱》,文物出版社1990年版,第147页。

皆须明注年月,指陈实事,不得称疑。诬告者抵罪反坐。"①上面记载说明:告状要有证据,并且要明确写明告状时间,更不能毫无根据地进行诬告,否则要抵罪反坐。告状如有可信证据、真实物证等,官府方可受理;反之,即使状告明白,没有证据,仍然不予理会。"事有合论,罪有应告,委有堪信证佐、明白显迹,然后官司受理,可得而推也。……告状明白,别无证佐,犹不得论。"②官府对于事实不清、交代不明的案件不予受理,在告知原因后退还状子给本人。"若指陈不明及无证验,或泛滥琐碎不应受理者,即与明白分别省会退还。"③《元典章·简诉讼》有载:"至大三年(1310年),皇太后尊号诏书内一款:近年以来,哗讦成风,下陵上替。今后,诸取受之钱物者,许以实诉,其传闻取他人物者,不许言告。"④可见,有赖于传闻取受他人物者,没有真凭实据,是不允许上告的。有人诬陷他人犯罪,往往也是通过捏造证据以告之,如"皖既就逮,戈占等证佐不得,同琪为画策别立诬同证佐而加之"⑤。对于捕盗官吏不法,民众亦可以收集证据,告发之,"今后有犯此者,许其家人明立证佐,具状陈告,合无比依抢夺民财估赃定论,官吏失于约束,亦合量情究治,如或挟仇妄告抵罪反坐。如此庶几愚民不至甚受其害而巡捕之人亦知有所警畏矣"⑥。可见对于捕盗官员可以上告,但必须有明确无疑的证据才可。

二、证据影响判决和审理的方式

确实可靠的证据是审判公正判决的前提。案件审判和最终的判决必须依据证据作出,《元典章》中载:"今后应有鞫问公事,须凭证佐,赃验明白,究情研

---

① 陈高华等:《元典章》卷53《刑部十五·禁例·禁搜草检簿籍事》,天津古籍出版社、中华书局2011年版,第1794页。

② 陈高华等:《元典章》卷53《刑部十五·禁例·禁搜草检薄籍事》,天津古籍出版社、中华书局2011年版,第1793页。

③ 陈高华等:《元典章》卷53《刑部十五·听讼·词讼不许里正备申》,天津古籍出版社、中华书局2011年版,第1750页。

④ 陈高华等:《元典章》卷3《圣政二·简诉讼》,天津古籍出版社、中华书局2011年版,第90页。

⑤ (元)郑元佑:《侨吴集》卷9《赵州守平反冤狱记》《景印文渊阁四库全书》第1216册,台湾商务印书馆1986年版,第547页。

⑥ 苏天爵:《滋溪文稿》卷27《建言刑狱五事》,陈高华、孟繁清点校,中华书局1997年版,第450页。

问磨问。"①其中所谓"赃验",说白了就是一种重要的证据,即物证。《元典章》载:"赃验,谓元盗衣服器物及一切可为证验者。"②古代司法审判中常用的审理方法"五听"之法,实质上可以看作司法官验证当事人口供是否真实的一种方法,"五听"即是辞听、色听、气听、耳听、目听。司法官认真听取诉讼双方的陈述,通过"五听"的方法,审查判断其陈述是否确实,最终还是要经过当事人承认方可成为断案的依据,并据以对案件事实作出判断,进行定罪量刑。也就是说判决结果无论是口供还是物证,最终都要在证据核实的基础上作出。

　　赃仗的有无影响官员的审问方式,在赃验明白,嫌犯不认罪的情况下,审讯官可以立案同署,依法拷讯。所谓"赃仗"就是指罪证,犯罪的证据。杀人者所使用器仗即凶器。切盗其所盗赃物,都是赃仗。"若或事情疑似,赃仗已明,而隐讳不招,须与连职官员立案同署,依法拷问。其告指不明,无证验可据者,先须以理推寻,不得辄加拷掠。"③可见,赃仗已明是中国元代允许刑讯的前提,然后连职官员同署即可进行。如果没有证验可据,必须首先以理推问,不得动辄拷讯。可以看出证据的有无对审讯方式的重大影响。如被告人勾唤到官,承办官员要取问对证,如果被告承服,不须别勾证佐。反之,被告不服,必须进一步收集证据,勾摄有关干连人作证。至元二十八年(1291年),江西行省榜文内一款:"今后诸人告状,受理官司披详审问,所告之事有理而实,先将被告人勾唤到官,取问对证。若已承服,不须别勾证佐。若被告人不伏,必须证佐指说,然后将紧关干连人指名勾摄。"④如出现的是死伤案件,首先要由官方派员进行检验,收集第一手证据,最后凭检验结论判决。反之,如果案件中缺乏证据或证据有疑,犯人就得释放。如至元七年(1270年)九月内夜,良乡县尉司在本县馆驿内失盗,当月二十五日,弓手高伯山涉疑捉到涿州人户张德林,不曾申官并私自拷

　　① 陈高华等:《元典章》卷12《吏部六·吏制·儒吏考试程式》,天津古籍出版社、中华书局 2011 年版,第 426 页。

　　② 陈高华等:《元典章》卷49《刑部十一·强窃盗·强窃盗贼通例》,天津古籍出版社、中华书局 2011 年版,第 1626 页。

　　③ 陈高华等:《元典章》卷40《刑部二·鞫狱·鞫囚以理推寻》,天津古籍出版社、中华书局 2011 年版,第 1374 页。

　　④ 陈高华等:《元典章》卷53《刑部十五·折证·不须便勾证佐》,天津古籍出版社、中华书局 2011 年版,第 1778 页。

讯、用刑,逼其虚招并妄指其姐夫刘得林藏了上项所失盗之物。后将刘得林拿到,不申官并亦行拷打,因为缺乏必要证佐,不得不对其撒放。[①] 案例中弓手高伯山违背司法程序,不予申官并私自用刑暂且不论,最后由于没有得到证明刘德林偷盗的证据,只得把其释放。

对于类似盗贼论刑的轻重,也要根据其所盗正赃加以断罪,"科断盗贼,皆据所盗正赃断罪,仍追陪赃"[②]。如刘肃在金朝做官时,曾根据有无正赃判案的例子,"时有盗内藏官罗及珠,盗不时得,逮系货珠牙侩及藏吏,诬服者十一人。刑部议皆置极刑,肃执之曰:'盗无正赃,杀之冤。'金主怒,有近侍夜见肃,具道其旨,肃曰:'辨析冤狱,我职也,惜一己而戕十一人之命,可乎!'明日,诣省辨愈力。右司郎中张天纲曰:'吾为汝具奏辨析之。'奏入,金主悟,囚得不死"[③]。《儒吏考试程式》中就有体现,如"杀人,即云寻委某官初覆检过致命根因。杀伤,即云寻勒医工验过被伤去处。贼盗,须云委官验过本家失盗踪迹"[④]。司法实践中,官员处理死伤贼盗案件,通过检验收集必要的证据成为必经程序和必做的工作之一。有无明白的赃验甚至可以影响判决的执行。如王泽民审理僧人杀师图财案中,找到证据,发现真凶,避免了一场冤案。[⑤] 在杀人案件中,如正犯招伏,赃仗明白,复审无冤,即使没有最终判决,也可以先行给付烧埋银两给苦主。"凡杀人者,定验尸伤无差,招伏赃仗明白,复审无冤,合征烧埋银两,依准所拟,先行追给苦主,以充茔葬之资,庶免暴露骸骨。"[⑥]对于捕获盗贼的人,如赃仗明白,即可获赏。"今后若有诸人告获强切盗贼,如赃仗明白,别无疑似,例合给赏者,拘该官司随即于不以是何系官钱内就便支拨,具数申呈合干上司,年

---

①　(元)王恽:《秋涧先生大全集》卷89《乌台笔补·纠弹良乡尉司非理拷勘刘德林事状》,《四部丛刊初编》第1396册,商务印书馆1922年版。

②　陈高华等:《元典章》卷49《刑部十一·评赃·遇革免征倍赃》,天津古籍出版社、中华书局2011年版,第1649页。

③　(明)宋濂等:《元史》卷160《刘肃传》,中华书局1976年版,第3763-3764页。

④　陈高华等:《元典章》卷12《吏部六·吏制·儒吏考试程式》,天津古籍出版社、中华书局2011年版,第427页。

⑤　(明)宋濂等:《元史》卷185《汪泽民传》,中华书局1976年版,第4252页。

⑥　陈高华等:《元典章》卷43《刑部五·烧埋·埋银先行追给苦主》,天津古籍出版社、中华书局2011年版,第1493-1494页。

终通行照算。"①

三、官府审理案件过程中对证据的重视

在选拔官员的《儒吏考试程式》中就有"某路、府:据某州、司、县申,归问一起公事。解到所关人等,追获赃仗(杀人无赃,云追获元使器仗。切盗,云追获元盗赃验)"②。无论是杀人案件,还是偷盗事件,官府过问案件的重要内容都离不开必要的物证,即引文中的"赃仗"或"赃验"。杀人要追获凶器,偷盗除捉到盗贼外,还要有赃物,讲究人赃俱获。此外,在《儒吏考试程式》中,涉及司法检验内容占据大概1/3的篇幅,这是元政府重视收集证据的又一力证。在选拔官员的《儒吏考试程式》中可知,元代官府对物证的重视还体现在故意杀人案件要追到杀人器物并加以辨认。某故杀人:已蒙官司追到元使某物,勒令认过,委是当时杀人器仗。③ 对于贼盗或被烧房舍等案件都有勘验现场收集证据的记述。如在《儒吏考试程式》"抄白追会事件"中载:"踪:某人被烧房舍,委官验得烧讫甚房几间,委系有人居止。在傍某处,亦有贼人出入踪迹。其烧不尽木植,已是不堪架造。"④对重视犯人口供的收集程序也能找到比较格式化描述。如正犯人招款:

> 一名某,见年若干,身无疾病(如有疾,谓残废笃疾之类),本贯某处附籍,是何色目人氏。除高曾祖父母父母先已亡殁外,在家见有是何人口(备写亲、驱姓名,各各年甲。杖罪以下,不须开写),已上人口各无疾病(有,则须云除某元患是何疾证外,其余人口各无疾病),见有产业各各若干,即目应当是何差役。除外,别无家口、产业,亦不是奴贱,自来并无过犯。备有

---

① 陈高华等:《元典章》卷51《刑部十三·获盗·捕盗功赏》,天津古籍出版社、中华书局2011年版,第1715页。

② 陈高华等:《元典章》卷40《刑部二·刑狱·不得法外枉勘》,天津古籍出版社、中华书局2011年版,第1358页。

③ 陈高华等:《元典章》卷12《吏部六·吏制·儒吏考试程式》,天津古籍出版社、中华书局2011年版,第430页。

④ 陈高华等:《元典章》卷12《吏部六·吏制·儒吏考试程式》,天津古籍出版社、中华书局2011年版,第439页。

邻人、主首并元籍青册,谱显与一干人无仇不亲。令据实招说,先为如何事上,于某年月日作何过犯,如何到官。①

如果该正犯是盗贼,就要如下招供:

> 先为艰难无可图运,如何知得某处某家有财,以此发心,于某年月日早晚时分,空手或持是何器杖,缘由某家何处越墙入去,援开甚室房门,或于某处家开窟穴,如何盗出财物,经由何处出来。到家点得所盗对象各各若干,于内破使、见在各各若干。在后至某月日,缘何发觉被捉到官。②

如果是强盗,审理官员就要如下讯问:

> 须问某人为首,某人为从,各执是何器仗,如何施威入去,何人在外把风,何人在内收拾财物。如曾杀伤事主,须问某人用何器仗,于某沿身何处杀伤,棒为打伤。劫到财物,却由何处出来,至于某处,点得各各件数,内某人分到得某物多少,破使、见在各各若干。余与切盗同。③

《儒吏考试程式》中谋故杀人、伪造钞、斗殴杀人者等招词,都是涉及犯人招供的格式样本,是属于言辞证据的一种。

总之,官员选拔考试程式,重视证据以及收集证据方式的内容,对于提高所选拔司法官员的司法素养,对于促进司法证据重要性的推广普及,具有不可代替的作用。其本身亦是对于唐宋重视物证审判思想的进一步发展。

此外,元代重视物证的作用还可以从下面规定看出,如赃验明白,即使正犯在逃,亦可治罪。有同犯没有到案,如证据充分,也可结案。"其徒伴有未获、追

---

① 陈高华等:《元典章》卷12《吏部六·吏制·儒吏考试程式》,天津古籍出版社、中华书局2011年版,第428-429页。

② 陈高华等:《元典章》卷12《吏部六·吏制·儒吏考试程式》,天津古籍出版社、中华书局2011年版,第429页。

③ 陈高华等:《元典章》卷12《吏部六·吏制·儒吏考试程式》,天津古籍出版社、中华书局2011年版,第429页。

会有不切而不能完备者,如服审既定,赃验明白,理无可疑,亦所依上归结。"①类似案例较多,如"河东道廉访司申:山阴县郝秀状告达鲁花赤兀马儿,因以捉获强贼小萧,妄称攀指各家寄放赃钞,捉拿监收,至大二年(1309年)五月与讫兀马儿中统钞五定撒放等事。取到出钱、首钱人等指证相同,赃验明白。本官避罪在逃,例同狱成,依十二章枉法例科断,除名不叙"。② 此案例就是在山阴县达鲁花赤兀马儿避罪在逃,证据充分、赃验明白的情况下进行缺席判决的。

四、物证的重要性在司法运作中的体现

元代司法实践中,重视利用物证判案的例子很多,如至元中,曹伯启历仕为兰溪主簿,尉获盗三十,械徇诸市,伯启以无左验,未之信;俄得真盗,尉以是黜。③ 至治三年(1323年),李好文录囚河东,有李拜拜者,杀人,而行凶之仗不明,凡十四年不决,好文曰:"岂有不决之狱如是其久乎!"立出之。④ 上述两个案例都是官员重视利用物证判案的例子,没有证据,最后把嫌犯释放。这样例子还有不少,可参见表2-1。在元朝司法实践中,为了能够顺利结案,得到所谓的"赃物",出现了一些司法官吏代表官府不惜花费金钱借购赃物的奇怪现象。但从反面可反映出元朝司法官判案对物证的重视程度,看下面案例:延祐二年(1315年)三月,广州路番禺县薄尉史彰信、典史陈珪、司吏潘颐等,因郭一哥被劫衣服钞两,本县不行详情推问,止凭事主郭一哥新妇陈二姐学说,将平人冯法大等八名枉勘虚招作贼,追赃到官。博罗县归问得各贼番异,已追到官赃物俱于诸人处借买。⑤ 再如在大德七年(1303年)七月"拷勘叶十身死"案件中"委官取问得寄赃人余曾六等避怕拷勘,转于事主等处买丝,作元盗正赃纳官"⑥。

---

① 陈高华等:《元典章》卷49《刑部十一·强窃盗·强窃盗贼通例》,天津古籍出版社、中华书局2011年版,第1626页。
② 陈高华等:《元典章》卷46《刑部八·取受·犯赃再犯通论》,天津古籍出版社、中华书局2011年版,第1570页。
③ (明)宋濂等:《元史》卷176《曹伯启传》,中华书局1976年版,第4099页。
④ (明)宋濂等:《元史》卷183《李好文传》,中华书局1976年版,第4216页。
⑤ 陈高华等:《元典章》卷54《刑部十六·违枉·枉勘革前未取到招伏》,天津古籍出版社、中华书局2011年版,第1816页。
⑥ 陈高华等:《元典章》卷54《刑部十六·违枉·拷勘叶十身死》,天津古籍出版社、中华书局2011年版,第1806页。

延祐二年,广州路番禺县郭一哥被劫,本县不行详情推问,凭事主郭一哥新妇陈二姐学说,簿尉史彰信将平人冯法大等枉勘虚招,赃物俱于诸人处借买。[①] 上述案例的物证皆是从外人处借买的。

表 2-1　元代重视证据程序案例统计表

时间	案例	出处
中统二年	碉门羌与妇人老幼入市,争价杀人,碉门鱼通司系其人。羌酋怒,断绳桥,谋入劫之。鱼通司来告急,左丞汪惟正问计,庭瑞曰:"羌俗暴悍,以斗杀为勇。今如蜂毒一人,而即以门墙之寇待之,不可。宜遣使往谕祸福,彼悟,当自回矣。"惟正曰:"使者无过于君。"遂从数骑,抵羌界。羌陈兵以待,庭瑞进前语之曰:"杀人偿死,羌与中国之法同,有司系诸人,欲以为见证耳。而汝即肆无礼,如行省闻于朝,召近郡兵空汝巢穴矣。"其酋长弃枪弩罗拜曰:"我近者生裂羊脾卜之,视肉之文理何如,则吉其兆,曰:'有白马将军来,可不劳兵而罢。'今公马果白,敢不从命。"乃论杀人者,余尽纵遣之。遂与约,自今交市者,以碉门为界,无相出入	《元史》卷 167《张庭瑞传》
至元六年	倡户鱼王嫂赴大兴县告称,男妇阿肖欲行私遁还家,想见别有奸事。周县尹并司吏张荣禄将阿肖枷收,辄行推问,指称曾与刘和尚等通奸。将平人刘贵等监收。系是称疑词因,别无堪信显迹,依例不许经告	《秋涧集》卷 88《乌台补·弹大兴县官吏乞受事状》
至元中	至元中,历仕为兰溪主簿,尉获盗三十,械徇诸市,伯启以无左验,未之信;俄得真盗,尉以是黜	《元史》卷 176《曹伯启传》;苏天爵《滋溪文稿》卷 10《元故御史中丞曹文贞公祠堂碑铭有序》

---

① 陈高华等:《元典章》卷 54《刑部十六·违枉·枉勘革前未取到招伏》,天津古籍出版社、中华书局 2011 年版,第 1816 页。

续表

时间	案例	出处
至治三年	录囚河东,有李拜拜者,杀人,行凶之仗不明,凡十四年不决,好文疑之,立出之	《元史》卷183《李好文传》
泰定四年	山阴游徽徐裕,以巡盐为名,肆暴村落间。遇诸暨商,夺其所赍钱,扑杀之,投尸于水,走告县曰:"我获私盐犯人,畏罪赴水死矣。"官验视,以有伤,疑之。遂以疑狱释。师泰追询覆按之,具得裕杀人状	《元史》卷187《贡师泰传》
延祐年间	临洮富民无子,有妾方娠,妻妒而卖之,二十余年。夫死,官为主其家资,忽一人临丧哭,自称为遗腹子。有司欲以家资予之。公疑其诈,物色于富民之家,得佛书一帙,背有书云:"某年月日妾有孕,卖巩昌某家。"公求得之,询其岁月皆合,郡人惊叹以为神,哭者坐以欺妄	《滋溪文稿》卷12《元故奉元路总管致仕工部尚书韩公神道碑铭并序》
大德三年	三河县寡妇朱,属其弟以钱为商者,弟富,姊日贫,姊征诸弟,弟弗与,姊告诸官,率以无券不为理。公得状,令其姊还家以待,召其弟曰:尔昔贫,今富何也?今某盗言尔实与偕,信乎?弟惧,言因姊钱经营有余,有簿书可征。公召其姊,按簿分其半与姊,皆感悦而去	《山右石刻丛编》卷34《两浙转运使智公神道碑铭》
大德三年	武平县车坊寨刘义,其兄成暴死,告其嫂阿李与建州王怀通,疑为其所杀。县令丁钦验尸无死状,言诸府,府不能决,告公。府以责钦,钦忧之,其妻韩问之何忧,答曰刘成之狱。府期责甚急。韩问其事始末,告之验尸分发观顶骨。钦即往,濯而求之,顶骨开,得铁三寸许,持告府。府诣公言,公赏钦并知其妻韩教之。公据此破韩杀前夫案。两狱皆具	《山右石刻丛编》卷34《两浙转运使智公神道碑铭》
延祐三年	泽州高平民有盗窃其家资,官诬执一家五人为盗,榜掠无完肤,父子二人已死狱中。公阅其文书,察其辞色,而遽释之。召其主人询问,知其邻村五人者曾来贷粟。公即擒之,赃索皆在,遂具狱	《滋溪文稿》卷23《故嘉议大夫江西湖东道肃政廉访使董某行状》

续表

时间	案例	出处
后至元年间	盗杀贾人及从者三而攘其财,弃尸井中,其家累讼于官,皆以无佐验不为理。公微服宿盗里中,廉得其实,躬往捕之。盗不伏,收其妻鞫之。妻时时仰视其屋,屋盖新葺,大竹为椽,公使人发视之,财悉藏竹中。盗遂吐实,出四人尸井中,讫狱,州人神之	《滋溪文稿》卷 13《元故翰林直学士赠国子祭酒谥文安谢公神道碑铭并序》
后至元年间	连氏母告其子出不反,众以无明验却之。君受而察之,踰月,得尸于山中,则其兄某杀之也	《道园学古录》卷 41《建宁路崇安县尹邹君去思之碑》

第二节　元代司法证据的种类及收集

证据是据以认定案件性质及案件事实的依据,自古以来官员审断案件都需要收集证据。古代判案的证据材料包括被告人的口供,目击者、知情者等证人证词,凶器、被盗抢物品等各种物证,以及勘验现场和被伤害者收集到的各种证据材料。证据的种类与现代颇为相似,但各类证据的收集方法及其在判案中的作用等与现代有很大的不同。唐宋王朝是我国古代发展的鼎盛时期,不仅体现在政治、经济、文化方面,在法制建设方面也取得了很大成就,古代法制趋于成熟。其证据制度,更加系统化、规范化,元代继承唐宋重视证据的传统,并有所发展。本节重点探讨元代的证据种类和收集方式两个问题。

一、证据的种类

(一)言辞证据

元朝言辞证据即指言词证据,是指以言词形式提供的证据,与"实物证据"相对应,又称"人证"或"人的证据",包括证人证言、被害人陈述、被告人供述和辩解等当事人陈述等。这是中国传统的证据形式之一。《元典章·儒吏考试程式》中就出现了很多的言辞证据,如"正犯人甲招:不合于某年月日作何罪犯,如何到官,情罪是实……"是被告人的供述,即"口供"。所谓"正犯"是指对侵害结果或者危险结果发生起支配作用的人犯。如"正犯人招款：一名某，见年若干，身无疾病（如有疾，谓残废笃疾之类），本贯某处附籍，是何色目人氏。……先为如何事上，于某年月日作何过犯，如何到官"。以盗贼为例，盗贼常见招供内容格式如下，"先为艰难无可图运，如何知得某处某家有财，以此发心，于某年月日早晚时分，空手或持是何器杖，缘由某家何处越墙入去，掇开甚室房门，或于某处家开窟穴，如何盗出财物，经由何处出来。到家点得所盗对象各各若干，于内破使、见在各二若干。在后至某月日，缘何发觉被捉到官。……"①被捉获盗贼要交代清楚偷盗的时间、地点、详细经过、所盗物品、如何被捉等。最后要保证执结是实，如有违犯将会受到处罚。还有其他类型的犯罪，其口供内容不同，但性质都属于言词证据中的一种。

　　干连人词因：指当事人之外了解案件有关情况的人向人民法院就自己指导的案件事实所作的描述。除了正犯口供外，干连人证言是指与案件相牵连的除正犯以外的人向司法官吏或司法机关所提供的证词。其证言在正犯人不认罪的诉讼审判中承担着重要的作用。干连人包括事主、苦主、证人、捉事人、被伤人等因案件涉及有关除正犯以外人员。其陈述都属于言词证据。就是各自对官府所作的告发原委及案发经过的供述。如："一名某人，见年若干，身无疾病，系某处附籍是何名色人户（至徒以上开写家口，杖罪以下不开）。今为某人作何过犯，指出如何事上，以此干连到官，据实招说（云云）。所具前项招责情由，并是诣实，别无虚诳。若蒙官司照依见招断遣，甘伏无词。执结是实。"②事主多指如偷窃、抢劫等案件中的被害人。常见事主陈述如下："一名事主某，年甲、籍贯同前。今据实分析（云云），为系被盗事主，一就申解前来。所通前项词因，并是诣实。追到赃物，当官认得委是被盗正赃，所估价钱亦无亏损。若蒙照依犯人见招征断，准伏无词，执结是实。"类似的还有苦主的陈述词。苦主，多指人命案中被害人的家属。其常见格式如下："一名苦主，年甲、籍贯同前。今据实分析（云云），为某系苦主，一就申解前来。所通前项词因，并是诣实。据身死某人在

---

① 陈高华等：《元典章》卷12《吏部六·吏制·儒吏考试程式》，天津古籍出版社、中华书局2011年版，第428—429页。

② 陈高华等：《元典章》卷12《吏部六·吏制·儒吏考试程式》，天津古籍出版社、中华书局2011年版，第431页。

日,若干年甲,委无疾状,词不是奴贱,生前亦无作下过犯。备有邻人、主首并青册,谙显与一干人无仇不亲。若蒙照依已招征断,准伏无词。"[1]此外还有证人、捉事人、被伤某人类似陈述。

元代衙门审案,根据需要传唤干连人出堂作证或对质。至元二十八年(1291年)江西行省榜文内一款:"今后诸人告状,受理官司披详审问,所告之事有理而实,先将被告人勾唤到官,取问对证。若已承服,不须别勾证佐。若被告人不伏,必须证佐指说,然后将紧关干连人指名勾摄。"[2]与现代不同的是,元朝官府可以逮捕和拷打有关干连人,以逼取证词。干连人为了少受或不受皮肉之苦,常常按照官吏的要求作假证,也造成了很多冤案。其证言在判案中的利用,也取决于官吏的主观选择。

(二)实物证据

实物证据是指以实物形态存在的各种证据,简称"物证"。物证是指能够以其外部特征、物质属性、所处位置以及状态证明案件真实情况的各种客观存在的物品、物质或痕迹。物证对于最终的决断作用很大,是一种重要的证据形式。物证制度从西周时开始实行。但总的来说,物证在古代诉讼中的作用远远比不上口供。它是作为辅助证据,必须在有口供的情况下才能发挥作用。如没有口供,单凭物证是不能定案的。这种局面到了唐代开始有了变化,前文已经有所陈述。在长期的实践中,还是有许多聪明正直的官吏,对物证的重要性有深刻的认识,并且重视物证的收集,把其作为判明案情的关键和快捷方式。其实,老百姓亦有这种意识,如元代人宋本记述的工狱就是典型案例。

京师小木局木工数百人,官什伍其人,置长分领之。一工与其长争长曲不下,工遂绝不往来半岁。众工谓口语非大嫌,酿酒肉强工造长居和解之,乃欢如初,暮醉散去。工妇淫素与所私者饶良人,不得间,是日以其醉于仇而返也,杀之,仓卒藏尸无所,室有土塌,塌中空,盖寒则以煴火者,乃

---

① 陈高华等:《元典章》卷12《吏部六·吏制·儒吏考试程式》,天津古籍出版社、中华书局2011年版,第432页。

② 陈高华等:《元典章》卷53《刑部十五·折证·不须便勾证佐》,天津古籍出版社、中华书局2011年版,第1778页。

启塌砖，置尸空中，空狭，割为四五始容焉，复砖故所。明日，妇往长家哭曰："吾夫昨不归，必而杀之"。讼诸警巡院，院以长仇也。逮至，榜掠不胜毒，自诬服。妇发丧成服，召比丘修佛事，哭尽哀。院诘长尸处曰："弃壕中。"责仵作二人，索之壕，弗得。伍作本治丧者，民不得良死而讼者，主之，是故常也。刑部御史京尹交促具狱，甚急，期十日，得尸不得，笞，既乃竟不得，笞。期七日，又不得。期五日、期三日，四被笞，终不得，而期益近，二人叹惋，循壕相语，笞无已时。因谋别杀人应命，暮坐水傍，一翁骑驴渡桥犄角，挤堕水中，纵驴去。懼状不类，不敢辄出，又数受笞，涉旬余，度翁烂不可识，举以闻院。召妇审视，妇抚而大号曰："是矣。吾夫死乃尔若耶。"取夫衣招魂壕上，脱笄珥，具棺葬之，狱遂成。院当长死，案上未报可。骑驴翁之族，物色翁不得，一人负驴皮道中过，宛然其所畜，夺而披视，血皮未燥，执诉于邑，亦以鞠讯，惨酷自诬，劫翁驴，翁拒而杀之，尸藏某地，求之不见，辄更曰：'某地。'辞数更，卒不见。负皮者瘐死狱中，岁余，前长奏下，缚出狴犴，众工随而噪若雷。虽皆愤其冤，而不能为之明，环视无可耐何。长竟斩，众工愈哀叹不置，遍访其事无所得。不知为计，乃聚议哀交钞百定，处处置衢路，有得某工死状者，酬以是。亦寂然无应者。初妇每修佛事，则丐者垒至，求供饭，一故偷常从丐往乞。一日，偷将盗它人家，尚早不可。既熟妇门户，乃暗中依其垣屋以须迫钟时。忽醉者踉跄而入，酗而怒，妇詈之，拳之，且蹴之，妇不敢出声，醉者睡，妇微诤烛下曰："缘而杀吾夫，体骸异处土塌下，二岁余矣，塌既不可火，又不敢填治，吾夫尚不知腐尽以否？今乃虐我。"叹息饮泣，偷立牖外悉得之，默自贺曰："奚偷为?"明发入局中，号于众："吾已得某工死状，速付我钱。"众以其故偷不肯，曰："必暴著乃可"，遂书合分支与偷。且俾众遥随他往，偷佯被酒，入妇舍挑之，妇大骂，丐敢尔，邻居皆不平偷，将殴之，偷遽去土塌席扳砖作欲击斗状，则尸见矣，众工突入，偿偷购，反接妇送官。妇吐实，醉者即所私也。官复审壕中死人何从来？伍作款伏。挤何物骑驴翁堕水，伍作诛，妇泊所私者磔于市。先穷主长死吏皆废终身。官知水中翁，即乡瘐死者事，然以发之，则官吏又有得罪者数人，遂寝。负皮者冤竟不白，此延祐初事也。"校官文谦甫以语宋子，宋子曰："工之死，当坐者妇与所私者止耳。乃牵联杀四五人，此事变之殷也。解仇而伏欧刀逃笞而得刃,伍作杀而工妇孚,负皮道中而死桎梏,赴盗而获购,此又缪轕而不可知者也,悲夫。"①

　　此案例中记载了两个连环冤案,都是由于证据即"尸体"而产生,官员因为没有尸体而无法结案,仵作找不到死尸则被笞,"因谋别杀人应命",便导出第二个悲剧,被杀的老翁是无辜的,更无辜的是后面负驴皮者以及前面的工长。第二个案子亦是因为负驴皮者承认杀死老翁而结案,"尸藏某地,求之不见",其在严刑拷打下却数次更改口供,岂不可疑! 没有证据,岂能就此结案! 真相大白之后,仵作、妇女及所私者,在罪证确凿的情况下受到死刑的处罚。官府为避免让更多有关联的官员牵涉其中,对于负驴皮者的冤情竟置之不理,造成悲剧。此案例是对元代司法运作的真实描绘,受害的是官员下层和普通民众。其中,出现和解决问题的关键都在于发现尸体,官方为结案而寻找,木工为工长申冤,通过悬赏百锭查找"某工死状者"。可以看出当时民众已经意识到证据的重要性,正是围绕这个关键证据,而破解了这个涉及七条人命的连环杀人案。总体上,元朝对物证的重视在唐宋基础上有所发展,前文已经有所涉及,元代司法检验在理论和实践上的进步是主要体现之一。

　　《儒吏考试程式》中有关物证的记载:"解到所关人等,追获赃仗。杀伤,即云寻勒医工验过被伤去处。贼盗,须云委官验过本家失盗踪迹。因赃败露者,即云并赃一就赴官。追获赃仗,勒令事主认过,委是被(强曰劫,切曰盗)。今将正犯人某人枷项纽手,事主某、捉事人某散行,同赃仗一就差人牢固监押前去。乞收管施行。"其中的赃仗、伤情、踪迹、伤处等都是物证,包括强盗所持器仗、所强盗赃物、私藏军器、贪赃者赃物、杀人者所用器仗、尸首上的伤痕、各种死因的尸体、造伪钞者所用雕版及所造伪钞皆为重要物证。

　　(三)书证

　　书的是指以文字符号、图案等表示的内容来证明待证事实有关情况的文字材料,属于实物证据的一种,包括可以帮助判明案情的证券、书契等各种文字材料。书证有时涉及笔迹鉴定。元代书证有婚书、各种文契、买卖合同、税契、房

---

① (元)苏天爵:《元文类》卷45《工狱》,商务印书馆1958年版,第658—659页。

契、借贷契约、盐引等。在《儒吏考试程式》中一般称"据"。元代百姓的契约意识已经有很大的提高,《元史·刑法二》中载:"诸出妻妾,须约以书契,听其改嫁,以手模为证者,禁之。"①书契,指契约等书面凭证,是有契约性质的文书。手模,指按在凭证上的指纹,即手印。

(四)勘验结论

勘验是对犯罪的有关场所和物品进行勘察,对尸体和活人身体进行检验,叫作勘验,包括检查、辨认、侦查实验等笔录,也是古代收集证据的一种重要手段。勘验结论是司法机关对于案件有关的场所、人身、尸体等进行勘查和检验所得出的结论,是古代司法官定罪判刑的重要证据。在西周时期就已经在司法实践中有所运用。《儒吏考试程式》中贼盗,须云委官验过本家失盗踪迹。勘验结论还包括对金银成色、孳畜齿岁毛色、杀人凶器锋利程度、行凶棍棒(或其他杀人之物)、私盐成色、对药物(或毒药)、军器、伪钞、滥伪之物、伪印及对案发场所及贼人踪迹的查验结果等。元代继承唐宋保辜制度,对于伤害案件,派医工进行初步的检验,确定一定时期的辜限。让双方填写辜限文书,辜限文书有固定的体式。等到辜限期满,对有关保辜的各种病症亦要勒仵作或医工再次进行检验,根据检验结论即伤害部位恢复程度及是否有死亡后果等,来确定对伤害者的惩罚。对妇女检验要由稳婆来进行,如《儒吏考试程式》中提到稳婆对妇女及孕妇的检验样本"勒稳婆某验得,妇人某所堕身小系几个月,验是因殴堕落,其母别无损伤。稳婆某验得,本妇乳头变色,子脉方行,委有几个月身孕"等。②元代在宋代基础上发展出自己有特色的检尸法式,后面章节还有专门考察。

二、证据的收集

(一)言词证据的收集

元代判案把被告人的口供看作最重要的依据,这与现代重证据、不轻信口供的要求正好相反。在古代官员看来,只要被告人供认了犯罪的行为,就足以证明犯罪是客观事实,因而他们总是把口供作为最重要的定案依据。同时也重

---

① (明)宋濂等:《元史》卷103《刑法二》,中华书局1976年版,第2644页。

② 陈高华等:《元典章》卷12《吏部六·吏制·儒吏考试程式》,天津古籍出版社、中华书局2011年版,第436页。

视干连人提供的言词证据。

1. 收集对象

言词证据的收集对象主要是作出供述的被告以及包括原告、苦主、事主、证人等干连人。原告的供词主要是其口头或书面的上诉状以及庭审时的供述。被告的供述,对判决显得更为重要。没有被告的供词,不能轻易对其定罪。干连人佐证的作用也不容低估,案件目击者、街坊四邻、社长、里正等都是言词证据收集的对象。他们的言词是核实被告供述是否属实的重要依据。同时,元朝对言词收集的对象也作出了某些限制,如限制对老幼笃疾、亲属等容隐之人收集证据。《元典章》载:"词讼不指亲属干证",元政府重视伦理思想,"人伦之大,莫大于君臣、父子、夫妇、兄弟之叙。至如刑法之设,正为裨补教化,当以人伦为本",对"有罪者子证其父,弟证其兄,妇证其夫,奴证其主,听讼者又施法外之刑,苦迫以成其狱"的状况,认为:"非惟大失用刑之本意,而其弊至于使人不复知有纲常之理,人道有亏,用刑失当,莫重于此",主张对这种有违伦理道德的行为理宜禁治,[1]"如(有)子证其父,奴讦其主,及妻妾弟侄干名犯义者,一切禁止"[2]。这种理念也已经影响到了元朝最高统治者,如至元十三年十二月,"李思敬告运使姜毅所言悖妄,指毅妻子为证。帝曰:'妻子岂为证者耶?'诏勿问"[3]。

2. 收集手段

一是元朝言词证据的收集主要采取对人讯问的方法。主要表现方式就是采取言词审讯即"五听"的方式,收集言词证据并审查其真伪。所谓"五听"是指中国古代司法官吏在审理案件时观察当事人心理活动的 5 种方法,即辞听、色听、气听、耳听、目听。元人徐元瑞《吏学指南》中载:"五听,《礼》云:'民之狱讼,以惰求之,其听有五。'辞听,谓观其出言不直,则烦乱也。色听,谓观其颜,不直则赧然赤也。气听,谓观其—不直,则惴战也。耳听,谓观其听聆不直,则惑疑也。目听,谓观其眸视不直,则眊然不明也。"[4]这种方法始于西周。"鞫囚

---

①　陈高华等:《元典章》卷53《刑部十五·折证·词讼不指亲属干证》,天津古籍出版社、中华书局2011 年版,第 1779 页。

②　陈高华等:《元典章》卷2《圣政一·厚风俗》,天津古籍出版社、中华书局 2011 年版,第 68 页。

③　(明)宋濂等:《元史》卷9《世祖六》,中华书局 1976 年版,第 186 页。

④　(元)徐元瑞:《吏学指南》卷5,浙江古籍出版社 1988 年版,第 84 页。

以理推寻",审其辞理,收集必要证据。《至元新格》亦云:"诸鞠问罪囚,必先参照元发事头,详审本人词理,研穷合用证佐,追究可信显迹。"在证据已明,人犯拒不承服的情况下可考虑刑讯办法收集证据,"若或事情疑似,赃仗已明,而隐讳不招,须与连职官员立案同署,依法拷问"。当然在"告指不明,无证验可据者",先要"以理推寻,不得辄加拷掠"。① 一般情况下,酷刑是针对强盗或重罪过案件人犯实行的收集证据方式,《新元史·刑法志》中载:"凡鞠囚,非强盗毋加酷刑。"审讯过程采用刑讯逼供方式获取官员认为需要的口供,是古代司法中获取证据一种非常普遍的方式。拷讯必须经过连职官员立案同署,方可进行,否则要追究其罪责。"诸鞠问囚徒,重事须加拷讯者,长贰僚佐会议立案,然后行之,违者重加其罪。"②《元史·刑法志》亦云:"诸按问职官赃,毋遽施刑,惟众证已明而不款伏者,加刑问之,军官则先夺所佩符而问之。"③对于军官要夺其所佩符后才可用刑,可见,在元朝施行刑讯收集证据,要满足一定条件和经过一定程序,违背者要受惩罚。

刑讯涉及的往往属于一些杀人、故意伤害等"重罪过"案件,具体案例如下:时江西胡参政杀其弟,讼久不决,脱烈海牙一讯竟伏其辜。④ 初,绛之太平县民有陈氏者杀其兄,行赂缓狱,蔓引逮系者三百余人,至五年不决。朝廷委恽鞠之,一讯即得其实,乃尽出所逮系者。⑤ 至元十九年(1282 年),袁裕"出为顺德路总管。郡有铁冶提举张鉴,无子,买妾,其妻妒而杀之。裕捕其妻,讯之服辜"⑥。上述三个案例都是杀人案件,此处"讯"当指拷讯,嫌疑人决不会轻易招服杀人之罪的,通过"一讯"而服辜。可见在古代认可刑讯是有一定道理的,但很多官员审讯时是不讲条件,动辄刑讯或把拷讯作为单一的收集证据、审讯的方法,这是有问题的。总之,上面论述了收集言词证据两种方式,先需要言词审讯,"详审本人词理","追究可信显迹",再在满足一定条件下施行刑讯。值得

① 陈高华等:《元典章》卷 40《刑部二·鞠狱·鞠囚以理推寻》,天津古籍出版社、中华书局 2011 年版,第 1374 页。

② (明)宋濂等:《元史》卷 103《刑法二》,中华书局 1976 年版,第 2633 页。

③ (明)宋濂等:《元史》卷 103《刑法二》,中华书局 1976 年版,第 2618 页。

④ (明)宋濂等:《元史》卷 137《脱烈海牙传》,中华书局 1976 年版,第 3320 页。

⑤ (明)宋濂等:《元史》卷 167《王恽传》,中华书局 1976 年版,第 3933 页。

⑥ (明)宋濂等:《元史》卷 170《袁裕传》,中华书局 1976 年版,第 3999 页。

注意的是,这两种收集证据的方式是有先后顺序的,首先是言词审讯收集证据,其次才根据条件施行拷讯即依法刑讯,不允许动辄就施行拷讯。当然,收集言词证据讯问过程中,两者也并非缺一不可。

二是官员凭个人的智能、经验,甚至使用诈谲的方法收集证据。尤其对一些棘手的案件,尤其需要破案官员的智慧和经验。具体案例如下:

> 汪泽民,字叔志,徽之婺源州人,授平江路总管府推官。有僧净广,与他僧有憾,久绝往来,一日,邀广饮,广弟子急欲得师财,且苦其箠楚,潜往它僧所杀之,明日诉官,它僧不胜考掠,乃诬服,三经审录,词无异,结案待报。泽民取行凶刀视之,刀上有铁工姓名,召工问之,乃其弟子刀也,一讯吐实,即械之而出他僧,人惊以为神。①

该案例体现出汪泽民收集证据时的智慧和细致的观察能力。案件经过三审都没有发现真正有价值的证据,而汪氏通过行凶刀具上的铁工姓名,进而追踪到使用这把刀具的人,从而找出凶手,避免了一场冤案的发生,亦反映出收集证据的重要性。再如:

> 周自强,字刚善,临江路新喻州人,迁婺州路义乌县尹。周知民情,而性度宽厚,不为刻深。民有以争讼诉于庭者,一见即能知其曲直,然未遽加以刑责,必取经典中语,反复开譬之,令其诵读讲解。若能悔悟首实,则原其罪;若迷谬怙恶不悛,然后绳之以法不少贷。民畏且爱,狱讼顿息。②

上述史料体现出县尹周自强具有丰富的破案经验。其收集案件真相和证据的能力自当包含其中,能让当事人悔悟首实。如至元五年(1268年),人有讼财而失其兄子者,德辉曰:“此叔杀之无疑。”遂竟其狱。③

---

① (明)宋濂等:《元史》卷185《汪泽民传》,中华书局1976年版,第4252页。
② (明)宋濂等:《元史》卷192《周自强传》,中华书局1976年版,第4369页。
③ (明)宋濂等:《元史》卷163《李德辉传》,中华书局1976年版,第3816页。

至元七年，帝以蝗旱为忧，命德辉录囚山西、河东。行至怀仁，民有魏氏发得木偶，持告其妻挟左道为厌胜，谋不利于己。移数狱，词皆具。德辉察其冤，知其有爱妾，疑妾所为，将构陷其妻也。召妾鞫之，不移时而服，遂杖其夫而论妾以死。①

上面几个案例都是官员凭个人经验和智慧收集证据断案的例子。

对一些特别棘手、收集证据比较困难的案件，有些官员采取诈术办法收集到有利的破案证据。"谲政，诡诈无耻者。"②谲，《说文解字》解："谲，权诈也；益梁曰：'谬欺天下曰谲。'"③面对狡猾的人犯，为了让那些固执、难缠的人承认罪行，除了刑讯外，有些有智慧和办案经验的官员，会采取一些非正规、为破案而实行的手段。元剧《张孔目智勘魔合罗》中河南府六案孔目张鼎奉府尹之命问案时，因苦于没有证据，不得已采取诡诈的方法，让杀人凶手李文道给老相公夫人治病，谎称夫人中毒七窍流血而死。张鼎以出脱李文道之罪的名义，结合当时元朝法律"老不加刑，则是罚赎"，让其把杀人责任推到其80岁老父亲身上，以免一死。结果不知实情的老父亲，已被儿子激怒，把其儿子杀死其侄儿并谋财的事情和盘托出，交代出来，获得有力的证据。最终李文道被处决。④

三是元朝官员利用占卜或鬼神取证。古代科技不发达，没有高科技手段帮助破案。元朝官员利用人们惧怕鬼神的心理，采用利用占卜、祷告神灵的方式协助收集证据。有时也颇有成效。《元史·观音奴传》载有案例如下：

观音奴，字志能，唐兀人氏，累知归德府。彰德富商任甲，抵睢阳，驴毙，令郐乙剖之，任以怒殴，经宿而死。有妻王氏、妾孙氏，孙诉于官，官吏纳任赂，谓郐非伤死，反抵孙罪，置之狱。王来诉冤，观音奴立破械出孙于狱，呼府胥语之曰："吾为文具香币，若为吾以郐事祷诸城隍神，令神显于吾。"有睢阳小吏，亦预郐事，畏观音奴严明，且惧神显其事，乃以任所赂钞

<hr>

① （明）宋濂等：《元史》卷163《李德辉传》，中华书局1976年版，第3816页。
② （元）徐元瑞：《吏学指南》，浙江古籍出版社1988年版，第30页。
③ （清）段玉裁：《说文解字注》，中华书局2013年版，第100页。
④ （元）孟汉卿：《张孔目智勘魔合罗》，载自王季思《全元戏曲》第3册，人民文学出版社1999年版，第704-707页。

陈首曰:"郗实伤死,任赂上下匿其实,吾亦得赂,敢以首。"于是罪任商而释孙妾。

宁陵豪民杨甲,夙嗜王乙田三顷,不能得。值王以饥携其妻就食淮南,而王得疾死,其妻还,则田为杨据矣。王妻诉之官,杨行贿,伪作文凭,曰:"王在时已售我。"观音奴令王妻挽杨,同就崔府君神祠质之,杨惧神之灵,先期以羊酒浇巫嘱神勿泄其事,及王与杨诣祠质之,果无所显明。观音奴疑之,召巫诘问,巫吐其实曰:"杨以羊酒浇我嘱神曰:'我实据王田,幸神勿泄也。'"观音奴因讯得其实,坐杨罪,归其田王氏,责神而撤其祠。①

前述两个案例都是归德府官观音奴借助占卜收集破案言词证据的例子。实际上哪有什么鬼神显灵,只不过是观音奴破案的手段而已。但通过此手段,他都获得了破案的真凭实据,最终将案犯伏法。类似案例再如:

田滋,字荣甫,开封人。大德二年,迁浙西廉访使。有县尹张或者,被诬以赃,狱成,滋审之,但俯首泣而不语。滋以为疑,明日斋沐,诣城隍祠祷曰:"张或坐事有冤状,愿神相滋,明其诬。"守庙道士进曰:"曩有王成等五人,同持誓状到祠焚祷,火未尽而去之,烬中得其遗稿,今藏于壁间,岂其人耶?"视之,果然,明日,诣宪司诘成等,不服。因出所得火中誓状示之,皆惊愕伏辜,张或得释。②

此案例是浙西廉访使田滋为了替县尹张或申冤,去城隍祠祷告时,碰巧获得嫌犯作案誓状,这是他们作案的第一手书证。最终张或之冤得以平反。总之,元朝官员和民众心中都有鬼神观念,借助鬼神收集证据进行破案亦是官员采取的途径之一。

3.言词证据的认定

言词证据因缺乏客观的存在形式,且易受提供者趋利避害等各种主观因素的影响而偏离真实,是证据中最令人困惑,也是辨别难度最大的一种。所以对

---

① (明)宋濂等:《元史》卷192《观音奴传》,中华书局1976年版,第4368页。
② (明)宋濂等:《元史》卷191《田滋传》,中华书局1976年版,第4359页。

于证据的认定,得出案件事实真相尤其重要。考察元代司法官对言词证据辨析的方法,概括为以下几种:

其一,运用"五听"法进行辨别。古代官员通过"五听"收集言词证据,同时也经此对言词证据进行辨析,考察其真伪。这种方法虽然不可避免最终会带有司法官的主观性,但比起夏商的"神判"显然进步不少。因此为历代司法官所沿袭。《元典章》中载:"凡有盗贼,先备五听,审其辞理,参其证佐,辨验是非,理有可疑,然后考掠。"①司法官通过五听,审查其言词,参照其他证据,来判断其正误。并且通过五听程序,发现辞理可疑之处,根据程序,再行拷掠。元代文人胡祗遹更是提到"五听"方法的技巧之妙。"五听之法当熟。知言、察情、明理、炼事,四者胸中了然,且无一偏之喜怒,虽百冗坌集于前,皆可谈笑而决,何必疲精劳神,怒骂挥斥,捞掠捶楚,然后为得也。若夫情见势屈而不听命,先之以正言,申之以感悟,无不从者。柔能胜刚,弱能胜强,温言可以化人。理到之辞,不得不讪。听狱之法,静则明,明则百奸不能逃其形。切忌躁急,躁急则己心先乱,譬如挠水摇镜,焉能鉴物哉?"②

其二,司法官员不能只听偏辞,应结合其他干连人言词对证据真相加以核实。王恽就对官员只听偏辞断案的状况及弊端对上司进言:"窃见部吏符文之弊,谓如甲以田宅告部,便以偏辞有理,断付甲主;乙复上诉,新吏不照先行,却以乙辞有理,即付乙主。路官知其徇弊,欲从理长者归结,二人各倚元符,互相不服。其双方或赴察司陈告,照卷明见,亦欲与之改正,又缘省例部断者不许轻改,以致耽误,有累年经岁不能杜绝者。乞请上司定夺归一,毋令止凭偏辞辄下断语,庶免人难。"③胡祗遹对言词证据的辨别方法有更详尽的阐述,司法官员首先"体认所争者何事,人命、盗奸、钱债、婚姻、良贱、斗殴",然后"明察详审元诉人辞理与事情有无相应",如不相应,官员先不要干涉,令其"再三复说,或差或否。理短者折之,情隐者钩之",就是当司法官发现其说法错误、前后矛盾或含

① 陈高华等:《元典章》卷54《刑部十六·违枉·枉禁平民身死》,天津古籍出版社、中华书局2011年版,第1803页。

② (元)胡祗遹:《紫山大全集》卷23《折狱杂条》,《景印文渊阁四库全书》第1196册,台湾商务印书馆1986年版,第425—426页。

③ (元)王恽:《秋涧先生大全文集》卷91《事状·为革部符听偏辞下断事状》,《四部丛刊初编》第1397册,商务印书馆1922年版。

混不清之处,再进行发问。同时注意不要被语言表达的外观所迷惑,"语言便利者,勿便以为是;謇讷者,勿便以为非";不要被世俗的情感所惑,并摒弃先入之见,要善于"察言观色,详情虑事不出乎理,理明则情不能逃"①,从而从原告那里获得真实的证据信息。

那么对被告的询问,从被告那里了解信息,如何做呢?"问被论人明告以被论之事,令一一缕细抵对时,曲直真伪自见。一钩一距必穷尽其情而后己",当然"大抵元告被论辞固无有不差",可就所差处相互详细察对,"亦自辨明"。因为"每事皆有根底旁证、来历情由",所以"当从实处一一推究"。再则,尤其重视干证人和劝和人等的作用,"干证、劝和人最为紧切",缘由在于"不凭干证无所依据,凡引干证人,便先穷问与元告、被论人有无亲戚故旧、钱物交往,因何两家指为干证,则情过半矣。干证情实见则事可立决"。"君子善人畏避官司,中间别无偏向者,其辞简直明白。"如果涉及亲戚或出于贪图钱物、酒食,或者挟仇抱怨、迫于形势或者受人嘱托这些,有一种的话,其言词就必定不会中允,势必偏袒一方,就会出现"与元告事饰辞增减者有之,与被论人辞理或排或助者有之",所以"辞理逆顺轻重不可不察"。如果听讼者只是凭借干证人一方的言词,便下结论,哪能保证不出现冤案。② 这些审理、核实言词证据的方法和技巧,是实际判案经验的总结,非常切合实际并充满智慧。

(二)实物证据和书证的收集

实物证据的获得主要通过司法机关的勘验、搜查、扣押、查封、诉讼当事人提供等方式进行。还有的是民众的上交等。实物证据主要包括贪赃的赃物、行凶时赃仗、作案留下踪迹等以各种外观物的形式出现能证明案件的东西。实物证据具有较强的客观性、真实性和稳定性。但它是静态的,要与言词证据结合才能更好发挥其作用。《元典章·儒吏考试程式》"元发事头"中有"杀人,即云寻委某官初覆检过致命根因。杀伤,即云寻勒医工验过被伤去处。贼盗,须云

---

① (元)王恽:《秋涧先生大全文集》卷91《事状·为革部符听偏辞下断事状》,《四部丛刊初编》第1397册,商务印书馆1922年版。

② (元)胡祗遹:《紫山大全集》卷23《折狱杂条》,《景印文渊阁四库全书》第1196册,台湾商务印书馆1986年版,第424-425页。

委官验过本家失盗踪迹"①。无论杀人、杀伤抑或是贼盗案件，通过派官员、仵作、医工去收集必要物证。"追获赃仗，勒令事主认过，委是被强劫或被切盗之物，②才能作为物证使用。对于失盗之处所、追索到的契据，元朝政府委派官员验证，收集或确认证据，画出图本，"委官验得，某家甚屋，那间割开窟穴一处，可以容人出入，及那壁院墙内外，各画到图本。委官验得，某家房门关篆俱折，柜盖破碎，认是贼人行劫。及于墙外某处觑得，亦有出入踪迹，画到图本"③。还有通过人犯等招供交出，如以盗贼为例，正犯人招款中有"到家点得所盗对象各各若干，于内破使、见在各二若干"。如实强盗，招款中有劫到财物，"点得各各件数，内某人分到得某物多少，破使、见在各各若干"。如是伪造钞，伪钞"数内已行使讫若干，见在若干"。前述招款中所涉对象由人犯交出，作为赃物证据。对于造伪钞者官员可追获到元使作仗、所刻板印，杀人的追缴到杀人器仗等，都是物证的来源。④ 当然对于赃物金银的真假、杀人刀具的危害性、药物、买卖赃物的文契、所涉官员宣敕的验证等，还需要行人、铁匠、医工、官员等人的参与验证。还有的是局外人交出，如前述大德二年（1298 年）浙西廉访使田滋在为县尹张彧平反冤案时，证明嫌犯王成罪行所需的主要罪证誓状，就是城隍祠道士提供的。⑤ 官府要把收集的物证进行妥善保存，"将某官元受某人枉法赃物若干，发下某库，权行收受去讫。某人元受某人某物若干，照得即系彼此俱罪之赃，发下某库，寄收听候没官去讫。将到私盐若干，牒付某处运司收管去讫。将某人元造毒药若干，如法封裹标题，发下赃罚库，听候弃毁去讫。将到官赃马几匹（余畜亦全）行下某司县，权行牧养听候去讫（非官畜则给主）。伪钞一切伪物，返获到官，下库寄收，听候烧毁施行去讫。仗（谓弓箭、枪、刀、棍、棒等器仗）：将行凶器仗某物，发下赃罚库收管去讫。将应禁军器某物，封记随解发去。

---

① 陈高华等：《元典章》卷 12《吏部六·吏制·儒吏考试程式》，天津古籍出版社、中华书局 2011 年版，第 427 页。

② 陈高华等：《元典章》卷 12《吏部六·吏制·儒吏考试程式》，天津古籍出版社、中华书局 2011 年版，第 427 页。

③ 陈高华等：《元典章》卷 12《吏部六·吏制·儒吏考试程式》，天津古籍出版社、中华书局 2011 年版，第 440 页。

④ 陈高华等：《元典章》卷 12《吏部六·吏制·儒吏考试程式》，天津古籍出版社、中华书局 2011 年版，第 429-430 页。

⑤ （明）宋濂等：《元史》卷 191《田滋传》，中华书局 1976 年版，第 4359 页。

将某人元造伪钞作仗,发下某处寄收听候毁坏去讫"①。

(三)勘验证据的收集

元代继承宋代检验之法并有所发展,其检验之法在王与的《无冤录》和元代典籍《元典章·刑部·检验》中保留下来,很是珍贵。有关检验证据的收集整理简单介绍如下。

1.初检

遇有死伤案件,"杀人,即云寻委某官初覆检过致命根因。杀伤,即云寻勒医工验过被伤去处"②。如遇检尸,随即定立时刻,行移附近不干碍官司,急速差人投下公文,仍差委正官,将引首领官吏、惯熟仵作行人,就即元降尸账三副,速诣停尸去处,呼集应合听验并行凶人等,躬亲监视,对众眼同,自上至下,一一分明,子细检验,指说沿尸应有伤损,即于元画尸身上比对被伤去处,标写长阔深浅各各分数,定执端的要害致命根因,检尸官吏于上署押,一副给付苦主,一副粘连入卷,一副申连本管上司。仍取苦主并听检一干人等,连名甘结,依式备细开写,当日保结回报,明白称说各处相离里路,承发检验日时,飞申本管上司。③其初检结论是否可信,还要通过复检加以比对。

2.复检

复检方法与初检类似,但要求"复检官吏人等,回避初检官吏、仵作行人,依上检验"④。不能将初检尸状与复检官司扶同检验。⑤ 初复检检验内容不同,"初检时仰面,复检时合面,初复检官不许相见"⑥。初复检致命根因相同,检验结论才可适用。检验不同,官府理应再次检验,直到找到死因为止。要求监视官员亲临现场,"检尸官吏须要亲临已死人尸侧,监督仵作人,……(复检官)不

① 陈高华等:《元典章》卷12《吏部六·吏制·儒吏考试程式》,天津古籍出版社、中华书局2011年版,第443-444页。

② 陈高华等:《元典章》卷12《吏部六·吏制·儒吏考试程式》,天津古籍出版社、中华书局2011年版,第427页。

③ (元)王与:《无冤录·卷上》,载沈家本:《枕碧楼丛书》,中国政法大学法律古籍整理研究所整理标点,知识产权出版社2006年版,第240页。

④ 黄时鉴:《元代法律资料辑存》,浙江古籍出版社1988年版,第120-121页,第163页。

⑤ 黄时鉴:《元代法律资料辑存》,浙江古籍出版社1988年版,第120页。

⑥ 陈高华等:《元典章》卷12《吏部六·吏制·儒吏考试程式》,天津古籍出版社、中华书局2011年版,第433页。

得不行临尸检验,止凭仵作行人口喝伤痕定验致命。亦不许复检官就用初检官、仵作行人及讨嘱初检官吏通同回报检尸文状"。① 具体检验程序、方法、要求及追责可参见下一节元代司法检验部分。元代检验专业化增强,仵作成为检验官监督下亲自检尸的一种职役。对于伤害的检验是由医工来进行的。对于各种检尸、检伤的法律文书表述都有一定格式,《元典章·儒吏考试程式》中有具体详细的记载,这里每种各举两例加以说明。

检尸例:勒死,验得本尸口开眼瞪,项上勒痕黑色,围圆长若干寸、深阔若干分,食、气颡塌,项痕交匝,委是被人勒死(自缢者,舌出,项痕不匝)。辜内病死,验得元伤去处已是平复,别无行风入疮痕迹。其尸肌体瘦弱,肉色痿黄,口眼皆合,两手舒展。某处或有新针灸盘痕,在傍或有是何药贴。问得尸亲或奴说称,曾请某医看治,勾问得委系患某病证,曾用上件药饵调治。验是辜内别增余患身死是的。②

检伤例:勒医工某验得,某人左眼上青肿一处,围圆三寸,用手擘开,其睛已损,神水散尽,全不见物,久远不堪医治,验是他物或拳手所伤。勒稳婆某验得,妇人某所堕身小系几个月,验是因殴堕落,其母别无损伤。③

可见检伤除医工外,如果是检验妇女之伤,还要稳婆来进行。如果涉及贼人踪迹、官员宣敕、文契字据、赃物、金银、伪钞、毒药、刀具的检验,还需要委派官员或有专门知识和经验的人来检验,通过这种方式来收集有利于案件的证据,具体可参见《元典章·吏部·儒吏考试程式》,限于篇幅,不再赘举。

第三节　元代司法检验论析

检验制度属于证据制度中的重要组成部分,前文已经有所陈述,检验是获取证据的重要方式之一,证据制度发展到唐朝,出现了一个重大变化,唐律规

---

① 黄时鉴:《元代法律资料辑存》,浙江古籍出版社 1988 年版,第 149、162-163 页。
② 陈高华等:《元典章》卷 12《吏部六·吏制·儒吏考试程式》,天津古籍出版社、中华书局 2011 年版,第 433 页。
③ 陈高华等:《元典章》卷 12《吏部六·吏制·儒吏考试程式》,天津古籍出版社、中华书局 2011 年版,第 435-436 页。

定："若赃状露验,理不可疑,虽不承引,即据状断之。"①即开始正式改变过去
"以口供为王"局面,可以据状断案,这是证据制度开始向重视物证制度的转变。
宋代司法制度几乎完全继承了唐制,并且在重视物证方面得以发展。其重要标
志就是南宋宋慈的《洗冤集录》的问世,它是对过去司法检验的集大成之作。较
比宋代,元代司法检验在宋代基础上进一步发展,并有所创新。出现了王与的
司法检验著作《无冤录》,使司法检验无论在理论上还是实践上都得以进一步
发展。

　　检验属于司法诉讼程序的重要组成部分。大辟之狱,自检验始。检验正确
与否在很大程度上影响审判和量刑结果,是决定审判结果公正与否的前提和关
键。胡兴东先生认为:古代死刑案件中出现冤、假、错案与获取证据上出现问题
关联度十分高。② 早在先秦时期中国就很重视检验,战国时《礼记》载:"孟秋之
月,命理,瞻伤、察创、视折、审断。"③据蔡邕之说,皮曰伤,肉曰创,骨曰折,骨肉
皆绝曰断。瞻焉察焉视焉审焉,即后世检验之法也。④《睡虎地秦墓竹简·封诊
式》中记载的勘验内容包括活体、尸体、现场检验等,检验技术已较为成熟。⑤
《唐律疏议》以法规⑥形式对检验作出规定:"诸诈病及死伤受伤检验不实者,各
依所欺减一等;若实病、死及伤不以实验者,以故入人罪论。"⑦宋朝法律规定,凡
杀伤案须委官检验。不经检验,不得结案。如出现杀人无证或无法验尸的案
子,地方无权审判,需呈报朝廷。⑧《洗冤集录》标志着中国古代检验技术达到
鼎盛,该书总结了检验经验,对尸体、窒息、损伤、现场检查等方面作出了科学归

---

① (唐)长孙无忌等:《唐律疏议》卷 29《讯囚察辞理》,刘俊文点校,中华书局 1983 年版,第 552 页。
② 胡兴东:《中国古代死刑制度史》,法律出版社 2008 年版,第 446 页。
③ (元)陈澔:《礼记》,金晓东点校,上海古籍出版社 1987 年版,第 193 页。
④ (元)王与:《无冤录·序》,载沈家本:《枕碧楼丛书》,中国政法大学法律古籍整理研究所整理标
点,知识产权出版社 2006 年版,第 228 页。
⑤ 睡虎地秦墓竹简整理小组:《睡虎地秦墓竹简》,文物出版社 1990 年版。
⑥ 有关检验明文规定始于汉代,为《张家山汉简·具律》所证实,黄道诚修正了贾静涛明文规定的
检验制度最早见于唐律说法,参见黄道诚:《先秦到汉代的司法检验略论》,《河北大学学报(哲学社会科
学版)》2008 年第 3 期。贾静涛:《中国古代法医学史》,群众出版社 1984 年版。
⑦ (唐)长孙无忌等:《唐律疏议》卷 25《诈病死伤检验不实》,刘俊文点校,中华书局 1983 年版,第
473 页。
⑧ 戴建国:《宋代审判制度考》,载自杨一凡《中国法制史考证·甲编》第 5 卷,中国社会科学出版
社 2003 年版,第 245 页。

纳,对检验程序、验尸格式、检验死伤方法多有创见。宋慈曾指出"狱事莫重于大辟,大辟莫重于初情,初情莫重于检验。盖生死出入之权舆,幽枉屈伸之机栝,于是乎决"①。元朝王与亦云:"毫厘之差,生命攸系。苟定验不明,虽善于治狱、断狱者,亦未如之何也已。"②元代在继承宋代检验技术的基础上又有所创新和发展,法医检验制度较为完备。由于传统的影响,学术界对元代历史尤其对元代检验研究重视不够,所以元代司法检验研究对于元代诉讼制度研究有重要意义。

关于元代检验制度研究,陈高华的《元代的审判机构和审判程序考》一文对元代检验程序进行叙述,肯定复检意义,指出其检验非科学性及检验官存在的舞弊现象。③ 胡兴东的《中国古代死刑制度史》一书从死刑史角度把元代勘验制度与其他朝代对比,指出元代勘验制度得到长足发展,尤其《大元检尸记》是中国古代检验方面最为详细和完备的立法。④ 黄瑞亭、陈新山的《中国法医学史》一书论述了元代法医学检验的法律规定、检验案例及检验成就。⑤ 余德琴的硕士论文《元明时期法医学文献整理研究》,从文献整理视角对元代《结案式》及《无冤录》进行梳理,对元代取得的法医学成就给予很高评价。⑥ 总体上,目前对元代检验研究较为薄弱,相关研究成果不多,笔者在前人研究的基础上,根据传世文书、出土简帛文书及今人研究成果等,试从元代检验发展和制度化角度,结合具体案例总结检验原则,分析元代检验成就、缺陷并对其作出评价,进而揭示其特色。

一、司法检验参与者及检验内容

司法检验由专门人员来负责,《睡虎地秦墓竹简·封诊式》载有"令史",就

---

① (宋)宋慈:《洗冤集录·原序》,罗时润、田一民译释,福建科学技术出版社2005年版,第1页。

② (元)王与:《无冤录·序》,载自沈家本《枕碧楼丛书》,中国政法大学法律古籍整理研究所整理标点,知识产权出版社2006年版,第229页。

③ 杨一凡:《中国法制史考证·甲编》第5卷,中国社会科学出版社2003年版,第581-582页。

④ 胡兴东:《中国古代死刑制度史》,法律出版社2008年版,第453页。

⑤ 黄瑞亭、陈新山:《中国法医学史》,华中科技大学出版社2015年版,第119-125页。

⑥ 余德琴:《元明时期法医学文献整理研究》,贵阳中医学院硕士学位论文,2010年。

是专门负责检验的官员。① 宋代法律规定:检验之官,州差司理;县差县尉;以次差丞、簿、监当。若皆缺,须县令自行。② 可见宋代担负检验职责的主要是司理参军和县尉。除此之外,人吏和仵作等人要随同或配合官员进行检验。③ 元代检验人员主要是地方正官、典史、司吏、仵作,见证人有主首、里正、邻佑、尸亲、行凶人、应合证验人等。《大元检尸记》载:"今后检验尸伤,委本处管民长官,随时将引典史、谙练刑狱正名司吏、惯熟仵作行人,不以远近,前去停尸之处,呼集尸亲邻佑人等,躬亲监视";这里的"尸亲邻佑"是指主首、里正、社长、邻佑、尸亲等人。元代司法检验要及时,检验正官需要亲自监督整个检验过程,《元典章》中有:"如遇检尸,随即定立时刻,……急速差人投下公文,仍差委正官,将引首领官吏……躬亲监视。"④其中首领官吏包括上述典史、司吏等。检验有时需医工、稳婆、主管官员、库官、铁匠各行人参与;一般来说,尸体检验者是验尸官和仵作,医工负责活体及中毒物检验,对妇女检验者是稳婆,对物的检验有主管官员和各行人的参与。⑤ 正官要临尸亲行相验尸伤痕迹,比对行使器杖是否相同定验,⑥躬亲监视仵作检验。与宋代官员亲自检验不同的是:元代改由仵作验尸,检验官监视。⑦ 仵作在宋代为检验辅助人员,元代成为官员监视下的亲检人员,其重要性大为增强,实际上已经成为政府的一种正式职役。笔者认为在法律资料中,多次提到仵作被革职,"行吏仵作""仵作人吏",仵作任满于解由内开写等内容,有被革的经历,既然是吏又有解由,⑧而且工作内容基本固定,所以仵作已经成为地方政府的一种正式职役。这是我国法医检验制度的一大变化。仵作,又称仵作行人,最早见于五代。宋代,称"仵作行人""行人""团头",系经

---

① 睡虎地秦墓竹简整理小组:《睡虎地秦墓竹简》,文物出版社 1990 年版。
② (清)徐松:《宋会要辑稿·刑法六》,中华书局影印本 1957 年版。
③ (宋)谢深甫:《庆元条法事类》,黑龙江人民出版社 2002 年版。
④ 黄时鉴:《元代法律资料辑存·大元检尸记》,浙江古籍出版社 1988 年版,第 113、120-121 页。
⑤ 陈高华等:《元典章》卷 12《吏部六·吏制·儒吏考试程式》,天津古籍出版社、中华书局 2011 年版,第 435-439 页。
⑥ 黄时鉴:《元代法律资料辑存·无冤录》卷下,浙江古籍出版社 1988 年版,第 152 页。
⑦ 黄瑞亭、陈新山:《中国法医学史》,华中科技大学出版社 2015 年版,第 120 页。
⑧ 黄时鉴:《元代法律资料辑存》,浙江古籍出版社,1988 年版,第 106、129、162、121 页。

营棺木和殡葬业务的商家兼应官厅验尸职役者。① 元代徐元瑞云"仵作中人也。仵字从人从午,故万物至午则中正也。又午位属火,火明破诸幽暗,所以午作名中人也"②。可见时人对"仵作"公正验尸的希冀。

元代检验范围可分为尸体、活体(伤和病)和物体检验三部分,原则上对死因不明的尸体都要检验。对死、伤、病、踪、物(凶器、赃物、毒药、药物等)、据(文契、户籍等)及场所的检验,且都有具体的内容规定。③ 如受害人有异议,即使尸体已安葬,官府也需开棺验尸:"今后但有人命应苦主有词者,审问是实,委官依例检验,虽已安葬,亦合开检",但不能一概而论,需临事区处。④ 从《元典章·儒吏考试程式》有关检验内容可明确看出元代司法检验已具有现代法医学尸体、活体及物体检验三大内容,是继《洗冤集录》后,对法医学的又一重大贡献。此外,由于伤情检验对于辜限的制定和处罚加害人有重要意义,元代检验内容还应包括辜限期满后对伤情的检验。

总之,在继承宋朝的基础上元朝检验有所发展,组成人员发生变化,除检验官、首领官、库官、主管官员、仵作外,还包括医工、稳婆、铁匠等行人,仵作在检验中的作用大为增强,已成为元代地方政府正式职役的一种。检验进一步精细化、更趋专业性,表明元政府对检验程序更为重视。元朝司法检验内容不仅包括尸体检验、疾病和伤情检验,还包括赃物、证物、药物、踪迹及现场勘验等物及场所检验,必要时还需开棺验尸,但死伤检验仍是司法检验的核心内容。为加强检验管理和促进司法检验有序进行,元政府制定一系列具体规定,试结合案例分述之。

二、司法检验的原则、要求及追责

在继承宋代基础上,元朝政府重视司法检验,司法检验更加制度化,其表现

---

① 杨奉琨:《"仵作"小考》,《法学》1984 年第 7 期。关于仵作起源有争议:贾静涛认为,"仵作"最早见于王仁裕《玉堂闲话》,见贾静涛《中国古代法医学史》,群众出版社 1986 年版,第 59 页。徐忠明认为,"仵作"之名首见于《疑狱集》,源于《玉堂闲话》"伍作"一名,参见《"仵作"源流考证》,《政法学刊》1996 年第 2 期。但"仵作"最早出现在五代文献中应无疑义。

② (元)徐元瑞:《吏学指南》(外三种),杨讷点校,浙江古籍出版社 1988 年版,第 100 页。

③ 陈高华等:《元典章》卷 12《吏部六·吏制·儒吏考试程式》,天津古籍出版社、中华书局 2011 年版,第 432-440、438-439 页。

④ 黄时鉴:《元代法律资料辑存·大元检尸记》,浙江古籍出版社 1988 年版,第 114 页。

如下：

（一）程序原则

元朝的司法检验要遵循一定的程序，元代检验程序可分为报检、差官、检验和申牒四个步骤。凡人命或伤重案件，一般都要经过初、复检程序。复检一般由邻县来进行。"本部今参酌定立尸帐，图画尸身，一仰一合，令各路依样版印，编立字号勘合，用印钤记，发下州县置簿封收。如遇检尸，随即定立时刻，行移附近不干碍官司，急速差人投下公文，仍差委正官，将引首领官吏、惯熟仵作行人，就即元降尸帐三幅，速诣停尸去处，呼集应合听验并行凶人等，躬亲监视，对众眼同，令仵作行人对自上至下，一一分明子细检验，指说沿尸应有伤损，即于元画尸身上比对被伤去处，标写长阔深浅各各分数，定执端的要害致命根因，检尸官吏于上署押，一幅给付苦主，一幅粘连入卷，一幅申连本管上司。仍取苦主并听检一干人等，连名甘结，依式备细开写，当日保结回报，明白称说各处相离里路，承发检验日时，飞申本管上司。"①从上可看出：首先有统一的检验尸帐，上有人体图形，便于参照标写；尸帐要定出致命根因，要备三幅，一幅给付苦主，一幅粘连入卷，一幅申连本管上司，避免作弊；最后，苦主并听检一干人等要出具执结文书，检验官吏人等连名书写甘结文状，表明检验属实，当日保结回报。初检后，检验官向路总管府申报初检情况，并邀请邻县官员复检。② 初、复检官员不得相见，初、复检程序大致相同。表明元朝司法检验已达到非常成熟的程度。在宋朝免检限于"病死者"基础上，元朝增加三项免检内容：自缢死；强盗杀人，事实无争议的；③因戏谑杀人，苦主同意"休和""告拦"的④。如因天热地远等客观原因造成初检后尸体发变、难以定验时，亦可免复检，⑤免检只是例外情况。经检验，罪状明白，行凶人及家人准伏后，总管府即可启动结罪开申程序。⑥ 为保证检验按照程序进行，元政府制定了统一法律检验文书，下文详述。

① 黄时鉴：《元代法律资料辑存·大元检尸记》，浙江古籍出版社 1988 年版，第 120—121 页。
② 李治安：《元代行省制度》下，中华书局 2011 年版，第 747 页。
③ （元）王与：《无冤录·卷上》，载沈家本：《枕碧楼丛书》，中国政法大学法律古籍整理研究所整理标点，知识产权出版社 2006 年版，第 243—245 页。
④ 陈高华等：《元典章》卷 42《刑部四·诸杀·戏杀准和》，天津古籍出版社、中华书局 2011 年版，第 1445—1446 页。
⑤ 黄时鉴：《元代法律资料辑存·无冤录上》，浙江古籍出版社 1988 年，第 146 页。
⑥ 黄时鉴：《元代法律资料辑存·大元检尸记》，浙江古籍出版社 1988 年版，第 113—114 页。

（二）亲临原则

"人命至重,检尸最难",①为保检验属实,避免官员弄虚作假,元政府要求检验官亲临检验死伤。司法实践中,冤假错案多与检验官吏不行亲检,转委属下检验有关。至元五年（1268年）六月中书右三部符文:"各处称冤重囚,多为检尸时司县官不行亲去监视,转委巡检、司吏、弓手人等,逐人到停尸处,亦不亲临,止凭仵作行人喝验到伤痕致命因依";大德六年（1302年）四月元廷规定,"今后令有司,凡有死情公事,随即差官初复检验,……检尸官吏须要亲临已死人尸侧,监督仵作人,……（复检官）不得不行临尸检验,止凭仵作行人口喝伤痕定验致命。亦不许复检官就用初检官、仵作行人及讨嘱初检官吏通同回报检尸文状。各道廉访司常切体察,如有违犯者,将检尸官吏断罪勒停,以望检验得实……不致冤抑"。②

元政府对司法检验亲临原则加以细化,对违反官员据其所犯轻重断罪处罚:"诸有司……,其不亲临或使人代之,以致增减不实,移易轻重,及初复检官相符同者,正官随事轻重论罪黜降,首领官吏各笞五十七罢之,仵作行人杖七十七,受财者以枉法论。"大德六年（1302年）三月,王伴儿上树掉下摔死,县尹张亨、典史宋宥不亲临检尸。仵作陈全却将王伴儿作踢死检验。只凭黄喜儿踢伤身死招伏,不作深究。张亨被笞五十七,降先职一等,期年后叙;宋宥依例科断,罪遇原免,依上降罢。"诸有司检复尸伤,正官有故,令首领官吏代行,却作亲身申报者,虽无差误,正官仍笞十七,首领官吏并二十七,通记过名。"大德十年（1306年）九月,清源县病死囚人刘黑子,初检官尹蔡伯要因病,止令典史彭世英、司吏姚居礼代检;复检官交城县尹任德中止令司吏王克昌代检,无增减不实,俱作亲身检复牒申。蔡、任各笞十七,彭、姚、王各笞二十七,通行记过。③

上述规定及案例表明:检验官员不亲临检尸,仵作行人移易检验轻重,或找人代检,检验虽无误,也要受罚。足见元代对官员亲临检验原则的重视。

此外,元代明确规定"检尸不委巡检",说明在司法实践中,存在委托巡检检验的现象。至元五年（1268年）六月中书符文中:"今后凡有检验,照依上司原

---

① 黄时鉴:《元代法律资料辑存·无冤录上》,浙江古籍出版社1988年版,第127页。

② 黄时鉴:《元代法律资料辑存》,浙江古籍出版社1988年版,第149、162—163页。

③ 黄时鉴:《元代法律资料辑存·大元检尸记》,浙江古籍出版社1988年版,第101—104页。

行体例,委正官初复检验,毋得委付巡检";不过随着元朝疆域扩大,延祐元年(1314年)二月元廷结合实际情况加以变通但需满足一定的条件才可:"西邻县与金州地面相去悬远,检验尸伤,若致发变,事必难明。如无附近州县,须令巡检亲临依例检验。"[1]这与官员检验亲临原则初衷并无二致。

(三)公开原则

为加强对检验官吏监督,防止舞弊,元政府规定检验要当众进行。"检验尸伤,委本处管民长官,随时将引典史……躬亲监视,令仵作行人对众一一子细检验沿尸应有伤损,及定执要害致命根因。"检验法式中甘结文状开头要写"对众定验得某人委因＿＿致命"。"当职同首领官吏躬亲监视仵作某人,对众眼同,依例用法物,自上至下翻转,一一子细分明","检尸官吏须要亲临已死人尸侧,监督仵作人,对众如法检验"。[2] 从各时期官方规定可看出,公开检验是元政府一以贯之的立场。

(四)司法检验回避原则

检验要行移到与当事人无关的官司检验,"如遇检尸,随即定立时刻,行移附近不干碍官司,……一一分明仔细检验";为避免复检官符同初检结论,复、初检官相互勾结,元政府规定"外据复检官吏人等,回避初检官吏、仵作行人,依上检验"。[3] 初、复检检验内容不一样,"初验时仰面,复检时合面。初、复检官不许相见"。[4] 对违反者量事轻重断罪:"初、复官吏相见符同尸状者,正官取招量事轻重断罪黜降,首领官吏各决五十七下罢役,仵作行人决七十七下。"[5]下面即是违背该原则官员受处罚例子:

延祐四年十月,御史台呈:南台次广廉访司申,梁当柱先将田寿四殴死,欲蔽重罪,又因李大根随人小杨殴死,抵命诬赖,作其子梁住儿被田寿四互殴致死。复检官恭城权尹崔达比至尸所,其尸亲各将焚化埋瘗,止依

----

[1] 黄时鉴:《元代法律资料辑存》,浙江古籍出版社1988年版,第149、114页。

[2] 黄时鉴:《元代法律资料辑存》,浙江古籍出版社1988年版,第113、119、154-155、162页。

[3] 黄时鉴:《元代法律资料辑存》,浙江古籍出版社1988年版,第120-121、163页。

[4] 陈高华等:《元典章》卷12《吏部六·吏制·儒吏考试程式》,天津古籍出版社、中华书局2011年版,第433页。

[5] 黄时鉴:《元代法律资料辑存·大元检尸记》,浙江古籍出版社1988年版,第121页。

初检官周县尹作互殴身死申府,合量加黜降以警后来。中书下刑部议:平乐府知事权恭城县尹崔达不详人命重事,虽是无尸可验,缘行凶人见在,亦当从实穷问致死根因,不合止从尸亲供说,系刑名违慢,合解见任,别行求仕,缘本人已除浔州路经历,依例记过相应。①

为更好地遵循上述检验原则,元政府还对检验规定了一些具体要求,如检验和上报要及时。清朝王士俊曾云:"狱贵初成,伤凭细检,不可有不尽之心,不可有不殚之力,迟者变生,速则事定。"②此言不谬。元政府要求检验官及时检验,对故意迟延者、不及时检验或检验后不及时上报者都加以惩处。"诸检尸,有司故迁延及复检牒到不受以致死变者,正官笞三十七,首领官吏各四十七。"至元五年(1268年)刘聚因争地殴打刘开身死,本县官吏检尸迟慢,各官罚俸。"诸职检复尸伤,不即牒报,情不涉私者,笞一十七,记过";"依式备细开写,当日保结回报,明白称说各处相离里路,承发检验日时,飞申本管上司"。③ 至治元年(1321年),峄州李师婆与男李二等于别人家地内斫树,为卢玉遮挡,李二等用棍檐将其殴伤昏迷,社长苏贵相验过被伤去处,当日晚身死。卢玉男卢骡儿累赴峄州陈告,不肯受理,后经本州岛和滕州归问,李二皆不招。初检官达鲁花赤马哥迟延,致尸发变,不堪检验。典史、司吏依例各笞四十,马哥笞三十七还职,记过刑书。

另外,检验要公平、公正,收集真实的原始证据,为正确断案奠定基础。元政府对不检尸、虚立检尸文状、改易轻重、借检验索要钱物、复检符同初检等各种违规现象加以明确规制。归纳如下:"诸有司承告人命公事,既获正犯人取问明白,却不检尸,纵令休和,反受告免检。诸有司在监因人因病而死,虚立检尸文案及关复检官者。诸有司听所部请于检复尸状改殴死为病死者,正官及首领官各解职,注边远一任。诸有司检尸,下令仵作行人改易元检定验已照勘明白处断,会赦者,元检官解职别叙。诸有司检复尸伤,轻听犯人称说,定验不明,虽

① 黄时鉴:《元代法律资料辑存·大元检尸记》,浙江古籍出版社1988年版,第109页。
② 陈重业、胡文炳:《折狱高抬贵手补·杂犯下》卷6,北京大学出版社2006年版,第848页。
③ 黄时鉴:《元代法律资料辑存·大元检尸记》,浙江古籍出版社1988年版,第101、108、111、121、148页。

会赦,解职别叙。诸有司官检复尸伤,不能律下,致将听检无罪之人拷掠陵暴,要其酒食钱物,逼伤人命者,各科本罪,征烧埋银给苦主。诸职官复检尸伤,尸已焚瘗,止传会初检申报者,解职别叙。诸民告所顾家童在逃,家童亲属移他人尸相诬赖,有司检验传会书填尸状,以非法加刑,逼令屈招杀死者,……"①检验官受财者同枉法论,任满于解由内开写。②　检验不许闲杂人登场③,以免妄生事端等。现举两例说明:

> 大德七年正月御史台呈:广西廉访司申,刘子开告,大德五年六月弟刘子胜买香货,至八月二十七日经过远江务,被大使吴让将所执挂杖殴死,初、复检官临桂县尹张辅翼、录事司达鲁花赤秃哥俱作服毒身死。取具各官招词,罪遇原免,比例解见任,期年后降先职一等杂职内叙,记过刑书。都省准拟。

> 大德六年九月二十五日,定襄县张仲恩告,禁山官速剌浑男忻都伯用弓梢将桃儿推落崖下致死。县尹杜行简、典史张世英、司吏李茂同至王村王居敬家,将忻都伯等捉捕,取讫招词,李仲、孙智等指证明白,不即检验尸伤,至二十七日,听怯来等言,受告免检文状,纵令休和,与苦主中统钞一十六定三十两,取具元告诬告招词,省会将尸埋瘗,将忻都伯保放,以致在逃,今始到官。河东廉访司议:杜行简合杖六十七,解见任,降先职一等。中书下刑部议:杜行简合准廉访司所拟。张世英、李茂拟各笞五十七,罢役,通行记过。都省准拟。④

上述都是初、复检官违背公正原则,或移易轻重、改变案件性质,或对人命案件却令休和,分别受到惩处的案例。刑名案件不许调解,早在至元八年(1271年)元政府已规定,"殴人罳人俱系刑名事理,旧来并无拦告体例,……今后有殴

---

①　黄时鉴:《元代法律资料辑存・大元检尸记》,浙江古籍出版社 1988 年版,第 103-109 页。
②　黄时鉴:《元代法律资料辑存・大元检尸记》,浙江古籍出版社 1988 年版,第 121 页。
③　陈高华等:《元典章・新集・刑部・检验》,天津古籍出版社、中华书局 2011 年版,第 2204 页。
④　黄时鉴:《元代法律资料辑存・大元检尸记》,浙江古籍出版社 1988 年版,第 102-103 页。

嘼人者告论到官,不许拦告"。①

三、司法检验文书

(一)检尸式

检尸式即尸帐式、检尸法。② 针对初检尸时诸司县官不行亲检,转委巡检或司吏等代检,致有冤抑现象,至元五年(1268年)六月元政府确立检尸文状体式即检尸式。③ 到延祐、至治年间发展为较为成熟的尸帐式、检尸法,其内容主要包括三部分:检验的时间、地点、检验尸身姓名;检验尸身具体伤害的标注,最终的致命根因;最后检验人等的签名画押,检尸官吏的甘结文状。抄录如下并试作分析:

　　尸帐式
　　某路某州某县某处,某年月日某时,检验到某人尸形,用某字几号勘合书填,定执生前致命根因,标注于后:
　　　仰面
　　　顶心　偏左偏右头颅额角　两太阳穴　两眉　眉丛两眼胞　两(双)眼睛两腮颊两耳　耳轮　耳垂耳窍鼻梁　鼻准　两窍　人中上下唇吻上下牙齿　舌　颔颏　咽喉　食气颡　两血盆骨两肩胛　两腋肐　两胳膊　两肋腋　两手腕　两手心　十指　十指肚十指甲缝　胸膛　两乳心坎
　　　肚腹　两肋　两胁　脐肚两胯男子茎物、肾囊、妇人阴户两腿两膝两𨂂肕　两脚腕两脚面　十趾　十趾甲
　　　合面
　　　脑后　发际　耳根　项颈两臂膊　两肐肘两手背　十指

---

① 陈高华等:《元典章》卷44《刑部六·杂例·殴嘼不准拦告》,天津古籍出版社、中华书局2011年版,第1514页。
② (元)王与:《无冤录·卷上》,载沈家本:《枕碧楼丛书》,中国政法大学法律古籍整理研究所整理标点,知识产权出版社2006年版,第238—239页。
③ 黄时鉴:《元代法律资料辑存·大元检尸记》,浙江古籍出版社1988年版,第113—114页。

十指甲　脊背　脊膂　两后肋两后胁　腰眼　两臀　谷道两腿两䏶腘

两腿肚　两脚踝两脚跟　两脚心　十趾　十趾肚十趾甲缝

对众定验得某人委因　致命

检尸人等

正犯人某　干犯人某　干证人某　地邻人某

主首某　尸亲某　仵作行人某

右件前项致命根因中间,但有脱漏不实,符同捏合增减尸伤,检尸官吏人等情愿甘伏罪责无辞,保结是实。

某年某月某日　吏某押

首领官某押

押尸(检尸)官某押①

与宋代"四缝尸首"不同,②元代检尸式从合、仰两面对尸身检验,将宋代验尸格目、验状、检验正背人形图三种检尸文书简化为一种,取其所长,便于操作,对初检者大有帮助。增加检验官吏署押和仵作等人员的甘结文状,保证检验属实,否则,官府要追究有关人员的连带责任,尸帐一式三份,上司、苦主、本管官司各一份,有利于减少舞弊发生,为当事人上诉和上级复审提供原始证据。③元朝检尸法式成为现存最早的通行验尸文书④,类似于今天的尸检报告(司法鉴定书)。

(二)初、复检文书

内容类似检尸式,内容详细,检验参与人、时间、地点、干连人等一一罗列,侧重于现场勘验。如,具衔某年某月某日时,实时依上与首领官人某人、仵作人等,起程前去。至某日时到某都某里地名某所,据某都主首、里正某人呼集到尸亲某人、尸医工某人,及应合证验人数。到某县某都某里所指某处,见一尸首,尸傍开写东西南北四至处所,谓门窗墙壁之类,各若干步尺。此处各云下项检

---

① (元)王与:《无冤录·卷上》,载自沈家本《枕碧楼丛书》,中国政法大学法律古籍整理研究所整理标点,知识产权出版社 2006 年版,第238-239 页。

② 四缝是指前后左右。宋时按前后左右从上到下全面进行检验旧的一种检验方法。

③ 胡兴东:《中国死刑制度史》,法律出版社 2008 年版,第453 页。

④ 黄瑞亭、陈新山:《中国法医学史》,华中科技大学出版社 2015 年版,第121 页。

尸踪迹。谓如见尸吊缢,即云悬空高下,吊缢处可与不可胜任尸首,两脚悬空,有无蹬踏器物并竟命显迹。项下有何绳索带系,围径粗细阔狭长短尺寸。将尸解下,即云项下有无原系之物,或在尸傍或在原吊某处悬空系定,比对原缢痕迹同异,亦行称说是何绳索物色。如在水中如何,在灰火中,要依法用纸搭盖醋糟拥罨,次用酒醋淋洗,良久揭去,自上至下,翻转检验,定执致命根因于后;对于无尸亲或尸亲取唤未到时检验、尸帐无尸亲可给情况,都要在文书中写明;最后将追到凶器与伤处比对,将比对结果进行说明。[①] 它是作出尸检报告的最基础性文档,是有关尸检过程的详细记录。

(三)结案式

结案式即"儒吏考试程式",[②]实际上是行省向中书刑部申报重案案由及审理结果的模拟法律文书,其中检验部分成为重要内容之一,占到1/3多的篇幅,针对死、伤、病、物、踪各种检验文状的书写都有明确格式和内容,是整个元代史料中记载各种检验书写的不可多得的珍贵史料,为检验者尤其初检者提供了模式化的书写样本,作为《儒吏考试程式》的重要内容,亦是元代重视检验的重要例证。结案式中从归问到审理完结的整个过程,对于研究元代法律诉讼程序亦具有重要的参考价值。

四、司法检验的特征及影响

作为诉讼程序的重要一环,检验重要性自不待言。司法实践中许多冤案多因不行检验或检验不实造成,如《水浒传》第 25 回西门庆和潘金莲毒死武大郎买通"团头"何九叔蒙混过关,尸体没检验就使武大郎入殓。再举一则发生在元朝检验不实,险些造成冤案的例子:

　　　　元吴人高伯厚云:"元统间,某吏杭东北录事。一日有部民某甲与某乙斗殴,云某甲之母劝解,被某乙用木棒就脑后一击,仆地而死。适某承该检

---

① (元)王与:《无冤录·卷上》,载自沈家本《枕碧楼丛书》,中国政法大学法律古籍整理研究所整理标点,知识产权出版社 2006 年版,第 247-249 页。

② 陈高华等:《元典章》卷 12《吏部六·吏制·儒吏考试程式》,天津古籍出版社、中华书局 2011 年版,第 438-439 页。

验，脑骨唇齿皆有重伤，某乙招伏。系狱经二载遇赦，以非谋杀合宥，既得释放，来致谢。因言与某甲斗殴时其母来劝，力牵其子之手，脱仰跌，自磕其脑，昏绝在地，邻里用剪刀挑母唇齿灌药，不苏乃死，故脑唇有伤，实未尝持棒击之也。某问：'何为招伏？'某乙言：'仓皇之际，唯恐捶楚，但欲招承偿命，弗暇计也。邻里见我已招，遂皆不复言矣！'"①

连当时陶宗仪都发出以下感慨："吁，今之鞫狱者，不欲研穷磨究，务在广陈刑具，以张施厥威。或有以衷曲告诉者，辄便呵喝震怒，略不之恤。从而吏隶辈奉承上意，拷掠锻炼，靡所不至。其不置人于冤枉者鲜矣。使闻伯厚之言，宁不知惧乎？"②上述死者虽有伤在身，实非殴伤，某乙害怕用刑而招伏，几乎因检验不实造成冤案。

相比唐宋，元代更加重视检验，把"检验"格式作为读书人考试的内容之一，检验人员中更多行人参与，元代检验精细化程度加深，是元代统治者重视证据和慎刑思想在诉讼程序上的体现。元代检验制度在继承宋代的基础上，多有所创设。检验、法医学是紧密联系的，《无冤录》出版和流传国外，促进了中国和世界法医学的进步。

首先，元代司法检验更加规范化。如前所述，元代从检验主体、范围、检验规则等方面，都有明确的规制。黄瑞亭、陈新山认为："法医检验制度在元代已越来越倾向于法令化了"，③此言不虚。从史料来源看，载有元代检验法令、规范及"检尸法式"的《大元检尸记》，据黄时鉴考证，其属于《经世大典·宪典·杀伤篇》，④胡兴东把其称为中国古代检验方面最为详细和完备的立法。⑤《元典章》辟有"检验"专节，"儒吏考试程式"对检验范围及格式书写有明确记载。⑥《元史·刑法一》载有检验规定。⑦《至正条格》规定："省部抄连初复检尸体式，

①　（元）陶宗仪：《南村辍耕录》卷23《鞫狱》，中华书局1959年版，第286页。

②　（元）陶宗仪：《南村辍耕录》卷23《鞫狱》，中华书局1959年版，第286页。

③　黄瑞亭、陈新山：《中国法医学史》，华中科技大学出版社2015年版，第119页。

④　黄时鉴：《元代法律资料辑存》，浙江古籍出版社1988年版，第101页。

⑤　胡兴东：《中国古代死刑制度史》，法律出版社2008年版，第453页。

⑥　陈高华等：《元典章》卷43《刑部五·检验》，天津古籍出版社、中华书局2011年版，第1480-1489页；《元典章》卷12《吏部六·吏制·儒吏考试程式》，第432-440页。

⑦　（明）宋濂等：《元史》卷102《刑法一·职制上》，中华书局1976年版，第2621页。

遍行各路,遇有告诉人命公事,县尹实时将引典史……盖欲使各处官司知所遵守";"检验尸伤,亲速详定要害致命去处,要见拳手、砖石、棍棒、刃物,……如故有稽缓,致尸发变者,依例科断"。① 《圣朝颁降新例》包含元代检验死伤的官方文书。② 在元代大型法律书籍及正史中皆有检验规定,唐律中有关检验记载仅一条③,南宋《庆元条法事类》中,虽列"验尸"一节,但从规范性和法制化程度上无法与元代相比。④ 殷啸虎也认为,"检验制度在元代已基本上规范化、法制化了"⑤。

其次,元代检验更加谨慎。出于重人命、慎检验考虑,检验分初、复检,元政府要求检验官吏署押、写甘结文状,证验人等要出具各证验执结文状,⑥检验要承担连带责任。元代继承唐宋保辜制度,使保辜成为检验鉴定死因的重要补充手段,⑦亦是统治者"慎刑"思想的体现。

最后,元朝检验更加科学化、人性化。如前所述,检尸结论要当日保结回报上司。元政府后来据实际情况作了调整,为避免先入为主,不先列正犯干犯条目、凶犯在逃,当日可不报,应对更科学,正如当时广东道肃正廉访司所言"尸帐上预先标写正犯、干犯名色,事有窒碍。今后凡检验尸伤,若当场定执致命痕伤无差,行凶人等审问明白,别无可疑者,正犯人于下画字。若事情未定,首从未分,止作行凶或被告人画字。如初、复检验定执明白,而行凶人在逃,卒急不能败获,或召呼尸亲未到者,听将元检尸帐权且粘连入卷,用印关防,候获正贼,召到尸亲,至日画字给付,庶不差池"。⑧ "结案式"中有关妊娠、牙齿损伤、精神病的检验报告,都具有极大科学和创设性意义。⑨ 如稳婆通过检验妇女乳头颜色,

① (元)《至正条格·狱官》,[韩]李玠奭等校注,韩国学中央研究院 2007 年版,第 128-131 页。
② 黄时鉴:《元代法律资料辑存》,浙江古籍出版社 1988 年版,第 161 页。
③ (唐)长孙无忌等:《唐律疏议》卷 25《诈病死伤检验不实》刘俊文点校,中华书局 1983 年版,第 473 页。
④ 杨一凡、田涛:《中国珍稀法律典籍续编·庆元条法事类》第 1 册,戴建国点校,黑龙江人民出版社 2004 年版,第 798-804 页。
⑤ 殷啸虎:《中国古代司法鉴定的应用及其制度化发展》,《中国司法鉴定》2001 年第 1 期。
⑥ 黄时鉴:《元代法律资料辑存》,浙江古籍出版社 1988 年版,第 155 页。
⑦ 黄道诚:《先秦到汉代的司法检验略论》,《河北大学学报(哲学社会科学版)》2008 年第 3 期。
⑧ 陈高华等:《元典章》卷 43《刑部五·检验·尸帐不先标写正犯名色》,天津古籍出版社、中华书局 2011 年版,第 1485 页。
⑨ 余德琴:《元明时期法医学文献整理研究》,贵阳中医学院硕士学位论文,2010 年。

确定有几个月身孕；医工通过某人唇伤及掉落门牙，结合连带血肉，比对与邻牙相同，确认是他物所伤；医工通过检验某人两手脉证，得出风邪传入心经，致使喜怒无常，不别亲疏，已成笃疾不可医治的结论。[①] 复检后尸首亲属要埋瘗，对于无主尸首，亦责付地主邻佑收埋，插立封牌，以待尸亲，体现出更加人性化的一面。[②] 为避免不必要的司法资源浪费，将免检范围进行合理的扩展。

同时，元朝检验亦存在弊端。可参见表 2-2。

表 2-2　元代检验违错及违背程序案例统计表

时间	案例	出处
元贞元年	衡山县王庚二打死陈大十七，县丞王立不亲临检验，转令司吏蔡朝用代之。本吏受财，以重伤为轻伤，妄作风中而死	黄时鉴《元代法律资料辑存·大元检尸记》
大德五年	广西刘子胜买香货，经过远江务，被大使吴让将所执挂杖殴死，初、复检官俱作服毒身死	黄时鉴《元代法律资料辑存·大元检尸记》
大德六年	庐江路含山县梅张保患丁肿而死，梅开先妄告赵马儿踢死，初检官、复检官不亲临监视，听从仵作定验作脚踢身死，屈令赵马儿虚招	黄时鉴《元代法律资料辑存·大元检尸记》
大德六年	济宁路邹平县王伴儿等殴黄喜儿，王伴儿委因上树压折树枝掉下跌死，众证明白。初检官史不即究问，不亲监检尸，仵作验作踢打身死	《元典章》卷 54《刑部十六·官吏检尸违错》
大德八年	静江路何福庆因欠军人竹席，被各人将木棍决打身死，尸状无疑。古县不将行凶人归问，却将何福庆妻扣换元供，簿尉验作自磕身死	《元典章》卷 54《刑部十六·打死换作磕死》
大德九年	惠州路廉西保，被平山站刘提领决打身死，惠州路陈总管等改换尸状。复检验作因病身死	《元典章》卷 54《刑部十六·刑名枉错断例》
大德十年	清源县病死囚人，初检官清源县尹、覆检官交城县尹，止令司吏等代检，俱作亲身检覆牒申	黄时鉴《元代法律资料辑存·大元检尸记》

---

① 陈高华等：《元典章》卷 12《吏部六·吏制·儒吏考试程式》，天津古籍出版社、中华书局 2011 年版，第 436—437 页。

② 黄时鉴：《元代法律资料辑存》，浙江古籍出版社 1988 年版，第 162 页。

续表

时间	案例	出处
大德十一年	磁州成安县人户田云童,将弟田二用擀面杖殴打,伊母阿耿向前解劝,误于头上打伤身死。本县及肥乡县官吏受贿,将打死作病死	《元典章》卷54《刑部十六·打死验乍病死》
至大元年	真定路古城县康满仙与房兄康羊马奸,药死其夫王黑厮,康羊马在禁身死,康满仙游街棒死。元问官不用心穷问,许仵作改作不系药死	黄时鉴《元代法律资料辑存·大元检尸记》
至大四年	广州路番禺县梁伶奴等因争田土,蔡敬祖、罗二等身死等事,初检官县尹等检验违式,纵令吏出脱真情	《元典章》卷54《刑部十六·官典刑名违错》
皇庆元年	龙兴路王汝椿先充龙兴路新建县吏,检尸违错,罢役不叙	《元典章》卷54《刑部十六·官吏检尸违错》
皇庆二年	龙兴路新建县王汝椿充新建县吏,检验丁清九打死张辛六尸首,受钱作弊,出没致命,虚称因病身死	《元典章》卷54《刑部十六·官典刑名违错》
延祐元年	梧州苍梧县李阿曾殴死李阿潘,县尹、司吏等一同初检得要害致命去处,据行凶人称生前与李阿潘交殴,后服药身死,定验不明	黄时鉴《元代法律资料辑存·大元检尸记》
延祐三年	赣州路赣县刘元八娶陈氏庆一为妻,因病身死,埋殡了当。丘县尹差人监元八开棺检验,委因病死,本县官司吏取受接受刘元八钞定入已	《元典章·新集·刑部·丘县尹将病死人检验取受》
延祐七年	因男妇刘买奴在逃,龙兴路秦阿杨与夫秦二前去诸城县徐官庄亲家处根寻,赵德等将秦二踢打身死。初、复检尸官吏,捏作患病身死回报	《元典章·新集·刑部·初复检验官吏违错》
至正三年	御史按事湖广省,兴国民吴宁七造茗为业,为之负者堕茗水中,击之死,匿之。死者子诉官吏,故迟之,以尸坏无验,吴得不坐	虞集《道园类稿》卷43《湖南宪副赵公神道碑铭》

首先,元代检验的非科学性。元代坚持"滴血验亲法"①,检验和医学分离,

---

① (元)王与:《无冤录卷上》,载沈家本:《枕碧楼丛书》,中国政法大学法律古籍整理研究所整理标点,知识产权出版社2006年版,第236页。

医生只参与活体检验,不参与检尸;①仵作多是无文化的粗人,素质不高,被称作"屠行",②"其仵作行人,南方多系屠宰之家,不思人命至重,暗受凶首或事主情嘱,捏合尸伤供报"③。使检验科学性大打折扣,阻碍司法检验进一步发展。对"仵作"加以规范化管理是清代才出现的。④ 受封建礼教影响,元代检验没能超出人体外表检验的藩篱,没有检验骨殖定例。⑤ 直到 19 世纪现代法医学产生时,我国法医检验仍停留在体表检查的范围。⑥

其次,司法实践中,元代检验官员营私舞弊现象普遍。除前述外,其弊端亦可从下列史料窥见一斑:"既见复检官司不能复检,初检官吏因而作弊捏合,已死之人作自缢或投井焚烧自伤残害身死,……州县司吏通行捏合,虚套元告词因,唊赚元告绝词文状。……检验尸伤,或受差过时不发,或牒至应受而不受,……或有司可那而称阙,或应牒邻近而牒远者,或因验而不验,或不明定要害致死之因,或定而不当,或漏露所验事状。"⑦有些官吏不得其人,往往不以人命为重,动辄滥加拷讯,改变检验损伤情节;受理官贪求"纵而检验勾拿人众,刻取厌足,改变是非,或以尸首发变青赤颜色,妄作生前痕伤,欺诈钱物,倘若不满所求,从而锻炼成狱"⑧。检验弊端情状多种,严重影响正常诉讼程序,正所谓"不唯官吏通同如此,使死者幽冥之冤何由得雪?"⑨复检中亦有作假案例"卫推官者先以他事怒录事,欲假定验不实为其罪,更命龙阳知州聚检,作中毒死,辞连三十余人,养子已诬服"⑩。元曲中有"这关天的人命事,要您个官司问,又不曾经检验,怎着我尸亲认"以及"不争难检验的尸首烧作灰烬,却将那无对证的官

---

① 贾静涛:《中国古代的检验制度》,《法学研究》1980 年第 6 期。

② 杨奉琨:《"仵作"小考》,《法学》1984 年第 7 期。

③ 黄时鉴:《元代法律资料辑存》,浙江古籍出版社 1988 年版,第 152 页。

④ (清)阿桂等:《大清律例》卷 37,清史研究资料丛编第 6 册,中华书局 2015 年影印版,第 85 页。

⑤ 黄时鉴:《元代法律资料辑存》,浙江古籍出版社 1988 年版,第 147 页。

⑥ 参见贾静涛:《中国古代的检验制度》,《法学研究》1980 年第 6 期。

⑦ 黄时鉴:《元代法律资料辑存·大元检尸记》,浙江古籍出版社 1988 年版,第 120 页。

⑧ (元)《至正条格·狱官》,[韩]李玠奭等校注,韩国学中央研究院 2007 年版,第 128–130 页。

⑨ (元)《至正条格·狱官》,[韩]李玠奭等校注,韩国学中央研究院 2007 年版,第 128 页。

⑩ (元)黄溍:《金华黄先生文集》卷 15《苏御史治狱记》,《四部丛刊初编》第 1461 本,商务印书馆 1922 年版。

司假认了真"词句,①虽是曲中词句,却是元代现实的反映。

总之,元代司法检验在宋代检验基础上有所发展,是中国古代司法改变"以口供为王"重视物证和统治者"慎刑"思想的重要表现,体现了元代司法的一定进步性,对研究元代诉讼制度研究有重要意义。

第四节　元代保辜制度

保辜制度是中国古代刑法中的一项有特色的法律制度,是司法程序研究重要部分,是一项主要保护杀、伤案件中被害人的利益与追究加害人责任相结合的一种制度,其基本内容是殴人致伤后,规定一定期限,视其辜限届满时最后伤情再行定罪量刑。若被害人在辜限内死亡构成杀人罪,若期限外死或在期限内非因斗殴本身而因他故而死,则以伤害罪处理。保辜者,即保其罪名也。谓伤损于人者,依例保辜:限内死者,各依杀人论;其在限外,及虽在限内以他故死者,各依本殴伤法。② 保辜制度以其合理性在历史上存续了两千多年,在中国古代法律史上占有重要地位,对现代法律仍有很好的借鉴意义。近现代学者如沈家本、程树德、蔡枢衡都对其给予极大的关注。但对于元代的保辜研究,或不够重视加以忽略,或简单涉及,目前还没有见到专门的论述和研究。那么元代的保辜制度在唐宋的基础上出现了哪些变化? 反映了元代统治者的哪些考虑?对当时元代政治和社会有何影响?

一、保辜制度的历史沿革

保辜制度最早出现于何时? 对于这一问题的回答,可以说众说纷纭,没有一致的看法。③ 一般认为保辜制度最早发轫于西周,④汉代继续存在,在唐代正

---

① （元）王仲文:《救孝子贤母不认尸》,王季思:《全元戏曲》第3册,人民文学出版社1999年版,第16-18页。

② （元）徐云瑞:《吏学指南》（外三种）,杨讷点校,浙江古籍出版社1988年版,第97页。

③ 蔡枢衡主张起源于西周,刘俊文主张秦汉说,郑显文主张秦代说,高绍先主张东周说。参见蔡枢衡:《中国刑法史》,广西人民出版社1983年版,第207页;刘俊文:《唐律疏议笺解下》,中华书局1996年版;郑显文:《唐代律令研究》,北京大学出版社2004年版;高绍先:《法史探微》,法律出版社2003年版。

④ 蔡枢衡:《中国刑法史》,广西人民出版社1983年版,第207页。

式确立,宋元在继承唐代的基础上发展和创新。最早见于《公羊传》的记载:襄公七年十有二月,"郑伯髡原何以名? 伤而反,未至乎舍而卒也"①。辜内当以弒君论之,辜外当以伤君论之。《汉书疏证》记载:"嗣昌武侯单德,元朔三年坐伤人,二旬内死,弃市。"②说明保辜在汉代存在确凿无疑。《急就篇》记载:"疻痏保辜,呀呼号。注云:保辜者,各随其状轻重,令殴者以日数保之,限内至死,则坐重辜也。"③1975 年湖北云梦发现的秦律竹简《法律答问》中有两条这方面的材料,"或与人斗,……论可(何)殴(也)? 比疻痏""或斗,……其大方一寸,深半寸,可(何)论? 比疻痏?"。秦简中的"比疻痏"是否为汉代的"疻痏保辜",还将有待于考古材料的证实。④ 是否能证明是产生于西周也未可知。晋律:"诸有所督罚,五十以下鞭如令,平心无私而以辜死者,二岁刑。"⑤保辜完备入律在《唐律疏议》"斗讼"篇"保辜"条内。《宋刑统》中保辜制度几乎照抄了唐律的规定。元代进一步发展,从《元史·刑法志》中可以看到。参见表 2-3。

二、保辜制度的继承和演进

元代保辜制度的继承和演进,通过和唐、宋加以比较来说明。列表如下:

---

① 吴树平等:《十三经》下册《春秋公羊传·襄公》,北京燕山出版社 1991 年版,第 1786 页。
② (清)沈钦韩等:《汉书疏证》(外二种),上海古籍出版社 2006 年版,第 73 页。
③ (汉)史游:《急就篇》,四部丛刊续编第 69 册,(唐)颜师古注,商务印书馆 1934 年版。
④ 郑显文:《唐代律令制研究》,北京大学出版社 2004 年版,第 30 页。
⑤ (宋)李昉等:《太平御览》卷 650《刑部十六》,中华书局 1960 年版,第 2907 页。

表 2-3　唐、宋、元保辜制度比较表

朝代	处罚	出处
唐	诸保辜者,手足殴伤人限十日,以他物殴伤人者二十日,以刃及汤火伤者三十日,折跌肢体及破骨者五十日。限内死者,各依杀人论;其在限外及虽在限内,以它故死者,各依本殴伤法。堕胎者,谓辜内子死,乃坐。若辜外死者,从本殴伤法 他故,谓别增余患而死者。他故谓别增余患而死。假殴人头伤,风从头疮而入因风致死之类,仍以杀人论。若不因头疮得风而死,是为他故,各以本殴伤法 诸斗殴折跌人支体及瞎其一目者,徒三年;辜内平复者,各减二等	长孙无忌《唐律疏议》卷 21《斗讼一·保辜》
宋	诸保辜者,手足殴人伤限十日,以他物殴伤人者二十日,以刃及汤火伤者三十日,折跌支体及破骨者五十日。殴伤不相须。余条殴伤及杀伤各准此。诸伤损于人得罪应赎者,铜入被伤损之家。即考决罪人有犯,铜入官 辜内堕胎者,堕后别保三十日,仍通本殴伤限,不得过五十日。其在限外及虽在限内,以他故死者,各依本殴伤法 诸斗殴折跌人支体及瞎其一目者,徒三年;辜内平复者,各减二等	窦仪《宋刑统》卷 21《斗讼律·斗殴故殴故杀》 谢深甫《庆元条法事类》卷 73《刑狱门三·决遣》
元	诸保辜者,手足殴伤人,限十日,以他物殴伤人者,二十日。以刃及汤火者伤人者,三十日。折跌肢体及破骨者,五十日。殴伤不相须,余条殴伤,及杀伤者准此。限内死者,各依杀人论。其在限外,及虽在限内,以他故死者,各依本殴伤法。诸娼女斗伤良人,辜限之外死者,杖七十七,单衣受刑。诸殴伤人,辜限外死者,杖七十七。堕胎,辜内子死乃坐。若辜外死者,从殴伤法。诸以物伤人,伤毒流注而死,虽在辜限之外,仍减杀人罪三等坐之。辜内平复者,各减二等 折跌人支体,及瞎其目者,九十七。辜内平复者,各减二等	宋濂《元史》卷 105《刑法四·斗殴》 《元典章》卷 44《刑部六·诸殴》

　　从上表可以看出:元代保辜制度规定在唐宋基础上有所细化和发展;比起唐宋,元代对于辜限后的处罚有所减轻。

　　唐代规定,在辜限内被害人因所受之伤死亡的,对加害人以杀人论。唐律对待危害人身安全犯罪行为立法的基本原则"是杀人者死,伤人者刑。对犯罪者采用刑法报复主义,这是唐律关于杀伤罪立法的一个重要特点",①宋代对于被害人的损失赔偿问题较唐代有所进步。断狱令:"诸伤损于人得罪应赎者,铜入被伤损之家。即考决罪人有犯,铜入官",②规定以加害人的赎金付被害人之家,若加害人在狱关押,赎金入官,尽管该规定的适用非常有限,但与单一要求加害人对国家承担责任的传统做法比较而言,无疑是一种进步;唐宋两代都是以赎金的形式,也就是以赎代刑。值得注意的是,元律明确规定加害人的刑罚外附带赔偿责任的规定,类似今天的刑事附带民事责任的规定,即如果造成被害人废疾、笃疾或死亡的,要征加害人一定的中统钞付被害人之家作为医药之资或烧埋银。元律增加了"诸殴伤人,辜限外死者,杖七十七";"诸斗杀人者死,仍于家属征烧埋银五十两给苦主,无银者征中统钞十锭,会赦免罪者倍之"等规定。③ 这些规定说明要给被害人家属进行赔偿,而以前相关法律中没有记载。再如"诸以他物伤人,致成废疾者,杖八十七,征中统钞十锭,付被伤人,充养济之资。为父还殴伤者,征其钞之半"④。"诸蒙古人因争及乘醉殴汉人死者,断罪出征,并全征烧买银",除负刑罚责任外,还须负赔偿责任,烧买银既是对犯罪分子的附加刑罚,又是对被害人及其家属的损害赔偿。烧买银制度的实行就是元代更加重视对现世人性关怀的最好证明,⑤如果说判决杀人和伤害罪是出于对国家负责任的话,那么对加害人赔偿责任的追究那就是对于受害人的补偿。这是历史上第一次,是法制史上的一大进步。据《元史·刑法志》载对加害人不追究罪责但须征银的规定有:昏暮中奔跑撞伤人使其因伤致死的;十五岁以下的人过失杀人的;精神病人殴伤人致人死亡的;军士练射箭时因报靶人不慎而被射伤致死的等。对加害人既追究罪责又要征银的规定有:老病之人杀人的;十五岁以下因争毁伤人致死的;盲人殴人使其因伤致死的;庸医以针药杀人的;

---

① 乔伟:《唐律研究》,山东人民出版社 1985 年版,第 189 页。

② 杨一凡、田涛:《中国珍稀法律典籍续编》第 1 册,戴建国点校,黑龙江人民出版社 2002 年版,第818 页。

③ (明)宋濂等:《元史》卷 105《刑法四·杀伤》,中华书局 1976 年版,第 2675 页。

④ (明)宋濂等:《元史》卷 105《刑法四·斗殴》,中华书局 1976 年版,第 2673 页。

⑤ 张群:《烧埋银与中国古代生命权侵害赔偿制度》,《中西法律传统》2004 年 00 期;《"人命至重"的法度:烧埋银》,《读书》2002 年第 2 期。

扔砖石打邻人果物而误伤人致死的;昏夜驰马误触人死的;驱车走马致伤人命的;昏夜行车误碾死地上之人的;用物戏耍惊吓小儿成疾而死的;以戏与人相逐致人跌伤而死的;骆驼咬死人的;等等。①

从表2-3可以清楚地看出:从"折跌支体及瞎一目"和"限外死"处罚的规定,可以明显得出元代保辜处罚比唐宋减轻。宋代保辜"辜内堕胎者,堕后别保三十日,仍通本殴伤限,不得过五十日"。宋代规定了对堕人胎具体的期限,即三十日以上不超过五十日。唐代关于堕胎的保辜并没有作出明确的规定,关于堕胎辜限规定还没有独立出来。"堕胎谓因惊殴堕落胎孕者,须辜内子死,方坐此罪,若虽堕胎,子未成形,止从本殴法,别无堕胎之罪。"②元代对于堕胎的规定基本沿袭唐宋,但增加了职官殴妻堕胎的处罚规定。③

对辜限外死亡追责,唐、宋、元亦有不同规定。

元代的保辜期限与唐相同,但有一点值得注意:"诸以物伤人,伤毒流注而死,虽在辜限之外,仍减杀人罪三等坐之。"④按照唐宋传统的保辜制度,被害人在辜限外死亡,加害人只需从本殴伤法论刑,元代要对加害人减杀人罪三等处罚,实质上加大了对加害人的处罚。这反映了元朝统治者既注重保护受害人的权益,追究加害人的责任,同时又注意用刑轻恕的矛盾心态。这是对传统保辜制度的突破,其出现的根本原因在于以辜限来确定死伤因果关系并不具科学性。随着不断出现的辜限之外,被害人因本伤死亡的现实情况,元律中首先突破了原有的保辜制度规定,被害人在辜限外确因本伤死亡的加大加害人刑罚,这是"余限"的萌芽,该项规定为以后明代余限的出现奠定了基础。

从对加害人科罪来看,科罪适用是基本一致的,由于科技和医疗水平的制约,古人对杀伤案件中因果关系的认定,在当时条件下只能通过设立一定的辜限并求助于现在看来非常落后的检验手段来进行,就是难免出现因被害人"伤毒流注"而死而追究加害人杀人罪的情况。

---

① (明)宋濂等:《元史》卷105《刑法四·杀伤》,中华书局1976年版,第2678页。
② (元)徐云瑞:《吏学指南》(外三种),杨讷点校,浙江古籍出版社1988年版,第95页。
③ (明)宋濂等:《元史》卷105《刑法四·斗殴》,中华书局1976年版,第2673页。
④ 高潮、马建石:《中国历代刑法志注释》,吉林人民出版社1994年版,第744页。

三、保辜制度的立法和实践

每一制度都有其产生原因,那么古代保辜制度又是如何产生的呢?

（一）实行原因

其一,受害者伤害认定的需要。保辜制度产生的直接动因是确定刑名伤害案件的因果关系,并以此确定加害人应当承担的责任。如果加害人的伤害行为直接导致了加害人死亡,因果关系的确定是相当简单的,直接就处以杀人罪即可;但是,如果受害者过了一段时间死亡,这种关系的确定就不是那么容易了,尤其在古代医学技术远不如现代的情况下,保辜制度正是为了解决这一问题而产生的。它实质上是一种朴素刑法因果关系观念的反映。

其二,儒家思想的影响。儒学在法律上讲究刚柔相济、德主刑辅与先教后刑,保辜制度正是儒家非讼、息讼思想的具体运用,更是古朴的公平、公正观念的体现,是古代中国道德法律化的典型反映,而道德法律化是整个中华法系的突出特点。古代的法律制度也追求和谐统一,保辜制度就是建立在惩办与宽大相结合、古朴公正的观念上面,通过加害人对受害人积极救助,有利于恢复被打破的社会秩序,避免公权力的介入,有益于维护社会稳定。

其三,弥补当时司法鉴定技术缺陷的需要。古代医学当然比不上今天的水平,对伤情的准确鉴定存在一定困难,尤其对内伤的鉴定由于没有先进的仪器,但凭肉眼对之作出合理判断更是不易,科学准确鉴定伤情又是非常重要的,后面还要讲到,这涉及辜限的制定以及追究加害人的责任问题。所以保辜制度是对仅仅依靠外表检验作出死伤结论必不可少的补充。正是由于医疗水平远不能对常见的伤害行为与造成的后果之间的必然联系作出科学判断,为确保犯罪者对伤害行为担负应有的罪责,就创立了保辜制度。

（二）适用范围

保辜主要适用于以斗殴为主的伤害案件,但并不限于斗殴。保辜也适用于谋杀、故杀、争斗及强盗等造成他人身体伤害而未当场死亡的情况。因殴打、推拉而仰面跌倒,恐吓胁迫而身体受伤,或因其他原因而引起人身伤害,都可以按照保辜制度规定方法处理。唐、宋、元都有规定:"殴伤不相须",但元代的解释却与之前有所不同。唐宋两代的解释为:"凡是殴人,皆立辜限";"然伤人皆须因殴,今言不相须者,为下有僵仆,或恐迫而伤,此则不因殴而有伤损,故律云'殴、伤不相须'"。① 殴、伤各保辜十日。这里有两层意思:一是"殴打"与"受伤"各有各的保辜,二是对某些犯罪来说,殴打同伤害无须同时存在。② 元代的保辜制度发生了变化,在元人徐元瑞的《吏学指南》中"相须不相须"条:相须者,谓因人所殴致伤,理合保辜也。不相须,谓虽因相殴,而下有僵仆,或恐迫而伤,此则不因殴而有伤损,故难令犯人保辜也。③ 较比前者他提出了完全相反的解释,即不因殴而致伤不实行保辜。总体上说,各个朝代保辜的适用范围大致差不多,唐律中对于某些特殊的伤害行为,也比照斗殴罪实行保辜制度,虽没有法律明文规定,但在法律适用中经常出现,如失火伤人、无故于城内街巷走车马伤人等,斗殴对于伤害较重的,一律都要实行保辜,官方派人去检验伤情。元代的保辜适用范围可能又有所扩大,元代孙仲章的《河南府张鼎勘头巾》剧中刘员外云:"你道是我家狗咬着你,众街坊试来看咱。若是我家狗咬着他,我便写与你保辜文书;若不曾咬你,你便赔我缸来。"④这里可以看出元代对于畜生咬伤人也是要实行保辜的。

保辜的一般程序可以分为:经双方同意施行保辜;检验伤情;签订保辜文书(协议),拟定辜限并找保人作保;辜限满,验伤情(如要是验尸,还要严格按照格式填写"检尸法式",一式三份);根据检验结果,追究加害人责任。⑤

具体来说,伤害案件发生后,如加害人同意,则可以与被害人订立保辜文书,加害人依被害人的伤亡变化情况来承担相应责任,此是加害人的一项权利。如加害人不愿意可不实行保辜。实行保辜不是每个伤害案件的必经程序。宋代保辜必须经被害人同意,由此可以断言,轻伤案件的,必须由双方当事人合意并订立保辜文书后才能开始,换言之,保辜文书是引起此种情况下保辜的一个必要条件。这种保辜是一种双方当事人的私了,这种私了不是毫无根据的,而

① (唐)长孙无忌等:《唐律疏议》卷21《保辜》,刘俊文点校,中华书局1983年版,第389页。
② 封志晔:《保辜制度:和谐视角的重新解读》,《江汉论坛》2008年第1期。
③ (元)徐云瑞:《吏学指南》(外三种),杨讷点校,浙江古籍出版社1988年版,第96页。
④ (元)孙仲章:《河南府张鼎勘头巾》,王季思:《全元戏曲》第2册,人民文学出版社1999年版,第525页。
⑤ 张艳云、宋冰:《论唐代保辜制度的实际运用》,《陕西师范大学学报(哲学社会科学版)》2003年第6期。

是根据人们已所熟知的刑律的相关规定进行的。下面尝试加以说明:

1. 检验伤情

检验中的验伤环节是十分重要的,这关系到辜限的制定,而辜限又和追究伤害人的责任密切相关,当事双方都很关注。验伤其实就是对于伤害结果的检验,这是在当时科学技术和医学发展有限的情况下采取的一种较为积极的办法。通过检验从而得出是手足还是凶器锐器所伤。元代有一套完备的法医检验制度,这从一个侧面也反映出了元朝保辜制度的发达。元朝法医检验继承了宋代《洗冤集录》检验成就并有所发展。① 元代重视医学检验,并对医学检验作出了具体规定:

第一,检尸由司县官员亲临,若检验官有事,须委派其他正官检视。

第二,遇到检验死伤,官员要及时检验。司县官员随即带领典史、司吏、信实惯熟仵作行人,不论远近前往停尸处。召集尸亲、邻佑、主首人等进行检验。

第三,检尸官吏躬亲监视仵作行人,当众仔细检验应有伤损,定执要害致命根因。

第四,仵作行人出具保证文状;验尸官吏保明检验属实。报告本处和上级官司。

第五,复检官吏、仵作行人,应回避初检人员,依上检验,并写具结文书。元代法医检验制度总体上由宋代因袭而来,宋代要求检验官亲自鉴定,仵作协助检验官员进行检验,充当检验官助手。元代则改为检验官躬亲监视,由仵作验尸,并出具保证书,仵作成为检验官助手,成为检验官监视下的检验人员,这是我国法医检验制度史上的一个重要变化。② 发布验尸式,由主管机关印发各地州县,在检验中依式填写。法医检验制度在元代越来越倾向于法令化了。《结案式》是世界上有影响的文献,成为现代法医学研究领域的雏形,同时也是对中国古代法医学实践进行的一次总结,其中记载了很多有价值的检验报告。③ 王与所撰的《无冤录》是在《洗冤集录》的基础上,对尸体外表检验经验的进一步

---

① 黄瑞亭、陈新山:《中国法医学史》,华中科技大学出版社 2015 年版,第 119 页。
② 黄瑞亭、陈新山:《中国法医学史》,华中科技大学出版社 2015 年版,第 120 页。
③ 黄瑞亭、陈新山:《中国法医学史》,华中科技大学出版社 2015 年版,第 119 页。

总结,进一步发展了法医学理论。①《元典章》中"检验法式",即尸账,是元代法医检验制度中的一项重要规定,颁发于大德八年(1304 年)。其实,为了提高鉴定质量,统一检验方法,早在大德元年(1297 年)七月,中书省就发布"检尸式",重复提到至元五年检验法令中所指出的问题,并具体指出了悬缢、水中、火烧、杀伤等各类尸体的现场鉴定方法。至元五年检验法令是所见最早的。检尸式相当于现代鉴定制度中的鉴定技术操作常规。② 元检验法式的主要优点是将宋代的验尸格目、验状、检验正背人形图等三种验尸档案简化为一种,取三者之所长,去其烦琐之处,是现存最早的验尸档案。无论与宋还是后来清代的尸格、尸图相比,都显得简洁扼要并具有代表性。从验尸的制度化可推测出元代验伤会同样得到重视。

> 今古验法不同,法有宜于古者未必皆便于今,贵乎随时之宜而损益之,且人命至重,检尸最难。今检验尸伤往往取则于《洗冤》《平冤》二录,至者上司降下结案,程序则失于参考,此《无冤录》之所以编也。谓如医人者,省部断例同手足伤人保辜,《洗冤录》则云医人依他物法。有如刀物杀伤,《结案式》云皮肉齐截,任是刃伤致命,《洗冤录》则云肉痕齐截,只是死后便作刃伤。又如他物伤人,《结案式》行凶器杖,必须量验大小,堪否害人,收监听候,《洗冤录》则云方以靴鞋踢伤,若不坚硬,难作它物。又云额肘膝扫头撞致死,并作它物痕伤。③

材料中王与提出了验伤的重大意义、验伤的难处以及为避免冤案而著《无冤录》的缘由。再如检验一事:若有大疑难须当广布耳目,以合致之庶几无误。如斗殴限内身死痕损不明,若有病色曾使医人巫师救治之类,则多因病患死。若不访问则不知也。有勒杀类乎自缢;溺死类乎投水;斗殴有在限内致命,而实因病患身死;人力、女使因被捶挞,在主家自害自缢之类。理有万端,并为疑难,

---

① 黄瑞亭、陈新山:《中国法医学史》,华中科技大学出版社 2015 年版,第 120 页。

② 黄瑞亭、陈新山:《中国法医学史》,华中科技大学出版社 2015 年版,第 120 页。

③ (元)王与:《无冤录·卷上》,载沈家本:《枕碧楼丛书》,中国政法大学法律古籍整理研究所整理标点,知识产权出版社 2006 年版,第 270 页。

临时审察,切勿轻易,差之毫厘,谬以千里。①

在辜限内死亡的例子并一定为伤害致死,同样要检验,如不检验,可能是限内因病患而死,却认为是伤害限内致死,对于加害人判决将是不公平的。如是病患死,伤害人以律被判决应为伤害罪,而后者就得判为死罪了。

相殴后落水死多有斗殴了各自分散后,或去近江河池塘边,洗头面上血,或取水吃,方相打了,尚困乏,或因醉相打后,头旋落水淹死。落水时尚活。其尸腹肚膨胀,十指甲有泥沙,两手相前。验得落水淹死分明,其尸上有殴打痕损,更不可定作致命去处。但一一扎上验状,只定作落水致死最便。缘打伤虽在要害处,尚有辜限内,以他故死者,各依本殴法(他故,谓别增余患而死者)。今既是落水身死,则虽有痕伤,其实是他故致死分明。曾有验官为见头上伤损,却定作因打伤迷闷不觉,倒在水中,欲将打伤处作致命,致招罪人番异不绝。②

保辜的实行离不开检验这一程序,在辜限届满时,还要有官府检验受害人的伤情恢复状况。

打折脚手,限内或限外身死时,要详验打伤处分寸、阔狭后,处定是将养不较,致命身死。③ 若辜限内死,须验伤处是与不是在头,及因破伤风灌注致命身死。④ 验定所受杖处疮痕阔狭,是与不是限内身死。看阴囊及妇女阴门并两胁、小腹等处,有无血瘀痕,是与不是限内身死。⑤

总之,这几个史料都提到验伤及其方法的问题。可以看出,无论在辜限订立前、限内以及限外,检验伤情都关系到伤害人的生死和罪责任定,也关系到法律的正确贯彻,对于政府和民众关系也将产生巨大影响。南宋山东境内就出现了一位对于案件非常负责的官员。据《棠阴比事》"魏涛证死条"载:"魏朝奉涛

①　(元)王与:《无冤录·卷上》,载沈家本:《枕碧楼丛书》,中国政法大学法律古籍整理研究所整理标点,知识产权出版社 2006 年版,第 289 页。

②　(元)王与:《无冤录·卷上》,载沈家本:《枕碧楼丛书》,中国政法大学法律古籍整理研究所整理标点,知识产权出版社 2006 年版,第 261 页。

③　(元)王与:《无冤录·卷上》,载沈家本:《枕碧楼丛书》,中国政法大学法律古籍整理研究所整理标点,知识产权出版社 2006 年版,第 261 页。

④　(元)王与:《无冤录·卷上》,载沈家本:《枕碧楼丛书》,中国政法大学法律古籍整理研究所整理标点,知识产权出版社 2006 年版,第 262 页。

⑤　(元)王与:《无冤录·卷上》,载沈家本:《枕碧楼丛书》,中国政法大学法律古籍整理研究所整理标点,知识产权出版社 2006 年版,第 270-271 页。

知忻州永昌,两仇斗而杀,既决遣而伤者死。涛求其故而未得。死者子诉于监司,监司怒有恶语。涛叹曰:'官可夺囚不可杀。'后经检验得其实,乃因其夕罢归骑,及门而堕死,邻证既明,其巫遂辩。"①魏涛认真负责的态度挽救了一个人的生命,避免了冤案发生。这也说明对伤情的检验对发现真正致死原因的重要性。

对此,元人出现了对于伤情检验的记载。"辜内病死,验得元伤去处已是平复别无行风入疮痕迹,其尸肌体瘦弱,肉色萎黄,口眼俱合,两手舒展。其处或有新针灸瘢痕,在旁或有是何药贴。问得尸亲或奴说称,曾请某医看治。勾问得委系患某病症,曾用上件药饵调治。验是辜内别增余患身死的。"②元朝官府对于辜限后的伤情加以再次检验,通过检验结果来判断与加害者行为的因果关系,从而作出对于加害者的处罚。下面是辜满后的检验记录程序:

　　一辜内平复验得:某人左太阳穴上有伤一处,斜长三寸,阔一寸,上有血污。验是他物所伤,辜满再验得,已是平复,更无他故。

　　一勒医工某验得,某人左臂青肿一处,围圆三寸,揣得骨损折。辜满再验得,已成芦节,有妨执物,即同废疾,久远不堪医治(若二支废即同笃疾)。③

　　一勒医工验得:某人上唇微绽当门去讫一齿,其所落连带血肉,比对齿白,邻牙相同,认是他物所伤,辜满再行验得其伤已平。

　　一勒医工验得:某人左手大拇指第二节因棍打折。辜满再验得,委成芦节,有妨执物,即同残疾。④

综上所述,元代的医学检验制度已经比较进步。元代的检验法令最早见于

---

① (宋)桂万荣:《棠阴比事·魏涛证死》,《四库丛刊续编子部》第 321 册,商务印书馆 1934 年版。
② 陈高华等:《元典章》卷 12《吏部六·吏制·儒吏考试程式》,天津古籍出版社、中华书局 2011 年版,第 433 页。
③ 陈高华等:《元典章》卷 12《吏部六·吏制·儒吏考试程式》,天津古籍出版社、中华书局 2011 年版,第 435 页。
④ 陈高华等:《元典章》卷 12《吏部六·吏制·儒吏考试程式》,天津古籍出版社、中华书局 2011 年版,第 436 页。

元世祖忽必烈至元五年,该法令是由元代最高行政机关中书省发布的,其中提到了检验存在的问题,并对检验官、赴检、检验、具结、复检作出了进一步的规定。这些规定出现了一个值得注意的变化,检验官吏由躬亲检验到躬亲监视,对仵作在检尸过程中的误检、漏检及舞弊行为进行监督和纠正。至大德元年(1297年),中书省又发布了"检尸法式"。对于缺乏经验的按验官来说,是一份有价值的参考数据。《经世大典》中的"验尸式"与《圣朝颁降新例》中"初复检验本"内容基本相同,但更加完善,增加了三点内容,即谨慎检尸、巡检规定、结罪开审规定。大德六年(1302年)重申了至元五年检尸法令中指出的问题及相应的规定并要求各道廉访司经常检查,如有违反检尸规定的,即"将检尸官吏断罪勒停","斟酌所犯轻重断罪";但是各种违反检验规定的现象并未能杜绝。大德八年(1304年)颁布了元代检验制度中的一项重要规定"检尸法式",它是现存最早通行的检尸档案,较之西方同类科学手段的应用提前了约300年之久,为明清两朝所沿用。①

2. 签订保辜文书

保辜文书,就是写有明显辜限的保证文书、字据,即保辜凭证。保辜文书是元代轻伤害案件实行保辜的一个必经程序。一般认为有三种:私人签订,没有强有力的法律保证;官方参与下签订,这种有很强的权威性且更能保证其贯彻;虽没有签订协议,按约定俗成的习惯处理,这种更没有保障,有时会出现借机诬陷伤害人的情形。为了保证保辜的正常进行,双方要找年高德劭的人做保人,协议上除当事双方要签字画押外,保人也要签字,以免于诉讼。比起唐代,签订保辜文书是一个新的发展。前面验伤联系保辜的那种结案通式在元代以前是没有的,辜限长短的确定需要依据伤情的轻重来确定,即必须通过"瞻伤""察创""视折",才能准确恰当地确定辜期,做到"端平"地处理案件。② 一般的检验地点就在所在县衙,辜限的长短一般取决于两个方面:一是工具的危险性,工具危险性大的,则辜限相对较长;二是伤害程度,即伤害越严重,则辜限越长,反之,辜限就越短。签订保辜文书时,就是根据验伤结果的轻重,来确定辜限,汉代《居延新简》载:"以兵刃索绳他物可以自杀者予囚,囚以自杀、杀人而以辜二

---

① 黄瑞亭、陈新山:《中国法医学史》,华中科技大学出版社2015年版,第122页。
② 牛忠志:《古代保辜制度考析》,《山东科技大学学报(社会科学版)》2002年第4卷第4期。

旬中死,予者髡为城旦舂及有……"①据此可知汉代的辜限应为二十日。元代的辜限期限与唐宋并无不同,都是十日、二十日、三十日、五十日四个等级。因为一旦辜限确立,一般伤害人就会把受害人带回本家好好照顾,争取限内平复,可以争取减刑处理。史料记载中也有辜限决定伤害人生死的案例,如《棠阴比事》"宗元守辜"载:待制马宗元少时,父麟殴人被系守辜。而伤者死,将抵法。宗元推所死时在限外四刻,因诉于郡得原父罪,由是知名。郑克评云:"案辜限计日,而日以百刻计之。死在限外则不坐,殴杀知罪而坐,殴伤之罪法无久近之异,虽上四刻亦在限外。"②这是宋朝一则马宗元通过辜限的究举而救父的真实故事,试想,如果没有这个聪明贤良的儿子出来指出受害人是死在限外四刻(现在的近一小时)的话,他父亲必死无疑了。正是因为辜限决定生死,对于辜限的认定就非常重要,在元朝有限的史料中,找出了几条。

> 凡告事者必明注年月,而文案中不得写去年、今年、前年今月当时此日,已有定例。或问:"称日者,通昼夜百刻为坐,至于昼夜之分,愿闻其略。"切尝考之《晋书》志曰:"昼漏尽为夜,夜漏尽为昼,一日之内,以其夜子正以前属今日,子正以后属次日。"此昼夜时刻之所由分也。若夫保辜限次,如拳手殴人,例限十日,计累千刻,以定辜限之内外与夫夜入人家之类。昼夜之分不可不详,君子其明辨折狱。③

3. 限满追究相应的责任

辜限期限满,检验官要再进行验伤,根据伤情的恢复状况追究加害人的责任,视伤情恢复状况来决定如何处罚。限内死,以杀人罪论之,限外及虽在限内因他故死者,以伤人罪论。"诸以他物伤人,伤毒流注而死,虽在辜限之外,仍减杀人罪三等坐之。"④案例如下:

---

① 甘肃省文物考古所等:《居延新简·甲渠候官与第四燧》,文物出版社 1990 年版,第 561 页。
② (宋)桂万荣:《棠阴比事·魏涛证死》,《四库丛刊续编子部》第 321 册,商务印书馆 1934 年版。
③ (元)王与:《无冤录》卷上《昼夜之分》,载沈家本:《枕碧楼丛书》,中国政法大学法律古籍整理研究所整理标点,知识产权出版社 2006 年版,第 237 页。
④ (明)宋濂等:《元史》卷 102《刑法四·杀伤》,中华书局 1976 年版,第 2675 页。

平阳路娼女白耍奴,因与小邓相争,摔扯官宿,于本人右手中指上咬伤,辜限外身死。刑部呈奉到尚书省至元八年三月二十六日札付:"拟断白耍奴合得本殴罪犯七十七下,单衣受刑。"①

济南路申:"邢孙儿招伏:'因为不见铁锹,有妻将孙儿抵触,用剔火棒将妻殴打。有嫂嫂刘外女救护,错于刘外女头上打伤,辜外身死罪犯。'"法司拟:"即系斗殴误伤傍人事理辜外身死,合杖九十七下。"部拟四十七下。行下断讫。②

上述两个案例都是限外身死,按照伤人致死追究加害人责任的例子。案例二中刘女士限外死亡显然与打伤有很大关系,仅处四十七下,明显处罚太轻。余限的产生有其必要性。

总体上可以看出元代有一套严密详细的保辜制度,而且有细致的追责体制,哪个环节出问题,就追究相应人的责任,比如保人、检验官、仵作以及处理案件的有司官员。元代的保辜制度应该被给予足够的重视。

(三)元代司法保辜实践

元代的检验法令最早见于元世祖忽必烈至元五年,元代最早的保辜应该不晚于至元五年。元代保辜的具体案例如下:

至元十二年十一月中书兵刑部来申:阮有成状告本家驱口小沈因放马食践讫苏则毛等田木,其苏则毛用渠棒将小沈右手第二指打折落讫一节,不见保辜体例,乞明降事。省部相度本路官吏即非创立衙门,凡诉殴伤自有定例,缘何作疑申禀事属未当听拟:苏则毛用棒将小沈右手第二指打折落讫一节,招证明白依例保辜五十日,合下仰照验依上施行。③

---

① 陈高华等:《元典章》卷42《刑部四·斗杀·因斗咬伤致死》,天津古籍出版社、中华书局2011年版,第1439-1440页。

② 陈高华等:《元典章》卷42《刑部四·误杀·因斗误伤旁人致死》,天津古籍出版社、中华书局2011年版,第1440-1441页。

③ 陈高华等:《元典章》卷44《刑部六·保辜·保辜日限》,天津古籍出版社、中华书局2011年版,第1513页。

上述案例说明元代保辜涉及伤骨时,辜限最长可达五十日,这和元代保辜制度的规定是一致的。元代保辜制度在社会上亦有广泛的影响,孙仲章的《河南府张鼎勘头巾》曲目中刘员外提到狗咬伤人要写保辜书案例;剧中金盏儿白:"王小二要杀了你,我问他要保辜文书";剧楔白:"不想王小二要杀员外,我就同他要了一张保辜文书"。在人们交流中很平常地就可以听到有关保辜的记录,说明元代保辜制度已经广泛深入民间并已深深融入人们的生活之中。这也可以从元代王与所撰的《无冤录》一书中得到进一步证实,该书关于保辜的明确记述达八处之多。

四、保辜对社会的影响及评价

任何一项制度都有其存在的土壤,都是与特定的社会历史条件相适应。保辜制度从其产生,一直为历代所沿用和完善,这项制度有着极强的生命力,对于查找杀伤案件的因果关系、追究加害人责任、促进司法诉讼程序的正常进行起了一定作用。

(一)积极性作用

1. 体现罪责相应原则

在当时医疗水平无法准确及时判定加害行为与后果因果关系或者关系之大小的情况下,通过实行保辜制度,在被害人伤情稳定时,根据伤势的严重性追究加害人责任,有利于实现罪责相适应,保辜制度是古人的一大创举。

2. 有利于当事人双方,及时化解矛盾,维护社会稳定,维护当权者统治

保辜根据辜限满时伤害结果来加以追责的规定,会促使加害人积极救助、看护被害人,使其早日康复,并据此来减轻自己的罪责,减少自己的愧疚之心,而得到及时救护的被害人心理上也会得到一定程度的满足,"自可大事化小,小事化无,彼此不伤感情,乡里也无耗费,息事宁人,莫善于此"①。保辜制度就是在"犯罪既遂"之后,为犯罪者架起的一座可以返回的黄金桥。② 一般而言,受害人所受伤害经过一段时间的细心看护,都会得到一定程度的改善甚至恢复,

---

① 王清穆、崔龙:《农隐庐文钞》上册《戒争讼说》,载沈云龙:《近代中国史料丛刊续编》第40辑,台北文海出版社1983年版,第50页。

② 牛忠志:《借鉴古代保辜制度》,《北京理工大学学报(社会科学版)》2003年第3期。

使当事双方紧张的敌对关系得到很好缓和,达到促进和谐,维护统治的目的。所以这一制度,无论对加害人还是被害人都是有利的。

3.从国家层面而言,可以达到息讼、节约国家司法资源的效果

通过这一制度,很多情况下,加害人对受害人的积极救治,不但使被害人获得更多的恢复的机会,而且这一过程中双方的敌对关系可能得到很大程度的转变,不必再经过烦琐的诉讼程序,既节约了司法资源,又达到了远比诉讼更理想的效果,一般而言经过诉讼后的双方即成宿敌,而经过保辜后的双方关系要好得多。

总之,这一制度体现着法律对人的关怀,无论是被害人、加害人还是国家都是一种有益的制度尝试。它既节约了国家的投入,又可以推进国家的有效管理,促进社会和谐。

(二) 存在的问题

其一,法律推定存在很多不确定性的因素。辜限制定有很大的人为因素,它制定的主动权在官方,由于科技和医学的不发达,伤情的检验就可能存在问题,比如会出现实际上重伤验为轻伤,以及轻伤被定为重伤的情况。前者辜限偏短对于受害者无益,而后者会额外增加伤害者的负担。辜期长短规定表现出了一定的僵硬性和不精确性。当杀伤案件发生后,随着隔时死亡现象的频繁出现,这种伤亡案件因果关系的认定就不再那么简单了,这都给追责带来很大的不确定性因素。

其二,医疗水平和鉴定技术相对落后、粗糙,使得主管官吏对常见的伤害行为与造成后果之间的必然联系未必能作出科学判断。辜限结束后,一般要进行鉴定,官府始终处于主导地位,花钱赎刑、官吏贪污腐化和违背保辜体制的现象相当普遍。具体案例如下:

> 大德六年三月,中书省委官呈:庐江路含山县梅张保患丁肿而死,梅开先妄告赵马儿踢死,初检官含山县达鲁花赤家奴、覆检官历阳县尉侯泽并不亲临监视,止听从件作行人刘兴、王永兴定验梅张保作脚踢身死,屈令赵马儿虚招。及赵文通称冤,委官辑问得梅张保却系患丁肿身死,具上其事。中书省下刑部议,各官所犯,罪经释免,合解见任,别行求仕,记过刑书。都

省准拟。①

本案例明显违背了元代医学检验制度的规定。初检官和复检官没有亲临现场，只听从仵作的检验结果断案，造成了冤案，最终被解职现任。再如：

> 元贞元年九月，御史台呈："衡山县王庚二打死陈大十七，县丞王立不亲临校验，转令司吏蔡朝用代之。本吏受财，以重伤为轻伤，妄作中风而死。据王立所犯，拟笞三十七，解见任。都省准拟。"②

权力是贪污的源泉，很多官员就利用自己的权力作了很多违规的事情，这个案例就是县丞不亲临校验，让司吏代之，而司吏受贿将重伤验为轻伤，从而歪曲事实的例子，县丞王立终被解职。

从这两个案例我们不难推测出，元代对检验高度重视，要求检验官亲临监视仵作验尸，但在实际操作层面存在很多违规现象。具体案例如：

> 奉江浙行省扎付：准枢密院咨：近据左卫呈："百户田荣等申：'通州潞县于县令、张县尉等，不行约会，将修理仓敖军人李顺断讫三十七下。本人见行杖疮举发肿胤，医工看治。……却不合不令王大嫂、曹宽与李驴儿面对，及不取要辜限文状，亦不候李贤见带伤疮痊可，却取讫浮平痊可准伏，又不钦依约会管军官，擅将军人李驴儿断讫三十七下。'又招：'……及责得县尉张礼、典史李仁、司吏孙得荣、弓手李贤，与于泽所招相同。拟县尹于泽四十七下，县尉张礼三十七下，典史李仁四十七下，司吏孙得荣五十七下，弓手李贤二十七下。'"③

这是官员违规不取要辜限文状，不到限满即行判决，结果官员受到惩治的

---

① 黄时鉴：《元代法律资料辑存》，浙江古籍出版社1988年版，第102页。
② 黄瑞亭、陈新山：《中国法医学史》，华中科技大学出版社2015年版，第127页。
③ 陈高华等：《元典章》卷54《刑部十六·违枉·枉禁平民身死》，天津古籍出版社、中华书局2011年版，第1827-1828页。

例子。还有限外反而加等处罚的情况,这可以从苏天爵的叙述中看出:

> 今江、淮以南,或辜限已满,其被殴者身死,有司往往比依元贞元年孟福被死事例,加等科断。若皆如此遵行,是辜限为不可用。破已成之法,开奸之门,……有司似难奉行。今后斗殴伤人者,止合依辜限之制,或在限外虽无他故死者,合无止依本殴治罪。①

这里苏天爵提到官员不按辜限之制,而援引一个没有法律效力的孤案,虽在限外,加等处罚的事件,从而感叹辜限如同虚设,主张法制既设,理应遵守,"如此庶几奸伪不滋,法制归一矣"。苏天爵长期任职监察御史和肃政廉访使,是元代有名的忠臣,所言应该是可信的。

本章小结

在继承唐宋的基础上,元代在司法诉讼过程中更加重视证据的作用。证据对于案件的受理、审理方式、判决结果、论刑轻重等都有重要的影响。元代对证据重要性的认识还体现在《儒吏考试程式》中各种证据收集的方法和程序上。

元代证据主要分为言词证据、物证、书证和勘验结论等内容,除用传统"五听"、依法刑讯方式收集证据外,收集证据的方式进一步多样化。元代更加重视物证的收集,通过现场勘验、司法检验方式收集证据。元代收集证据通过言辞审讯甚或拷讯,注重口供和供述等言辞证据的收集,亦重视勘验案发现场,重视现场痕迹、作案工具、赃物等物证的收集,重视契约、债券、借据等书面证据的辨验。元代司法检验在继承宋代的基础上有所发展,检验更加制度化、规范化,促进了司法诉讼程序的顺利进行。元朝在改变"以口供为王"、重视物证方面继续发展,是对唐代"零口供"判案的发展和继承。

元代证据收集存在很多问题:在"五听"中司法官存在极大主观性,有的审断结论和事实相差很远;有的官员为了得到正犯的口供,刑讯逼供,造成大量冤

---

① （元）苏天爵:《滋溪文稿》卷27《建言刑狱五事》,陈高华、孟繁清点校,中华书局1997年版,第452页。

假错案;证据来源渠道有问题,有些官员为了结案,没有赃物,不惜花钱购买;赃仗却不让犯人辨认,甚至出现"诈造契券硬作左证"现象①;司法官不亲自监督检验,致使出现检验结果不实的后果;在伤害案中,制定辜限不根据实际,造成辜限偏长或偏短现象,对加害人或受害人造成不公;对干连人尤其与当事人有利益关系的人提供的证据不加辨析,出现误判;有官员在证据收集中,不注重证据的利用,发现有赃仗却不处理;等等。

　　证据的收集和使用是司法程序中的重要环节,很多冤假错案都是由于第一手证据的收集出现问题。所以本章对元代证据的收集和使用进行研究,尤其对元代司法检验和保辜制度进行探研,就是力争揭示元代司法过程中收集证据的真实面相,使读者对元代的司法诉讼有更深刻的认识。

---

　　① (元)胡祗遹:《紫山大全集》卷 23《折狱杂条》,《景印文渊阁四库全书》第 1196 册,台湾商务印书馆 1986 年版,第 427 页。

第三章

元代案件审判程序

  对于任何一个案件,无论前期的搜捕、监禁还是司法检验,收集必要证据,都是为了确保最终审判时得到一个合理的判决,还受害人以公正,给加害人以应有的惩罚,维护社会正义、公平、缓和社会矛盾。和以往朝代一样,元代的司法审判和行政系统仍是一体的,地方上的行政官员亦同时担任司法审判职责。但元代有自己的突出特点,中央审判机关不设大理寺,有刑部、御史台、大宗正府三大审判机关,地方上州县正官兼司法官,路、府设置专理刑狱的推官,行省设理问所审理疑难案件,路、府推官和行省理问官都有专门的衙署和印章,有独立处理公事的权限。但是路府推官和行省理问官却没有独立的司法权,其判决要由各级正官圆署方能生效。

第一节　元代审判机构与诉讼程序

一、审判机构

  元代的审判机构即行政系统审判机关,分为中央和地方两部分,中央有刑部、大宗正府、御史台,地方上有路、府、州、县各级官府。当然元代审判还实行"各仍其俗"原则。比如蒙古人司法案件由其所属的大宗正府审理;畏兀儿族的司法案件往往由都护府负责,"都护府,秩从二品。掌领旧州城及畏吾儿之居汉地者,有词讼则听之"①。元朝的法律还规定:凡属军人、军户的婚田、钱债等类似案件,由所管军官和奥鲁官理问。僧人案件不是重罪过案件,由各寺院主持及本管头目负责等。此外,除行政系统外,蒙元政府还实行诸王投下分封制,在各自领地亦有官署,也设有审判机构,比如扎鲁忽赤等,涉及不同部门间的审判,还实行约会制度,这里主要探讨行政系统内的审判机构及诉讼程序。

(一)中央

刑部,正三品,刑部掌天下刑名法律之政令。"凡大辟之按覆,系囚之详谳,拏收产没之籍,捕获功赏之式,冤讼疑罪之辨,狱具之制度,律令之拟议,悉以任之。"②

大宗正府,元世祖时设,秩从一品。至仁宗时减去大字,后遵世祖旧制,仍为大宗正府。③ 诸四怯薛及诸王、驸马、蒙古、色目之人,犯奸盗诈伪,从大宗正府治之。④ 至元三年(1266年)张德辉对曰:"必欲行之,乞立宗正府以正皇族,外戚得以纠弹,女谒毋令奏事,诸局承应人皆得究治。"帝良久曰:"其徐行之。"⑤阿合马尝奏宜立大宗正府。世祖曰:"此事岂卿辈所宜言,乃朕事也。然宗正之名,朕未之知,汝言良是,其思之。"⑥宗正府的审判权限有个变化过程,至元九年(1272年),改千户所为兵马司,隶大都路。而刑部尚书一员提调司事,凡刑名则隶宗正,且为宗正之属。⑦ 国初未有官制,首置断事官,曰札鲁忽赤,会决庶务。至元九年(1272年),降从一品银印,止理蒙古公事。罢总统所及各处僧录、僧正、都纲司,凡僧人诉讼,悉归有司。⑧ 皇庆元年(1312年),省二员,以汉人刑名归刑部。凡诸王驸马投下蒙古、色目人等,应犯一切公事,及汉人奸盗诈伪、蛊毒厌魅、诱掠逃驱、轻重罪囚,及边远出征官吏、每岁从驾分司上都存留住冬诸事,悉掌之。致和元年(1328年),以上都、大都所属蒙古人并怯薛军站色目与汉人相犯者,归宗正府处断,其余路府州县汉人、蒙古、色目词讼,悉归有

---

① (明)宋濂等:《元史》卷89《百官五》,中华书局1976年版,第2273页。
② (明)宋濂等:《元史》卷85《百官一》,中华书局1976年版,第2142—2143页。
③ (明)宋濂等:《元史》卷92《百官八》,中华书局1976年版,第2329页。
④ (明)宋濂等:《元史》卷102《刑法一》,中华书局1976年版,第2611页。
⑤ (明)宋濂等:《元史》卷163《张德辉传》,中华书局1976年版,第3826页。
⑥ (明)宋濂等:《元史》卷205《奸臣传》,中华书局1976年版,第4562页。
⑦ (明)宋濂等:《元史》卷90《百官六》,中华书局1976年版,第2301页。
⑧ (明)宋濂等:《元史》卷24《仁宗一》,中华书局1976年版,第539页。

司刑部掌管。① 诸大宗正府理断人命重事,必以汉字立案牍,以公文移宪台,然后监察御史审覆之。② "诸四怯薛及诸王、驸马、蒙古、色目之人,犯奸盗诈伪,从大宗正府治之。诸蒙古人居官犯法,论罪既定,必择蒙古官断之,行杖亦如之。"③元统二年(1334 年),诏:"蒙古、色目犯奸盗诈伪之罪者,隶宗正府;汉人、南人犯者,属有司。"④把受理蒙古人、色目人案件的权限赋予宗正府。至元元年(1335 年),复以宗正府为大宗正府。⑤

御史台,秩从一品。御史台有审判权。掌纠察百官善恶、政治得失。殿中司、察院,江南诸道行御史台、陕西诸道行御史台、22 道肃政廉访司各有审判监督职权。⑥ 主要审理官员的不法行为,如大德六年(1302 年)春正月,"江南僧石祖进告朱清、张瑄不法十事,命御史台诘问之"⑦。

枢密院断事官,秩正三品。掌处决军府之狱讼。⑧ 奥鲁官亦参与军事诉讼。

宣政院,秩从一品,最高宗教审判机关,地方行宣政院、宣慰司亦有宗教审判权。僧官涉及犯罪者,需要宣政院与御史台同鞫,宣政院官徇情不公者,听御史台鞫问。至正二年,纳麟"请行宣政院设崇教所,俪行省理问官,秩四品,以治僧狱讼,从之"⑨。如大德六年(1305 年)元成宗诏"自今僧官、僧人犯罪,御史台与内外宣政院同鞫。宣政院官徇情不公者,听御史台治之"⑩。有时涉及诸王部属与民众的案件,需要几个部门约会解决,比如下面案例:曩赐诸王阿只吉钞三万锭,使营子钱以给畋猎廪膳,毋取诸民。今其部阿鲁忽等出猎,恣索于民,且为奸事,宜令宗正府、刑部讯鞫之,以正典刑。⑪ 此案例就是诸王部属做奸事由宗正府和刑部共同审讯的。如民众涉及僧人者应该也不例外。

① (明)宋濂等:《元史》卷 87《百官三》,中华书局 1976 年版,第 2187-2188 页。
② (明)宋濂等:《元史》卷 103《刑法二》,中华书局 1976 年版,第 2632 页。
③ (明)宋濂等:《元史》卷 87《百官三》,中华书局 1976 年版,第 2611 页。
④ (明)宋濂等:《元史》卷 38《顺帝一》,中华书局 1976 年版,第 821 页。
⑤ (明)宋濂等:《元史》卷 38《顺帝一》,中华书局 1976 年版,第 831 页。
⑥ (明)宋濂等:《元史》卷 86《百官二》,中华书局 1976 年版,第 2177-2182 页。
⑦ (明)宋濂等:《元史》卷 20《成宗三》,中华书局 1976 年版,第 439 页。
⑧ (明)宋濂等:《元史》卷 86《百官二》,中华书局 1976 年版,第 2156 页。
⑨ (明)宋濂等:《元史》卷 142《纳麟传》,中华书局 1976 年版,第 3407 页。
⑩ (明)宋濂等:《元史》卷 20《成宗三》,中华书局 1976 年版,第 439 页。
⑪ (明)宋濂等:《元史》卷 26《仁宗三》,中华书局 1976 年版,第 592 页。

经正监,秩正三品。掌营盘纳钵及标拨投下草地,有词讼则治之。①

各种手工业匠官,亦有审判权限。如都蓟宁坊人匠赵春奴,将亲母阿焦生不奉养,客寄患病,不来侍疾。母阿焦身死,又不奔赴。停至午转,才方前来,并不举哀。有姨弟梁从振者,告到匠官黄元帅,教依理持丧出殡,本人故将丧事略不成礼。② 此案例中匠官黄元帅受理告状,由审判权限。其他匠官亦是。

有时吏部官员也可以审判,但一般需要皇帝的诏敕,如延祐二年(1315)九月,"张驴以括田逼死九人,敕吏部尚书王居仁等鞫之"③。

都护府,秩从二品。掌领旧州城及畏吾儿之居汉地者,有词讼则听之。④ 至元十七年(1280年)置镇北庭都护府于畏吾境,以脱脱木儿等领其事。⑤ 至元十八年(1281年)改畏吾断事官为北庭都护府,升从二品。⑥ 大德八年(1304年)诏诸路畏吾儿,合迷里自相讼者,归都护府,与民交讼者,听有司专决。⑦ 对于违规听理民讼者,元政府规定了处罚。"诸诈称奉使所委官,听理民讼者,杖九十七。"⑧

(二)地方司法机构

地方行政机构兼司法机关。行省理问所,行省属官理问二员,正四品;副理问二员,从五品。⑨ 地方一些疑难案件,交由理问所鞫问,如元贞间,兰溪州民叶一、王十四有美田宅,范欲夺之,不可,因诬以事,系狱十年不决。事闻于省,省下理问所推鞫之,适拜降至官,冤遂得直。置范于刑。⑩ 提刑按察司后于至元二十八年(1291年)改为肃正廉访司,上文已述,其具有审判监督权。路、府、州、县的司法职官包括:路达鲁花赤、总管、同知、判官、推官;府达鲁花赤、知府、判官、推官;州达鲁花赤、知州、州同知、州判官;县达鲁花赤、县尹(县令)。其中路

① (明)宋濂等:《元史》卷90《百官六》,中华书局1976年版,第2295页
② (元)王恽:《秋涧先生大全文集》卷88《乌台笔补·弹赵春奴不孝事》,《四部丛刊初编》第1396册,商务印书馆1922年版。
③ (明)宋濂等:《元史》卷25《仁宗二》,中华书局1976年版,第571页。
④ (明)宋濂等:《元史》卷89《百官五》,中华书局1976年版,第2273页。
⑤ (明)宋濂等:《元史》卷11《世祖八》,中华书局1976年版,第228页。
⑥ (明)宋濂等:《元史》卷11《世祖八》,中华书局1976年版,第230页。
⑦ (明)宋濂等:《元史》卷21《成宗四》,中华书局1976年版,第459页。
⑧ (明)宋濂等:《元史》卷105《刑法四》,中华书局1976年版,第2668页。
⑨ (明)宋濂等:《元史》卷91《百官七》,中华书局1976年版,第2308页。
⑩ (明)宋濂等:《元史》卷131《拜降传》,中华书局1976年版,第3201页。

府推官专治刑狱,州县行政正官兼司法官。

(三)司法审判权限划分

《元史·刑法志》对元代当时有司部门的审判权限和运作加以规定,"诸杖罪以下,府州追勘明白,即听断决。徒罪,总管府决配,仍申合干上司照验。流罪以上,须牒廉访司官,审覆无冤,方得结案,依例待报。其徒伴有未获,追会有不完者,如复审既定,赃验明白,理无可疑,亦听依上归结"①。

诸王、投下有一定司法权,元中统二年(1261 年)九月,"谕诸王、驸马,凡民间词讼无得私自断决,皆听朝廷处置"②。至大四年(1311 年)十月,"罢诸王断事官,其蒙古人犯盗诈者,命所隶千户鞫问"③。涉及刑名重事,投下案件要交给有司部门过问,如中统元年,张础知威州,"有妇人乘驴过市者,投下官暗赤之奴引鸣镝射妇人坠地,奴匿暗赤家。础将以其事闻,暗赤惧,乃出其奴,论奴法"④。

有时,元朝廷参与审理案件。如"初,运使郭琮、郎中郭叔云,与王相赵炳构隙。或告炳不法,妃命囚之六盘狱以死。朝廷疑擅杀之,执琮、叔云鞫问,伏辜,事具赵炳传"⑤。

至大四年二月,"罢总统所及各处僧录、僧正、都纲司,凡僧人诉讼,悉归有司"⑥。十月,"罢宣政院理问僧人词讼"⑦。

皇庆二年(1313 年)六月,"诏谕僧俗辨讼,有司及主僧同问"⑧。

延祐二年(1315 年)九月,"张驴以括田逼死九人,敕吏部尚书王居仁等鞫之"⑨。

延祐五年(1318 年)九月,"敕:'军官犯罪,行省咨枢密院议拟,毋擅决遣。'"⑩

---

① (明)宋濂等:《元史》卷 105《刑法四》,中华书局 1976 年版,第 2668 页。
② (明)宋濂等:《元史》卷 104《刑法三》,中华书局 1976 年版,第 2657 页。
③ (明)宋濂等:《元史》卷 24《仁宗一》,中华书局 1976 年版,第 547 页。
④ (明)宋濂等:《元史》卷 167《张础传》,中华书局 1976 年版,第 3929 页。
⑤ (明)宋濂等:《元史》卷 159《商挺传》,中华书局 1976 年版,第 3741 页。
⑥ (明)宋濂等:《元史》卷 24《仁宗一》,中华书局 1976 年版,第 547 页。
⑦ (明)宋濂等:《元史》卷 24《仁宗一》,中华书局 1976 年版,第 539 页。
⑧ (明)宋濂等:《元史》卷 24《仁宗一》,中华书局 1976 年版,第 556 页。
⑨ (明)宋濂等:《元史》卷 25《仁宗二》,中华书局 1976 年版,第 571 页。
⑩ (明)宋濂等:《元史》卷 26《仁宗三》,中华书局 1976 年版,第 586 页。

延祐六年(1319年)七月,"晋王也孙铁木儿所部民,经剽掠灾伤,为盗者众,敕扎鲁忽赤囊加带往,与晋王内史审录罪囚,重者就启晋王诛之,当流配者加等杖之"①。

泰定二年(1325年)六月,"息州民赵丑厮、郭菩萨,妖言弥勒佛当有天下,有司以闻,命宗正府、刑部、枢密院、御史台及河南行省官杂鞫之"②。

二、诉讼主体

元代的诉讼主体是可以参与告状的人。首先,元代法制受理诉讼的对象,最主要的是受到不法侵害的被害人及亲属。亲属之间一般不得相告,但以下几种特殊情况,如他们告发的是谋反、谋逆、叛乱、子孙不孝、家人被侵害等重案,则不论童叟妇孺、奴仆家丁还是亲属臣下,均可告发,官府均应受理。不告还要追究知情不报者的责任。妇女告状也有许多限制。《元典章》中有"不许妇人诉"的规定。如全家没有男子,事情又非告官不可,也只能由本族中的亲属代诉。但有时可以破例,"若果寡居,及虽有子男,为他故所妨,事须争讼者,不在禁例"③。诉讼主体除被害人外,知情人也可控告或举告,过去历代王朝都采取奖励控告的制度。元代同样鼓励民众或司法官吏以第三人的身份,向各级官府告诉犯罪,揭发官吏的犯罪行为。知情者不履行举告的,均要判刑,对于密谋反者,知而不首者同罪,谋反已有反状,知情不首者减一等流远。④ 官方亦是诉讼主体。如元代监察御史、奉使宣抚等录囚官吏,发现问题提起诉讼。类似于现今的公诉。不同的是它们可以和官员一起审理所纠举的案件。元朝廷尤其重视监察官吏的纠举作用,发挥他们的"司耳目之寄,任刺举之事"的职责。元代皇帝曾在一诏书中云:"尚虑有司未体朕意,庶政或阙,惠泽未洽,承宣者失于抚治,司宪者怠于纠察,俾吾民重困,朕甚悯焉。今遣奉使宣抚分行诸道,案问官吏不法,询民疾苦,审理冤滞。"⑤如御史台"察知宣慰司官的罪过呵,与行省同

---

① (明)宋濂等:《元史》卷26《仁宗三》,中华书局1976年版,第590页。

② (明)宋濂等:《元史》卷29《泰定帝一》,中华书局1976年版,第657页。

③ (明)宋濂等:《元史》卷105《刑法四》,中华书局1976年版,第2671页。

④ (明)宋濂等:《元史》卷104《刑法三》,中华书局1976年版,第2651页。

⑤ (元)马祖常:《石田文集》卷6《遣奉使巡行诏》,《景印文渊阁四库全书》第1206册,台湾商务印书馆1986年版,第552页。

官审;知路官的罪过呵,与宣慰司官同审;州县官的罪过,与路官同审"①。御史台监察体究衙门枉禁囚徒或不应拷讯之人,"如是实有冤枉,即开坐事因,行移元问官司,即早归结改正"②。有的诉讼由录囚官吏提起,如下面案例:

> 自当,蒙古人也。英宗时,由速古儿赤擢监察御史。录囚大兴县,有以冤事系狱者,其人尝见有橐驼死道傍,因舁至其家醢之,置数瓮中,会官橐驼被盗,捕索甚亟,乃执而勘之,其人自诬服。自当审其狱辞,疑为冤,即以上御史台。台臣以为赃既具是,特御史畏杀人耳,不听,改委他御史谳之,竟处死。后数日,辽阳行省以获盗闻,冤始白,人以是服其明。③

结果如何姑且不论,此案件是由录囚官自当向御史台提出而得以复审。此外元代还重视对官吏经济犯罪的举告。对伪造盐引处以死刑,"失觉察者,邻佑不首告,杖一百"④。尤其是几种重大犯罪,知情不告的话,要负刑事责任。对官吏不举发犯罪要被处罚。当然对控告不实和诬告也规定惩罚措施。

元代法律允许自首或自告,《元史·刑法志》载:"诸民间杂犯,赴有司陈首者听;诸亲属相告,并同自首。诸妻讦夫恶,比同自首原免。"⑤这都源于同居相为容隐制度。元代还提倡和鼓励赃官自首。"诸内外百司官吏,受赃悔过自首,无不尽不实者免罪,有不尽不实,止坐不尽之赃。若知人欲告而首及以赃还主,并减罪二等。闻知他处事发首者,计其日程虽不知,亦以知人欲告而首论。诡名代首者勿听。犯人实有病故,许亲属代首。"⑥这种自首减免罪行的规定只适用普通官吏,"台宪官吏受赃,不在准首之限。有司受人首告者,罪之"⑦。元代尤其重视对司法官吏、监察官吏、军民犯罪的举告,"本属官司有过,及有冤抑,

---

① 陈高华等:《元典章》卷2《圣政一·肃台纲》,天津古籍出版社、中华书局2011年版,第36页。
② 陈高华等:《元典章》卷5《台纲一·设立宪台格例》,天津古籍出版社、中华书局2011年版,第144页。
③ (明)宋濂等:《元史》卷143《自当传》,中华书局1976年版,第3417页。
④ (明)宋濂等:《元史》卷104《刑法三》,中华书局1976年版,第2647页。
⑤ (明)宋濂等:《元史》卷105《刑法四》,中华书局1976年版,第2671-2672页。
⑥ (明)宋濂等:《元史》卷102《刑法一》,中华书局1976年版,第2612页。
⑦ (明)宋濂等:《元史》卷102《刑法一》,中华书局1976年版,第2612页。

屡告不理,或理断偏屈,并应合回避者,许赴上司陈之"①。"诸军民风宪官有罪,各从其所属上司诉之。"②

但是在元代,并不是所有人都有权告状。元代法律规定,80岁以上老人、10岁以下儿童和患有严重疾病的人一般无权告状,而且一般不允许妇女告状。黑水城出土文献,告状者皆为男性,诉状中,"无病"后不应跟"孕"。在取状中,如当事人是女性,往往会出现"无病孕"字眼。在押的囚犯无权告状。被皇帝赦免之罪不得上告。元代法律不允许奴婢告发他们的主人,否则要被处死。如主人替其求情,可罪减一等;诸以奴告主私事,主同自首,奴杖七十七。③元文宗亦规定:诸佣雇者,主家或犯恶逆及侵损己身,许诉官,余非干己,不许告讦,着为制。④严禁发人家私书参与狱讼,"诸中外有司,发人家录私书,辄兴狱讼者,禁之"⑤。禁止诬告及各种不合理诉讼,"诸职官诬告人枉法赃者,以其罪罪之,除名不叙","若教令人告子孙,各减所告罪二等。其教令人告事虚应反坐,或得实应赏者,皆以告者为首,教令为从","诸职官同僚相言者,并解职别叙,记过"。坚持亲属相容隐原则,体现在对亲属、雇佣者上告的各种规定上:"诸子证其父,奴讦其主,及妻妾弟侄不相容隐,凡干名犯义,为风化之玷者,并禁止之。"⑥"诸亲属相告,并同自首。诸妻讦夫恶,比同自首原免。凡夫有罪,非恶逆重事,妻得相容隐,而辄告讦其夫者,笞四十七。诸妻曾背夫而逃,被断复诬告其夫以重罪者,抵罪反坐,从其夫嫁卖。"诸被黜而妄诉者,治罪。⑦为防止诬告,历代都严禁投匿名书告发犯罪,对匿名告发人处以重刑甚至死刑。至元五年(1268年)八月,"程思彬以投匿名书言斥乘舆,伏诛"⑧。至元二十年(1283年)和礼霍孙言:"去冬中山府奸民薛宝住为匿名书来上,妄效东方朔书,欺罔朝廷,希觊官赏。"敕诛之。又言:"自今应诉事者,必须实书其事,赴省、台陈告。其敢以匿名

---

①　(明)宋濂等:《元史》卷104《刑法三》,中华书局1976年版,第2660页。

②　(明)宋濂等:《元史》卷105《刑法四》,中华书局1976年版,第2671页。

③　(明)宋濂等:《元史》卷105《刑法四》,中华书局1976年版,第2671-2672页。

④　(明)宋濂等:《元史》卷33《文宗二》,中华书局1976年版,第730页。

⑤　(明)宋濂等:《元史》卷105《刑法四》,中华书局1976年版,第2671-2672页。

⑥　(明)宋濂等:《元史》卷105《刑法四》,中华书局1976年版,第2671页。

⑦　(明)宋濂等:《元史》卷81《选举一》,中华书局1976年版,第2024页。

⑧　(明)宋濂等:《元史》卷6《世祖三》,中华书局1976年版,第119页。

书告事,重者处死,轻者流远方;能发其事者,给犯人妻子,仍以钞赏之。"①可见元代对于匿名书告状处罚是极其严厉的。汉代称匿名书为"飞章"或"飞书"。唐代对投匿名文书者要处以流刑或徒刑。至元六年(1269 年)禁写无头圆状,省府议得"那般圆状写呵,起意的交死者,别个但是教写著名儿的人,断一百七下"②。元代对写无头文字者处罚都很重,且有加重趋势。大德七年(1303 年)"撒无头文字的人根底,任谁拿住呵,若是他写的言语重呵,将本人敲了,将他的媳妇、孩儿断与拿住的人,更与赏钱二十定。若写底轻呵,将本人流远,拿住的人根底,将犯人媳妇、孩儿,断与,更与赏钱一十定"。后来对拿住写匿名文书者奖赏提高,更加重视匿名书的问题,"如今依在先圣旨体例里,若是写的重呵,将本人敲了,将他的媳妇、孩儿,拿住的人根底断与,更他的赏钱与二十定的,与一百定。若写底轻呵,将本人流远,他的媳妇、孩儿,拿住的人根底断与,更他的赏钱与十定的,与五十定"③,并且要告知中书省,遍行榜文于天下知。至大四年(1311 年)钦奉登宝位诏书内一款,"诸投写匿名书,随时败获者,依条处断。得书者,即便焚毁。将送入官者,减犯人罪二等。官司受而为理者,减一等"④。对投写匿名书者,随时捉获,依条处断。得到匿名书信者,要实时焚烧。如果将匿名书交送官府者,处以比犯人减二等的处罚。官员收到匿名书信辄敢受理者,减一等处罚。可见,元代对于匿名书信处罚的严厉程度,不仅处罚呈送书信者,对于受理的官员处罚亦很重。合适的处理办法就是,实时焚毁,元代鼓励采取此办法的目的无非是杜绝这类信息的传播,以防不利于其统治。

> 人之有怨,诬枉则生焉。或有把持官府、凶徒恶党之人,窥伺上司搜检文簿、状草,得此理诉,恃此奸生,公事私仇,影射已罪,虚构异端,捏合文簿、状草、检目,妄写司县官吏人等取受不公。若司县仿此,亦枉路府州军,

---

① (明)宋濂等:《元史》卷 12《世祖九》,中华书局 1976 年版,第 249-250 页。
② 陈高华等:《元典章》卷 53《刑部十五·禁例·禁写无头圆状》,天津古籍出版社、中华书局 2011 年版,第 1791 页。
③ 陈高华等:《元典章》卷 53《刑部十五·禁例·禁写无头圆状》,天津古籍出版社、中华书局 2011 年版,第 1792 页。
④ 陈高华等:《元典章》卷 53《刑部十五·禁例·禁写无头圆状》,天津古籍出版社、中华书局 2011 年版,第 1792-1793 页。

其路府州军枉于省部,其有司挟仇,皆得诬枉御史台监察御史、廉访司,余枉所属上司。仇嫌私曲,置罪于人,或以展转人告言,执把文簿、状草,专候搜检待对,坑陷官吏,罪及无辜。苟容成事雪冤,正中奸人之计。诬枉官吏等取受不公,止是断罪罢闲,尤且不可,傥有虚写诸人有犯十恶谋叛以上罪名,拷讯承伏,枉遭刑宪,死者不复生,父子不相保,妻子配隶,家资籍没,冤枉无由所伸。盖因文簿、状草别无抵罪反坐、越诉之罪,亦无匿名投书之责,起讼之源,皆由此也。其私置文簿、状草、检目别无元告姓名、证佐显迹,又无抵罪反坐结罪真本文状,即与匿名书无异。圆状告人,尚然严禁,何况私簿、状草乎?虑恐习以成风,狱讼何日得息?省部台院百司官吏,将搜检到官文簿、状草、检目,循为通例,引为没入人之罪,天下折狱滋蔓,狱愈留而奸愈不止,岂得词讼简而刑罚省?又兼罪因搜检而得者,许推于状外,即亡金泰和之法也。若不追改,深为未便。①

可见,元代对于类似匿名书信性质的搜集私簿、状草的行为也加以禁止,是由于其危害性之大,与匿名书无异。明代则对写匿名书者同样处以绞刑,而且规定官吏如果受理匿名文书,也要杖一百。如抓获投匿名文书的人,官府赏十两白银。"凡投隐匿姓名文书告言人罪者,绞;见者即便烧毁,若将送入官司者,杖八十;官司受而为理者,杖一百",若能连文书捉获解官者,官给银十两充赏。②元代有关诬告案例可参见表3-1。

---

① 陈高华等:《元典章》卷53《刑部十五·禁例·禁搜草检簿籍事》,天津古籍出版社、中华书局2011年版,第1793—1794页。

② 屈万里:《大明律集解附例》卷22《刑律五·凡匿名文书告人罪》,台湾学生书局1986年版,第1664—1665页。

表 3-1 元代诬告案例统计表

时间	案例	出处
国初	泾阳民诬其尹不法,公核其实,抵民以罪	《滋溪文稿》卷 10《元故御史中丞曹文贞公祠堂碑铭有序》
国初	禧素峭直,为主将所忌,诬以他罪,欲置之法	《元史》卷 165《张禧传》
元太宗时	有二道士争长,互立党与,其一诬其仇之党二人为逃军,结中贵及通事杨惟忠,执而虐杀之。楚材按收惟忠。中贵复诉楚材违制,帝怒,系楚材;既而自悔,命释之	《元史》卷 146《耶律楚材传》
中统元年	兴元判官费正寅狡悍不法,莫有能治之者。亨白省府,欲以法绳之,反诬构行省前保关中有异谋,诏右丞粘合珪讞之,亨力辩之,冤构释然	《元史》卷 163《马亨传》
至元六年	平章阿合马潜丞相伯颜杀丁家洲降卒事,奏以德裕为中书参政,欲假一言证成之,德裕辞不拜	《元史》卷 153《焦德裕传》
至元年间	蜀人费寅以私憾诬廉希宪、商挺在京兆有异志者九事,以良弼为征。帝召良弼诘问,良弼泣曰:"二臣忠良,保无是心,愿剖臣心以明之。"帝意不释。会平李璮,得王文统交通书,益有疑二臣意,切责良弼,无所不至,至欲断其舌。良弼誓死不少变,帝意乃解,费寅卒以反诛	《元史》卷 159《赵良弼传》
至元六年	西凉隶永昌王府,其达鲁花赤及总管为人诬构,家各百余口,王欲悉致之法,佑力辩其冤	《元史》卷 168《陈佑传》
至元七年	宋驸马杨镇从子玠节,家富于赀,守藏吏姚溶窃其银,惧事觉,诬玠节阴与宋广、益二王通,有司榜笞,诬服具狱。致远谳之,得其情,溶服辜,玠节以贿为谢,致远怒绝之	《元史》卷 170《申屠致远传》

续表

时间	案例	出处
至元七年	杭人金渊者,欲冒籍为儒,儒学教授彭宏不从,渊诬宏作诗有异志,揭书于市,逻者以上。致远察其情,执渊穷诘,罪之	《元史》卷170《申屠致远传》
至元十一年	或告汉人殴伤国人,及太府监属卢甲盗剪官布。帝怒,命杀以惩众。文忠言不可因人一言,遽加之重典!宜付有司阅实。帝遣文忠及近臣核之,皆得其诬状,遂诏原之	《元史》卷148《董俊传》
至元十一年	有西域人自称驸马,营于城外,系富民,诬其祖父尝贷息钱,索偿甚急,民诉之行省,希宪命收捕之	《元史》卷126《廉希宪传》
至元十四年	建康戍卒有利汤氏财者,投戈于其家,诬为反具。琥知其冤,罪诬者而释之	《元史》卷159《商琥传》
至元十五年	阿合马当国,与江淮行省阿里伯、崔赋有隙,诬以盗官粮四十万,命刑部尚书李子忠与正往按其事,狱弗具,复遣北京行省参知政事张澍等四人杂治之,竟置二人于死	《河间府志》卷22《刘正》
至元二十一年	左司郎中周戭,因议事微有可否,世荣诬以沮法,奏令杖一百,然后斩之,于是臣僚震慑,无敢言者	《元史》卷168《陈天祥传》
至元二十三年	天祥至鄂州,即上疏劾平章岳束木凶暴不法。时桑哥窃国柄,与岳束木姻党,为其爪牙羽翼,诬天祥以罪,欲致之死,系狱几四百日。二十五年春正月,遇赦得释	《元史》卷168《陈天祥传》
至元二十五年	忙古台怨宣甚,罗织宣之子,系扬州狱。令建康酒务等官及录事司官以罪免者,诬告行台沮坏钱粮,闻于朝,欲置宣于死地。朝廷遣官二员,置狱行省,鞫问其事。宣自刭于舟中	《元史》卷168《刘宣传》

续表

时间	案例	出处
至元年间	有帖木剌思者,以贪墨为金事李唐卿所劾。帖木剌思计无所出,适济南有上变告者,唐卿察其妄,取讼牒焚之。帖木剌思乃撼取为辞,告唐卿纵反者,逮系数十人。狱久不决,诏荣祖与左丞郝祯、参政耿仁杰鞫之。荣祖得其情,欲抵告者罪。祯、仁杰议以失口乱言之罪坐之,荣祖不可。俄迁河南按察使,二执政竟以失口乱言杖其人,而株连者俱得释,唐卿之诬遂白	《元史》卷168《何荣祖传》
至元年间	劾罢镇南帅唐兀台,唐兀台结援大臣,诬奏于帝,系忱至京师,得面陈其事,世祖大悟,抵唐兀台罪	《元史》卷151《王忱传》
至元年间	(秦长卿)除兴和宣德同知铁冶事,竟诬以折阅课额数万缗,逮长卿下吏,籍其家产偿官,又使狱吏杀之。狱吏濡纸塞其口鼻,即死	《元史》卷168《秦长卿传》
大德三年	年,汀州总管府同知阿里,挟怨告兴不法,召入对,尽得其诬状,阿里伏诛	《元史》卷162《高兴传》
大德四年	监察御史郭章,劾郎中哈剌哈孙受赃,具服,而哈剌哈孙密结权要,以枉问诬章。玮率台臣入奏,辩论剀切,章遂得释	《元史》卷150《何玮传》
至大初	有诉宁远王阔阔出有逆谋者,命诛之。铁哥知其诬,廷辩之,由是得释,徙高丽	《元史》卷125《铁哥传》
至大三年	宗王南忽里部人告其主为不轨,脱脱辩其诬,抵告者罪	《元史》卷138《康里脱脱传》
至元年间	帖木剌思以贪墨为金事李唐卿所劾。帖木剌思计无所出,适济南有上变告者,唐卿察其妄,取讼牒焚之。帖木剌思撼取为辞,告唐卿纵反者,逮数十人。狱久不决。荣祖得其情,诬遂白	《元史》卷168《何荣祖传》

续表

时间	案例	出处
皇庆元年	张德安告松州官吏不公,本州岛官挟仇,执罗张德安不孝为名,枉断八十七下,迁徙辽阳,沿路杖疮溃发身死	《元典章》卷39《刑部一·豪霸凶徒迁徙》
皇庆三年	帖木迭儿复居相位,锐意报复,属其党诱世延从弟诬告世延罪,逮其置对。帖木迭儿遣使追至京师,煅炼成狱。事经赦原,帖木迭儿更以它事白帝,系之居囚再岁。其弟诉涉诬欺,亡去。左丞相拜住屡言世延亡辜,得旨出狱养疾	《元史》卷180《赵世延传》
延祐年间	六盘居民家奴数百指,或怨其使岁给衣食不均,使有子方七岁,杀之以快其忿,反以诬其他奴,历十余年不决。公谳之得实,始置于理	《滋溪文稿》卷10《元故奉元路总管致仕工部尚书韩公神道碑铭并序》
延祐年间	参议乞失监以受人金带系狱,帖木迭儿乃使乞失监恖月鲁帖木儿为御史时诬丞相受赇。皇太后命丞相哈散等即徽政院推问不实,事遂释	《元史》卷144《月鲁帖木儿传》
至治初	湖东佥事三宝住,儒者也,性廉介,所至搏贪猾无所贷。御史有以自私请者,拒不纳,则诬以事劾之。星吉奏杖御史而白其诬	《元史》卷144《星吉传》
至治二年	开州达鲁花赤石不花歹颇着政绩,同僚忌之,嗾民诬其与民妻俞氏饮。答里麻察知俞氏乃八十老妪,石不花歹实不与饮酒,于是抵诬告者罪,石不花歹复还职	《元史》卷144《答里麻传》
至顺二年	时有诬告富民负永宁王官帑钱八百余锭者,中书遣使诸路征之。使至江西,岳柱曰:"事涉诬罔,不可奉命。"	《元史》卷130《岳住传》
顺帝初	宁夏人有告买买等谋害太师伯颜者,伯颜委自当与中书、枢密等官往宁夏鞫问,无其情,乃以诬罔坐告者罪	《元史》卷143《自当传》
至正五年	沁州民郭仲玉,为人所杀,有司以蒲察山儿当之,旸察其诬,踪迹得其杀人者,山儿遂不死	《元史》卷186《归旸传》

续表

时间	案例	出处
至正年间	夫剌与民杂处,素强暴,尝自焚其庐,以诬居民。亟正其罪,老幼感戴,炳香诣门,邑士为歌诗羡之	《河间府志》卷17《王钦礼》
至正年间	尝为京尹,屯储卫诱小民梅冻儿诬首海商一百十有六人为盗而掠其赀,狱具,械送刑部,命伯嘉讷审录之,尽得其冤状,白丞相释之,还其赀	《元史》卷136《阿沙不花传》

第二节　审理程序
——以元代黑城文书和元杂剧中案例为中心

一、审理程序概述

元代的案件诉讼程序一般分为状告、受理、传唤、审理、判决、执行等环节。原告即告状人向官府呈递诉状,这是诉讼的第一步。状纸一般要由专门书写状纸的书铺书写,元朝对书铺的运作和人员资格、任职官吏都有规定,①元代对讼师的态度与以往朝代有所不同,将讼师的代书活动纳入法律的调控之下。诉状受理明确不许采取口传形式:"照得近年以来,一等诉讼侥幸之徒,为所告之事无理,往往装捏饰词,越蓦本管官司,直赴都省陈告,亦有口传都堂钧旨,送下白状,令本部施行。其于事体,甚为不便。以后果有必合告着受理文状,宜从都省署押,明白批送,遵依施行。"②另外,告状不生余事,不许元告事理还未经审理完毕,出现被告人反告元告的情况,"诉讼人等于本争事外,不得别生余事。及被论人对证元告事理未经结绝,其间若被论人却有告论元告人公事,指陈实迹,官

---

① 陈高华等:《元典章》卷53《刑部十五·诉讼·书状·籍记吏书状》,天津古籍出版社、中华书局2011年版,第1745-1746页。

② 陈高华等:《元典章》卷53《刑部十五·听讼·词状不许口传言语》,天津古籍出版社、中华书局2011年版,第1752页。

司虽然受理,拟候元告被论公事结绝,至日举行"①。

元代基层的州县没有独立的司法机关,但是分为六房,对应中央的六部,基层的县丞、州尹既是地方行政官员又是司法官员,他们掌握几乎所有轻罪案件的审决权和执行权,对于重罪案件也有初步审理之权,"略问是实,即合解赴各路州府推问追勘结案"②,但没有最后的审决权和执行权,要根据罪行所受处罚的轻重逐级上报并押解人犯。那么对于这一层级的司法监督体现在审理或结案由该级正官集体审议并圆署,监督的成效来自于官员对判决结果的集体负责。对于被告不服提起上诉的案件,他们还要接受上级的复审以及路府推官的监督或者亲审,重刑案件要接受廉访司的复审。

到了路、府层级,地方政府设立专理刑狱的推官,且推官是独立的、有印信的官员,他们有自己的办公衙门推官厅。对于重罪案件的审理交与推官负责,通过言辞审讯,调查取证,审理查清事实,交由首领官作出初步审判结果,最后由路府正官圆署集体决议得出判决。"案件具体侦破由各级推官负责,审判则有当地政府行政官员负责。"③这一级,已经有了专门的审理官员——推官,审理阶段出现问题要对其追责。

有些路府上交行省的疑难案件或上诉案件,交由理问所理问官审理,行省审判官员连同正官要就判决结论提出拟断及理由,上呈刑部和中书省审核,死刑案件一律最终经皇帝审批。对于徒刑案件以下判决,路府有判决权和执行权,对徒刑以上的判决,要经由肃政廉访司的检复,事实清楚、没有冤情的,发文路、府同意结案,判决要上报省部。对于发现有冤或家属称冤的案件,廉访司要提审或交由没有关联的其他同级地方机关审理。对于徒流刑及一切死刑案件,经由刑部和中书省复审,要上奏皇帝,死刑案件还要经过皇帝的批准。"配流、

① 陈高华等:《元典章》卷 53《刑部十五·告事·状外不生余事》,天津古籍出版社、中华书局 2011 年版,第 1754 页。
② 陈高华等校《元典章》卷 39《刑部一·刑名·重刑司县略问》,天津古籍出版社、中华书局 2011 年版,第 1340 页。
③ 陈广恩:《研究元代刑狱制度的新史料——〈至正条格〉'狱官'条格初探》,《图书馆理论与实践》2010 年第 3 期。

死罪,依例勘审完备,申关刑部待报。"①重刑案件由各路审理完备后,要牒呈廉访司复审,经复审无冤,回牒本路依式结案,然后咨省。中统五年(1264 年)元朝廷规定:"今后重刑,各路追勘一切完备,牒呈廉访司仔细参详始末文案,尽情疏驳。如无不尽不实者,再三复审无冤,开写备细审状回牒本路,抄连元牒,依式结案。行省专委文咨省官并首领官吏,用心参照,须要驳问一切完备,别无可疑情节,拟罪咨省。其余轻罪,依例处决。果无例者,本省先须详议定罪名,咨省可否,首领官吏各于咨文后标写姓名,不许脱本抄连备咨。"②

对于州县的疑难案件,中统五年元朝廷规定:"诸州司县,但有疑狱不能断决者,毋得淹滞,仰随即申解本路上司。若犹有疑惑不能决者,申行中书省。"③对于"狱囚禁系累年,疑不能决者,令廉访司具其疑状,申呈省、台详谳,仍为定例"④。元朝廷对徒刑以上重刑判决,要对众明示犯由,当众宣判。特殊情况下,皇帝可派员到下面审理,如中统三年(1262 年),元世祖"遣官审理陕西重刑"⑤。至元六年(1269 年)七月,"诏遣官审理诸路冤滞,正犯死罪明白者,各正典刑,其杂犯死罪以下量断遣之"⑥。还有皇帝亲自审理的例子,如至元十六年(1279年)六月,阿合马言:"常州路达鲁花赤马恕告金浙西按察司事高源不法四十事,源亦劾恕。"事闻,诏令廷辩。⑦ 上面概述了审理程序的实施过程,下面对于提起诉讼阶段进行单独考察:

第一,提起诉讼,即告诉,谓伸其词理也。⑧ 元人徐元瑞云:"状,貌也。以貌写情于纸墨也";"告状,谓述其情而诉于上也"。⑨ 告状,诉诸文字,即为"状"。告状一般要有状纸,状纸有诉状、状词、呈状等名称。状纸起于何时,缺乏有力

---

① 陈高华等:《元典章》卷 39《刑部一·刑法·罪名府县断隶》,天津古籍出版社、中华书局 2011 年版,第 1333 页。

② 陈高华等:《元典章》卷 40《刑部二·鞫狱·重刑结案》,天津古籍出版社、中华书局 2011 年版,第 1378 页。

③ 陈高华等:《元典章》卷 40《刑部二·刑狱·巡检司狱具不便》,天津古籍出版社、中华书局 2011 年版,第 1357 页。

④ (明)宋濂等:《元史》卷 20《成宗三》,中华书局 1976 年版,第 437 页。

⑤ (明)宋濂等:《元史》卷 5《世祖二》,中华书局 1976 年版,第 88 页。

⑥ (明)宋濂等:《元史》卷 6《世祖三》,中华书局 1976 年版,第 122 页。

⑦ (明)宋濂等:《元史》卷 10《世祖七》,中华书局 1976 年版,第 212 页。

⑧ (元)徐云瑞:《吏学指南》(外三种),杨讷点校,浙江古籍出版社 1988 年版,第 97 页。

⑨ (元)徐云瑞:《吏学指南》(外三种),杨讷点校,浙江古籍出版社 1988 年版,第 39 页。

证明。但汉代有了很多告状的记载,汉代以前告状可能多用口述形式。告状专用状纸,是汉代以后才逐步发展完善起来的。① 首先告状要有状纸,如若是老幼妇人,元代曾经允许口头告诉。皇庆二年(1313 年)十二月,江浙行省札付都省准拟:"诉讼老幼妇人,当厅口告,或具文状,尝以理法言语喻之,未暇罪责,冀归自省,追改前过。"②状纸有一定格式,状纸格式如下:

告状式

告状人姓某右某,年几岁,无病,系某地人(在某地住坐,系某所管某户计),伏为状告,为某事(若不状告,此情理难容)具状上诉(具状上告/谨状上告)

某官府伏乞详状施行,所告执结是实(所告如虚,甘罪不词),伏取裁(台)旨

年　月　日　告状人姓　某　状③

状纸可分为三部分。开头书写告状人姓名、年龄、无病、现住址,然后重点书写诉状内容,最后写出接收状纸的官府、所告属实的保证语、书写年款、告状人姓名并画押。

黑水城出土文书中的旨判有台旨、钧旨、裁旨等,台旨多为路总管府达鲁花赤、总管等官员之命令,钧旨指行中书省丞相等官员的命令。不明确诉状呈送官府性质的,一般使用裁旨。

元代书状人。元代书状人是在书铺帮人写诉状的,是官方特许的职业,不帮人打官司。讼师是帮人打官司的,二者不是一回事。元代《至元条格》中有对书状人的禁制条例,"写词状人使知应告、不应告言之例,仍取管不违甘结文状,以塞起讼之原"④,加强对书状人的管理。元朝有专员对书铺词状人进行管理,

---

① 吕伯涛、孟向荣:《中国古代的告状与判案》,商务印书馆 2013 年版,第 39 页。
② 陈高华等:《元典章》卷五十三《刑部十五·代诉·不许妇人诉》,天津古籍出版社、中华书局 2011 年版,第 1776 页。
③ 黄时鉴《元代法律资料辑存》中的"告状新式"和"词状新式"归纳得出。
④ 陈高华等:《元典章》卷 53《刑部十五·书状·籍记吏书状》,天津古籍出版社、中华书局 2011 年版,第 1748 页。

大德十一年(1308 年),书铺从民办转为官立。书状人若指陈不明,及不应告言而书写者,将书状人严行断罪。① 具体案例如下:

> 至大二年十二月,武昌妇人刘氏,诣御史台诉三宝奴夺其所进亡宋玉玺一、金椅一、夜明珠二。奉旨,令尚书省臣及御史中丞冀德方、也可扎鲁忽赤别铁木儿、中政使搠只等杂问。刘氏称故翟万户妻,三宝奴谪武昌时,与刘往来,及三宝奴贵,刘托以追逃婢来京师,谒三宝奴于其家,不答,入其西廊,见榻上有逃婢所窃宝鞍及其手缝锦帕,以问,三宝奴又不答。怼恨而出,即求书状人乔瑜为状,乃因尹荣往见察院吏李节,入诉于台。狱成,以刘氏为妄。有旨,斩乔瑜,笞李节,杖刘氏及尹荣,归之元籍。②

该案例中对于刘氏的状告定性为妄告,书状人乔瑜就是为"不应告言而书写者",最后落得个被斩的下场。也许跟刘氏所告者是时任平章政事的三宝奴有关吧。《紫山大全集》中有"凡人告状,官人当先熟读其文有理无理,写状人中间有无润饰,亦可见其过半。当先引原告人当厅口说所告事理,一一与状文相对,同则凭状鞫问,不同则便引写状人与告状人对辞,若有与口辞增减,便决写状人,亦减止无情妄告之一端耳"③。《元典章》载,大德十一年(1307 年),"各处状铺之设,本欲书写有理词状,使知应告、不应告言之例,庶革泛滥陈词之弊,亦使官府词讼静简,易于杜绝。比年以来,所在官司设立书状人";并且规定:"今后,举令有司于籍记吏员内遴选行止谨慎、吏事熟闲者,轮差一名专管书状,年终经换,果无过错,即便收补,仍先责书状人甘结状。"书状人"所设人数,从各处斟酌遴选差役"。每呈词状到铺,要依例书写,当日须要了毕,不许有留多余书写人在铺。"若词状到铺,妄行刁蹬,取受钱物,故作停难,不即书写,及不子细询问事之争端,有无明白证验,是否应告词讼,以直作曲,以后为先,朦胧书

---

① 陈高华等:《元典章》卷 4《朝纲一·政纪·省部减繁格例》,天津古籍出版社、中华书局 2011 年版,第 135 页。

② (明)宋濂等:《元史》卷 23《武宗二》,中华书局 1976 年版,第 519~520 页。

③ (元)胡祗遹:《紫山大全集》卷 23《折狱杂条》,《景印文渊阁四库全书》第 1196 册,台湾商务印书馆 1986 年版,第 425 页。

写,调弄作弊,许令告人径赴所属官司陈告,取问是实,当该书状人等黜罢。"①
"随处凶徒恶党,不务本业,以风闻公事妄构饰词,告论官吏,恐吓钱物,沮坏官
府。"②可看出,民间讼师在元代肯定是存在的。讼师状纸书写要简明扼要,"应
告一切词状,并宜短简,不可浮语泛词,所谓长词短状故也"③。

第二,诉讼要逐级进行,依理陈告。元代诉讼一般由司、县始,司即录事司,
由达鲁花赤、录事、判官主持审讯。一般情况下,"诉讼人先从本管官司,自下而
上,依理陈告"④,告状要逐级上告,如不应告,而书状人为之书写状纸者,要追究
其责任,"诸诉讼人等应告一切公事,钦依累降圣旨条画,自下而上陈告。若指
陈不明,及不应告言而书写者,将书状人严行断罪。事若应受,所在官司须要照
例疾早归断"⑤。对于告诉官吏首赃的,由按察司追问,"按察司系纠弹之官,若
有告论官吏受赃不公,依例追问"⑥。

第三,告状原则。主要有以下几条:词状"不许口传言语"⑦;一状不得告二
事,"诉讼人等于本争事外,不得别生余事","如元告人若有急告公事,候见告公
事结绝了毕,受理官司再令具状陈告",⑧也就是一事一理,"除本宗外,余事并
勿听理","诸诉讼本争事外别生余事者,禁"⑨。禁写无头圆状⑩。状纸上呈给
地方官府,诉讼环节进入第二个程序,即受理环节。其是否受理有一定的规定,

---

① 陈高华等:《元典章》卷53《刑部十五·书状·籍记吏书状》,天津古籍出版社、中华书局2011年版,第1745-1746页。

② 陈高华等:《元典章》卷53《刑部十五·禁例·禁治风闻公事》,天津古籍出版社、中华书局2011年版,第1791页。

③ (宋)陈元靓:《事林广记》别集卷4《告状新式》,中华书局影印本1963年版。

④ 陈高华等:《元典章》卷4《朝纲一·政纪·省部减繁格例》,天津古籍出版社、中华书局2011年版,第135页。

⑤ 陈高华等:《元典章》卷4《朝纲一·政纪·省部减繁格例》,天津古籍出版社、中华书局2011年版,第135页。

⑥ 陈高华等:《元典章》卷53《刑部十五·告事·告罪不得称疑》,天津古籍出版社、中华书局2011年版,第1754页。

⑦ 陈高华等:《元典章》卷53《刑部十五·听讼·词状不许口传言语》,天津古籍出版社、中华书局2011年版,第1751页。

⑧ 陈高华等:《元典章》卷53《刑部十五·告事·状外不生余事》,天津古籍出版社、中华书局2011年版,第1754页。

⑨ (明)宋濂等:《元史》卷105《刑法四》,中华书局1976年版,第2671-2672页。

⑩ 陈高华等:《元典章》卷53《刑部十五·禁例·禁写无头圆状》,天津古籍出版社、中华书局2011年版,第1791页。

最终受理与否取决于官府。

二、黑城文书中所见的元代审理程序

（一）受理

分受状或不受状两种情况。

1.受状

如果所告属实且有证据证明，不存在疑问的情况下，官府即可受理。《元典章》载："诸告人罪者，皆须明注年月，指陈实事，不得称疑。"①所告案件"如有冤枉，屡告不理，及决断不公，亦许直赴上司陈告"，在这种情况下，受状官府也要受理。受状官员要对状纸及案情进行详审，符合条件的即可受理；虽有指陈不明或无证验者但属于重大案件，也要受理。如指陈不明及无证验者，需要别具的实文状，重事，不拘此例。②

一些案件本该受理，一些官员却借口不予受理或受理后处理不公、迁延不决者，由监察官员追究其责。"徇私妄生枝节，不为受理，即使受理，不即从公与决，故延其事，日久不行结绝，许赴本管上司陈诉，量事立限归结。违者，在外行台、廉访司，在内监察御史纠察究治。"③如《购物案残件》文书中官员以"天禾将熟"为借口，拖延审理。④ 案件一旦受理后，就要勾唤被告到官，讯问对证。被告人"若已承服，不须别勾证佐"，若被告人不伏，还要"将紧关干连人指名勾摄"⑤。对于"诸民间杂犯，赴有司陈首者听。"⑥

2.不受状

受状官员要对状纸及案情进行详审，对于不予受理的文状，要写明缘由，办

---

① 陈高华等：《元典章》卷53《刑部十五·告事·告罪不得称疑》，天津古籍出版社、中华书局2011年版，第1754页。

② 陈高华等：《元典章》卷53《刑部十五·听讼·至元新格》，天津古籍出版社、中华书局2011年版，第1748页。

③ 陈高华等：《元典章》卷4《朝纲一·政纪·省部减繁格例》，天津古籍出版社、中华书局2011年版，第135页。

④ 李逸友：《黑城出土文书（汉文文书卷）》，科学出版社1991年版，第150页。

⑤ 陈高华等：《元典章》卷53《刑部十五·折证·不须便勾证佐》，天津古籍出版社、中华书局2011年版，第1778页。

⑥ （明）宋濂等：《元史》卷105《刑法四》，中华书局1976年版，第2670-2671页。

案人吏署名后,退还告人,"其所告不应,不得受理,将退状明白标写合退缘故、当该人吏书名画字,退付告人"①。"诸有罪被问人不得妄行指射问事官吏",这种状告一般也不会受理,若需告言,候本宗事结绝听告,②别诉者听。诸诉讼本争事外,别生余事者,禁,不予受理。③诸职官告吏民毁骂,非亲闻者勿问,违者罪之。④同样对干名犯义的状告官府不受理。诬告、妄告亦不受理。在黑城文书中《斗杀案》中出现"如此妄词"词句,⑤如案情审核后确为妄告或诬告的话,就不会受理。反之,诸府州司县应受理而不受理,虽受理而听断偏屈,或迁延不决者,随轻重而罪罚之。⑥下面进入传唤环节。

(二)传唤

元代官员一旦受理案件,就要将原告、被告人先传唤到官,讯问对证,如果被告人认罪,就无须另外勾取证据。如果不认罪,就必须将有紧密联系的干连人勾摄到官,进行指证或佐证,辅助审理。黑水城出土元代词讼文书中,往往将"合干人等"全部勾唤到官。传唤过程中,负责传唤人员要出示有关凭证,类似现今的传唤证,称为"信牌"或"唤帖"。一般由官府"给信牌,令执里役者呼之"⑦;拘捕人犯、传唤干连人,须签署承管状;被告及有关人员被勾唤到官,承差人员须呈报官府。在黑水城出土元代词讼《瞻站地典与阔阔歹耕种案》文书中,有一件"忙不及印"的信牌,⑧信牌在《元典章》中有载:中统二年四月,中书省奏准条画内一款节该"……拟定今后止用信牌催办一切公事。据置到信牌,编立字号,令长、次官圆押,于长官厅示封锁收掌。如总管府行下州、府科催差发并勾追官吏等事,所用信牌随即附簿,粘连文字上明标日时,定立信牌限次,回日勾销,并照勘稽迟限次,究治施行。若虽有文字无信牌,或有信牌无文字,并不

---

① 陈高华等:《元典章》卷4《朝纲一·政纪·省部减繁格例》,天津古籍出版社、中华书局2011年版,第135-136页。

② 陈高华等:《元典章》卷6《台纲二·体察·察司合察事理》,天津古籍出版社、中华书局2011年版,第162页。

③ (明)宋濂等:《元史》卷105《刑法四》,中华书局1976年版,第2670-2671页。

④ (明)宋濂等:《元史》卷102《刑法一》,中华书局1976年版,第2619页。

⑤ 塔拉等:《中国藏黑水城汉文文献》第4册《斗杀案》,北京图书馆出版社2008年版,第705页。

⑥ (明)宋濂等:《元史》卷105《刑法四》,中华书局1976年版,第2672页。

⑦ (明)宋濂等:《元史》卷182《许有壬传》,中华书局1976年版,第4199页。

⑧ 塔拉等:《中国藏黑水城汉文文献》第4册《瞻站地典与阔阔歹耕种案》,北京图书馆出版社2008年版,第759页。

准用。回日即仰本人赍擎前来,赴总管府当厅缴纳"①。这里对信牌的使用及规则进行了详细的说明。除信牌外,还使用"帖"的形式传唤"合干人等"。传唤帖的格式与信牌相似,如第一章引用的《麦足朵立只答站户案卷》文书就是元代的传唤帖。②

有了官方发的信牌或唤帖,负责限期捉拿人犯及有关人员的官员就可以去勾摄或传唤有关人犯,但预先还要填写承管状,以示负责并方便追责。黑水城出土的《捉拿逃驱忙古歹案》文书,就是一件捉拿逃驱所使用的承管状。③

承管人将涉案人员根勾到官以后,有关官员要及时向审判机关报告。在失林婚书案文卷中,就有有关的呈牒报告,引文如下:

> 差祗候李哈剌章
>
> 谨呈:近蒙
>
> 总府差哈剌章前去根勾阿兀所告妾妻失林,并……
>
> 婚书人小闫等各正身押来赴府取问,施……
>
> 依奉根勾到阿兀妾妻失林并小闫,干……
>
> 典各正身……
>
> 台旨
>
> 至正二十二年十二月……④

该呈牒开头书写承差人职务及名字,换行书写"谨呈"等敬语,换行再接官府名称及所差任务完成情况,"总府……根勾某某等各正身押来赴府取问",另换行书写"依奉根勾到某某、干连人某某等典各正身",后跟"伏取台旨"等惯用

---

① 陈高华等:《元典章》卷13《吏部七·公事·公事置立信牌》,天津古籍出版社、中华书局2011年版,第507页。

② 塔拉等:《中国藏黑水城汉文文献》第4册《麦足朵立只答站户案卷》,北京图书馆出版社2008年版,第788—789页。

③ 塔拉等:《中国藏黑水城汉文文献》第4册《捉拿逃驱忙古歹案》,北京图书馆出版社2008年版,第677页。

④ 塔拉等:《中国藏黑水城汉文文献》第4册《失林婚书案卷》,北京图书馆出版社2008年版,第913页。

语,最后一行书写年款等。

元代"狱并非行刑的场所,而是拘置的场所"①。犯罪嫌疑人投入监狱时,司狱官吏须签署责领状,如《失林婚书案卷》文书:

> 取责……
> 今当
> 总府官责领到锁收男子……
> 从亮,妇人一名失林,委将……
> 去在牢,如法监收,毋致疏……
> 违,当罪不词,责领是实,伏……
> 台旨
> 至正廿二年十二月取责领……
> 初九日(八思巴文印章)②

从上可见,责领状格式与承管状格式相近。前面一切准备就绪,就进入审理环节。

(三)审理

元人沈仲纬《刑统赋疏·通例》中载:"拯治刑名鞫囚之官,先须躬究证验,后参以五听,察辞观色,喻之以礼,俾自吐实情。"③审理程序分为言词审讯和刑讯两个阶段。"诸鞫问罪囚,必先参照元发事头,详审本人词理,研穷合用证佐,追究可信显迹。若或事情疑似,赃仗已明,而隐讳不招,须与连职官员立案同署,依法拷问。其告指不明,无证验可据者,先须以理推寻,不得辄加拷掠。"④言词审讯一般在大堂上通过"五听"等程序获得,必要情况下,"其事昭著,再三引

---

① [日]宫崎市定:《宋元时代的法制和审判机构》,载自刘俊文《日本学者研究中国史论著选译》卷8,姚荣涛、徐世虹译,中华书局1992年版,第306页。

② 塔拉等:《中国藏黑水城汉文文献》第4册《失林婚书案卷》,北京图书馆出版社2008年版,第893页。

③ (元)沈仲纬:《刑统赋疏》,载自沈家本《枕碧楼丛书》,中国政法大学法律古籍整理研究所整理标点,知识产权出版社2006年版,第171页。

④ 陈高华等:《元典章》卷40《刑部二·鞫狱·鞫囚以理推寻》,天津古籍出版社、中华书局2011年版,第1374页。

审,抗拒不肯招伏,如情可据无疑,须依条例,与连职圆座立案同署"①,再依法拷问。另一则材料更直接:"问事的官人每、首领官圆聚着商量了,依着体例,合使甚么杖子,打了多少杖数,明白立着札子,圆押者。"②

一般在正式审理前,还有一个特别的司法程序,即拦告环节。要求撤回原诉状的词状被称为拦状,相当于现在的调解。这个程序绝大部分是针对轻罪案件。在轻罪案件进入正式审讯前,"凡告婚姻、田宅、家财、债负,若有愿告拦,详审别无违枉,准告"。一般由原、被告及干证人"连名状告",撤回原状。但是拦告后,"不许妄生词讼,违者治罪"③。也就是说,案件一旦被拦告,该案件的调解结果即具有法律效力,不能再进入审理环节,即使当事人再告按照规定官府不能予以受理,有受理该案件官员,要被追究责任。编号[F116:W98]的《陈伴旧等争地案》文书就是一件告拦状:

> 甘肃等处管军万……
>
> 万户府委差镇……
>
> 旧处,将各人劝说休和……
>
> 扰乱官司,李文通众人等商量告拦文状,以……情愿当官告拦休和,将上项
>
> 元争地土壹石均分三分,内分与孙占住贰分,陈伴旧分与壹分,意愿将孙占住元种地小麦三斗,陈伴旧收持碾
>
> 到市斗小麦壹石陆斗,就交付与孙占住了当,如蒙准,告于民相□□,告拦休和之后,占住永无再行经官陈
>
> 告争竞,如后不依告拦,却有二人争竞之日,占住情愿当官罚骟马三匹,白米壹拾石,充本管官司公用,更甘当重罪不词,执结是实得此
>
> 告拦状人陈伴旧等

① 陈高华等:《元典章》卷40《刑部二·刑狱·不得法外枉勘》,天津古籍出版社、中华书局 2011 年版,第 1358 页。

② 陈高华等:《元典章》卷40《刑部二·刑狱·有罪过人依体例问》,天津古籍出版社、中华书局 2011 年版,第 1359 页。

③ 陈高华等:《元典章》卷53《刑部·诉讼·田土告拦》,天津古籍出版社、中华书局 2011 年版,第 1790 页。

一名被告人陈伴旧,年四十三岁,无病

一名被人陈六月狗,年三十八岁,无病

一名孙占住,年三十一岁,无病

告拦劝和人

一名李文通,年五十五岁,无病

一名闵用,年六十三岁,无病

　　年三月　　日

廿七日(八思巴文印章)①

　　拦告文书中开头写主持告拦的官府名称,换行书写某官府委差某官前往某处对某某等所讼劝和的具体内容,然后书写主张告拦方等人商量"情愿当官告拦休和",后跟休和内容,最后跟不许妄生词讼的相关保证,"告拦休和之后,告状人某永无再行经官陈告争竞,如后不依告拦,却有二人争竞之日,某情愿当官罚某物充本管官司公用,更甘当重罪不词,执结是实,得此"等惯用语。另换行书写"告拦状人"和"告拦劝和人"的姓名、年龄、无病等内容,再书写年款,最后一行书写告拦结束日期并盖官印。

　　一般轻刑(轻罪)案件告拦失败或无告拦,案件即进入正式审讯阶段,官府通过审讯,当事人要书写取状,即"被告人、干连人、证人在官府审讯时的供词,由司吏整理抄写后,被告人或干连人画押认供,其格式略同于诉状"②。取状格式如下:

取状(妇)人(官职)某

　　右某,年某岁,无病(孕),系某地人(在某地住坐,系任何职/系某所管某户计)

　　今短状招伏(依实供说)某事

　　① 塔拉等:《中国藏黑水城汉文文献》第4册《陈伴旧等争地案》,北京图书馆出版社2008年版,第745-747页。

　　② 李逸友:《元代文书档案制度举隅——记内蒙古额济纳旗黑城出土元代文书》,《档案学研究》1991年第4期。

蒙取问所供前词是的实并无虚妄所供(如有虚妄,甘罪不词),执结是
实伏取

　　　　　台旨

　　　　　　　　　　　　　　　　某年某月某日取状人某

编号[F116:W117]《失林婚书案卷》文书就是一件取状:

取状人小闫名从亮
右从良年廿四岁无病
巩西县所管军户见在
家寄居
的婚书呵你收了者
将伊家去讫从亮还
廿六日从亮将失林
纸赍去向史外
才往东街等柴去来
字二纸你与我看觑则
么文字有史外郎将文
从亮闫说一纸系失林合同
一纸是荅孩元买驱妇
你的这文字
认识了时取些
文字是人家中用的文字
得此至廿七日从亮约妇
书一纸留下于本家房……
倒剌契书二纸委系失林
递于小闫文契中间并无

认识是实伏取①

　　台旨取状与诉状相比,有两点不同:一是诉状当事人一般仅限于男性,取状当事人可为女性。状首为"取状妇人某","无病"后跟"孕"字;对怀孕妇女,元代会对其采取取保等人道主义措施,所以对妇女犯人取状,在其中必须标注是否无孕。二是取状人画押后往往盖有官印。由于案件的复杂或其他原因,有时在审判中多次取状,如《失林婚书案卷》中就出现了多次取状。另外,还有一些案件经过初次审判后,涉案人员对判决不服,就出现了案件的重审、复审,自然就会出现取复审状。在编号[84H·F13:W117/0468]文书中,残存"取复审状人阿立鬼"等文字,其书写格式应与取状同。②

　　案件审理以后,案情经过整理成识认状,最终由被告人画押认供,即是被告人的认罪、服罪书状。《失林婚书案卷》中编号[F116:W71B]和[F116:W79]的文书,③就是被告闫从亮、失林的识认状,格式如下:

　　　取识任状人某
　　　今当
　　　总府官识任得见某事
　　　并无诈冒识任是实伏取
　　　台旨
　　　某年某月取识任状人某
　　　　某日(印章)

　　识任状已略去正文开头对被告年龄、无病及住址等的描述,带有对案件总结的性质。有了被告人的识认状后,使进入案件的判决环节。

　　————————————

　　① 塔拉等:《中国藏黑水城汉文文献》第4册《失林婚书案卷》,北京图书馆出版社2008年版,第871页。
　　② 塔拉等:《中国藏黑水城汉文文献》第4册《词诉状残件》,北京图书馆出版社2008年版,第934页。
　　③ 塔拉等:《中国藏黑水城汉文文献》第4册《失林文书案卷》,北京图书馆出版社2008年版,第882、884页。

上述对于正常的审理程序而言,是可以收集到确凿证据或被告人认罪伏法的情形。那么对于证据不好收集、缺乏证据的案件,嫌疑人不服罪的,如何审理呢？就需要审判官运用智慧和处理案件的技巧和经验了。胡祗遹记载了安阳县尹李某所判案例如下:

> 或告布缕为某人盗去,公伴不为理而斥去之。默命其人诟詈所疑者,盗者果以诬骂来反告,不片言而伏其辜。
>
> 一妇抵诉头钗为某人所盗,公反以告者为诬,三问而遣之。以旅进旅退之间而察其情状,即以退先进后者为真盗,不诘而请受罪。
>
> 一人牛舌为怨家暗夜截去,公命同里近墅悉聚于庭,俾人历祝之。殆遍一夫若退缩而不肯前,既前牛觳觫退曳惊奔,而不能挽。公谓其人曰:"汝不仁若是,夫复何言？"即叩首,惭谢输情吐实以法当之。
>
> 圃瓜者告瓜引蔓而将实,忽为人锄剪殆尽。公命聚群锄,使人舐而尝之,坐其刃之苦者。喜受其杖而不以为冤。①

正如胡祗遹评价,李公之临政明断可谓敏捷,充满智慧,试想民众遇到这样的父母官,冤案又怎么会多呢。

（四）判决

元代官员通过审理后,根据罪犯所犯罪行轻重,对案件加以判决,对于犯有二罪者,以重者论处,如两罪轻重相等者,从其一判决,"诸犯罪者:二罪俱发,以重者论罪。等者,从一"②。元代官府判决权限不同,"诸杖罪五十七以下,司、县断决;八十七以下,散府、州军断决;一百七下以下,宣慰司、总管府断决;配流、死罪,依例勘审完备,申关刑部待报"③。就是说对于一百七以下杖笞刑的,总管府和宣慰司都有权断决,但是对于徒流和死罪要依例审勘完备后,需要上

---

① （元）胡祗遹《紫山大全集》卷18《显武将军安阳县令兼辅嵩县令李公墓志铭》,《景印文渊阁四库全书》第1196册,台湾商务印书馆1986年版,第308页。

② 陈高华等:《元典章》卷46《刑部八·取受·诸犯二罪俱发以重者论》,天津古籍出版社、中华书局2011年版,第1567页。

③ 陈高华等:《元典章》卷39《刑部一·刑法·罪名府县断隶》,天津古籍出版社、中华书局2011年版,第1333页。

呈刑部审核待报。但在上报过程中需要注意的是刑名案件要把详备招词申解。至元二十年(1283 年)十一月,中书省批准刑部呈文:"各处凡有到省刑名事理,多送本部照勘拟定呈省。今来照得事发官司元呈,止是节略犯人招语,不见备细情犯词因。准凭短招议罪,中间恐有差池。若便疏驳不完呈省,却缘地里悬远,不惟往复文繁,致使囚人坐禁,未便。"同意:今后遇有需要申明裁决刑名事理,"令事发官司开写犯人所招一干备细词因完备,申覆合干上司",并先行议拟,咨呈都省区处,或送本部复拟。易为照勘,不致出现差池。①

在元代,刑名案件一般由"推官先行穷问",决案则须呈报总管府,"与其余府官再行审责,完签案牍文字"。②《失林婚书案卷》所载四件刑房呈牒较为完整,一件编号[F116:W602]的文书为祗候根勾犯人到案后刑房向总管府首领请示报告公务,③另外三件编号为[F116:W71A][F116:W78][F116:W176]的文书为首领官向总管府请示,呈请判决意见文书。④ 格式如下:

> 刑房
> 呈(呈奉)见行某事
> 总府官议得某事承此合行具呈者
> 右谨具(呈)
> 某年某月吏某
> (给执照)
> 提控案牍某(画押)
> 知事某(画押)
> 经历某(画押)

① 陈高华等:《元典章》卷 39《刑部一·刑名·刑名备申招词》,天津古籍出版社、中华书局 2011 年版,第 1339–1340 页。
② 陈高华等:《元典章》卷 40《刑部二·鞫狱·推官专管刑狱》,天津古籍出版社、中华书局 2011 年版,第 1374–1375 页。
③ 塔拉等:《中国藏黑水城汉文文献》第 4 册《失林婚书案卷》,北京图书馆出版社 2008 年版,第 905 页。
④ 塔拉等:《中国藏黑水城汉文文献》第 4 册《失林婚书案卷》,北京图书馆出版社 2008 年版,第 877、886、900 页。

在户房呈牒编号[Y1:W37B]《赡站地典押案》①和[F245:W20]《争地案残件》中户房与刑房呈牒署官均为首领官。② 应该注意两点,一是"给执照"三字。执照,应当是总管府令其审理案件的文札,刑(户)房是根据文札办案的;二是"总府官议得","总府官议"指总府官员的合议圆签,元代法律规定:"诸官府凡有保明官吏,推问刑狱,科征差税,应支钱谷,必须圆签文字。"③呈牒中案件判决意见是经过官员合议圆签的。除呈牒外,申文和札付也在案件判决过程中经常使用。申文请示和札付答复后,结案。札付在案件判决过程中起着重要的作用。

三、元戏曲中体现出的元代审理程序

在《感天动地窦娥冤》剧中张驴儿云:"你要官休呵,拖你到官司,把你三推六问! 你这等瘦弱身子,挡不过拷打,怕你不招认药死我老子的罪犯!"④在《张孔目智勘魔合罗》中刘玉娘对张鼎云:"我是个妇人家,怎熬这六问三推,葫芦提屈画了招伏。"⑤从以上两处剧文中出现"三推六问"或"六问三推"可以看出在元代审讯过程中有时需要多次审讯推问,并且刑讯是司空见惯的事情,为此造成很多冤假错案。

重刑,一般是徒刑以上的刑罚,"杖以下罪不取服辩,刑徒以上须取"⑥。"服辩"亦作"服辨"即认罪供状,认罪文据。审理后要取得犯人及家属服辩,然后结案待报。如犯人不服,或家属称冤,案件要进行移推,重新审理。"诸所在重刑,皆当该官司公厅圆坐,取讫服辨,移牒肃政廉访司审复无冤,结案待报。若犯人翻异,家属称冤,听牒本路移推。其贼验已明,及不能指论抑屈情由者,

---

①　塔拉等:《中国藏黑水城汉文文献》第 4 册《赡站地典押案》,北京图书馆出版社 2008 年版,第757 页。

②　塔拉等:《中国藏黑水城汉文文献》第 4 册《争地案残件》,北京图书馆出版社 2008 年版,第 769页。

③　陈高华等:《元典章》卷 13《吏部七·公规一》,天津古籍出版社、中华书局 2011 年版,第 502 页。

④　(元)关汉卿:《感天动地窦娥冤》,《全元戏曲》第 3 册,人民文学出版社 1999 年版,第 194 页。

⑤　(元)孟汉卿:《张孔目智勘魔合罗》,《全元戏曲》第 3 册,人民文学出版社 1999 年版,第 693 页。

⑥　陈高华等:《元典章》卷 12《吏部六·吏制·儒吏考试程式》,天津古籍出版社、中华书局 2011 年版,第 427 页。

不在移推之例。"①对在都罪囚的审理,"其在都罪囚,中书刑部、御史台、扎鲁火赤各须委官,季一审理。冤者辨明,迟者催问,轻者断遣,不致冤滞"②。对于疑狱的处理,"诸州司县但有疑狱不能决断者,无得淹滞,随即申解本路上司。若犹有疑惑不能决者,申部"③。大德十一年(1307年)诏书"民间词讼,尤当用心平理","官僚执见不同者,具各各所见,申闻上司详断"。④ 官僚间对于案件的处理意见不一时,要各具所见,申明上司审断。民间词讼尤当用心平理,与有该载不尽罪名,不知凭何例定罪时,至元元年(1264年),都省议得:遇罪名,先送法司检拟,有无情法相应,更为酌古准今,量情为罪。⑤

审理蒙古人程序。蒙古人犯罪或违法一般交由蒙古官员审理,如麦尤丁等检核万亿库,以罪监系者多,请付蒙古人治。有旨:"蒙古人为利所汩,亦异往日矣,其择可任者使之。"⑥至元二年(1265年),以蒙古人充各路达鲁花赤,汉人充总管,回回人充同知,永为定制。⑦ 至元五年(1268年),诏:"凡投下官,必须用蒙古人员。"⑧官有常职,位有常员,其长则蒙古人为之,而汉人、南人贰焉。⑨ 至大四年(1311年),罢诸王断事官,其蒙古人犯盗诈者,命所隶千户鞫问。⑩ 再如蒙古人殴打汉儿人,不得还报,指立证见,于所在官司陈诉。如有违犯之人,严行断罪。⑪ 这样使最终的审决权始终在蒙古人手里。判决书的书写,"蒙古刑名立汉儿文案",大德六年(1302年)八月,监察御史呈:"也可札鲁忽赤应有重刑,

① 陈高华等:《元典章》卷40《刑部二·察狱·犯人番异移推》,天津古籍出版社、中华书局2011年版,第1360页。

② 陈高华等:《元典章》卷40《刑部二·察狱·审察不致冤滞》,天津古籍出版社、中华书局2011年版,第1360-1361页。

③ 陈高华等:《元典章》卷40《刑部二·察狱·疑狱毋得淹滞》,天津古籍出版社、中华书局2011年版,第1361页。

④ 陈高华等:《元典章》卷4《朝纲一·庶务·词讼用心平理》,天津古籍出版社、中华书局2011年版,第140页。

⑤ (元)沈仲纬:《刑统赋疏》,载自沈家本《枕碧楼丛书》,中国政法大学法律古籍整理研究所整理标点,知识产权出版社2006年版,第198页。

⑥ (明)宋濂等:《元史》卷12《世祖九》,中华书局1976年版,第253页。

⑦ (明)宋濂等:《元史》卷6《世祖三》,中华书局1976年版,第106页。

⑧ (明)宋濂等:《元史》卷82《选举二》,中华书局1976年版,第2052页。

⑨ (明)宋濂等:《元史》卷85《百官一》,中华书局1976年版,第2120页。

⑩ (明)宋濂等:《元史》卷24《仁宗一》,中华书局1976年版,第547页。

⑪ 方龄贵:《通制条格》卷28《杂令·蒙古人殴汉人》,中华书局2001年版,第689页。

多系蒙古必阇赤掌行,不立汉儿文案,词理无可考视,情实不可悉知,伏虑其间枉误必多。今后拟合取问明白,令汉儿令史译写文案,追会完备,移咨御史台,摘委蒙古、汉儿人监察御史各一员考视文案,审复无冤,呈台回咨,然后依例结案,待报施行,似不差池。"①

特殊群体的审理程序。比如中统三年(1282年)四月,对于军人审理皇帝下诏,"自今部曲犯重罪,鞫问得实,必先奏闻,然后置诸法"②。至元二年五月令:"军中犯法,不得擅自诛戮,罪轻断遣,重者闻奏。"③对于伪造钞及私商等敕:"诸越界私商及谍人与伪造钞者,送京师审核。"④

综上所述,元代的审判程序已经比较成熟,出现了很多官员凭经验和智慧判案的案例,可参照表3-2。但在元代审判过程中也同样出现了一些官员非法拷讯、违枉的案例,可参考表3-3。

表3-2　元代官员凭经验、智慧判案案例统计表

时间	案例	出处
元定宗	安阳县圃瓜者告瓜引蔓而将实,忽为人锄剪殆尽。公命聚群锄,使人口而尝之,坐其刃之苦者,喜受其杖而不以为冤	《紫山大全集》卷18《显武将军安阳县令兼辅嵩县令李公墓志铭》
元定宗	安阳县农人牛舌为怨家暗夜截去,公命同里近墅悉聚于庭,俾人历祝之殆遍。一夫若退缩而不肯前。既前,牛齅觫,退曳惊奔而不能挽。其人即叩首惭谢,输情吐实,以法当之	《紫山大全集》卷18《显武将军安阳县令兼辅嵩县令李公墓志铭》

---

① 陈高华等:《元典章》卷14《吏部八·案牍·蒙古刑名立汉儿文案》,天津古籍出版社、中华书局2011年版,第531-532页。

② (明)宋濂等:《元史》卷5《世祖二》,中华书局1976年版,第84页。

③ (明)宋濂等:《元史》卷6《世祖三》,中华书局1976年版,第106页。

④ (明)宋濂等:《元史》卷6《世祖三》,中华书局1976年版,第113页。

续表

时间	案例	出处
元定宗	安阳县一妇抵诉头钗为某人所盗,公反以告者为诬,三问而遣之。旅进旅退之间而察其情状,即以退先进后者为真盗,不诘而请受罪	《紫山大全集》卷 18《显武将军安阳县令兼辅嵩县令李公墓志铭》
元定宗	安阳县或告布缕为某人盗去,公佯不为理而斥去之。默命其人诟詈所疑者,盗者果以诬骂来反告,不片言而伏其辜	《紫山大全集》卷 18《显武将军安阳县令兼辅嵩县令李公墓志铭》
至元四年	潞州阳翟县民王氏有婢,窃其簪珥酒壶以逃,盗不可得,诖误相连坐。密询其素所往来,知王氏侄诱婢他之,因杀之以利财。卒获其侄,一讯辄引服。县人大惊,争持酒殽以贺	《清容居士集》卷 27《王氏先茔碑铭》
至元五年	人有讼财而失其兄子者,德辉曰:"此叔杀之无疑。"遂竟其狱	《元史》卷 163《李德辉传》
至元七年	德辉录囚山西、河东。行至怀仁,民有魏氏发得木偶,持告其妻挟左道为厌胜,谋不利于己。移数狱,词皆具。德辉察其冤,知其有爱妾,疑妾所为,将构陷其妻也。召妾鞫之,不移时而服。遂杖其夫而论妾以死	《元史》卷 163《李德辉传》
至元九年	绛之太平县民有陈氏者杀其兄,行赂缓狱,蔓引逮系者三百余人,至五年不决。朝廷委恽鞫之,一讯即得其实,乃尽出所逮系者	《元史》卷 167《王恽传》
至元中	常州路豪民黄甲,恃财杀人,赂佃客诬伏,伯启谳得其情,遂坐甲杀人罪	《元史》卷 176《曹伯启传》
至元年间	昆山有诡易官田者,事觉,而八年不决,都中为披故牍,洞见底里,其人乃伏辜	《元史》卷 184《王都中传》

续表

时间	案例	出处
至元年间	金华有殴杀人者,吏受赇,以为病死。都中摘属吏覆按,得其情。狱具,县长吏而下,皆以赃败	《元史》卷184《王都中传》
至元十四年	武冈富民有殴死出征军人者,阴以家财之半诱其佃者,代己款伏,楫审得其情,释佃者,系富民,人服其明	《元史》卷191《许楫传》
大德年间	民荷溺器粪田,偶触军卒衣,卒抶伤民,且碎器而去,竟不知主名。民来诉,长孺阳怒其诬,械于市,俾左右潜侦之,向抶者过焉,戟手称快,执诣所隶,杖而偿其器	《元史》卷190《胡长孺传》
大德年间	群妪聚浮屠庵,诵佛书为禳祈,一妪失其衣,适长孺出乡,妪讼之。长孺以牟麦置群妪合掌中,命绕佛诵书如初,长孺闭目叩齿,作集神状,曰:"吾使神监之矣,盗衣者行数周,麦当芽。"一妪屡开掌视,长孺指缚之,还所窃衣	《元史》卷190《胡长孺传》
大德年间	永嘉民有弟质珠步摇于兄者,赎焉,兄妻绐以亡于盗,屡讼不获直,告长孺,长孺叱之去。后治盗,长孺嗾盗诬兄受步摇为赃,逮兄赴官,力辨之,长孺以有家信为据,兄乃承认乃其弟所质者。趣持至验之,珠步摇遂归其弟	《元史》卷190《胡长孺传》
延祐五年	桐庐人戴汝惟家被盗,有司得盗,狱成送郡;夜有焚戴氏庐者,而不知汝惟所之。文原疑其必有故,乃得其妻叶氏与其弟谋杀汝惟状,于水涯树下,得尸与溅血斧俱在焉,人以为神	《元史》卷172《邓文原传》
延祐年间	乌程富民张甲之妻王,无子,张纳一妾,生子,未晬,王诱妾以儿来,寻逐妾,杀儿焚之。文传闻而发其事,得死儿余骨,王厚赇妾之父母,买邻家儿为妾所生。文传令妾抱儿乳之,儿啼不就乳,妾之父母吐实,呼邻妇至,儿见之,跃入其怀,乳之即饮,王遂伏辜	《元史》卷185《于文传传》

续表

时间	案例	出处
至顺三年	沅陵民文甲无子,育其甥雷乙,后生两子,出乙,乙俟两子行卖茶,即舟中取斧,并斩杀之,沈斧水中,血渍其衣,迹故在。事觉,乙具服,部使者以三年之疑狱释之。天爵遂复置于理	《元史》卷183《苏天爵传》
至顺三年	常德民卢甲、莫乙、汪丙同出佣,甲误堕水死,甲弟为僧者,欲私甲妻不得,诉甲妻与乙通,杀其夫。乙不能明,诬服击之死,断其首弃草间,尸与仗弃谭氏家沟中。吏往索,果得骷髅,然尸与仗皆无有,谭诬证曾见一尸,水漂去。召谭诘之,甲未死时,目已瞽,其言曾见一尸水漂去,妄也。俱释之	《元史》卷183《苏天爵传》

表3-3 元代非法拷讯、违枉案例统计表

时间	案例	出处
至元七年	良乡县尉司夜失盗,弓手高伯山涉疑捉到涿州人户张德林,不申官私下拷勘,抑令虚招,妄指姐夫刘得林寄藏。将刘拿到拷打,亦不申官。无证佐撒放,后将张德林申发到县尉司。复拷问,无指证明白事迹,保放还家,因拷疮身死	《秋涧集》卷89《乌台笔补·纠弹良乡尉司非理拷勘刘德林事状》
至元二十三年	广州路官吏因为长李、赵二等强拖人口,指潘兴知情,有罗总管、严治中将其法外拷讯,就牢身死	《元典章》卷54《刑部十六·拷无招人致死》
至元二十九年	龙兴路邓阿雇称冤,不曾与侄邓巽有奸、谋杀夫邓德四,亦不知夫邓德四被杀根因。节次称冤,上下官司不准,将阿雇打拷屈招	《元典章》卷54《刑部十六·拷打屈招杀夫》
大德三年	袁州路宜春县祗候人王成起夫,索要钞两,将龚仲一行打,在县妄告,被县吏抑勒虚招,用粗杖子将男断决,回家身死	《元典章》卷54《刑部十六·重杖打人致死》

续表

时间	案例	出处
大德六年	杨州路江都县鲁氏元用镰刀刮锅,伊夫向伊哥欧打,本妇遮护,误将夫向伊哥咽喉抹伤。当时伊翁姑知会,不曾生发,其弓手徐妙举呈到官,巡检司官吏枉勘鲁氏虚指因奸杀夫	《元典章》卷54《刑部十六·枉勘死平民》
大德七年	淮安路泗州天长县铜城巡检司官吏,将平人袁虎子用狱具非法拷讯,虚招杀人,法外将当三铜钱用火烧红,放于两腿烧烙	《元典章》卷40《刑部二·巡检司狱具不便》
大德七年	福清州判官杨守信,因问切盗李公信未获赃物,用油纸于两脚烧燃,堕落指节,不能行立	《元典章》卷40《刑部二·不得法外枉勘》
大德七年	平滦路乐亭县簿尉郭愈,将涉疑妇人张阿刘用布瓦研跪两膝,又于背脊项沾瓦,因伤身死	《元典章》卷40《刑部二·不得法外枉勘》
大德七年	成武县主簿徐德用等,坐视狱卒将涉疑贼人朱不借驴就牢门首用粗棍打伤,随即身死	《元典章》卷40《刑部二·不得法外枉勘》
大德七年	同州官达鲁花赤三合、知州智公弼等,为偷羊贼人梁丑驴不指平人,拷讯一百四十余下,令虚指张顺系知情窝主,将张顺拷勘身死	《元典章》卷40《刑部二·不得法外枉勘》
大德七年	衢州路开化县尉王泽、百户朱□,因汪有成被盗丝货,别无堪信赃证,将汪云三、叶十作贼,非法凌虐拷勘,叶十因伤身死	《元典章》卷54《刑部十六·拷勘叶十身死》
大德七年	庆远宜山县莫荣捉拿谢三二,盗杀耕牛,莫荣买求见问官朱佥事,勒取诬告招伏。后朱佥事借中统钞五十定,借夫五十名。为借不从,仇恨,令伪钞贼人蒙五攀指谢二六行使,非法拷打,在牢身死	《元典章》卷54《刑部十六·枉勘死平民》
大德七年	湖广省武岗县龙溪隘头目萧监税,涉疑捉获平人匡八,指匡十一等多人行劫孟弓手等四家。事主等不曾被劫。县官吏等不详情磨问,非理煅炼,屈勘虚招。匡八等因病身死六名,保放在外身死五名	《元典章》卷54《刑部十六·枉勘死平民》

续表

时间	案例	出处
皇庆元年	池州路案牍申世荣、知事陈敏等,不详胡凯等所犯,违例游街拷掠,胡广八名因伤致命。司狱司虚捏病状,却作患病身死	《元典章》卷54《刑部十六·胡广等游街身死》
延祐二年	广州路番禺县郭一哥被劫,本县不行详情推问,凭事主郭一哥新妇陈二姐学说,簿尉史彰信将平人冯法大等枉勘虚招,赃物俱于诸人处借买	《元典章》卷54《刑部十六·枉勘革前未取到招伏》
延祐六年	真定路静安县尹王瑞承权尉司,凭张阿曹朦胧申告伊男张犇儿身死,枉勘平人李黑儿等五名,非理拷勘,抑勒各人虚招。李黑儿被执九十余下,疮发身死,张犇儿存活出官	《元典章·新集·刑部·枉勘平人身死》
延祐七年	河南济源县王成种谷苗田亩,房兄王胡系济源县孟县尹佃户,带养马一匹,食践其田亩。不曾陈告,将谷割刈。其马因病倒死。县尹教令王胡证执王成打伤,虚立王瑞作证,捏写告状,法外拷打	《元典章·新集·刑部·牧民官诬执平民打死马匹枉勘陪价》
后至元六年	山北廉访司狱有李秀坐造伪钞,连数十人,皆与秀不相识,敬疑而谳之。秀以训童子为业,捶楚之下,诬服	《元史》卷184《崔敬传》

第三节　元代路推官
——一个专职地方司法官员的个案考察

推官,唐朝始设,为节度使、观察使的僚属,掌勘问刑狱。唐建中三年(782年)御史台置推官二人,后采访使下设推官一人,掌推鞫狱讼,[1]后来各州都有推官。宋太祖乾德四年(966年)盐铁、度支、户部各设推官一名。[2] 真宗咸平四年

---

[1]　(唐)杜佑:《通典》卷24《职官六》,卷32《职官十四》,《景印文渊阁四库全书》第603册,台湾商务印书馆1986年版,第288、386页。

[2]　(清)徐松:《宋会要辑稿》第5册《职官五》,刘琳等,上海古籍出版社2014年版,第3143页。

(1001 年)增置开封府推官一员。仁宗皇祐二年(1050 年)出现汾州团练推官的记载,说明此时北宋地方已有推官设置。宋孝宗乾道七年(1171 年)皇太子在临安府设推官三员,比同幕职官。① 宋宁宗嘉泰元年(1201 年)诏新州推官……许用五纸常员奏举改官。② 金时推官成为正式官员,大兴府、诸京留守司、上京都设推官,从六品,掌同府判,分判户、刑案事,诸总管府、诸府推官各一员,正七品,分判工、刑、兵案事。③ 可以看出,唐、宋、金时推官职责都有掌推勾狱之事,但无户、工、刑案明确之分。推官从中央到地方都有设置,且在唐中宗和宋太宗时,御史台下设立推官。元代发生明显变化,推官只在"腹里"地区和地方路府设置,中央和监察部门不再设立;推官职责专理刑狱,改变了户、工、兵、刑不分的局面。

关于元代路总管府推官制度,目前尚没有专门的研究成果,只是在一些文章中有所论。张金铣的《元代地方圆署体制考略》一文对推官的设置、职责及变化进行了叙述,④《元代路总管府的建立及其制度》一文提到推官的"预审"职能。⑤ 李治安《元代政治制度研究》一书中对推官职责、选用、迁调及考课俸禄进行了较为系统的研究。⑥ 陈高华、史卫民在《中国政治制度通史·第八卷》一书中以审判程序为视角,通过与宋朝对照,揭示出元代推官审判特点和职责运作机制。⑦ 张晋藩的《中国法制史》一书对推官具体职责进行了阐述。⑧ 洪丽珠的《元代镇江路官员族群分析》一文从族群出身的视角,考察了元代镇江路官员构成,认为镇江路总管府推官出身几乎皆为北方汉民族。⑨ 总体来说,相关研究成果对元代路总管府推官制度虽有涉及,但对于推官的设置、选拔、职能、履行职能等问题讨论尚不深入,尤其对推官出身、仕宦、社会地位及影响等,前人少

---

① (元)脱脱等:《宋史》卷 7《本纪七》,卷 166《职官六》,中华书局 1977 年版,第 134、3944-3945页。

② (清)徐松:《宋会要辑稿·职官一〇》第 6 册,刘琳等,上海古籍出版社 2014 年版,第 3301 页。

③ (元)脱脱等:《金史》卷 57《百官三》,中华书局 1975 年版,第 1304、1305、1311 页。

④ 张金铣:《元代地方圆署体制考略》,《江海学刊》1999 年第 4 期。

⑤ 张金铣:《元代路总管府的建立及其制度》,《中国史研究》2001 年第 3 期。

⑥ 李治安:《元代政治制度研究》,人民出版社 2003 年版,第 141-143、154-155、162-164 页。

⑦ 陈高华、史卫民:《中国政治制度通史·第八卷》,社会科学文献出版社 2011 年版,第 258-260页。

⑧ 张晋藩:《中国法制史》,中国政法大学出版社 2016 年版,第 227 页。

⑨ 洪丽珠:《元代镇江路官员族群分析》,《元史论丛》第 10 辑,中国广播电视出版社 2005 年版。

有论及。笔者在前人研究的基础上，根据传世文献和地方志、石刻碑志等资料，对元代路总管府推官予以系统考察，进而揭示元代推官在地方司法程序中的重要作用，进而揭示元代的地方司法程序。

一、推官的设置和选任

元政权建立后，不断吸收汉地原有制度，推官制度即是其一。太祖时，真定五路万户邸琼选充总管府推官，即是对金代制度的直接承袭。这是蒙元政权任命路总管府推官较早的记载。① 严格意义上的元代路府推官是在元世祖时设立的。

（一）推官的设置

元代皇帝对推官的设置很重视。至元二十三年（1286 年），世祖设诸路推官以审刑狱，上路二员，下路一员，散府一员。至元二十七年（1290 年），大都路总管府升为都总管府，设置推官二员，与达鲁花赤、都总管专治路政。② 实际上，世祖时只在几个上路有推官设置，无法应对"罪囚淹禁"的局面，"世祖皇帝圣旨有来。几处上路里委付来，其余去处不曾委付。各路里管民官每掌的勾当多，罪囚每根底不得空便问有，监禁的人每生受"③。看来在至元二十三年以前应有推官的设置，并且是只在上路才设，所以才有这番议论。随着历史的演进，路有撤销或增置的情况。普定路本普里部归附后改普定府。大德七年（1303 年）改为路；"大德五年（1301 年），以鄂州首来归附，又世祖亲征之地，改武昌路"④。大德二年（1298 年），元成宗增置各路推官，专掌刑狱，上路二员，下路一员；⑤至治二年（1322 年），元英宗置中庆、大理二路推官。⑥ 泰定元年（1324 年），泰定帝增置上都留守判官二员，兼推官，四年（1327 年）增置肃州、沙州、亦集乃三路推官。⑦ 后至元四年（1338 年），元顺帝依内郡设置广元等五路、广安等三府、永

① （明）宋濂等：《元史》卷 151《邸琼传》，中华书局 1976 年版，第 3571 页。
② （明）宋濂等：《元史》卷 14《世祖十一》卷 90《百官六》，中华书局 1976 年版，第 286、2300 页。
③ 陈高华等：《元典章·新集·刑部·刑狱》，天津古籍出版社、中华书局 2011 年版，第 2159 页。
④ （明）宋濂等：《元史》卷 61《地理四》，卷 63《地理六》，中华书局 1976 年版，第 1470、1524 页。
⑤ （明）宋濂等：《元史》卷 19《成宗二》，中华书局 1976 年版，第 421 页。
⑥ （明）宋濂等：《元史》卷 28《英宗二》，中华书局 1976 年版，第 623 页。
⑦ （明）宋濂等：《元史》卷 30《泰定帝二》，中华书局 1976 年版，第 673、683 页。

宁等两宣抚司推官各一员。① 此时，除路府设置推官外，宣抚司亦有设置，也是笔者所见仅有的宣抚司设置推官的记载。从上文可看出，元代皇帝对推官设置的重视及从中原到边区渐次设置推官的情况。元亡后，北元时期（1368—1389）M1·0543［T9W3］号文书仍有推官一职的记载。② 笔者在搜集史料过程中发现《元史》《元典章》、元人文集、地方志、石刻、墓志铭、碑铭中都有推官记载，推官在元朝的设置和影响是较广泛的。

（二）推官的选任

元朝廷十分重视推官选任。推官"选举得人，民无滥刑之苦"，"委任尤不可轻"。③ 郡置推官二员，府事简，止设其一，必择人而授。④ 路、府推官职从六品或正七品，一般由台宪机构推举，贡师泰云"近报两台多辟荐，殿前早晚赐朝衣"⑤，就反映了这种情况。为增强其选人的责任感，确保选举得人，实行推官有罪连坐的办法。泰定帝时，"台宪岁举守令、推官二人，有罪连坐"，后又"复命中书于常选择人用之"。⑥ 根据元代迁官之法"从七以下属吏部，正七以上属中书，三品以上非有司所与夺，由中书取进止"，⑦推官任命由中书负责。推官虽属中书省"自除"范围，仍须履行"入奏，奏可而后出命焉"程序，⑧足见元朝廷对推官选用的重视。至元二十年（1283 年），中书省规定推官需"选用循良人，庶得刑平政理"⑨。许有壬主张推官要"精晓刑名，洞达事理"，历练老成之人方可但任此职，并且主张要扩大选举范围，方能选举得人，"不广其途，亦难选举"。⑩

---

① （明）宋濂等：《元史》卷41《顺帝四》，中华书局 1976 年版，第 871 页。

② 塔拉等：《中国藏黑水城汉文文献》第 4 册，国家图书馆出版社 2008 年版，第 675 页。

③ （元）同恕：《榘庵集》卷12《送刘民望并序》，《景印文渊阁四库全书》第 1206 册，台湾商务印书馆 1986 年版，第 773-774 页。

④ （元）赵宜浩：《推厅记》，载清嘉庆二十三年《松江府志》卷 15。

⑤ （元）贡师泰：《玩斋集》卷 4《寄王鲁川推官》，《景印文渊阁四库全书》第 1215 册，台湾商务印书馆 1986 年版，第 558 页。

⑥ （明）宋濂等：《元史》卷 29《泰定帝一》，中华书局 1976 年版，第 644 页。

⑦ （明）宋濂等：《元史》卷 83《选举三》，中华书局 1976 年版，第 2064 页。

⑧ （元）许有壬：《至正集》38《记选目》，《元人文集珍本丛刊》第 7 册，台北新文丰出版股份有限公司 1985 年版，第 193 页。

⑨ 陈高华等：《元典章》卷 40《刑部二·刑狱·禁断王侍郎绳索》，天津古籍出版社、中华书局 2011 年版，第 1352 页。

⑩ （元）许有壬：《至正集》卷 75《吏员》，《元人文集珍本丛刊》第 7 册，台北新文丰出版股份有限公司 1985 年版，第 339 页。

邓文原云"士不通经,不足与论政刑"①,如士人不通晓经学,那连讨论政刑的资格都没有,更不要说担任推官了。苏天爵明确提出推官任职的年龄限制,推官当选要满足"吏通儒术、儒习吏事、材力明敏、别无过举"这样的条件,如其年龄在"六十五以上者",就要"铨注别职",这样才会收到"刑罚得中,官无旷职"之效。②

概言之,元朝廷重视推官选任,其任用不仅要台宪机构推举,中书省任命,最终还要上奏皇帝,皇帝同意方可任职,其选任标准较高,不仅要精晓刑名、儒吏兼通,并且要符合一定的年龄条件。这些做法,一定程度上保证了选任推官的质量,亦是元统治者慎刑思想的体现。

二、推官的职权

(一)推官的职权

"诸各路推官专掌推鞫刑狱,平反冤滞,董理州县刑名之事,其余庶务,毋有所与。"③推官作为元朝地方路、府专设的司法官员,其职责除专理刑狱外,在元中后期发生了一些变化。推官掌管刑狱,对于解决案件积压问题,促进地方司法纠纷的及时解决,缓和元代社会矛盾,起到了有益的作用。

1. 掌管刑狱

掌管刑狱是元推官的主要职责,"推官之职,既为刑名设置,凡有文案,拟合专以参照研穷,务尽词理"④。元推官设置之初,只是作为地方官员之一参与地方行政司法事务的。至元二十五年(1288年),推官"与府官一体通管府事,凡遇鞫问罪囚必须完问",结果"罪囚盈狱,淹禁不决";加上司县官吏"推问之术少得其要",加大了路府覆审压力,中书省同意益都路建议,推官"专管刑狱,其

---

① (元)邓文原:《巴西集》卷上《送王明之推官北上序》,《景印文渊阁四库全书》第1195册,台湾商务印书馆1986年版,第513页。
② (元)苏天爵:《滋溪文稿》卷27《建言刑狱五事疏》,陈高华、孟繁清点校,中华书局1997年版,第449-450页。
③ (明)宋濂等:《元史》卷103《刑法二》,中华书局1976年版,第2632页。
④ 陈高华等:《元典章·新集·刑部》,天津古籍出版社、中华书局2011年版,第2158页。

余一切府事并不签押,亦无余事差占"。① "专一问罪囚的上头,上路里设两员推官,中路里设一员推官",路级管民官平时忙于日常行政事务,也有必要将刑狱交给推官掌管,"各路里管民官每掌的勾当多,罪囚每根底不得空便问有,监禁的人每生受。合委付推官"。② 但执行效果似乎不好,现实中存在"(推官)差调夺于外,余事扰其中",无法专理刑狱的现象,故大德七年(1303 年)都省重申路府推官仍旧专管刑狱,通署刑名追会文字,其余事务并不签押,诸官府不要差占的规定。③ 元廷再次强调推官不许差占,恰恰说明当时推官被占用不是个别现象。推官实际职责要丰富多,下文将具体分析。

通常,散府、州和县司审理的笞刑至杖刑八十七下以下案件,狱具后要上报并解送罪犯于路总管府,由推官详谳。④ 朝廷规定,对八十七下至一百七下杖刑,路总管府可全权断决。⑤ 对一年至三年的徒刑,路总管府仅能"决配"(拟断)结案,然后申报上司"照验"。流刑、死刑等重罪,须牒呈廉访司"审覆无冤,方得结案",最后需要依例呈报朝廷,上奏皇帝,听候批准。⑥ 设立行省后,重大案件廉访司审核后,还需行省核审,行省审核通过后,再报送中央有关机构。⑦除州县所呈案件外,推官有时还"谳狱至属县",⑧其还可详谳经廉访司审录过的"已具"刑狱。⑨ 如汴梁路推官葛云卿遇廉访使审覆过的马某被杀案,就平反了被诬告仇家之冤。⑩ 由于元代诉讼严格实行"先从本管官司,自下而上,依理

---

①　陈高华等:《元典章》卷 40《刑部二·鞫狱·推官专管刑狱》,天津古籍出版社、中华书局 2011 年版,第 1374–1375 页。

②　陈高华等:《元典章·新集·刑部》,天津古籍出版社、中华书局 2011 年版,第 2159 页。

③　陈高华等:《元典章》卷 40《刑部二·鞫狱·推官专管刑狱》,天津古籍出版社、中华书局 2011 年版,第 1375 页。

④　李治安:《元代政治制度研究》,人民出版社 2003 年版,第 141 页。

⑤　陈高华等:《元典章》卷 4《朝纲一·政纪·省部减繁格例》,天津古籍出版社、中华书局 2011 年版,第 132 页。

⑥　(明)宋濂等:《元史》卷 104《刑法三》,中华书局 1976 年版,第 2657 页。

⑦　陈高华:《元史研究新论》,上海社会科学院出版社 2005 年版,第 151 页。

⑧　(元)张养浩:《归田类稿》卷 11《济南刘氏先茔碑铭》,《景印文渊阁四库全书》第 1192 册,台湾商务印书馆 1986 年版,第 565 页。

⑨　李治安:《元代政治制度研究》,人民出版社 2003 年版,第 155 页。

⑩　(元)张养浩:《归田类稿》卷 3《葛推官平反诗序》,《景印文渊阁四库全书》第 1192 册,台湾商务印书馆 1986 年版,第 499 页。

陈告"的规则,①路推官有时要审理州县拒不接受或上级发下的狱案。为确保推官职责的履行,元朝廷向推官,赐印章,给乘传;②并且推官有专门工作场所推官厅,"府治之旁,推官别有厅事,以为详谳之所,谨其职严其体也"③,"厅居府治之左,俾处其中,悉心臬事,不以他事溷之,其任之专且重若是"④;推官并可自辟僚属,和司狱、狱丞一起专掌刑狱。⑤ 此外,推官还审理其他性质案件,至治元年(1322 年),平江路常熟州钱璋居母之丧,与男钱安一婚娶陆寿八娘拜尸成亲。取讫钱璋招伏,本路推官审断三十七下。⑥ 对"私鬻盗鬻"食盐的集团犯罪,推官有义务"督捕之,绳以法"。⑦ 推官工作十分繁重,胡世佐曾云"讼狱为繁,司厅鞫者当至剧时,由旦达暮不得息"⑧。

2. 平反冤狱、审理囚犯也是推官理狱的表现

推官平反冤狱范围很广,冤假错案、死刑案件都可平反。袁州推官焦荣,平反贼盗冤狱,诬者胡氏抵其罪,众大悦。⑨ 至大元年(1308 年),抚州路推官李璋,平反冤狱十余。行属邑审囚,咸称其平恕明决。⑩ 元仁宗时,潘允任南剑路推官,为冤民平反。⑪ 至治二年(1322 年),乌古孙良桢改漳州路推官,狱有疑

---

① 陈高华等:《元典章·台纲一·行台体察等例》,天津古籍出版社、中华书局 2011 年版,第 152 页。

② (元)苏天爵:《滋溪文稿》卷 3《新升徐州路记》,陈高华、孟繁清点校,中华书局 1997 年版,第 38 页。

③ (元)王祎:《王忠文公文集》卷 11《婺州路总管府推官厅记》,《北京图书馆古籍珍本丛刊》第 98 册,书目文献出版社 1988 年版,第 207 页。

④ (清)宋如林等修,孙星衍等纂:《松江府志》卷 15,《中国方志丛书·华中地方》,台北成文出版社 1970 年版,第 344 页。

⑤ (清)沈家本:《历代刑法考·历代刑官考下》,邓经元、骈宇骞校,中华书局 1985 年版,第 2004 页。

⑥ 陈高华等:《元典章·新集·户部》,天津古籍出版社、中华书局 2011 年版,第 2128 页。

⑦ (元)王祎:《王忠文公文集》卷 11《绍兴谳狱记》,《北京图书馆古籍珍本丛刊》第 98 册,书目文献出版社 1988 年版,第 212 页。

⑧ 清光绪三年(1877 年)刻本《鄞县志》卷 63《重建推官厅记》。

⑨ (清)李熙龄修,邹恒撰:《咸丰武定府志》卷 35《大中大夫中山郡焦侯碑》,《中国地方志集成·山东府县志辑》第 22 册,凤凰出版社 2004 年版,第 152 页。

⑩ (元)吴澄:《吴文正公文集》卷 33《有元朝列大夫抚州路总管府治中致仕李侯墓碑》,《元人文集珍本丛刊》第 3 册,台北新文丰出版股份有限公司 1985 年版,第 562-563 页。

⑪ 方龄贵:《通制条格校注》卷 20《赏令·平反冤狱》,中华书局 2001 年版,第 585 页。

者,悉平反之。① 宋寿卿调处州路推官,甫阅月,决囚数百,平反陈明六等冤案。② 衢州路推官张正初,发摘奸伏如神,谳狱多所平反。③ 后至元六年(1340年),王文彪迁赣州路推官,刑狱无轻重,必究心为穷竟,平凡者尤多。④ 曹伯启"累迁常州路推官,豪民黄甲,恃财杀人,赂佃客诬伏,伯启谳得其情,遂坐甲杀人罪"⑤,这是一则明显的假案,下面史料是信州推官汪泽民为死刑犯翻案的案例。

> 有僧净广,与他僧有憾,久绝往来,一日,邀广饮,广弟子急欲得师财,且苦其棰楚,潜往它僧所杀之,明日诉官,它僧不胜考掠,乃诬服,三经审录,词无异,结案待报。泽民取行凶刀视之,刀上有铁工姓名,召工问之,乃其弟子刀也,一讯吐实,即械之而出他僧,人惊以为神。⑥

至正三年(1343年),贡师泰任绍兴推官时平反冤案多起。其中,不乏为死刑犯平反的例子,举例如下:

> 山阴白洋港有大船飘近岸,史甲二十人,适取卤海滨,见其无主,因取其篙橹,而船中有二死人。有徐乙者,怪其无物而有死人,称为史等所劫。史佣作富民高丙家,事遂连高。史既诬服,高亦就逮。师泰密询之,则里中沈丁载物抵杭而回,渔者张网海中,因盗网中鱼,为渔者所杀,史实未尝杀人夺物,高亦弗知情,其冤皆白。⑦

同时,推官对于枉禁罪囚及淹延不决者,有检核之责任,"若有枉禁及淹延

---

① (明)宋濂等:《元史》卷187《乌古孙良桢传》,中华书局1976年版,第4287页。
② (元)许有壬:《至正集》卷63《有元故中奉大夫陕西诸道行御史台侍御史宋公墓志铭》,《景印文渊阁四库全书》第1211册,台湾商务印书馆1986年版,第447页。
③ (元)蔡文渊:《张忠神道碑记》,载康熙十九年《满城县志》卷10。
④ (元)王祎:《王忠文公文集》卷22《元中宪大夫金庸田司事致仕王公行状》,《北京图书馆古籍珍本丛刊》第98册,书目文献出版社1988年版,第397页。
⑤ (明)宋濂等:《元史》卷176《曹伯启传》,中华书局1976年版,第4099页。
⑥ (明)宋濂等:《元史》卷185《汪泽民传》,中华书局1976年版,第4252页。
⑦ (明)宋濂等:《元史》卷187《贡师泰传》,中华书局1976年版,第4294页。

不决者,即当咨举推官、首领官常加检责,务要囚不冤滞"①。推官平反冤狱和冤假错案,审理罪囚,检核冤滞,使案件得以公正判决,冤囚得以获释,拉近了官民关系,缓和了社会矛盾,有利于地方统治。

3. 推官参与狱政管理

《元典章》中有:

> 大德九年(1305 年)湖广行省……令推官督责狱卒常加洒扫,每三日一次诣狱点视汤药,枷杻、匣具须要洁净,仍备凉浆。若遇冬月,依例官给絮布、暖匣、席荐等物。病者即给药饵,令医看治,毋致失所。②

这里不难看出,推官对督责狱卒维持监狱卫生、狱囚的后勤保障及监狱管理等方面所起的作用。其实,如果碰到尽职的推官,会减少甚至避免狱囚的非正常死亡。如至正十年(1350 年)冬,府推官董时俨既勤于职,疏滞理冤,验医之良者,使治囚病以时药而粥之,狱以无瘝。③

4. 推官参与地方教化和建设活动

推官在地方文化活动中尤为活跃。有关史料列表如下:

表 3-4　元代推官参与地方儒学修建及地方建设活动列表

姓名	时期	任职地	参与活动	出处
何公贞	后至元年间	湖州路	乌程县丞宋文懿请其立县学,欣然从之	《湖州府志》卷 49《乌程县新建儒学庙记》
戴德文	至正年间	化州路	兴学化民,绰有政誉,民称颂之	《明一统志》卷 81

---

① 陈高华等:《元典章》卷 40《刑部二·系狱·病囚考证医药》,天津古籍出版社、中华书局 2011 年版,第 1370 页

② 陈高华等:《元典章》卷 41《刑部二·提牢·牢狱分轮提点》,天津古籍出版社、中华书局 2011 年版,第 1382 页。

③ (元)冯翼翁:《吉安路惠民药局记》,载同治二十年(1873 年)刻本《庐陵县志》卷 49。

续表

姓名	时期	任职地	参与活动	出处
方道叡	后至元年间	嘉兴路	病其(石峡书院)庳迫弗称,以公(叡之祖父,蛟峰先生)之故居,广其基址而新其栋宇,弦诵之声不减	《金华黄先生文集》卷30《蛟峰先生阡表》
冯梦周	后至元年间	平江路	建颖昌书院,书版归之书院,不以私于其家。平日购买书籍若干万卷,"亦悉归之书院"	《侨吴集》卷9《颖昌书院记》
梁思温	后至元年间	归德府	与他官合议共捐俸金度材庀工彻而新之(谯门),后至元四年(1338年)孟春落成	《滋溪文稿》卷2《归德府新修谯门记》
韩居仁	大德年间	建康路	韩居仁与其他路官、教授协力节费,重构(路学)周围,内外一新,复置大成乐器	《(至大)金陵新志》卷9《路学》
李德真	至顺年间	平江路	与郡守萧君义更相缮葺,庙与学遂为他郡之冠	《夷白斋稿》卷30《重修三皇庙记》
程侯	皇庆年间	吉安路	程侯以公事行县,感叹县学计弗支,促使两浙盐司司丞如常项君即而语焉,如触于其心,一言而兴任之,自门徂堂栋榱一新,殿更其旧,费不可数计	《养吾斋集》卷16《项氏旌表记》
程承务	大德年间	吉州路	程承务除用意刑狱簿书之外,尤于此矗矗焉……于是庐陵郡学为至大初元江南列郡大成新学第一	《养吾斋集》卷15《吉州路重修儒道碑记》
郑时中	延祐年间	袁州路	考核始末以田归学,僧又争之,行省檄下袁州路。路以其事付录事判官怯烈决之,怯烈惟僧言是听,尹各实上于路议,郑时中屡言之,行省儒学提举范君汇悉以其实告藩垣大臣,遂以田归学如初	《圭斋文集》卷6《分宜县学复田记》

续表

姓名	时期	任职地	参与活动	出处
贺君贞	至元年间	四明路	推官贺君贞赞辅其役,隶于医籍者胥率钱以补之,逾年而学完殿庑翼成,轩阔深静	《(延祐)四明志》卷14《重建医学记》
冯琚	大德年间	卫辉路	王守吏当首出俸稍以为倡率,推官冯琚相与赞襄,下逮属吏、医师、筮士从风皆靡聿来胥宇,于是相治城北郭汲署故址,明年季夏为礼殿三巨栋	《秋涧集》卷59《大元国卫辉路创建三皇庙碑铭有序》

说明:表中日期是推官参与活动的大致日期。

从表中可以看出,有推官直接出资修建儒学的,如方道叡、冯梦周;有利用自己职位促成和协助修建的,如程承务、程侯等;平江路推官冯梦周除建学外,还无偿捐赠书籍给书院;还有积极投入医学校和三皇庙的建设的,如贺君贞、冯琚。此外,有推官加入谯门的新建,"谯门"是古代为防盗和御敌而建的瞭望楼城门,推官的参与表明推官对治安的重视及其职能的多样化。元代推官加入地方儒学、医学和其他建设活动,无疑促进了地方儒学、医学和地方建设活动的开展,促进了地方文化发展。石刻史料中多有推官参与地方庙学、官员去思碑重修、庙碑记撰额、书丹和立石等的记载,推官甚至参与地方总管府建设,[①]这都是社会历史的真实记录,亦是其地位在地方得到承认的体现。笔者从表格和搜集史料中发现,推官参与上述活动基本发生在元代中后期,这应与元代统治阶层汉化的加深及社会形势的变化有一定关系。

5. 元代中后期,推官直接参与军事

元仁宗延祐三年(1316年),陕西行省丞相阿思罕叛乱,河中知府刘天孚令推官程谦守禹门;[②]元后期,推官黄秃伦歹没于安庆之战,[③]宁国路推官刘耕孙

---

① 国家图书馆善本金石组:《辽金元石刻文献全编》,北京图书馆出版社2003年版。
② (明)宋濂等:《元史》卷193《忠义一》,中华书局1976年版,第4387页。
③ (明)宋濂等:《元史》卷143《余阙传》,中华书局1976年版,第3428页。

坚守城池,后遇害。① 至正十二年(1352 年),沔阳府推官俞述祖守城,城陷被执,徐寿辉诱之不降,被肢解。② 这样的例子很多,不再赘述。出现这种情况,与元代当时社会动荡不安,矛盾激化有关。

总之,元代推官职责是掌管刑狱,平反冤狱,参与狱政治理,对于其他性质案件亦有涉及。元中后期推官还参与地方庙碑记撰额、书写和立石等社会教化和建设活动,促进了地方儒学的传承和发展,他们甚至直接参与军事斗争。总体上看,治理刑狱应该为推官之常责。

(二)推官鞫狱程序及推官的赏罚

1.推官鞫狱

由于史料阙如,没看到推官推鞫刑狱的具体案例,笔者收集有关史料如下:推官详谳狱案,或“密求博询”,③“考问左验”,或详察案牍,或亲视凶器,④或询问原告、被告及有关证人。⑤ 州县对“重刑略问是实,申解各路府州追会结案”⑥。“推官应须先自细看文卷,披详词理,察言观色,庶得其情。凡有罪囚推官先行穷问实情,须待狱成,通审圆署。”凡遇到盗贼案件,推官要“先备五听,审其辞理,参其证佐,辨验是非,理有可疑,然后考掠”⑦。据此结合有关论文和著作,其程序可归纳为:

第一,推官对受理刑案进行调查,经审讯获取证据。调查方法很多看文卷、备“五听”、询问原被告及证人、现场勘验等,审讯包括言辞审讯,刑事重案经同职官员一致签名同意,且理有可疑,人犯拒不招供情况下也可刑讯,以获取必要的实物(包括书证)和言词(包括口供)等证据,为“狱成”奠定基础。

第二,达到“狱成”,形成初步判决。首领官据官员裁定另行起草文书,与议

---

①　(明)宋濂等:《元史》卷195《忠义三》,中华书局1976年版,第4415-4416页。

②　(明)宋濂等:《元史》卷195《忠义三》,中华书局1976年版,第4416页。

③　(元)王袆:《王文忠公集》卷11《绍兴谳狱记》,《北京图书馆古籍珍本丛刊》第98册,书目文献出版社1988年版,第210页。

④　(明)宋濂等:《元史》卷185《王泽民传》,中华书局1976年版,第4252页。

⑤　《宋文宪公文集》卷49《故宁国路推官刘君墓志铭》,载自李治安《元代政治制度研究》,人民出版社2003年版,第142页。

⑥　陈高华等:《元典章》卷39《刑部一·刑名·重刑司县略问》,天津古籍出版社、中华书局2011年版,第1340页。

⑦　陈高华等:《元典章》卷54《刑部十六·违枉·枉禁平民身死》,天津古籍出版社、中华书局2011年版,第1803页。

官员在文书上依次签名,然后再行圆署。

第三,参与官员圆署。据张金铣研究,圆署主要包括"系书"、圆坐议政、官员签押、盖印等方面内容,但推官仅参加路、府与刑狱有关事务圆署,不再承担临时差遣。① "京府州县官员,每日早聚圆坐,参议词讼,理会公事","诸官府凡有保明官吏,推问刑狱,科征差税,应支钱谷,必须圆签文字。"②圆坐署事是地方官员处理政事及司法事务的必经方式。与宋刑案实行鞫、谳分司之法不同,推官集两职能于一身。地方正官的集体圆署可防止推官之专带来的弊端,起到集思广益、监督推官、提高路府刑案公正性的作用。圆署制度具有蒙古特色,来源于蒙古传统的忽里勒台制,是蒙古统治者集权的需要。因为地方各级握有实权的达鲁花赤都是由蒙古人或色目人担任的,名曰"圆署",包括司法判决的各项地方事务最后决定权,达鲁花赤具有不可替代的作用。换言之,元代地方司法最终决定权仍控制在元代统治者手中。

第四,结案或待报。杖刑和徒刑以下案件,路府有定案权,徒刑以上案件,只有定拟权,要经肃政廉访司复审,③对于罪人翻异或家属称冤的上报案件,廉访司要重审。行省成为正式地方一级行政机构后,还要经过行省审核。廉访司对于正确的判决,可依法回牒路府结案,覆审如发现存在冤狱或错案,可决定亲自提审,或交给和原审路府同级的其他机构再审,出于公正性考虑,一般不会交给原审部门再审,这类似宋代的换推之制,④可称为"移推"。案件呈到行省,对发现的"无例"案件,行省要提出处理意见(拟断),报中央审批。⑤遇有疑狱,推官经总管府层报行省、刑部、中书省。延祐四年(1317年)顺德路推官朱承德理断吴九儿剜墙偷盗财物案,不知道能否和大都路一体判卷,向刑部、行省和中书省层报请示就是显证。⑥当然大都路推官所审重案需要直接上报刑部和中书。

此外,为保证重大刑案的及时处理,路需要另置文簿,令推官收掌。如遇司

---

①　张金铣:《元代地方圆署体制考略》,《江海学刊》1999年第4期。

②　陈高华等:《元典章》卷13《吏部七·署押·圆坐署事》,天津古籍出版社、中华书局2011年版,第502页。

③　戴炎辉:《中国法制史》,台北三民书局1966年版,第144页。

④　(元)李焘:《续资治通鉴长编》第26册,中华书局1992年版,第9118页。

⑤　陈高华:《元史研究新论》,上海社会科学院出版社2005年版,第151页。

⑥　陈高华等:《元典章》卷49《刑部十一·强窃盗·剜豁土居人物依常盗论》,天津古籍出版社、中华书局2011年版,第1641页。

属申报人命公事,随即附簿检举,推官"凡所属去处,察狱有不平,系狱有不当,即听推问明白,咨申本路,依理改正"①。推官询查地方,一旦发现冤案及不公正判决,要立即进行推鞫审理,并把结果上报路府机构,依法予以纠正。

推官专理刑狱,提高了审狱效率。正官圆署制,保证了元代统治者对地方司法的控制。和宋代鞫、谳分司之法加以比较,两者都能在一定程度上避免司法专断,当然两者行政程序和权力结构不同,这不是本书所要解决的。圆署也会造成扯皮推诿现象,一有争议,"旷时累日,不敢决一事"②。推官专理刑狱和正官代圆署制相结合反映了元代统治者智慧,是蒙汉两种文化相融合的体现。从中可以看出地方司法运作仍然受到行政机关的控制。"为政之难莫难于治狱"③,推官动辄被追责也是常有的事情,正所谓"上游之署有行丞相府、监漕官……受谤责在须臾间,而况贰推者?"④

2. 推官的赏罚

为鼓励推官尽心职责,元代制定推官赏罚规定,"今后如能平反重刑一名以上,升一等;犯流罪三名,减一资历,五名升一等,名数不及者从优定夺;徒役五名以上,减一资"⑤。如皇庆二年(1313 年)推官潘允平反冤抑事,理量拟减一资历;⑥同样对于失职的推官,若遇所部申报人命公事,根据规定推官要随时附籍检举驳问。如果因循不即举问,要追究推官罪责。⑦ 凡推官若受差不闻上司,辄离职者,亦坐罪。⑧ 元代对推官的监督审覆职责加以明确规定,若推问已成,他

---

①　陈高华等:《元典章》卷 43《刑部五·检验·检尸法式》,卷 40《刑部二·察狱·罪囚淹滞举行》,天津古籍出版社、中华书局 2011 年版,第 1483、1360 页。

②　张金铣:《元代地方圆署体制考略》,《江海学刊》1999 年第 4 期。

③　(元)程端礼:《畏斋集》卷 3《送田推官代归序》,《景印文渊阁四库全书》第 119 册,台湾商务印书馆 1986 年版,第 663-664 页。

④　(元)杨维桢:《东维子文集》卷 4《送平江路推官冯君序》,《四部丛刊初编》第 1494 册,商务印书馆 1922 年版。

⑤　陈高华等:《元典章·新集·刑部》,天津古籍出版社、中华书局 2011 年版,第 2160 页。

⑥　方龄贵:《通制条格校注》卷 20《赏令·平反冤狱》,中华书局 2001 年版,第 585 页。

⑦　陈高华等:《元典章》卷 43《刑部五·检验·检尸法式》,天津古籍出版社、中华书局 2011 年版,第 1483 页。

⑧　(明)宋濂等:《元史》卷 103《刑法二》,中华书局 1976 年版,第 2632 页。

司审理或有不尽不实者,也要取推官招伏议罪,①其或理断未当,"罪及推官"②。对工作拖拉、擅离职守的推官,元代规定要明确加以处罚,把其政绩与职务升降挂钩。"凡遇刑名词讼,推官先行穷问,须要狱成,与其余府官再行审责,完签案牍文字。或有淹禁,责在推官",巡按官取具平反冤抑在禁淹延轻重起数,行移本路,候推官任满,解由内开写,以凭考其殿最,约量升降。③ 官员所属上级官司出具完整解由后,集中到行省,由行省统一出给呈文,送交中书吏部,④当然推官属中书牒署。推官解由由本路上级主管部门填写并加以考核,根据其政绩决定其升降或罢免。对于出现人命重案推官的惩治,要经由御史台送交刑部处理,最终要由中书省定夺,如至元二十九年(1292 年),婺州路推官蔡锡因枉禁平民包舍等致多人身死的案例,就是由御史台经刑部,最终以中书省意见为准,对蔡锡作出杖责八十七下的处罚。再如胡广等被游街身死案,刑部对田推官的处理"拟降先职一等",最终也要由中书省决定,当然此案结果是中书省同意了刑部意见。⑤ 若推官误捕平民作为盗贼,且囚禁而死,就会受到除名不叙,并被征烧埋银的更重处罚。⑥

三、推官的待遇、出身及仕宦

通过上面论述,可以说推官地位重要、任务繁重,那么其待遇、出身和仕宦又如何呢? 下面试分述之:

(一)推官的待遇

推官待遇可分为俸禄和职田两部分。

---

① 陈高华等:《元典章》卷 40《刑部二·察狱·罪囚淹滞举行》,天津古籍出版社、中华书局 2011 年版,第 1360 页。

② 陈高华等:《元典章》卷 43《刑部五·检验·检尸法式》,天津古籍出版社、中华书局 2011 年版,第 1483 页。

③ 陈高华等:《元典章》卷 40《刑部二·鞠狱·推官专管刑狱》,天津古籍出版社、中华书局 2011 年版,第 1374-1376 页。

④ 郑鹏:《虚文与实务之间——元代解由考论》,《内蒙古大学学报(哲学社会科学版)》2014 年第 2 期。

⑤ 陈高华等:《元典章》卷 54《刑部十六·违枉·胡广等游街身死》,天津古籍出版社、中华书局 2011 年版,第 1817 页。

⑥ 陈高华等:《元典章》卷 54《刑部十六·杂犯一》,天津古籍出版社、中华书局 2011 年版,第 1799 页。

1. 俸禄

元代路、府推官品秩不高,从六品或正七品。大都路推官,五十贯。上路推官,一十九贯。下路推官,一十九贯。散府判官,一十八贯;推官同。①《至顺镇江志》对镇江路推官俸钱亦有记载推官一十九贯。② 为什么大都路的推官俸禄要比一般的路推官高呢? 一般路府推官都有职田,大都路府推官没有,为了予以补偿,大都路职官俸禄比一般路职官俸禄都要高,不限推官。这应该是原因之一。至正十年(1350 年),刘孟琛提到的一份诏书中有"上路推官壹佰贰拾锭,下路、府推官与上路同"。③ 比起前面,但从数量上看,至正年间的推官的俸禄增长了许多倍,是推官待遇确实提高了吗? 据陈高华先生考证,至正十五年(1355 年)每升陈米 10 年左右时间内上涨了数百倍。至正钞贬值的严重程度,由米价可见一斑。④ 考虑到物价上涨,货币贬值的因素,实际上推官俸禄没有真正得到相应的增长。因此,总体上看,总管府推官俸禄较低,如潭州路推官任满因贫困,竟陷入无路费回家的境地,"(马忠信)曾为潭州路推官,……官满,贫不能归,留潭州"⑤,最后卒于此,结局令人唏嘘。对下级官员俸禄,胡祗遹曾作过评价,"职事官则六品而下,不过二十贯,一身之费,亦不瞻给。倘过官府勾唤,送往迎来,杯酒饮饭,必不能免者,又何从而出?"⑥可见推官俸禄不高,但仅凭俸禄之低,能否得出推官待遇确实很差的结论呢? 其实不然,再看推官待遇职田方面又是如何。

2. 职田

除俸禄外,元成宗时期,开始给予推官职田。大德七年(1303 年),户部提议给予推官职田并获许可。

---

① (明)宋濂等:《元史》卷 96《食货四》,中华书局 1976 年版,第 2463—2464 页。

② (元)脱因修、俞希鲁:《至顺镇江志》卷 13《职田》,《宋元方志丛刊》第 3 册,中华书局 1990 年版,第 2807 页。

③ (元)刘孟琛等:《南台备要·均禄秩》,王晓欣点校,浙江古籍出版社 2002 年版,第 220 页。

④ 陈高华、史卫民:《中国经济通史·元代经济卷》,经济日报出版社 2000 年版,第 433—434 页。

⑤ (元)刘岳申:《申斋集》卷 11《承德郎武昌路推官马君墓志铭》,《景印文渊阁四库全书》第 1204 册,台湾商务印书馆 1986 年版,第 328 页。

⑥ (元)胡祗遹:《紫山大全集》卷 12《寄子方郎中书》,《景印文渊阁四库全书》第 1196 册,台湾商务印书馆 1986 年版,第 227 页。

各路添设推官并各州同知等官合得职田,拟合先尽系官荒闲无违碍地内标拨。如是不敷,于邻近州郡积荒地内贴拨。若无荒地,照勘曾经廉访司体覆过无违碍户绝地内拨付。①

上路、下路推官职田四顷。②《至顺镇江志》载推官职田二顷六分七厘。③职田数量不一,这是为什么呢? 至元二十年(1283年),中书省奏:"汉阳田地里底管城子官人每根底,与了俸钱,又与公田,江南管城子官人每根底不曾与来。俺商量来,那里的田地水浇好田地有,斟酌少与呵";至元二十一年(1284年),中书省同意"官员职田,江淮、闽广地土不同",按通例比照腹里官员职田体例,在无违碍系官荒闲地内减半拨付。④《元史》记载"职田之制,路府州县官至元三年定之,……江南行省及诸司官二十一年定之,其数减腹里之半。"⑤近一半。除了史料中所说江南"水浇好田地"、南北"地土不同"原因外,笔者认为由于战争对北方的影响远远大于南方,南方无主土地明显少于北方,其用于官员分配的职田当然就会少。《元史·食货四》和《事林广记·别集卷一》中有散府判官职田四顷的记载,推官职田无记录。据路推官、判官职田相等史实,府推官与判官职田数应一致,南北比例仍为1:2。据陈高华研究元代大多数路府州县都有职田,⑥这也说明存在无职田情况。上述马推官可能属于无职田情况,其他原因就不得而知了。职田收入如何呢? 下则史料可从一个侧面说明职田收入对于推官生活的影响。

上(元仁宗)御兴圣殿,中书奏至江华县尹聂以道授武昌路推官,上惊讶"以道非廉吏耶? 今才为推官,何故?"参政阿荣素不乐君(聂以道),谬对"武昌讼狱繁多,非聂以道不可治,以道贫非禄田不可活"⑦。

---

① 方龄贵:《通制条格校注》卷13《禄令》,中华书局2001年版,第380页。

② 陈高华等:《元典章》卷15《户部一·禄廪》,天津古籍出版社、中华书局2011年版,第536页。

③ (元)脱因修、俞希鲁:《至顺镇江志》卷13《职田》,《宋元方志丛刊》第3册,中华书局1990年版,第2809页。

④ 方龄贵:《通制条格校注》卷13《禄令》,中华书局2001年版,第371-372页。

⑤ (明)宋濂等:《元史》卷96《食货四》,中华书局1976年版,第2450-2451页。

⑥ 陈高华、史卫民:《中国经济通史·元代经济卷》,经济日报出版社2000年版,第264页。

⑦ (元)刘岳申:《申斋集》卷8《元故中顺大夫广东道宣慰副使聂以道墓志铭》,《景印文渊阁四库全书》第1204册,台湾商务印书馆1986年版,第287页。

上述"禄田"当为"职田",阿荣对皇帝的回答虽有作假的嫌疑,但反映出职田收入不错,这一点应是毋庸置疑的。

据李治安研究,路级官员的收入远不止于俸禄,多有"官湖",谓之"分例湖"等,即使处于首领官之末的照磨,其额外所得,有的甚至相当于其俸钞的六十倍。① 推官俸禄虽不高,但加上职田等额外收入,实际收入应是很可观的。但推官职田存在南北不等的状况,南方推官职田相当于腹里地区的一半,似乎也并没有普及。

(二)推官的出身及族群分析

笔者把收集到50位有较为完整记录的元代推官统计如下表,以作分析。

表 3-5　元代推官出身及族群情况统计表

	蒙古人	色目人	汉人	南人	总计	
百姓(含富民)	—	—	3	—	3	6%
仕宦	—	—	29	18	47	94%
总计	—	—	32	18	50	100%
			64%	36%		

说明:表中统计只是元代推官中一小部分,很难反映元代的实际情况,只是作为参考。

从表中看出,推官50人中,出身仕宦之家47人,占94%,百姓3人,仅占6%,九成以上推官出身于有地位、有知识的官宦和士人,这与前面讲述的推官任用资格是一致的。从族群看,无蒙古人和色目人,汉人32人,占64%,南人18人,占36%,汉人是南人的近两倍。这是为何呢? 在汉人和南人任用上,元代对南人较为排斥,这与元统治者对于最后归附的南人不信任有关。因他们本身不熟悉汉地法律和风俗习惯,不得不重视任用被统治地区汉人或南人做推官,以利于他们对汉地的统治。据洪丽珠研究,推官适合了解当地民情者担任,出身几乎皆为北方汉民族,②同样无蒙古人和色目人,亦没有南人任职推官。其研究范围针对镇江路一路,笔者研究的是宏观层次的推官,结论和她的有所不同,推官中有部分南人担任,大致占1/3强。为作进一步说明,把其中南籍推官列表

---

① 李治安:《元代政治制度研究》,人民出版社2003年版,第164页。
② 洪丽珠:《元代镇江路官员族群分析》,《元史论丛》第10辑,中国广播电视出版社2005年版。

如下：

表3-6 元代南籍推官列表

姓名	籍贯	任官途径	时间	出处
聂以道	吉安路吉水州	吏员	延祐年间	《申斋集》卷8《元故中顺大夫广东道宣慰副使聂以道墓志铭》
林泉生	福州路永福县	科举	至正年间	《闻过斋集》卷5《故翰林直学士奉议大夫知制诰同修国史林公行状》
曹敏中	衢州路龙游县	科举	延祐年间	《金华黄先生文集》卷30《承德郎中兴路石首县尹曹公墓志铭》
汪泽民	宁国路宣城县	科举	延祐年间	《元史》卷185《汪泽民传》
杨景行	吉安路太和州	科举	延祐年间	《元史》卷192《良吏二》
周仪之	龙兴路武宁县	吏员	天历年间	《申斋集》卷11《奉议大夫泉州路总管府推官周君墓志铭》
邓仁杰	南昌	因军功授	至正年间	《玩斋集》卷10《临清御河运粮万户府经历邓君墓志铭》
方道叡	建德路淳安县	科举	至顺年间	《金华黄先生文集》卷30《蛟峰先生阡表》/王德毅等编《元人传记数据索引》
赵岳甫	台州路天台县	吏员	延祐年间	《伊滨集》卷24《天台赵公哀辞》
金德润	婺州路浦江县	不详	至顺年间	《辽金元石刻文献全编》

说明：时间为推官任职大致日期。

通过统计笔者发现，南人被任用为推官基本是在元代中后期，元统一南宋初，在"南人新附，未可恃也"的观念支配下，南人很难被任用。随着元代汉化的深入和元中后期社会矛盾的激化，南方的动荡，加上南人对当地法律和情势较为了解，元统治者为加强对南方控制，利用南人以拉拢当地仕宦，是可以理解的。南人大多通过科举、吏员推举方式出任推官，这和北方推官仕宦途径类似，几乎全是仕宦出身。有个别因军功授职的,这也正反映社会动乱,统治者重视军功的现实。南人推官政绩良好,聂以道治狱,"狱无大小,必使狱讼无差",疑狱必从轻议,当时的五府录囚官咸谓列郡皆如是,可无录矣;①林泉生调漳府推官,狱市大治,畲峒不敢为乱;②曹敏中"凡所鞠问,无不得其平",赈济宣城县饥民九万六千之众;③汪泽民、杨景行坚持正义,④不畏强暴,与高官豪强斗争,最终治之以法;周仪之秉持以"原情"断罪,所活者众;⑤赵岳甫建书院,促进当地儒学的发展。⑥ 这也正符合了元统治者任用南人的初衷。

总之,通过对推官出身及族群的分析,可以看出元统治者为了巩固自己对南方的统治,在民族矛盾日益激化时,不得不任用熟悉当地民情和文化的南人,这反映了统治者的矛盾心理和两难选择,其决策的出发点是基于利于其统治的考虑。

(三)推官的仕宦

列表以说明 54 名推官仕宦情况:

表 3-7　元代推官仕宦统计表

职务	人数	官品
理问知事	1	从八
行省都事	1	正七
御史	1	正七
检校	1	正七

---

① (元)刘岳申:《申斋集》卷8《元故中顺大夫广东道宣慰副使聂以道墓志铭》,《景印文渊阁四库全书》第 1204 册,台湾商务印书馆 1986 年版,第 287 页。

② (元)吴海:《闻过斋集》卷 5《故翰林直学士奉议大夫知制诰同修国史林公行状》,《景印文渊阁四库全书》第 1465 册,台湾商务印书馆 1986 年版,第 213 页。

③ (元)黄溍:《金华黄先生文集》卷 30《承德郎中兴路石首县尹曹公墓志铭》,《四部丛刊初编》第 1461 本,商务印书馆 1922 年版。

④ (明)宋濂等:《元史》卷 185《汪泽民传》,卷 192《杨景行传》,中华书局 1976 年版,第 4252、4366 页。

⑤ (元)刘岳申:《申斋集》卷 11《奉议大夫泉州路总管府推官周君墓志铭》,《景印文渊阁四库全书》第 1204 册,台湾商务印书馆 1986 年版,第 318 页。

⑥ (元)王沂:《伊滨集》卷 24《天台赵公哀辞》,《景印文渊阁四库全书》第 1208 册,台湾商务印书馆 1986 年版,第 599 页。

续表

职务	人数	官品
县尹	5	从六/正七/从七
太史院都事	1	正七
吏部员外郎	1	从六
太常太乐署令	1	从六
税务提举	1	从六
路判官	1	正六
州同知	1	从五
礼部郎中	1	从五
廉访司佥事	2	正五
总管府治中	3	正五
翰林待制	2	正五
州尹	2	从四
州劝农事	1	从四
翰林直学士	1	从四
知州	2	正四
路同知	1	正四
宣慰副使	4	正四
知府	2	正四
行台侍御史	2	正四
总管府事	3	正四
礼部尚书	1	正三
路总管	4	正三
廉访使	1	正三
行台中丞	1	从二
海道都遭运万户	2	从二
行省参政	2	从二
总计	54	—

说明:官品据《元典章·官制》和《元史·百官志》整理而得,皆为最终仕宦品级。

从上表可以看出,54 名推官中,一人未到任,一人推官任上致仕外,有 38 人宦途都在五品以上,占 70% 稍强,三品以上 11 人,二品以上 5 人,其他基本保持与原品级持平。担任推官后的仕途可谓优越,大部分进入宣授序列。①

针对推官任满后的仕宦去向,笔者列表如下,并试作分析:

表 3-8　元代推官最终仕宦去向列表

类别	人数	比例	备注
民职	29	54%	
文翰	3	6%	
军职	2	4%	以最后职官为准,其他指内任官或有职品无实职而又不属行省官员
台宪官	7	13%	
行省官	5	10%	
其他	7	13%	
总计	54	100%	

在统计的 54 名推官中,有 29 人担任民职,占 54% 的比例,说明推官任满后有一半多仍担任民职,这与他们熟悉当地文化与民情有关。台宪官有 7 位,占比 13%,这缘于他们专门的司法经历。明代中期,推官成为监察御史的重要后备力量,②这种趋势在元代是否已出现端倪? 行省官员有 5 人,占比 10%,其中 3 人仍担任与监督或与司法有关的职务,比如袁州推官蔡君美担任江浙行省理问所知事,③河南府推官刘天爵后担任江西检校,④平江路推官赵良辅担任江西行省都事。⑤ 另外,进入文翰官和军职的分别占比 6%、4%,担任军职最少,这当与他们本不是军旅出身有关。

总之,推官作为路府正官中级别最低的一员,大多由熟悉汉地法律和文化的汉人执掌,南人次之;担任推官后的仕宦很好,大部分进入宣授行列。其宦途

---

① 元官制一至五品宣授,用皇帝制书形式委命官职,以示重视,六至七品敕牒。

② 吴艳红:《制度与明代推官的法律知识》,《浙江大学学报(人文社会科学版)》2015 年第 1 期。

③ (元)王逢:《梧溪集》卷 5《检校蔡公挽词有序》,《景印文渊阁四库全书》第 1218 册,台湾商务印书馆 1986 年版,第 778 页。

④ (元)刘岳申:《申斋集》卷 5《真乐堂记》,《景印文渊阁四库全书》第 1204 册,台湾商务印书馆 1986 年版,第 240 页。

⑤ (元)许有壬:《至正集》卷 52《故中顺大夫同知潭州路总管府事致仕赵公墓志铭》,《元人文集珍本丛刊》第 7 册,台北新文丰出版股份有限公司 1985 年版,第 250 页。

多半是担任民职,其次是进入台宪官序列,担任军职的最少。

四、推官制度的运行状况

元代继承唐宋旧制,在路总管府设立推官,对于有效处理宋代以来日益复杂的地方司法事务影响较大,提高了司法效率。从史料来看,元代的推官制度确实推动了元代司法的完善,反映出国家地方治理的进步。另外,元代的推官制度在运行的过程中也出现了一些问题,元廷也采取应对之策,以完善这一制度。

(一)推官制度的弊端

1.推官中出现玩忽职守、滥用职权现象

婺州路推官蔡锡,对案件不详情磨问,不令双方(原、被告)当面对证,导致包舍等多名平民枉禁身死。① 延祐三年(1316年),池州路田推官伙同其他官员对假造印信的全胡广等八人,乱杖打死,却令司狱司虚作患病死。② 此两则是推官滥用职权的例证。还有推官因违限被处罚,至治元年(1321年)杭州路推官刘陶告假护其母灵柩前往大名违限,其职被依例勒停。此外,还存在路、府推官年老不退,在位不谋政,苟图俸禄现象。③

2.有推官依仗权威,收受贿赂,干扰司法正常进行

如延祐元年(1314年)……松江府推官邓鉴,前充庐陵县尹,取受萧保一嫂钞一十定,知人欲告,回付。减二等,笞四十七下,解见任,别行求仕。今任前职(即松江推官),取受赌博人薛元二至元钞二定入已。依不枉法例,杖六十七下,殿三年,降一等。④

可以看出,邓鉴在担任松江府推官前后两次因受贿受到了处罚。推官知法犯法例子,在黄溍文集中亦有记载,如州人刘文贵死,妻弟同郡朱德来省其姊,

---

① 陈高华等:《元典章》卷54《刑部十六·违枉·枉禁平民身死》,天津古籍出版社、中华书局2011年版,第1803页。

② 陈高华等:《元典章》卷54《刑部十六·违枉·胡广等游街身死》,天津古籍出版社、中华书局2011年版,第1817~1818页。

③ (元)苏天爵:《滋溪文稿》卷27《建言刑狱五事疏》,陈高华、孟繁清点校,中华书局1997年版,第449页。

④ 陈高华等:《元典章·新集·刑部》,天津古籍出版社、中华书局2011年版,第536页。

文贵养子饮以酒,数日而患腹胀,文贵次子与养子争家财有隙,……未及逮问而德死。录事及武陵县官来验其尸,皆以银钗探口中,色不变,定为病死。卫推官者先以他事怒录事,欲假定验不实为其罪,更命龙阳知州聚检,作中毒死,辞连三十余人,养子已诬服。公疑有冤,为访诸路人,且谕使吐实。众皆曰狱辞尽卫推官教我云。然公既反其狱,并按卫推官罢之。①　其中的卫推官就是为了打击报复与他有罅隙的录事,诬告陷害其勘验不实之罪,而视刘文贵养子的人命如同儿戏,把检验结论作为公报私仇的工具,实在可恨。这类例子并不在少数,为谋取个人私利,前文池州路田推官把打死之人,令司狱司虚作患病死,亦属此类。

3. 推官在审案中存在刑讯逼供现象

《元典章》载:"一到讼庭,令精跪褪衣,露膝于粗砖顽石之上,或于寒冰烈日之中,莫恤其情,不招不已。使其人肋骨支离,不可屈伸,腿脚拳挛,不能步履。又令狱卒时复提换,每移一处,则两膝脓血,昏迷不省。假使得免,亦为废人。"②上例中的养子之所以诬服,卫推官施以刑讯当是必然。《至正条格》记载推官"如或秉性偏执,疏于刑狱,或专商惨酷,惟事捶楚者,囚人虽有冤抑,欲以自辩,其可得乎"③,也说明了推官审狱中存在非法刑讯现象。

4. 在推官任满出给及填写解由的过程中存在弄虚作假现象

主管官员"贪廉无别,一体给由求仕"④,这种滥给解由的想象,在推官中也是存在的,造成推官的所谓考课实为具文而已。

(二)元代对推官制度的调整与完善

针对推官制度存在弊端,元廷采取措施进行调整。

首先,元廷利用监察机构加强对地方司法的监督,禁止非法刑讯。元代设提刑按察司,后改为肃正廉访司,沈氏认为"置廉访司以统一刑名,其制独善,此

---

① (元)黄溍:《金华黄先生文集》卷15《苏御史治狱记》,《四部丛刊初编》第1461本,商务印书馆1922年版。

② 陈高华等:《元典章》卷40《刑部二·狱具·禁止游街等刑》,天津古籍出版社、中华书局2011年版,第1355页。

③ (元)《至正条格·条格》卷33《狱官》,[韩]李玠奭等校注,韩国学中央研究院2007年版,第131页。

④ (明)黄淮、杨士奇:《历代名臣奏议》,上海古籍出版社1989版年,第919页。

元之异于历代者也"，①是有道理的，它可以很好地监督地方司法。刑狱重案由路总管府"追勘一切完备"，"牒申本道廉访司"。② 对于"诸随处季报罪囚，当该上司皆须详视，但有淹滞，随即举行"。元廷重视发挥监察御史的作用，"监察御史乃朝廷耳目，中外臣僚作奸犯科，有不职者，听其纠劾"③。元代明确规定禁止刑讯逼供，对于敢于违犯的官吏，治以重罪。

> 比年以来，外路官府酷法虐人，……罪之有无，何求不得？其余法外惨刻，又不止此。今后似此鞫问之惨，自内而外，通行禁断。如有违犯官吏，重行治罪。④

其次，中央定期遣官录囚。至元三年（1266 年），"遣使诸路虑囚"⑤。至元六年（1269 年）世祖诏曰："遣官审理诸路冤滞，正犯死罪明白，名正典刑，其杂犯死罪以下量断遣之。"⑥至元九年（1272 年）监察御史录囚大都路司狱司，发现中间克减囚粮石斗的现象。⑦ 大德十一年（1307 年），皇太子爱育黎拔力八达遣使录囚；至治二年（1322 年），元英宗遣御史录囚；⑧天历二年（1329 年），监察御史与扎鲁忽赤等官录囚；至顺二年（1331 年），元文宗诏中书省、御史台遣官诣各道，同廉访司录囚。⑨ 通过录囚取得了一定成效，正如元顺帝诏书中云"遣省、台官分理天下囚，罪状明者处决，冤者辩之，疑者谳之，淹滞者罪其有司"⑩。元

① （清）沈家本：《历代刑法考·历代刑官考下》，邓经元、骈宇骞校，中华书局 1985 年版，第 2005 页。
② 李治安：《唐宋元明清中央与地方关系研究》，南开大学出版社 1996 年版，第 231 页。
③ （明）宋濂等：《元史》卷 22《武宗一》，中华书局 1976 年版，第 501 页。
④ 陈高华等：《元典章》卷 40《刑部二·狱具·禁止惨刻用刑》，天津古籍出版社、中华书局 2011 年版，1353 页。
⑤ （明）宋濂等：《元史》卷 6《世祖三》，中华书局 1976 年版，第 110 页。
⑥ （明）宋濂等：《元史》卷 6《世祖三》，中华书局 1976 年版，第 122 页。
⑦ 陈高华等：《元典章》卷 40《刑部二·系狱·罪囚无亲给粮》，天津古籍出版社、中华书局 2011 年版，第 1364 页。
⑧ （明）宋濂等：《元史》卷 22《武宗一》，卷二八《英宗二》，中华书局 1976 年版，第 488、621 页。
⑨ （明）宋濂等：《元史》卷 33《文宗二》，卷三五《文宗四》，中华书局 1976 年版，第 732、794 页。
⑩ （明）宋濂等：《元史》卷 38《顺帝一》，中华书局 1976 年版，第 819 页。

末,发展为五府官录囚。① 元代定期录囚的举措,有力地促进了推官在内的司法官员依法办案。

最后,元廷还临时派遣宣使监督地方司法。除了监督地方司法外,有时当地方官办事能力低、不被信任时,宣使甚至与地方官一起或单独承办一些特定司法事务。② 这种中央不定期地派遣宣使巡视地方,对地方的司法官吏有一定的震慑力。

总之,元代对于推官制度运行中存在的弊端,通过监察机构加强司法监督、中央定期派官到地方录囚、临时派遣宣使承办地方司法事务并禁止司法官员非法刑讯等措施加以调整。

地方官在司法中的作用。元代司法特点仍然是行政与司法不分,州县地方官员同时又是司法审判人员,路府所设有专管刑狱的推官,行省有理问官,但最终司法判决要经过地方正官的集体圆署决定。地方司法权限的划分是徒刑以下案件,地方有决定权,但徒刑以上案件即流刑及死刑的判决要经过监察部门审核,上报刑部及中书省,死刑要上奏皇帝,由皇帝最终决定。对于案件的审理地方基本都有审理权或拟断权,只不过对于疑难及全国重大案件,刑部有复审的权力,对于死刑皇帝有否决权。中书省及刑部很多时候不是对案件的直接审理,而是书面复审。可见,以路府推官为中心的路级司法官员实际上承担了绝大部分重刑案件的审理之权。即使对于流刑和死刑没有最终的结案权,但是却有拟断之权,具体的审理也是由其进行的。研究元代的地方司法程序对于研究元代的司法程序具有重要的意义。

---

① （元）刘岳申:《申斋集》卷5《王员外东粤虑囚记》,《景印文渊阁四库全书》第1204册,台湾商务印书馆1986年版,第234页。

② 申万里:《元朝国家政权内部的沟通与交流——以宣使为中心的考察》,《元史论丛》第14辑,天津古籍出版社2013年版。

表 3-9　元代推官列表

姓名	籍贯	出身	出仕地区	族群	仕宦	时间	出处
申屠致远	汴京	仕宦	杭州路	汉人	肃政廉访司事	至元年间	《元史》卷170《申屠致远传》
范景文	真定	官宦	平江路	汉人	路总管府治中	至正年间	《金华黄先生文集》卷38《朝列大夫杭州路总管府治中致仕范府君墓志铭》
王思聪	真定	官宦	广州路	汉人	知府	后至元年间	《深州风土记》卷11《元安平王氏世德之碑》
赵良辅	彰德	官宦	平江路	汉人	行省都事	至元至延祐年间	《至正集》卷52《故中顺大夫同知潭州路总管府事致仕赵公墓志铭》
郑大中	真定	仕宦	东平路	汉人	吏部员外郎	延祐至泰定年间	《国朝文类》卷55《吏部员外郎郑君墓碣铭》
于深	莱阳	官宦	绍兴路	汉人	州尹	延祐至泰定年间	《赠朝列大夫同知济南路总管府事骑都卫尉河南伯于公墓铭》
曹伯启	砀山	仕宦	常州路	汉人	廉访使、行御史台中丞	至元年间	《元史》卷176《曹伯启传》
汪泽民	宣城	官宦	南安/平江	南人	礼部尚书	至正年间	《元史》卷185《汪泽民传》
贡师泰	宣城	官宦	绍兴路	汉人	行省参政户部尚书	泰定年间	《元史》卷187《贡师泰传》
杨景行	吉安	仕宦	抚州路	南人	翰林待制	延祐年间	《元史》卷192《良史二》
周仪之	豫章	官宦	泉州路	南人	奉议大夫	至大年间	《申斋集》卷11《奉议大夫泉州路总管府推官周君墓志铭》

续表

姓名	籍贯	出身	出仕地区	族群	仕宦	时间	出处
林泉生	莆田	官宦	漳府	南人	路总管翰林直学士	后至元至至正年间	《闻过斋集》卷5《故翰林直学士奉议大夫知制诰同修国史林公行状》
徐敏夫	聊城	—	徽州路	汉人	—	大德至至顺年间	《师山文集》卷3《送徐推官序》
焦荣	济南	官宦	袁州	汉人	知府	至元至至顺年间	《咸丰武定县志》卷35《大中大夫、中山郡焦侯世德碑》
王巴延	滨州	富民	信州	汉人	盐运司副使、州尹	至正年间	《不系舟渔集》卷13《王巴延传》
杜德宏	京师	官宦	河南府	汉人	州同知	至大至延祐年间	《安雅堂集》卷5《杜德明同知唐州序》
胡润祖	广平	吏宦	庆元路	汉人	—	至元年间	《畏斋集》卷6《庆元路推官胡公去思碑》
马玉麟	海陵	—	松江府	汉人	路总管、省参政	至正年间	《玩斋集》卷9《建安忠义之碑》
刘廷干	彭城	官宦	平江路	汉人	廉访使	至正年间	《玩斋集》卷10《公圹志铭》
邓仁杰	南昌	官宦	漳州	南人	监察御史、行省都事	至正年间	《玩斋集》卷10《临清御河运粮万户府经历邓君墓志铭》
赵继清	闻喜	仕宦	潮州	汉人	路总管	延祐年间	《金华黄先生文集》卷5《送赵继清潮州推官》/《元人传记数据索引》
杨载	建州	仕宦	宁国路	南人	未上任	至治年间	《金华黄先生文集》卷33《杨仲弘墓志墓》

续表

姓名	籍贯	出身	出仕地区	族群	仕宦	时间	出处
方道叡	淳安	仕宦	嘉兴路	南人	路判官、行省员外郎	至元年间	《金华黄先生文集》卷30《蛟峰先生阡表》/《元人传记数据索引》/《金台集》卷1《送方以愚编修之嘉兴推官》
曹敏中	龙游	仕宦	宁国路	南人	县尹	延祐年间	《金华黄先生文集》卷30《承德郎中兴路石首县尹曹公墓志铭》
王艮	诸暨	仕宦	扬州路	南人	宣慰副使	至正年间	《金华黄先生文集》卷34《中宪大夫淮东道宣慰副使致仕王公墓志铭》
王大有	濮阳	官宦	平江路	汉人	知州兼劝农事	至元年间	《金华黄先生文集》卷35《赠奉议大夫大名路滑州知州骁骑尉追封白马县子王府君墓志铭》
孙毅臣	赣州	官宦	肇庆路	南人	金宣徽院事	至正年间	《金华黄先生文集》卷37《嘉议大夫金宣徽院事致仕孙公墓志铭》
黄得礼	沇溪	—	柳州	汉人	—	—	《揭文安公文集》卷9《沇溪先生文集序》
王文羽	临淄	官宦	平江路	汉人	—	大德年间	《中庵集》卷8《故金宫使王公墓碑》
曹温	棣州	官宦	河间府	汉人	县令	大德年间	《中庵集》卷9《林堂曹氏先德碑铭》

续表

姓名	籍贯	出身	出仕地区	族群	仕宦	时间	出处
聂以道	吉州	仕宦	武昌路	南人	宣慰副使	延祐年间	《申斋集》卷8《元故中顺大夫广东道宣慰副使聂以道墓志铭》
孙万镒	—	—	南安路	—	知州	至元年间	《水云村稿》卷3《南安路学大成殿记》
王着	东平	官宦	信州	汉人	路税务提举	至元年间	《水云村稿》卷8《奉议大夫南丰州知州王公墓志铭》
刘天爵	河间	百姓	河南府	汉人	行省检校	至顺年间	《申斋集》卷5《真乐堂记》
陈行之	山阴	仕宦	信州	南人	吴县尹	至元年间	《待制集》卷5
宋可舆	—	—	婺州府	—	推官致仕	至元年间	《待制集》卷6《送宋可与考满赴铨其尊人尝为婺府推官致仕家居》
周仲	汲县	官宦	上都	汉人	海道都遭运万户	至元年间	《待制集》卷11《元故太中大夫海道都遭运万户周公墓志铭并序》
张克忠	安喜	官宦	信州	汉人	宣慰副使	至元年间	《滋溪文稿》卷15《亚中大夫山东道宣慰副使致仕张公墓志铭》
周之翰	燕人	官宦	淮安路	汉人	州知州	至元至大德年间	《滋溪文稿》卷17《元故奉训大夫冠州知州周府君墓碑铭》
马百福	京兆	世族	京兆	汉人	县尹	至元年间	《榘庵集》卷10《临潼县尹马君去思颂》

续表

姓名	籍贯	出身	出仕地区	族群	仕宦	时间	出处
蔡君美	松人	仕宦	袁州	—	理问所知事	至正年间	《梧溪集》卷5《检校蔡公挽词有序》
郭民则	庐陵	官宦	德庆路	南人	—	延祐年间	《麟原文集》前集卷3《德庆路郭推官行状》
赵岳甫	天台	官宦	温州路	南人	路治中	延祐年间	《伊滨集》卷24《天台赵公哀辞》
蔡裔	巨野	百姓	抚州路	汉人	—	后至元年间	《吴文正公集》卷67《元赠承务郎山东东西道宣慰司经历蔡君墓表》
韩准	沛县	仕宦	德安府	汉人	行台侍御史	至正年间	《闻过斋集》卷5《元故资政大夫江南诸道行御史台侍御史韩公权厝志》
王景福	有莘	仕宦	池阳	汉人	—	至大至至正年间	《礼部集》卷15《王推官母夫人寿诗序》
赵良辅	彰德	官宦	平江路	汉人	路总管府事	至元至延祐年间	《至正集》卷52《故中顺大夫同知潭州路总管府事致仕赵公墓志铭》
李希颜	滕州	官宦	建宁路	汉人	太常太乐署令	至正年间	《至正集》卷61《元故中顺大夫同知吉州路总管府事李公神道碑铭》
庄浦	彰德	仕宦	怀庆路	汉人	太史院都事	至正年间	《至正集》卷58《赠朝列大夫秘书少监骑都尉安阳郡伯庄公墓　》
宋崇禄	滑州	官宦	处州路	汉人	行台侍御史	至正年间	《至正集》卷63《有元故中奉大夫陕西诸道行御史台侍御史宋公墓志铭》

续表

姓名	籍贯	出身	出仕地区	族群	仕宦	时间	出处
李节	襄武	官宦	巩昌府	汉人	路同知总管府事	至元年间	《牧庵集》卷21《巩昌路同知总管府事李公神道碑》
刘陶	开州	—	杭州路	汉人	路同知	至治年间	《新集至治条例》
孟庆祥	海州	—	镇江路	汉人	—	至元年间	《(至顺)镇江志》卷15
李介	东平	—	镇江路	汉人	—	大德年间	《(至顺)镇江志》卷15
许好义	真定	—	镇江路	汉人	—	大德年间	《(至顺)镇江志》卷15
程良佐	顺德	—	镇江路	汉人	—	大德年间	《(至顺)镇江志》卷15
姚英	汝宁	—	镇江路	汉人		至大年间	《(至顺)镇江志》卷15
庞谦	广平		镇江路	汉人		至大至延祐年间	《(至顺)镇江志》卷15
王恪	无为	—	镇江路	汉人		延祐年间	《(至顺)镇江志》卷15
杜良臣	东平	—	镇江路	汉人		延祐年间	《(至顺)镇江志》卷15
李谦	益都	—	镇江路	汉人		至正至泰定年间	《(至顺)镇江志》卷15
赵允恭	晋宁	—	镇江路	汉人		泰定年间	《(至顺)镇江志》卷15
李恕	益都	—	镇江路	汉人	—	泰定至至顺年间	《(至顺)镇江志》卷15
孔世英	东平	—	镇江路	汉人	—	至顺年间	《(至顺)镇江志》卷15
王昌	东平	—	徽州路	汉人	东阳尹	—	《(至顺)镇江志》卷15/《元人传记数据索引》
金德润	浦江	吏宦	绍兴路	南人	路治中	至顺年间	《辽金元石刻文献全编》
傅汝梅	汾西	—	东昌路	汉人	—	—	《辽金元石刻文献全编》
杜荣季	相州	—	东昌路	汉人	—	—	《辽金元石刻文献全编》
刑秉仁	—	—	平江路	—	礼部尚书	—	《辽金元石刻文献全编》
王伯敬	保定	—	湖州路	汉人	—	—	《辽金元石刻文献全编》
余述祖	庆元	—	沔阳府	—	礼部郎中	—	《元诗选·癸集》庚集上

续表

姓名	籍贯	出身	出仕地区	族群	仕宦	时间	出处
雷子枢	建宁	仕宦	汀州路	南人	翰林待制	延祐年间	《宋学士文集》卷3
项棣孙	丽水	仕宦	福州路	南人	路总管	天历年间	《宋学士文集》卷24
詹士龙	固始	官宦	淮安路	汉人	廉访司金事	大德至至顺年间	《宋学士文集》卷40
刘中孚	吉水	百姓	吉水路（？）	南人	路总管	至正年间	《（嘉靖）南雄府志》下
王文彪	建德	仕宦	赣州路	南人	金庸田司事	后至元年间	《王忠文集》卷22

说明：仅有名字无基础信息或信息缺少较多的未列入统计；仕宦是推官任满后最终所任职官。

第四节　元代审判中别具特色的代理、约会制度

一、代理制度

中国古代法律限制特定人群的诉讼资格，于是出现了诉讼代理制度。起初，诉讼代理只是贵族官僚所享有的特权。《周礼》载："凡命夫、命妇，不躬坐狱讼。"[1]这主要出于"为治狱吏亵尊者也"[2]，就是担心在审理案件时，法官侮辱了那些尊贵者，可见，诉讼代理开始主要是为维护贵族特权而设。大夫不出庭的制度，秦朝仍在实行。秦简《封诊式·黥妾》载：某里五大夫不出庭，派家吏甲代替出庭，请求司法官对自己的婢女丙施加黥刑。[3] 秦后至唐宋，则未见有关诉讼代理的法律规定。

到了元代，对于诉讼代理有了明确规定。年老、废疾、退休官吏、妇人等，除

---

① （汉）郑玄：《周礼》卷9《秋官司寇上》，《四部丛刊初编》第13册，商务印书馆1922年版。
② （汉）郑玄：《周礼》卷9《秋官司寇上》，《四部丛刊初编》第13册，商务印书馆1922年版。
③ 睡虎地秦墓竹简整理小组：《睡虎地秦墓竹简·封诊式·黥妾》，文物出版社1990年版，第155页。

某些谋反、恶逆等重大案件及涉及自身利益的案件外,可令家人亲属代理诉讼。妇女事情须亲自诉讼者,不在禁止之例。《元史·刑法志》规定:

> 诸老废笃疾,事须争诉,止令同居亲属深知本末者代之。若谋反、大逆,子孙不孝,为同居所侵侮,必须自陈者听。诸致仕得代官,不得已与齐民讼,许其亲属家人代诉,所司毋侵挠之。诸妇人辄代男子告辨争讼者,禁之。若果寡居,及虽有子男,为他故所妨,事须争讼者,不在禁例。①

《元典章》中亦有类似规定:"年老、笃废残疾人等,如告谋反、叛逆、子孙不孝,及同居之内为人侵犯者,听。其余公事,若许陈告,诚恐诬枉,难以治罪,合令同居亲属人代诉。若有诬告,合行抵罪反坐元告之人。都省准拟外,议得:合令同居亲属通知所告事理的实之人代诉。"②

可见,元代正式有了代诉制度,这是司法进步的体现。

元代还规定老疾合令代诉。《元典章·代诉》中的一段话道出了老疾之人合令代诉的缘由:

> 争告户婚、田宅、债负、驱良、差役之人,于内有一等年老、笃废残疾人等具状陈诉。其官府哀悯此等之人恐有冤抑,多为受理,却是本人倚赖年老、笃疾,故告少壮作活之人,羁绊随衙,意望倦惮不争,如此诬罔陈诉。若便反坐抵罪,争奈逐人不任刑责。③

上述所说老疾之人,倚赖老疾,作诬妄之诉,但是他们又不堪受刑,故令亲属代诉。元代有关代诉的规定包括下列内容:

一是闲居官与百姓争讼子侄代诉。大德七年(1303 年),都省议得:致仕得代官员,即同见任,凡有追会公事,依例行移。事关侵欺、取受私罪,自有应问官

---

①　(明)宋濂等:《元史》卷105《刑法四》,中华书局1976年版,第2671页。

②　陈高华等:《元典章》卷53《刑部十五·代诉·老疾合令代诉》,天津古籍出版社、中华书局2011年版,第1774页。

③　陈高华等:《元典章》卷53《刑部十五·代诉·老疾合令代诉》,天津古籍出版社、中华书局2011年版,第1774页。

司。其争讼婚姻、田债等事,合令子孙弟侄或家人陈诉,却不得因而侵扰不安。①

二是不许妇人诉,即是说一般情况下,妇女诉讼需要别人代诉。皇庆二年(1313年),彰德路府判田奉上呈的一份训牒中道出反对妇女诉讼的缘由:

> 近已宪司委断安阳等处人户告争田土、房舍、财产、婚姻、债负积年未绝等事,照得元告、被论人等,于内有一等不畏公法、素无惭耻妇人,自嗜斗争,妄生词讼,桩饰捏合,往往代替儿夫、子侄、叔伯、兄弟,赴官争理。及有一等对证明白、自知无理倚赖妇人,又行抗拒,起生侥幸,不肯供说实词,甚者别生事端。在后体知,复有一等年幼寡妇,意逞姿色,故延其事,日逐随衙,乐与人众杂言戏谑,勾引出入茶肆酒家,宿食寄止僧房道院,中间非理,无所不为,习以为常,官不为禁,甚失妇道,有伤风化。合无今后不许妇人告事?若或全家果无男子,事有私下不能杜绝,必须赴官陈告,许令宗族亲人代诉。所告是实,依理归结;如虚不实,止罪妇人,不及代诉。乞照详明降。②

禁止妇女代替男子告辨词法,"妇人之义,惟主中馈,代夫出讼,有违礼法"。伤风败俗,必须禁约。若果寡居无依,及虽有子男,别因他故妨碍,事须论诉者,不拘此例,但须获得中书省的同意。

通过上则材料可知元代禁止妇女代诉(或妇女诉讼)的原因:妇女妄生词讼、无理取闹,别生事端;妇女诉讼有违礼法,一些妇女意逞姿色,日逐随衙,有伤风化。元代亦作出允许妇女诉讼的特殊情况及实行代替妇女诉讼的追责规定,即若寡居或有子男但是有他故、必须论诉者,可以妇女诉讼。为了打击所告失实,并且鼓励代理妇女诉讼,元代规定如所告不实,只追究妇女罪责,代诉人可免责。

三是禁治富户令干人(手下人)代诉。大德三年(1269年)二月,江西道廉

---

① 陈高华等:《元典章》卷53《刑部十五·代诉·闲居官与百姓争讼子侄代诉》,天津古籍出版社、中华书局2011年版,第1776页。

② 陈高华等:《元典章》卷53《刑部十五·代诉·不许妇人诉》,天津古籍出版社、中华书局2011年版,第1776-1777页。

访司申："为江西地面刑豪富户令佃客干人代诉词讼事。今后随处税户,除令佃户种田纳租外,毋得非理驱使。如有主使兴词论诉公事,及代为主户冒名陈告之人,取问是实,痛行惩治。果有年老、笃废等疾,止令同居亲属通知所告事理之人代诉"①,获得宪台同意并对此行为加以禁治。

元代通过代诉制度的施行,维护传统的礼法,有利于促进司法运作效率和提高司法公正,有利于保护当事人的合法利益,有效节约了元代有限的司法资源。

二、约会制度

元代社会构成比较复杂,存在着民族、宗教等多种社会群体,居民则分为诸色户计,一旦案件涉及不同的民族、宗教和所在的不同户计时,这类案件就需要官员"约会"处理,共同审理。按照元世祖时期体例,约会总体原则是,"重罪过的,交管民官归问,轻罪过的交约会者归问,若三遍约会不来呵,管民官就便归断了呵"②。诸管军官、奥鲁官及盐运司、打捕鹰房军匠、各投下管领诸色人等,但犯强窃盗贼、伪造宝钞、贩卖人口、发冢放火、犯奸及诸死罪,并从有司归问。③对于投下并诸色户计,至元二年(1265 年)元廷规定:"投下并诸色户计,遇有刑名词讼,从本处达鲁花赤、管民官约会本管官断遣。如约会不至,就便断遣施行。"④元人徐云瑞《吏学指南》中也有类似说法。⑤《元典章》载,至元五年(1268 年),"今后随路投下人户,但犯奸盗重罪等事,并从有司约会本管官司一同理问定断"⑥;如果诸有司事关蒙古军者,那就要与管军者约会问⑦。"诸僧、

---

①　陈高华等:《元典章》卷 53《刑部十五·代诉·禁治富户令干人代诉》,天津古籍出版社、中华书局 2011 年版,第 1775 页。

②　陈高华等:《元典章》卷 53《刑部十五·约会·军民词讼约会》,天津古籍出版社、中华书局 2011 年版,第 1784 页。

③　(明)宋濂等:《元史》卷 102《刑法一·职制上》,中华书局 1976 年版,第 2619—2620 页。

④　陈高华等:《元典章》卷 53《刑部十五·约会·诸色户计词讼约会》,天津古籍出版社、中华书局 2011 年版,第 1780 页。

⑤　(元)徐云瑞:《吏学指南》(外三种)杨讷点校,浙江古籍出版社 1988 年版,第 58 页。

⑥　陈高华等:《元典章》卷 41《刑部三·内乱·欲奸亲女未成》,天津古籍出版社、中华书局 2011 年版,第 1421 页。

⑦　(明)宋濂等:《元史》卷 102《刑法一·职制上》,中华书局 1976 年版,第 2619 页。

道、儒人有争,有司勿问,止令三家所掌会问。"①至元十二年(1275 年),蒙古军人"自行相犯婚姻、良贱、债负、斗殴词讼,和奸杂犯",不属于重案,"合从本奥鲁就便归断",就是说由本部门奥鲁官归断。但如果同样案件涉及俗人与和尚,则需要管民官与"和尚的头儿"进行约会。其余的涉及"人命重刑、利害公事、强切盗贼、印造伪钞之类",这都属于圣旨定立罪赏、管民官应捕的职责,"合令有司约会,归问完备,从有司结案"。②宣政院官起初曾提出,"不拣甚么勾当有呵,约会一同问者"。"为那上头,僧道做贼说谎、图财因奸致伤人命的僧道多者。"③大德七年(1303 年),重申世祖皇帝圣旨,僧道"犯奸的、杀人来的、做贼说谎的、犯罪过的僧道每,则交管民官问者。其余与民相争地土一切争讼勾当,管民官约会他每头目一同问者"④。如"事关投下约会不至者,从本土官断决",然而"奸吏反藉约会,虚调关文,累年不决"⑤。为此,皇庆二年,元廷规定:"奸盗诈伪,致伤人命,但犯重刑,管民官问者。其余和尚自其间不拣甚么相争告的勾当有呵,本寺里住持的和尚头目结绝者。僧俗相争田土,不拣甚么告的勾当有呵,管民官与各寺里住持的和尚头目一处问者。合问的勾当有呵,于有司衙门里聚会断者。和尚每的头目约会不到呵,管民官依体例断者。"⑥延祐六年(1319 年)十一月,"中书省臣言:'曩赐诸王阿只吉钞三万锭,使营子钱以给畋猎廪膳,毋取诸民。今其部阿鲁忽等出猎,恣索于民,且为奸事,宜令宗正府、刑部讯鞫之,以正典刑。'制曰'可'。"⑦至元三十年(1293 年),对于儒道僧官之间的"争差言语"实行约会,管民官休问,规定:"和尚一处、先生每、秀才每有争差的言语呵,管民官一处休交问,和尚每的为头儿的、先生每的为头儿的、秀才每

①　(明)宋濂等:《元史》卷 102《刑法一·职制上》,中华书局 1976 年版,第 2620 页。

②　陈高华等:《元典章》卷 39《刑部一·刑名·蒙古人自相犯重刑有司约会》,天津古籍出版社、中华书局 2011 年版,第 1342-1343 页。

③　陈高华等:《元典章》卷 39《刑部一·刑名·僧道做贼杀人官民官问者》,天津古籍出版社、中华书局 2011 年版,第 1346 页。

④　陈高华等:《元典章》卷 39《刑部一·刑名·僧道做贼杀人官民官问者》,天津古籍出版社、中华书局 2011 年版,第 1346 页。

⑤　(元)胡祗遹:《紫山大全集》卷 21《又小民词讼奸吏因以作弊》,《景印文渊阁四库全书》第 1196 册,台湾商务印书馆 1986 年版,第 381 页。

⑥　陈高华等:《元典章》卷 41《刑部三·内乱·欲奸亲女未成》,天津古籍出版社、中华书局 2011 年版,第 1421 页。

⑦　(明)宋濂等:《元史》卷 26《仁宗三》,中华书局 1976 年版,第 592 页。

的为头儿的一同问者。"①同样对于医人、乐人、投下、军民、投下并探马赤等涉及诸色户计的词讼也需要约会处理。②

总之，从以上叙述可以得出如下结论：首先，约会制是元代司法制度的一项创举。它是元代有效解决各色户计纠纷的机制，照顾到各方面的利益，有效缓和了矛盾。其次，约会制总的原则是"重罪过的，交管民官归问，轻罪过的交约会者归问"，但该原则有一个变化过程，起初，重罪过也要约会，但出现"约会不至"致使案件迟滞不决的状况，为提高判案效率，元世祖规定，重罪过案件一律由有司部门归问。即使对于轻罪过案件，经过三次约会不至的，由有司部门决断。再次，儒道僧官之间约会，管民官休问。

下面是一则军民之间违背约会的案例：皇庆元年（1312年）二月，浙江行省通州潞县于县尹、张县尉等，不行约会，将修理仓敖军人李顺断讫三十七下。因弓手李贤与李顺斗殴，被打破头，县官不经证人面对，依例取要辜限文状。按照元代规定：军民相犯贼情、人命等重罪过，交管民官归问；其余家财、田土、殴打相争轻罪过的，军民官约会着问者。此案例违背正常约会规定和司法程序，县官及下属都得到了相应处罚。③

约会制，是元代在当时民族成分复杂，多种多级审判机关并存的情况下采取的具有开创意义的举措，体现了元代统治者的智慧。但也带来司法效率低下的问题。

第五节　元代审判程序的特色及存在的问题

元代是蒙古族建立的第一个少数民族全国性统一的王朝，给中国历史发展带来不同的影响，无论在政治、经济、军事、法律等各方面都产生了明显的异于以往朝代的特征。元代的审判制度，一方面沿袭唐宋王朝的旧制，另一方面仍

---

① 陈高华等：《元典章》卷53《刑部十五·约会·儒道僧官约会》，天津古籍出版社、中华书局2011年版，第1780页。

② 陈高华等：《元典章》卷53《刑部十五·约会》，天津古籍出版社、中华书局2011年版，第1780-1787页。

③ 陈高华等：《元典章》卷54《刑部十六·违错·县官擅断军事》，天津古籍出版社、中华书局2011年版，第1827-1828页。

保留着蒙古汗国时期"临事处断"的简易、粗狂的断案方法。审判中的慎刑思想,"切惟国朝最以人命为重。凡有重刑,必须奏覆而后处决,深得古先谨审刑辟之意","各处重囚追勘完备,牒审无冤,结案待报,盖详刑之义,圣朝所尚"。①笔者认为元代司法审判程序的特色主要有以下几个方面:

一、词讼由正官推问,禁止非正官受理词讼

(一)词讼由正官推问

正官,即正职官,指路、府、州、县、司中的主管各类权力者。路正官是指达鲁花赤、总管、同知、治中、推官、断事官等官员。府衙门的正官指达鲁花赤、知府(府尹)、同知、判官、推官、断事官等,享有司法审判权。州正官为达鲁花赤、州尹、同知、判官、断事官等。县设县尹、县丞等。与此同时,禁止人吏审理词讼,大德六年(1302年),省台规定:"各衙门辄差令史、宣使人等,宜与廉访司书吏、奏差"等禁止审理词讼。② 至元六年(1269年),东平路等处官司"委令不系省部迁转无职人员置院推问公事,擅自将人打拷"。这些委任者"不系正官",违背朝廷规定,为此,省台规定附近去处"本管官司亲为理问",如地理遥远,事关人众,确需委官推问,"本处摘官一员",前往被论去处理问,③亦不能转委吏员问事。再如"禁僧官侵理民讼"④。再则,"诸为盗,并从有司归问,各投下辄擅断遣者,坐罪"⑤。

(二)禁止非正官受理词讼

元廷制定了一系列不掌司法审判权的官员不得干扰狱讼的规定。这些规定包括:

---

① 陈高华等:《元典章》卷40《刑部二·狱具·禁治游街等刑》,天津古籍出版社、中华书局2011年版,第1355页。

② 陈高华等:《元典章》卷53《刑部十五·问事·人吏不得问事》,天津古籍出版社、中华书局2011年版,第1757页。

③ 陈高华等:《元典章》卷53《刑部十五·问事·词讼正官推问》,天津古籍出版社、中华书局2011年版,第1756-1757页。

④ (明)宋濂等:《元史》卷6《世祖三》,中华书局1976年版,第113页。

⑤ (明)宋濂等:《元史》卷103《刑法二》,中华书局1976年版,第2633页。

1. 军官不许接受民词

至元二十一年(1284 年)五月,福建行省各路"镇守司并省都镇抚司往往自出给差引文凭,及接受民间一切词讼理断,其间不无违错,深为未便",违背其"专一提调军马,镇遏地面勾当"的职责。行省要求"一切民词,从本路总管府依理施行"①。

2. 词讼不许里正备申

至元三十一年(1294 年),袁州路因"乡都里正、社长、巡尉、弓手人等,恃为官府所设之人,事不干己,辄为体访,申作事头",当该官司不加详察,依凭勾摄,民皆受苦。江西道廉访司规定"今后除地面啸聚强窃盗贼、杀人、伪造宝钞、私宰牛马许令飞申"外,其余民户有词讼及一切公事,"听令百姓赴有司从实陈告",乡都里正、主首、社长、巡尉、弓手人等不许干预。②

3. 巡检不得接受民词

大德三年(1299 年),江西行省各处捕盗司、巡检司带领着的滥设弓手、提控人等,带着空头文引,与里正、主首人等"捏合事端,私受白状",一旦有被盗之家,多以事主不行告发为词,差人带领无名子弟动计三五十,执把军器,"勾扰平民,监锁吊打,抢夺财物",破家丧产,民甚苦之,严重违背"各处巡尉司职专捕盗,例禁不许接受民讼"的规定。省台规定"将滥设弓手截日尽行革去",并"严切禁治捕盗官司受理白状",违犯者严行治罪。③

4. 出使人不得接词讼

大德六年(1302 年),杭州路已断为良妇女蔡蜡梅自愿出家,但出使朝廷官差却接受他人词状,行移道录司取发,提审被告蔡氏。但是"诸衙门出使人员理问词讼,其于事体不同",故都省规定:"今后诸衙门出使人员,除本宗事外,毋得接理词讼。"④

---

① 陈高华等:《元典章》卷 53《刑部十五·问事·词讼正官推问》,天津古籍出版社、中华书局 2011 年版,第 1756-1757 页。

② 陈高华等:《元典章》卷 53《刑部十五·听讼·词讼不许里正备申》,天津古籍出版社、中华书局 2011 年版,第 1749-1750 页。

③ 陈高华等:《元典章》卷 53《刑部十五·听讼·巡检不得接受民词》,天津古籍出版社、中华书局 2011 年版,第 1750 页。

④ 陈高华等:《元典章》卷 53《刑部十五·听讼·出使人不得接受民词》,天津古籍出版社、中华书局 2011 年版,第 1751 页。

5. 站官不得接受词状

至大元年(1308年),据浙江监察御史呈牒,体知江浙随处水马站赤,不详所告虚实,辄便受理,紊乱司法。故认为各处站官:"皆不谙官事",其职责在于"祗待使人,管干马匹、船只、铺陈什物一切事务",站户有关词讼,"自是有司之责,不应站官私受词状"。这种状况"若不禁治,不惟紊烦官府,实为蠹害良民"①,遂向行台提出建议,获行台批准并行移合属,禁治这种行为。

在司法实践中却存在侵犯司法审判权现象,如王恽就兵马司擅自鞫断提出弹劾状:切见在都兵马司设马步军五百人,系专一警捕衙门。自去年至今年三月终,强盗贼计六十余起,致有杀伤事主、劫掠财物及本司公廨下为盗者。盖当该官兵不为用心,滋多如此。……间有败获贼徒,除事关权势、不能归结者才方申上,自余无问轻重,辄便鞫问断遣。岂惟侵司越职,窃弄威权,但恐中间奸弊日滋,实为事害,兼是司自来并无囚系鞫问断遣之理。今后有无有令兵马司据应获盗贼略行取问,即便解府,归结施行。② 像上述元代官员擅自问案现象还有很多,不再赘举。此外,机构司法权限存在混淆不清现象,如至元十六年(1279年)五月,"御史台臣言:'先是省臣阿里伯言,有罪者与台臣相威同问,有旨从之。臣等谓行省断罪以意出入,行台何由举正。宜从行省问讫,然后体察为宜。'制曰'可'"③。

(三)特定诉讼主体的词讼必须由法定的职官审问

这种诉讼主体主要包括回回人、儒人、投下并诸色户计的刑名词讼,以及儒、道、僧、医、军、民、灶户等的相争词讼。一般涉及杀人盗贼之类重罪过刑名案件,由有司部门审理,其他涉及各户计内部的案件由各自的主管官员审理,如涉及相互之间的词讼,要约会各主管头目同问。

---

① 陈高华等:《元典章》卷53《刑部十五·听讼·站官人不得接受词状》,天津古籍出版社、中华书局2011年版,第1752-1753页。

② (元)王恽撰:《秋涧先生大全文集》卷88《乌台笔补·弹兵马司擅自鞫断事状》,《四部丛刊初编》第1396册,商务印书馆1922年版。

③ (明)宋濂等:《元史》卷10《世祖七》,中华书局1976年版,第211-212页。

二、司法审判中的契约意识增强

唐代许嫁女报婚书规定较为宽泛，"虽无许婚之书，但受聘财亦是"①。元代司法中契约意识明显增强，《元史·刑法志》对于婚姻契约明确规定："诸出妻妾，须约以书契，听其改嫁。以手模为征者，禁之。"②大德十年（1306年），御史台呈、礼部议得："今后质典交易，除依例给据外，须要写立合同文契贰纸，各各画字，赴务投税。典主收执正契，业主收执合同，虽年深，凭契收赎，庶革侥幸争讼之弊"③，都省准呈。为了辨别真伪，在审判中要派人进行查验，如《元典章·儒吏考试程式》"抄白追会事件"中就有"据"的记载："一，某指某人元系本家在逃驱奴，照过元买文契无伪，照过户籍俱各相同。一，某指到官赃马一匹，委是某人处买到，追索元契，委官辨验得，别无诈冒不实。一，凡文凭例须照勘者，依上开。"④此外举两个典型案例加以说明：

> 大德六年十二月，湖广行省：本道呈"赵若震告争阿里海牙平章柑橘园地"公事。移准中书省咨："来咨：'赵若震告阿里海牙平章占住柑橘园地，系故阿里海牙平章攻打潭州占到柑橘，令人看护，伊妻郝氏呈献在官。至元二十六年钦奉圣旨拨赐贯只哥参政房屋数内，亦有前项田地三处，本官户下抄籍了当。又兼园地虽经廉访司断付赵若震为主，终不曾明白交业，经隔到今二十余年，即非阿里海牙强占田土。若依已籍为定，拨付贯只哥参政为主相应。咨请定夺。'准此。送礼部照拟得：'前项所争园地，既赵若震见贾亡宋淳祐元年经税文契、并陈椿等批退执照，及有承买许秃鲁罕地基上元盖房屋文契，逐节至甚明白。虽贯只哥称伊父攻打潭州时占立炮场栽种柑橘，只凭此言，显是阿里海牙平章当时乘势夺据民田，行省二十余年，终不明白交业。即是官豪之家欺遏小民，不肯交业，以致逗留到今，不

---

① （唐）长孙无忌等：《唐律疏议》卷13《户婚》，刘俊文点校，中华书局1983年版，第213页。
② （明）宋濂等：《元史》卷103《刑法二·户婚》，中华书局1976年版，第2644页。
③ 方龄贵：《通制条格校注》卷16《田令·典卖田产事例》，中华书局2001年版，第478页。
④ 陈高华等：《元典章》卷12《吏部六·吏制·儒吏考试程式》，天津古籍出版社、中华书局2011年版，第440页。

能结绝。其在官籍面,似难凭准。以此参详,拟合钦依至元十五年圣旨通例及赵若震所有凭据,断付本人依旧为主相应。'都省准呈。"①

此案例体现出元代鲜明的契约意识。柑橘园在至元十三年(1276年)元军攻占潭州时,②被当时阿里海牙平章所占据,直到大德六年(1302年),最终判决断付赵若震本人。此案例涉及人物都是高官,元世祖亦有涉足。攻占潭州时,阿里海牙时任平章,至元二十六年(1289年)元世祖圣旨把此柑橘园三处拨赐给阿里海牙时任参政的儿子贯只哥,并抄籍了当。中间经过一次判决,经廉访司断付赵若震为主。但贯只哥不曾明白交业。经过二十余年,礼部仍能按照当时亡宋淳祐元年经税、房屋文契及批退执照断决给赵本人,没有因为皇帝圣旨和对方权势强大而屈服,没有因为是被平章所占据而作出违犯所签订文契的处决,相反认为:此为官豪之家欺遏小民所致,以致不能结绝,逗留至今。仍然根据至元十五年(1278年)圣旨通例及赵若震所持凭据,断付本人依旧为主,最终得到都省即中书省的批准。此种遵从契约的意识是很值得称道的。同样的案例再如:

> 大德六年二月□日,湖州路承奉江浙行省札付:来申:"陈天得告潘万七至元二十七年买讫卑幼田土。此时虽是年幼,与祖母并亲母陈孺人、姐陈得一娘、得二娘同家住坐,俱各画字。荒歉之年,先典后卖,立契卖与潘万七为主。"本省议得,饥荒之岁典卖讫田产,因见即目地价比之往日陡高数倍,以利为心,或称欺瞒亲邻,或称卑幼成交,往往告官争理,不得杜绝。今陈天得因缺食,与祖、母及姐二人将田土立契,先典就卖,过割租税了当。今经一十余年,田土价高,才方争理,难同非理典卖田土。况江南似此饥歉之年,卖田者非止一家,若准陈天得所告改断,实虑效此,致使农民不能安业,紊烦官府。即系为例事理,移准中书省咨:"送礼部议得:'陈天得所争田土,虽称卑幼,缘为饥馑,同伊祖母陈安人、母陈孺人并姐二人立契,先典

① 陈高华等:《元典章》卷19《户部五·典卖·赵若震争柑园》,天津古籍出版社、中华书局2011年版,第707-708页。

② (明)宋濂等:《元史》卷128《阿里海牙传》,中华书局1976年版,第3127页。

后卖潘万七为主,难同非理典卖。设或违法,随即不曾争理,今经年远,才
生饰词,实为侥幸。如准江浙省所拟,验契断付已买地人潘万七依旧为主
*相应。' 都省依准所拟,咨请照验施行。" 准此。仰依上施行。*①

此案例是发生在至元二十七年(1290 年)买卖田产契约,当时由陈天得与
其祖母、母亲及两位姐姐,在荒歉之年,先典后卖,立契约卖与潘万七。后经十
二年,由于田价增高,陈天得借口当时自己年幼,潘万七买讫卑幼田土,告发到
官,企图毁约。江浙行省并没有支持陈天得所告诉求,其理由是:首先,因地价
陡高数倍,陈天得因缺食,为谋取利益,而提起诉讼。其次,事件经过十二年,事
件久远方才争理,很难断以非理典卖田土。官方还考虑到,此案若准陈氏要求,
别人纷纷仿效,唯恐紊烦官府。后移准中书省,送经礼部审议,依据当时陈氏同
家人卖田立有契约,难同非理典卖。亦认为"今经年远,才生饰词,实为侥幸"之
举,支持行省意见,最终还是依据了十年前双方自愿签订的田土契约,验契断付
已买地人潘万七依旧为主,获得中书省的支持。该案例是元代遵循契约的又一
典型案例。此处两个案例的共同特点都是涉及田产的官司,并且经过时间久
远。最终的判决依据都是依据当时的房产文契或田产交易文契,断付给持有契
约的一方。此案例所体现的契约精神,即使在今天仍令人叹服。值得疑问的是,
两案判决得以执行,礼部的意见起了很重要的作用,两个涉及田产的案例没有经
过户部而是交给礼部处理。笔者查阅影印元刊本《大元圣政国朝典章》②,此处确
为"礼"部,内容属于户部,匪夷所思。类似立契约的例子还有,至元二十三年
(1286 年)十一月,南京庞京驴告,舅舅焦汉臣至元十四年(1277 年)买到张阿刘房
四间,明立文契,其张阿刘称元是典契,南京宣慰司、总管府偏断。追到南京路文
卷:照得在先依准录事司所拟,凭契归结,在后却拟令张阿刘取赎。③ 在《朴通事》
里这种例子很多,买卖要立契约,订婚要订立婚约,举一例说明。

———————————

① 陈高华等:《元典章》卷 19《户部五·典卖·远年卖田告称卑幼收赎》,天津古籍出版社、中华书
局 2011 年版,第 708 页。

② (元)佚名:《大元圣政国朝典章·户部·典卖》(影印元刊本),中国广播电视出版社 1998 年版,第
762-763 页。

③ 陈高华等:《元典章》卷 14《吏部八·案牍·明立检目不得判送》,天津古籍出版社、中华书局 2011
年版,第 524-525 页。

我今日买一个小厮儿,他的爷娘里与文书来,你与我看一看中也不中。将来我念:"大都某村住人钱小马,今将亲生孩儿小名唤神奴,年五岁无病,少人钱债,阙口少粮,不能养活,身为未便,随问到本都在城某坊住某官人处卖与,两言议定,恩养财礼钱五两,永远为主,养成驱使。如卖已后,神奴来历不明,远近亲戚闲杂人等往来竞争,买主一面承当不词,不干买主之事。恐后无凭,故立此文为用。某年月日卖儿人钱小马,同卖人妻何氏。见人某。引进人某。"①

这里是一个买卖儿童的契约,约定双方的责任和义务。有了契约,可以避免很多纷争或者诉讼。

总之,元代司法审判中的契约意识增强,是其司法进步的体现。

三、审讯与审理时限

宋制,受理有关田产、债负等轻刑案件有一定审理期间,即"务限法",以达到不误农时的目的。元袭宋朝,对此类案件亦有务限的规定:"除公私债负外,婚姻、良贱、家财、田宅,三月初一日住接词状,十月初一日举行。"②如果不关农田户计,随即受理归问,不受务限所拘。"若有文案及又相侵夺并于田农人户者,随时受理决断。"③大德三年(1299年),都省议得,对于百姓争论田宅、婚姻、良贱之事,"须自下而上,先从本处官司归理,比及务停,须要了毕"。如果事关人众的案件允许务停一次,再次务开,即便举行。"如地远事难,又复不能了毕,明立案验,要见施行次第、所以不了情节,再许务停一次。本年农隙必要结绝,不许更入务停。"④元代规定,案件须在期限内审理完毕,"今后小事限七日,中

---

① 汪维辉:《朝鲜时代汉语教科书丛刊》(一),中华书局2005年版,第257页。

② 陈高华等:《元典章》卷53《刑部十五·停务·年例停务月日》,天津古籍出版社、中华书局2011年版,第1787页。

③ 黄时鉴:《元代法律资料辑存》,浙江古籍出版社1988年版,第39页。

④ 陈高华等:《元典章》卷53《刑部十五·停务·年例停务月日》,天津古籍出版社、中华书局2011年版,第1788页。

事十五日,大事三十日"①。案件经过两次农忙间隙,不能结绝者,所属官员要给予处罚,"二次农隙之间而不结绝,所属官司拟合治罪,必要本年杜绝","累经务停不绝,难准入务,即与结绝。如违,从本管上司、廉访司治罪相应"。② 大德九年(1305 年)六月规定:"诸处罪囚淹系五年以上,除恶逆外,疑不能决者释之。"③诸处罪囚淹禁五年以上,除恶逆重罪外,有疑点、缺乏确凿证据者,予以释放。《元史·刑法志》亦有规定:"诸婚田诉讼,必于本年结绝,已经务停而不结绝者,从廉访司及本管上司,正官吏之罪。"④后来停务的规定有所变化,延祐四年(1317 年)十月,"今后莫若除田土、良贱、家财词讼等事依例务停外,其婚姻公事,理合随时结绝,不许务停","所据告争婚姻事理,如不妨农,随时归结"。⑤到了元文宗时,对于婚姻案件,要随时结案,不再允许务停。

可见,对于较轻刑案件,元代虽有务限、务停的规定,但并不是没有原则的。一般事关人众的案件可以再务停一次,对地理遥远、案件又难以判决的最多务停三次。对规定期限内不能结案的官员,要追究其罪责。到了元文宗时,比如对于不妨碍农时的婚姻案件,不再允许务停。

四、审判官员履行职责的要求

(一)审讯方面的要求

1."职官同问"

元代创立集体推问制度。早在中统四年(1263 年)七月,中书条画规定:"鞫勘罪囚,仰达鲁花赤、管民官一同磨问,不得转委通事、必阇赤人等推勘。如违,仰宣慰司究治。"⑥至元五年(1268 年)七月圣旨:"鞫勘罪囚,皆连职官同问,

---

①　陈高华等:《元典章》卷 13《吏部七·公事·行移公事程限》,天津古籍出版社、中华书局 2011 年版,第 508 页。

②　陈高华等:《元典章》卷 53《刑部十五·停务·争田词讼停务》,天津古籍出版社、中华书局 2011 年版,第 1789 页。

③　(明)宋濂等:《元史》卷 21《成宗四》,中华书局 1976 年版,第 464 页。

④　(明)宋濂等:《元史》卷 103《刑法二·户婚》,中华书局 1976 年版,第 2642 页。

⑤　陈高华等:《元典章·新集·刑部·停务·告争婚姻》,天津古籍出版社、中华书局 2011 年版,第 2219-2220 页。

⑥　陈高华等:《元典章》卷 40《刑部二·鞫狱·鞫囚公同磨问》,天津古籍出版社、中华书局 2011 年版,第 1373 页。

不得专委本厅及典吏推问。如违,委监察纠察。"①这种"职官同问"和"公厅圆坐"的署事之制,即地方正官与有关职官会同审讯对保证司法公正性及确保司法权控制在元统治者手里有一定作用。

2. 鞫囚以理推寻

这一规则要求:"诸鞫问罪囚,必先参照元发事头,详审本人词理;研究合用证佐,追究可信显迹。若或事情疑似,赃仗已明,而隐讳不招,须与连职官员立案同署,依法拷问。其告指不明,无证验可据者,先须以理推寻,不得辄加拷掠。"②元代主张审问案情推之以理,禁止非法使用酷刑,"诸鞫狱不能正其心,和其气,感之以诚,动之以情,推之以理,辄施以大披挂及王侍郎绳索,并法外惨酷之刑者,悉禁止之"③。元代司法官吏重视证据的提取,承袭以前王朝的"五听问案"制度。"拯治刑名鞫囚之官,先须穷究证验,后参以五听,察辞观色,喻之以礼,俾自吐实情,罪至死者,推勘得实,结案详谳。"④

3. 依法刑讯

在满足一定条件下,根据元代法律规定,可以刑讯。若罪囚所犯罪行证据确凿,但其拒不招供时,则须"拷讯";或遇有刁钻奸猾之案犯时,连职官共同议定并签署实行刑讯时,亦可予以用刑。但必须使用法定规格的讯杖,不得法外用刑,禁止惨刻酷刑,比如"大披挂""王侍郎绳索",让人犯"跪于磁芒碎瓦之上"等法外惨刻之手段。⑤ 更有甚者,一些官员不管案件轻重,不是以理问案,而是为了快速结案,加以刑讯,"官吏推问,不详法制之轻重,不肯以理而推寻,遽凭所告,务要速成。一到讼庭,令精跪褫衣,露膝于粗砖顽石之上,或于寒冰烈日之中,莫恤其情,不招不已。使其人肋骨支离,不可屈伸,腿脚拳挛,不能步履。又令狱卒时复提换,每移一处,则两膝脓血,昏迷不省。假使得免,亦为废人。况外无拷掠之痕,内有伤残之实。所在官吏习以为常,江浙之间此弊尤甚,

① 陈高华等:《元典章》卷40《刑部二·鞫狱·鞫囚职官同问》,第1373—1374页。
② 陈高华等:《元典章》卷40《刑部二·鞫狱·鞫囚依理推寻》,天津古籍出版社、中华书局2011年版,第1374页。
③ (明)宋濂等:《元史》卷103《刑法二·职制下》,中华书局1976年版,第2632页。
④ 黄时鉴:《元代法律资料辑存》,浙江古籍出版社1988年版,第186页。
⑤ 陈高华等:《元典章》卷40《刑部二·刑狱·禁止惨刻酷刑》,天津古籍出版社、中华书局2011年版,第1353页。

上负国家好生之德,下长官吏酷虐之风"①。经过刑讯后的案犯,不废即残,其惨烈令人动容。

4.除朝廷和省部交办的大案要案外,禁止"暮夜问事"

《至元新格》载:"一等酷吏,昼则饱食而安寝,夜则鞠狱而问囚。意谓暮夜之间,人必昏困而难禁,灯烛之下,自可肆情而妄作,以致蚊虻之咬皮肤,风霜之裂肌体。间有品官为事鞠问,官吏先使本人跪于其前,问官据案假寐,或熟寝榻上,至于睡觉,方问其人招与不招,又复偃卧。或啜茶饮酒,故意迁延,百端凌虐,必得招而后已。国家赤子,乃使刻薄之人残害如此。"②

5.禁止在禁刑日内问罪囚和断决人罪

元代统治者,为拉拢人心、鼓吹"皇恩",划定所谓"禁刑日"。据《元典章》载,元代一年中划分了两个"禁刑日",分别在"八月二十三"③和"五月初四"④,在禁刑日不得问罪囚和断人罪,违者量情处罚。

6.原告与被告不在一地时,由被告人所在地官府审理

"诸州县邻境军民相关词讼,元告就被论官司归断,不在约会之例。断不当者,许赴上司陈诉,罪及元断官吏。"⑤

(二)审判与执行规则

1.审级

元代各级司法机关的职责范围较复杂,往往出现司法权限交错的现象,由于元代的军事、宗教、民族等诸方面的社会势力插手或兼理司法审判活动,致使元代案件的审级不尽统一,或三级或四级,没有定制。"诸杖罪五十七以下,司、县断决;八十七以下,散府、州、军断决;一百七下以下,宣慰司、总管府断决;配

---

① 陈高华等:《元典章》卷40《刑部二·刑狱·禁治游街等刑》,天津古籍出版社、中华书局2011年版,第1355页。

② 陈高华等:《元典章》卷40《刑部二·刑狱·禁治游街等刑》,天津古籍出版社、中华书局2011年版,第1356页。

③ 陈高华等:《元典章》卷54《刑部十六·违例·禁刑日问囚罪例》,天津古籍出版社、中华书局2011年版,第1839页。

④ 陈高华等:《元典章》卷54《刑部十六·违例·禁刑日断人罪例》,天津古籍出版社、中华书局2011年版,第1840页。

⑤ (明)宋濂等:《元史》卷102《刑法一》,中华书局1976年版,第2620页。

流、死罪,依例勘审完备,申关刑部待报。申扎鲁火赤者(断事官)亦同。"①

2. 判决与执行

元代各级官府的主管职官被称为正官,或主官,在元代法典中亦常常被称为"各该当官司""受理官司"等,有权推问和科断狱讼。元代法律规定,依据审判程序审结案件后,必须写成判决书公之于众。如判决书用蒙古文或其他文字书写的,其所辖府州以上的审级还需要用汉字标译之。② 判决书需要向当事人宣告,也可根据具体情况委付有关官员直接向原被告宣布判决结果。如果是徒刑以上案件的判决,还需得到被告人的服辩文书。《儒吏考试程式》载:"杖以下罪不取服辩,刑徒以上须取",③如果不服,可以向上级机关或监察机关提出上诉申请,可以一直上告到皇帝,进行直诉,包括拦车驾,或赴登闻鼓院,击鼓喊冤。元代对各种判决的执行,在继承前代的同时也有所变通。如"其五刑之目:凡七下至五十七,谓之笞刑;凡六十七至一百七,谓之杖刑;其徒法,年数杖数,相附丽为加减,盐徒盗贼既决而又镣之";流刑的执行不计里程,"流则南人迁于辽阳迤北之地,北人迁于南方湖广之乡"。④ 执行死刑方面,元代亦有其特色,"死刑,则有斩而无绞,恶逆之极者,又有凌迟处死之法焉"⑤。其中凌迟处死只适用于恶性杀人案件,如采生祭赛神者凌迟处死,还要向其家属征收"烧埋银"给苦主(被害者家属),即杀人偿命,仍征烧埋银。对于已经被判死刑的罪犯,不急于行刑,须经过皇帝批准,待覆奏(复核)后执行。元世祖对其宰臣曰:"朕或怒有罪者,使汝杀,汝勿杀,必迟回一二日乃复奏。"⑥从上文可以看出,元代判决和执行具有人性化因素,体现出"慎刑"理念,但同时对一些恶性案件还保留凌迟的酷刑。

---

① 陈高华等:《元典章》卷39《刑部一·刑制·罪名府县断隶》,天津古籍出版社、中华书局2011年版,第1333页。

② 许凡:《元代吏制研究》,劳动人事出版社1987年版,第9页。

③ 陈高华等:《元典章》卷12《吏部六·吏制·儒吏考试程式》,天津古籍出版社、中华书局2011年版,第427页。

④ (明)宋濂等:《元史》卷102《刑法一·职制上》,中华书局1976年版,第2604页。

⑤ (明)宋濂等:《元史》卷102《刑法一·职制上》,中华书局1976年版,第2604页。

⑥ (明)宋濂等:《元史》卷102《刑法一·职制上》,中华书局1976年版,第2604页。

五、对审判的督察和纠举

元代为促使司法审判的公正,对司法审判过程建立督查机制,进行较全方位的督查和纠举。

（一）审判监督

1.路、府推官董理州、县刑名

《元史·刑法志》载:"诸各路推官,专掌推鞫刑狱,平反冤滞,董理州县刑名之事,其余庶务,毋有所与"①,违者坐罪。

2.重刑上申省、部详谳、待报

元世祖一贯主张:"凡死罪当详谳而后行刑"②,因为"死者不可复生,断者不可复续,案牍繁冗,须臾决断万一差误,人命至重悔将何及"。他于中统元年（1260年）下诏:"今后凡有死刑,仰所在官司推问得实,具事情始末及断定招款,申宣抚司再行审复无疑,呈省闻奏,待报处决。"③成宗大德五年（1301年）又明确规定:"凡狱囚禁系屡年疑不能决者,令廉访司具其疑状,申呈省台详谳,仍为定制。"④元英宗曾云:"人命至重,刑杀非轻,不宜仓卒。"⑤即使像大宗正府这类的权威机关,所理断的"人命重事",也须以汉字立案牍,以公文移宪台,然后监察御史审复之。如果不依法向上级官府申报,要受到法律的追究。

3.审录禁囚的制度

大德八年（1304年）下诏书曰:"诸处罪囚,仰肃政廉访司分明审录,轻者决之,滞者纠之,有禁系累年,疑而不能决者,另具始末及具疑状,申御史台、呈省详谳,在江南者,经由行御史台,仍自今后所至审录,永为定例。"⑥通过元朝官员的审录狱囚,确实会发现并纠举一些枉禁致死狱囚的案例。如大德十一年（1307年）六月,江西行省吉州路录事司一起,牢子肖德、陈万监禁钟三自缢身

① （明）宋濂等:《元史》卷103《刑法二》,中华书局1976年版,第2632页。
② （明）宋濂等:《元史》卷4《世祖一》,中华书局1976年版,第58页。
③ 陈高华等:《元典章》卷3《圣政二·理冤滞》,天津古籍出版社、中华书局2011年版,第113页。
④ （明）宋濂等:《元史》卷20《成宗三》,中华书局1976年版,第437页。
⑤ （明）宋濂等:《元史》卷179《萧拜住传》,中华书局1976年版,第4157页。
⑥ 陈高华等:《元典章》卷3《圣政二·理冤滞》,天津古籍出版社、中华书局2011年版,第113-114页。

死。录事司达鲁花赤小云失海牙、录判蒋祥等所招,虽是取讫钟三因刘季三踢死李重二不行极力救劝招伏,却不分间轻重发落,枉禁八十余日,以致在禁自缢身死。① 除中书省、刑部、御史台、肃正廉访司有权审录禁囚外,元成宗设立奉使宣抚,还诏谕各路正官审录罪囚。大德九年(1305 年)设立奉使宣抚,"见禁罪囚,详加审录,重者依例结案,轻者随即决遣,无致冤滞"。如大德十年(1306年)诏"诸处罪囚,虑有冤滞,累经差官审理。比闻久系不决者尚多,仰各路正官参照审录,肃政廉访司详加复审,应疏决改正者随即发遣,重囚疾早依例照案,疑者申明"②。武宗于至大四年(1311 年)又颁诏重申:"今后内外重囚,从监察御史、廉访司审复无冤结案待报,省部再三详谳方许奏准。"③

4.监察机关对刑狱的纠察

按治路官吏枉治刑狱。元律规定:"应有至死罪囚,有司取问明白,追会完备,行移提刑按察司审复无冤,有司依例结案,申行中书省,移咨中书省类奏,待报施行。"④如《元典章·刑部十六》"拷打屈招杀夫"条即是记载了由监察御史呈报行御史台,由行台洗清邓阿雇杀夫的冤情,事实是邓德四的侄子邓巽为争家财,而指使别人杀害了邓德四。⑤ 大宗正府理断人命重事,也要接受御史台的审覆。《元史·刑法志》载:"诸大宗正府理断人命重事,必以汉字立案牍,以公文移宪台,然后监察御史审覆之。"⑥对地方的狱囚,元廷还采取定期及临时的派员录囚的方式进行监督,接受百姓冤案的陈告。元代规定:"诸诉讼人,先从本管官司,自下而上,依理陈告。如有冤抑,经行中书省理断不当者,仰行御史台纠察。"⑦台宪部门还纠察违法拘禁、拷讯,元律规定:"诸衙门有见施行枉被囚禁及不合拷讯之人,并从初不应受理之事,委监察从实体究。如是实有冤枉,即

① 陈高华等:《元典章》卷 54《刑部十六·违枉·枉禁轻生自缢》,天津古籍出版社、中华书局 2011年版,第 1814-1815 页。

② 陈高华等:《元典章》卷 3《圣政二·理冤滞》,天津古籍出版社、中华书局 2011 年版,第 115 页。

③ 陈高华等:《元典章》卷 3《圣政二·理冤滞》,天津古籍出版社、中华书局 2011 年版,第 116 页。

④ 陈高华等:《元典章》卷 5《台纲一·行台·行台体察等例》,天津古籍出版社、中华书局 2011 年版,第 153-154 页。

⑤ 陈高华等:《元典章》卷 54《刑部十六·违枉·拷打屈招杀夫》,天津古籍出版社、中华书局 2011年版,第 1804 页。

⑥ (明)宋濂等:《元史》卷 103《刑法二》,中华书局 1976 年版,第 2632 页。

⑦ 陈高华等:《元典章》卷 5《台纲一·行台·行台体察等例》,天津古籍出版社、中华书局 2011 年版,第 152 页。

开坐事因,行移元问官司,即早归结改正。若元问官司有违,即许纠察。"①

（一）元代审判中存在问题

1. 元代司法官员存在"故出入人罪"和"失出入人罪"现象

前者指司法官员人为地增加或减少人犯的惩罚。后者只是因为司法官吏的疏忽大意或过于自信而导致不公正的增加或减少惩罚结果的发生,是过失造成的。"今之牧民官吏,或因喜怒,生出好恶。喜怒好恶之不同,刑法轻重之失当。高下其手,出入任情。"②《元史·刑法二》规定了故入人罪、失入人之罪、故出人之罪、失出人罪者的处罚办法。③,当然"入罪"要比"出罪"处罚重。"诸有司辄将革前杂犯,承问断遣者,以故入论。"案例:张德安告松州官吏不公,本州岛岛挟仇,执罗张德安不孝为名,毁名枉断八十七下,迁徙辽阳,沿路杖疮溃发身死。④ 此案例为松洲官因挟仇报复,就属于故入人罪。

2. 司法效率低下,词讼迟滞甚至连年不决

胡祗遹甚至认为词讼迟延判决的危害比违错还要大。曾云:"稽迟害民甚于违错,若词讼到官,立便决断,案牍之间虽欲文过饰非,错失自见。小民衔冤,随即别有赴诉。司县违错,州府辨明改正;州府违错,按察司辨明改正,小民无淹滞枉屈之冤,官吏当违背错失之罪。"他对当时的司法官员的做法,充满愤慨之情,"近年奸贪官吏恐负罪责,事事不为断决。至于两词屈直显然明白,故为稽迟,轻则数月,甚则一年二年。以至本官任终,本司吏更换数人而不决断。元告、被论两家公共贿赂又不决断,岁月既久,随衙困苦,破家坏产,废失农务,岁计不免商和,商和之心本非得已,皆出于奸吏揸勒延迟之计"⑤。《元典章刑部十五》中亦载:"方今百姓争论田宅、婚姻、良贱之事,至甚繁多,有经十余年未得

---

① 陈高华等:《元典章》卷5《台纲一·内台·行设立宪台格例》,天津古籍出版社、中华书局 2011年版,第 144 页。

② 陈高华等:《元典章》卷 39《刑部一·流配·豪霸凶徒迁徙》,天津古籍出版社、中华书局 2011 年版,第 1336 页。

③ (明)宋濂等:《元史》卷 103《刑法二·职制下》,中华书局 1976 年版,第 2633 页。

④ 陈高华等:《元典章》卷 39《刑部一·流配·豪霸凶徒迁徙》,天津古籍出版社、中华书局 2011 年版,第 1337 页。

⑤ (元)胡祗遹:《紫山大全集》卷 21《官吏稽迟情弊》,《景印文渊阁四库全书》第 1196 册,台湾商务印书馆 1986 年版,第 378-379 页。

结绝者。"①务停之法却成为官员徇私害民的手段,"务停之法,本欲恤民,今告田宅词讼,年深不绝甚众。原其所由,有司背公徇私、奸弊滋甚,贫民被抑,纵恣富势得安"②。

3.官员贪污渎职、受财故纵、枉断致死、法外用刑或妄行咨禀等违规现象频出

在《朴通事谚解》中记载了两人关于告状的对话:

> 你那告状的勾当,发落了不曾?
>
> 凭着理时,合断与小人,堂上官人们都商量了。待到根前来,那冤家们打开节时,内中一两个官人受他钱财,当住,还不肯发落。该管的外郎也受了些钱财,把我的文卷来毽在柜子阁落里,不肯家启禀,知他是几时的勾当?
>
> 可知道不肯用心! 没油水的勾当,那里肯用心发落?
>
> 我放着合理的事,与他甚么东西?
>
> 怎么这般说? 如今是财帛世界,你不与他一文钱,你道是合理的事,几时倒的了? 你多与他些物,好好的说,这般时,口也顺,终久是有道理的勾当。街上人道的是,如今是墙版世界,反上反下。只怕反过来也不见的。我料你那事色,这般时兑当着干时,好的一般。这官司人们,紧不的,慢不的,不使钱,干勾当不济事。常言道:"衙门处处向南开,有理无钱休入来。"③

上述对话充分体现了当时司法审理中贪腐渎职现状,当事人不使钱,官司就迟迟得不到解决。"所管官司应与决不行与决,或作疑申禀,致使争讼之大,繁紊上下官府","当该人吏又不随即结绝,亦行取受钱物,往往如是,事理细微,

---

① 陈高华等:《元典章》卷53《刑部十五·停务·争田词讼停务》,天津古籍出版社、中华书局2011年版,第1788页。

② 陈高华等:《元典章》卷53《刑部十五·停务·争田词讼停务》,天津古籍出版社、中华书局2011年版,第1789页。

③ 汪维辉:《朝鲜时代汉语教科书丛刊》(一),中华书局2005年版,第283页。

良多受害"。① 官员贪腐现象令人触目惊心,据案例如下:

> 元贞间,两浙盐运司同知范某阴贼为奸,州县吏以赂咸听驱役,由是数侵暴细民。民有珍货腴田,必夺为己有。不与,则朋结无赖,妄讼以罗织之,无不荡破家业者。凶焰铄人,人咸侧目,里人欲杀之,不果,顾被诬诉逮系者,亡虑数十人,俱死狱中。兰溪州民叶一、王十四有美田宅,范欲夺之,不可,因诬以事,系狱十年不决。事闻于省,省下理问所推鞫之,适拜降至官,冤遂得直。置范于刑,而七人者先瘐死矣,惟叶一、王十四得释,时论多焉。②

"今之官吏,不体圣朝恤刑之意,不思仁恕,专尚苛刻。每于鞫狱问事之际,不察有无赃验,不审可信情节,或惧不获正贼之责,或贪昭察之名,或私偏徇,或挟宿怨,不问重轻,辄加拷掠严刑,法外凌虐,囚人不胜苦楚,锻炼之词,何求而不得! 致令枉死无辜,幸不致命者亦为残疾。然尝禁止,为无罪名犯者甚多。"③下面亦举例说明之:

> 福清州判官杨守信,因问切盗李公信未获赃物,用油纸于两脚烧燃,堕落指节,不能行立。
>
> 平滦路乐亭县簿尉郭愈,将涉疑妇人张阿刘用布瓦研跪两膝,又于背脊项坫瓦,因伤身死。
>
> 成武县主簿徐德用等,坐视狱卒将涉疑贼人朱不借驴就牢门首用粗棍打伤,随即身死。
>
> 同州官达鲁花赤三合、知州智公弼等,为偷羊贼人梁丑驴不指平人,拷

---

① 陈高华等:《元典章》卷19《户部五·典卖·典卖批问程限》,天津古籍出版社、中华书局 2011 年版,第 693 页。

② (明)宋濂等:《元史》卷 131《拜降传》,中华书局 1976 年版,第 3201 页。

③ 陈高华等:《元典章》卷40《刑部二·刑狱·不得法外枉勘》,天津古籍出版社、中华书局 2011 年版,第 1358 页。

讯一百四十余下,故令虚指张顺系知情窝主,将张顺拷勘身死。[1]

这种滥加拷讯现象在元代司法中是司空见惯的,正所谓,"似此非法拷讯,兼夜跪厅,棍棒敲打,按拗揪捽,屈招枉罪,如是数多,岂能尽举。虽官吏断罪,降等不叙,使枉勘屈死无辜冤魂含怨,何能得雪?"[2]当然,元代还规定了"因公",依法决罚致死的条款,即"诸有司因公依理决罚邂逅身死者,不坐"。[3] 针对上述拷讯罪囚等现象,大德元年(1297 年),梁曾除杭州路总管,户口复者五万二千四百户,请禁莫夜鞫囚、游街、酷刑,朝廷是之,着为令。[4]

元代重视对于司法审判的监督和纠举,虽取得一定成效,但是审判程序中仍存在故意或过失出入人罪、司法效率低下、法外用刑、司法官员贪腐、枉断等现象。

表 3-10 元代违背诉讼程序案例统计表

时间	案例	出处
中统元年	衡水县达鲁花赤忙兀觯,贪暴不法,县民苦之。赵清发其罪,既具伏矣,适置监司,其妻惧无以灭口,召家人饮酒至醉,以利啖之,使夜杀清,清逃获免,乃尽杀其父母妻子。清诉诸官,权要蔽忙兀觯,不为理,又欲反其具狱	《元史》卷 160《王盘传》
至元六年	大都路涿州本管种田户郭成,书画圆状,欲告本管官司科差不均	《元典章》卷 53《刑部十五·杂例·禁写无头圆状》
至元二十年	恩州朱全佑驱男朱得兴奸诱斑四驱妇腊梅在逃,投下职官袁泽擅自将朱得兴断决,奸妇腊梅未断罪	《元典章》卷 9《吏部三·投下职官公罪》

---

① 陈高华等:《元典章》卷 40《刑部二·刑狱·不得法外枉勘》,天津古籍出版社、中华书局 2011 年版,第 1358 页。

② 陈高华等:《元典章》卷 40《刑部二·刑狱·不得法外枉勘》,天津古籍出版社、中华书局 2011 年版,第 1358 页。

③ (明)宋濂等:《元史》卷 103《刑法二·职制下》,中华书局 1976 年版,第 2632 页。

④ (明)宋濂等:《元史》卷 178《梁曾传》,中华书局 1976 年版,第 4135 页。

续表

时间	案例	出处
元贞元年	湖州司狱郭玘诉浙西廉访司佥事张孝思多取廪饩,孝思系玘于狱。行台令监察御史杨仁往鞫,江浙行省平章铁木而逮孝思至省讯问,令其属官与仁同鞫玘事,仁不从,行台以闻。诏省台遣官鞫问	《元史》卷18《成宗一》
元贞二年	赣州路司吏李珍令贴书刘庆益与写发人史秀,于八月二十三日禁刑日问囚,将贼人钟大肚、王三闰仔吊缚跪问	《元典章》卷54《刑部十六·禁刑日问囚罪例》违例
元贞三年	考城县李县尉捉获张厨偷盗驴畜,指称张厨将朱三攀指拷打凌虐,讯疮举发,才方保放。县尉捉获偷驴正贼张厨,不即牒县,将平民朱三执谋同情为盗,拷打张厨,不立案验,枉勘虚招	《元典章》卷54《刑部十六·枉禁贼攀上盗》
大德元年	建昌路南城县蓝田巡检夹谷德祯招伏,于五月初四日禁刑日,将弓手殷祥、周顺各决一十七下罪犯	《元典章》卷54《刑部十六·禁刑日断人罪例》
大德六年	已断为良蔡蜡梅,自愿出家,训名思茂,有朝廷差来官速古儿赤秃满等,却行接受张阿樊文状,将蔡思茂取发	《元典章》卷53《刑部十五·出使人不得接词讼》
大德十一年	建德县达鲁花赤桑哥哈剌失受贿,赴建德路、江浙行省称冤,本省辄凭虚词,咨禀都省,不候明文,辄令还职	《元典章》卷53《刑部十五·称冤从台察告》
大德十一年	镇江路马站,大德十一年七月至十二月五个月间,接受所差库子媿万五等三名状诬告,备申本路,辄将无余粮站户差换勾扰四名	《元典章》卷53《刑部十五·站官不得接受词状》
大德十一年	汴梁路封丘县王成与祈阿马相争地土,差委前临江路总管李倜归断。知识人郑直等将成等劝和。后王成番告,汴梁路却行受理	《元典章》卷53《刑部十五·告拦·田土告拦》

续表

时间	案例	出处
至大元年	衢州路马户李尚之典讫田,年过满,不肯放赎。董应辰将典田价钱赍到县,收贮在官。元告是实,令董应辰管业收租。李尚之不行赴县收领元价,不待本宗公事结绝,却经马站,告论当该县吏等取受讫钞两。本站受状	《元典章》卷53《刑部十五·站官不得接词讼》
皇庆元年	通州潞县于县令、张县尉等,不行约会,将修理仓敖军人李顺断讫三十七下	《元典章》卷54《刑部十六·县官擅断军事》
延祐前后	永宁县有寡嫂诉其恶叔侵暴,因斗殴伤其弱息,有司受叔赂,不理,公穷治之	《山右石刻丛编》卷39《元故朝·大夫金太常礼仪院事宋公墓碑》
延祐七年	通州路县李明秀和尚,和俗人媿德温殴打,路县官不行约会,一面词,将李明秀和尚打了二十七下	《元典章·新集·刑部·路县官擅断和尚要罪过》
至治元年	杭州路钱塘县违例接受僧陈大隆词状,将普福寺住持僧子与勾扰。差宣使僧家奴与杭州路公同断遣,亦非自专。本路官将宣使僧家奴所使人陈三监禁	《元典章·新集·刑部·路县官擅断和尚要罪过》
至治元年	京师蒙古千户使京师,宿邸中,适民间朱甲妻女车过邸门,千户悦之,并从者夺以入,朱泣诉于中书,旭灭杰庇不问	《元史》卷182《宋本传》
泰定年间	上京中书参政杨庭玉以官市锦受赇事觉,词连丞相婿大都路治中某,丞相请令台、省、宗正鞠之。台臣以为世祖立制,官吏贪墨者唯令台宪劾治,今曰与省、宗正共之,是违祖宗旧制	《滋溪文稿》卷16《高邑李氏先德碑铭》
致和元年	本路官与故平章张珪子景武五人,率其民击官军死,也先捏不俟奏闻,辄擅杀官吏及珪五子	《元史》卷32《文宗一》

续表

时间	案例	出处
致和元年	崇安连氏母告其子出不反,众以无明验却之。君受而察之,踰月,得尸于山中,则其兄某杀之也	《道园学古录》卷41《建宁路崇安县尹邹君去思之碑》
至正十五年	兴和路富民调戏子妇,系狱,车载楮币至京师行赂,以故刑部官持其事久不决	《元史》卷139《纽的该传》

本章小结

元代的审判有一个初步形成的过程,建朝初始,州郡长吏,生杀任情,没有审判可言,"帝自经营西土,未暇定制,州郡长吏,生杀任情,至孥人妻女,取货财,兼土田。燕蓟留后长官石抹咸得卜尤贪暴,杀人盈市。楚材闻之泣下,即入奏,请禁州郡,非奉玺书,不得擅征发,囚当大辟者必待报,违者罪死,于是贪暴之风稍戢"①。后来接受了中原的法律传统,行政与司法并没有分开,尤其是地方司县、州官府,都是地方官兼司法官。到路府层级开始有了专理刑狱的推官,行省有了理问官,但是最终的判决要经过本级正官的集体圆署确定,司法权并没有摆脱行政权力的掌控,但专掌司法机构的出现,属实是司法进步性的体现。相比唐、宋,地方上没有了死刑的判定权,流刑和死刑都要上奏皇帝,且死刑要经过皇帝批准方可执行,即重刑的审复权掌握在皇帝手中,这是专制皇权加强的表现。但死刑复核有一定灵活性,如至元六年(1269年)七月,"诏遣官审理诸路冤滞,正犯死罪明白者,各正典刑,其杂犯死罪以下量断遣之"②。此时,死罪犯可以不再经皇帝复核。

元代审级复杂,审判主体多元化,审判机关的审判权限时有消长,是元代突出的表现之一。中央取消大理寺的设置,权归刑部,但是元代大宗正府的设置,赋予了其很大的司法审判权。

---

① (明)宋濂等:《元史》卷146《耶律楚材传》,中华书局1976年版,第3456页。

② (明)宋濂等:《元史》卷6《世祖三》,中华书局1976年版,第122页。

元代开创了正式的代理诉讼体制和应对元代复杂审判主体的约会体制。在元代法律中正式确立了"诉讼"一章。诉讼单独成章,是历史上第一次。

元代审判同样还存在很多弊端,比如还保留原始的肉刑,黥刑、凌迟、支解、劓刑、连坐、吞土刑等酷刑。延祐元年十一月,敕:"吏人贼行者黥其面。"①元顺帝曾下诏:"强盗皆死;盗牛马者劓;盗驴骡者黥额,再犯劓;盗羊豕者墨项,再犯黥,三犯劓;劓后再犯者死。"②连坐之刑亦处处可见,举案例如下:至治二年(1322年),铁木迭儿子宣政院使八思吉思,坐受刘夔冒献田地伏诛,仍籍其家。③ 至治三年(1323年),司徒刘夔、同佥宣政院事囊加台,坐妄献地土、冒取官钱,伏诛。④ 残酷刑罚仍存,如也速"讨蒲台贼杜黑儿,擒送京师磔之""遂拔大宁,擒首贼汤通、周成等三十五人,磔于都市"⑤。至元十六年(1279年),张弘略迁江西宣慰使。会饶州盗起,"乃使人直捣其巢穴,生缚贼酋,磔于市,余党溃散"⑥。至元十五年(1278年),"蜑贼连结郁林、廉州诸洞,恣行剽掠,国宝悉平之,磔尸高化,以惩反侧"⑦。皇庆二年(1313年)十一月,"捕沧洲羣盗阿失答儿等,擒之,支解以徇"⑧。再如,天历元年(1328年)十一月,"倒剌沙伏诛,磔其尸于市"⑨。

元太宗时,"有旨:居停逃民及资给者,灭其家,乡社亦连坐"⑩,"又法,藏匿逃者,保社皆坐"⑪。族诛刑亦存在,如"深、冀间妖人惑众,图为不轨,连逮者数万人,有司议当族,俊力请主者,但诛首恶"⑫。虽然最终在董俊的主张下,只是杀掉首恶,但也说明族诛刑的存在。

元朝据以判案的依据多是根据因事立法所成的条格和断例,体例内容纷

① (明)宋濂等:《元史》卷25《仁宗二》,中华书局1976年版,第567页。
② (明)宋濂等:《元史》卷39《顺帝二》,中华书局1976年版,第836页。
③ (明)宋濂等:《元史》卷28《英宗二》,中华书局1976年版,第626页。
④ (明)宋濂等:《元史》卷28《英宗二》,中华书局1976年版,第629页。
⑤ (明)宋濂等:《元史》卷142《也速传》,中华书局1976年版,第3401页。
⑥ (明)宋濂等:《元史》卷147《张弘略传》,中华书局1976年版,第3477页。
⑦ (明)宋濂等:《元史》卷165《朱国宝传》,中华书局1976年版,第3877页。
⑧ (明)宋濂等:《元史》卷24《仁宗一》,中华书局1976年版,第554页。
⑨ (明)宋濂等:《元史》卷32《文宗一》,中华书局1976年版,第721页。
⑩ (明)宋濂等:《元史》卷146《耶律楚材传》,中华书局1976年版,第3459页。
⑪ (明)宋濂等:《元史》卷148《严实传》,中华书局1976年版,第3506页。
⑫ (明)宋濂等:《元史》卷148《董俊传》,中华书局1976年版,第3492-3493页。

杂,造成判案的无所适从、混乱,出现情重法轻、情轻法重的局面。至大二年(1309 年)九月,"累朝格例前后不一,执法之吏轻重任意"①。

判决中已经对故意杀人、误杀和斗殴杀人进行区别并处以不同刑罚。如"有民误殴人死,吏论以重法,其子号泣请代死,布鲁海牙戒吏,使擒于市,惧则杀之。既而不惧,乃曰:'误殴人死,情有可宥,子而能孝,义无可诛。'遂并释之,使出银以资葬埋,且呼死者家谕之,其人悦从"②。再如至元十年(1273 年)十月,"时天下待报死囚五十人,安童奏其中十三人因斗殴杀人,余无可疑。于是诏以所奏十三人免死从军"。对于偷盗案件处罚内地与边地不同,如延祐七年(1320 年)六月,"定边地盗孳畜罪犯者,令给各部力役,如不悛,断罪如内地法"③。

元代审判中存在不公正对待。如蒙古人犯罪,要由蒙古官审理,再如,对于僧人审理与汉人不同,至元十五年"帝遣通事脱虎脱护送西僧往作佛事,还过真定,棰驿吏几死,诉之按察使,不敢问。不忽木受其状,以僧下狱"④。

---

① (明)宋濂等:《元史》卷 23《武宗二》,中华书局 1976 年版,第 516 页。

② (明)宋濂等:《元史》卷 125《布鲁海牙传》,中华书局 1976 年版,第 3070 页。

③ (明)宋濂等:《元史》卷 27《英宗一》,中华书局 1976 年版,第 603 页。

④ (明)宋濂等:《元史》卷 130《不忽木传》,中华书局 1976 年版,第 3166 页。

第四章

元代上诉、越诉、直诉和司法监督

本章主要从当事人和官方两个角度论述元代司法案件判决后的补救之策，以及在此过程中元代讼师、状铺所起的作用，还探讨了民告官的诉讼形式，探讨监察机构的审判和监督职能，并对元代的诉讼及司法监督特点进行分析。

第一节　判决的执行及特色

案件当事人针对判决或执行的不公，往往采取上诉、越诉甚至直诉的方式，来加以补救。首先看判决的执行。

一、判决的执行

关于元代判决的执行，大德八年（1304 年）十二月，"刑法者譬之权衡，不可偏重，世祖已有定制，自元贞以来，以作佛事之故，放释有罪，失于太宽，故有司无所遵守"①。早在中统三年（1262 年），忽必烈下诏："自今部曲犯重罪，鞫问得实，必先奏闻，然后置诸法。"②至元八年（1271 年）四月，在先重囚待报，直至秋分已后施行有来。此上，罪囚人每半年内多趄下淹住有。尚书省议得：今后有

---

① （明）宋濂等：《元史》卷 22《成宗一》，中华书局 1976 年版，第 492 页。
② （明）宋濂等：《元史》卷 5《世祖二》，中华书局 1976 年版，第 84 页。

重罪底罪人,省部问当了呵,再教监察重审无冤,不待秋分,逐旋施行呵。① 重视台宪机构对于处断罪囚的审录和执行的审查,"诸处断重囚,虽叛逆,必令台宪审录,而后斩于市曹。诸内外囚禁,从各路正官及监察御史廉访司以时审录,轻者断遣,重者结案,其有冤滞,就纠察之"②。大德四年(1300年)中书省规定,"凡有重刑,必须奏覆而后处决,深得古先谨审刑辟之意"③。延祐六年(1319年),刑部议得都省准呈,"出军囚徒,行省概管路分若依前例,每运一十名押送,系聚人众,恐有未便。今后量拟五名为则,限六十日,总令一路顺便差官长押,前去所指地面交割。若已及期,虽名数不敷,或过元数一二,亦行发遣,妻子愿从者听"④。延祐七年(1320年)三月,中书省议得"今后若有流囚,照依所犯分拣,重者发付奴儿干,轻者于肇州从宜安置,屯种自赡"⑤。

元代判决执行中体现了人道主义精神和人性化特点。如"诸兄弟同盗,罪皆至死,父母老而乏养者,内以一人情罪可逭者,免死养亲"⑥。再如,"诸幼小为盗,事发长大,以幼小论。未老疾为盗,事发老疾,以老疾论。其所当罪,听赎,仍免刺配,诸犯罪亦如之。诸年未出幼,再犯窃盗者,仍免刺赎罪,发充(景)[警]迹人。诸窃盗年幼者为首,年长者为从,为首仍听赎免刺配,为从依常律"⑦。此外,元代在执行中存在上请制度,"诸伪造钞罪应死者,虽亲老无兼丁,不听上请"⑧,体现了元代统治者对于伪造钞罪的深恶痛绝。对于孕妇、老幼和残疾人犯罪,听令召保或听赎,疑狱在禁长达五年以上者,遇赦释放。"诸孕妇有罪,产后百日决遣,临产之月,听令召保,产后二十日,复追入禁。无保及犯死罪者,产时令妇人入侍。诸犯死罪,有亲年七十以上,无兼丁侍养者,许陈请

① 陈高华等:《元典章》卷39《刑部一·刑名·重刑不待秋分》,天津古籍出版社、中华书局2011年版,第1339页。

② (明)宋濂等:《元史》卷103《刑法二》,中华书局1976年版,第2632页。

③ 陈高华等:《元典章》卷40《刑部二·狱具·禁治游街等刑》,天津古籍出版社、中华书局2011年版,第1355页。

④ 陈高华等:《元典章·新集·刑部·押发流囚期限名数》,天津古籍出版社、中华书局2011年版,第2178-2179页。

⑤ 陈高华等:《元典章·新集·刑部·发付流囚轻重地面》,天津古籍出版社、中华书局2011年版,第2156页。

⑥ (明)宋濂等:《元史》卷104《刑法三》,中华书局1976年版,第2660页。

⑦ (明)宋濂等:《元史》卷104《刑法三》,中华书局1976年版,第2662页。

⑧ (明)宋濂等:《元史》卷104《刑法三》,中华书局1976年版,第2669页。

奏裁。诸有罪年七十以上、十五以下,及笃废残疾罚赎者,每笞杖一,罚中统钞一贯。诸疑狱,在禁五年之上不能明者,遇赦释免。"①

延祐三年(1316 年)六月,"敕:'大辟罪,临刑敢有横加剐割者,以重罪论。凡鞫囚,非强盗毋加酷刑。'"②延祐五年(1318 年)五月,"遣官分道减决笞以下罪"③。

二、蒙古人处罚执行程序

元代蒙古人处罚执行程序有所不同。耶律铸等议,杀人者死,依蒙古人例,犯者没一女入仇家,无女者征钞四锭。④《元史·刑法志》载:"诸审囚官强愎自用,辄将蒙古人刺字者,杖七十七,除名,将已刺字去之⑤;"诸蒙古人私煮盐者,依常法。诸犯私盐,会赦,家产未入官者,革拨。诸私盐再犯,加等断徒如初犯,三犯杖断同再犯,流远,妇人免徒,其博易诸物,不论巨细,科全罪。诸转买私盐食用者,笞五十七,不用断没之令?"⑥其蒙古人有犯强窃者,及妇人犯者,不在刺字之例。⑦ 对色目人亦如此,"诸色目人犯盗,免刺科断,发本管官司设法拘检,限内改过者,除其籍"⑧。诸蒙古人与汉人争,殴汉人,汉人勿还报,许诉于有司。诸蒙古人斫伤他人奴,知罪愿休和者听,⑨而同样的对于汉人则不适用休和。诸蒙古人因争及乘醉殴死汉人者,断罚出征,并全征烧埋银。⑩ 其阿合马旧人除蒙古人取圣断外,余皆当问罪。⑪ 对蒙古人的处罚的执行也多由蒙古人执行,"忽林赤即系蒙古人氏,量决参拾柒下,仍令蒙古人行杖"。延祐二年(1315年)六月,刑部议得:"阿速军人买住,私自宰杀本家病牛壹只货卖。缘系色目人

---

① (明)宋濂等:《元史》卷 105《刑法四》,中华书局 1976 年版,第 2690 页。
② (明)宋濂等:《元史》卷 25《仁宗二》,中华书局 1976 年版,第 574 页。
③ (明)宋濂等:《元史》卷 26《仁宗三》,中华书局 1976 年版,第 584 页。
④ (明)宋濂等:《元史》卷 12《世祖九》,中华书局 1976 年版,第 248 页。
⑤ (明)宋濂等:《元史》卷 103《刑法二》,中华书局 1976 年版,第 2633 页。
⑥ (明)宋濂等:《元史》卷 104《刑法三》,中华书局 1976 年版,第 2648 页。
⑦ (明)宋濂等:《元史》卷 104《刑法三》,中华书局 1976 年版,第 2656 页。
⑧ (明)宋濂等:《元史》卷 104《刑法三》,中华书局 1976 年版,第 2665 页。
⑨ (明)宋濂等:《元史》卷 104《刑法三》,中华书局 1976 年版,第 2673 页。
⑩ (明)宋濂等:《元史》卷 104《刑法三》,中华书局 1976 年版,第 2675 页。
⑪ (明)宋濂等:《元史》卷 173《崔斌传》,中华书局 1976 年版,第 4039 页。

氏,合比蒙古人所犯,例加贰等,答决伍拾柒下。"①可见,蒙古人在执行中享有特权,并且在执行中冤假错案不在少数,所以会引起不满判决的被执行人上诉、越诉甚至直诉。

第二节　元代上诉、越诉、直诉

一、上诉、越诉

（一）上诉

上诉是指案件当事人对官府所作判决不服,提请本级或上级官府重新审判的诉讼活动。至元五年(1268年),设立宪台格例中规定,初审机关审判后,无论被告一方,还是原告一方,如认为审判不公,都可以要求重新审理。被告及其亲属,感到冤枉,要求重新审判的称为"乞鞫"。如原审机构经过再审仍维持原判,这时对审判不服的被告或原告一方就要上诉了。对于上诉的案件,可由上级司法机关提审,亦可以批回下级审判机关再审。在元代,上诉案件由提出拟罪意见的原审机构重审,这对发现案件真相及上诉人都是不利的。"诸诉讼人等,先从本管官司陈告。如有冤抑,民户经左右部,军户经枢密院,钱谷经制国用使司,如理断不当,赴中书省陈告,究问归着。若中书省看循或理断不当,许御史台纠弹。"②断不当理,许赴上司陈诉,罪及元断官吏。③ 至元十四年(1277年)七月钦奉圣旨条画内一款:"诉讼人先从本管官司,自下而上,依理陈告。若理断不当,许赴提刑按察司陈诉。"④"如有冤抑,经行中书省理断不当者,仰行御史台纠察。"⑤对诬告者,要治其罪。对于有司妄加干涉僧道之事者,亦可上

---

① （元）《至正条格·断例》卷9《厩库》,[韩]李玠奭等校注,韩国学中央研究院2007年版,第254页。

② 陈高华等:《元典章·台纲一·内台·设立宪台格例》,天津古籍出版社、中华书局2011年版,第143页。

③ （明）宋濂等:《元史》卷81《选举一》,中华书局1976年版,第2620页。

④ 陈高华等:《元典章》卷4《朝纲一·政纪·省部减繁格例》,天津古籍出版社、中华书局2011年版,第135页。

⑤ 陈高华等:《元典章》卷5《台纲一·内台·设立宪台格例》,天津古籍出版社、中华书局2011年版,第152页。

告,"除刑名词讼违法事理,有司自有定例外,据僧道不守戒律,违别教法,干犯院门,凡行亵渎,听从住持、师长照依教门清规自相戒谕,所在官司不得非理妄生事端,勾扰不安,违者听赴上司陈告"①。《元史》亦有规定,"本属官司有过,及有冤抑,屡告不理,或理断偏屈,并应合回避者,许赴上司陈之";对于风宪官有罪的,从其所属上司上诉,"诸军民风宪官有罪,各从其所属上司诉之"。②《元典章》中亦有类似表述。③

"诸佣雇者,主家或犯恶逆及侵损己身,许诉官,余非干己,不许告讦,着为制。"④

(二)越诉

越诉,即越级上诉,是指案件当事人不经过本人所属官府,直接到上一级或上级官府的上诉活动。

1. 不得越诉的情况

当时,越诉十分常见。"民有争,往往越诉于省,吏得并缘为奸利,讼以故繁。"⑤元廷一般不允许越诉,诸告人罪者,"大小告争词讼,自下而上,不得越诉"⑥。诉讼人自下而上诉讼,其诉讼受理后没有结案、审理未完毕的,不得越诉。"已告公事各处见问未毕,指以偏向为词,不得辄赴上司陈告。"⑦其见问未决并越诉案件,亦"不得受理"⑧。此外,如告人所执退状没有批写缘由,"虽称已曾陈告,并难凭准。仍将朦胧妄告之人,依越诉例断决发还,以绝欺诈繁冗之

---

① 陈高华等:《元典章》卷33《户部六·释道·僧道教门清规》,天津古籍出版社、中华书局2011年版,第1130页。

② (明)宋濂等:《元史》卷105《刑法四》,中华书局1976年版,第2670—2671页。

③ 陈高华等:《元典章》卷4《朝纲一·政纪·省部减繁格例》,天津古籍出版社、中华书局2011年版,第134页。

④ (明)宋濂等:《元史》卷33《文宗一》,中华书局1976年版,第730页。

⑤ (明)宋濂等:《元史》卷175《敬俨传》,中华书局1976年版,第4095页。

⑥ 陈高华等:《元典章》卷4《朝纲一·政纪·省部减繁格例》,天津古籍出版社、中华书局2011年版,第132页。

⑦ 陈高华等:《元典章》卷4《朝纲一·政纪·省部减繁格例》,天津古籍出版社、中华书局2011年版,第135页。

⑧ 陈高华等:《元典章》卷6《台纲二·体察·察司合察事理》,天津古籍出版社、中华书局2011年版,第162页。

弊"①。这种亦可能是案件没有审理完毕的情况。至正元年(1321年),元英宗禁越台、省诉事。② 即是说,未诉省部台院,辄经乘舆诉者,罪之。③《元史》中亦有"词讼不得隔越陈诉"的说法。④ 衙门权限有别,同样也一般不得受理越诉,"百姓不得越诉,诸衙门各有分限,不得受越诉"⑤。元廷制定了对于越诉之人的处罚规定,对其"依体例要罪过者"⑥。《元史》亦规定,"诬告者抵罪反坐,越诉者笞五十七"⑦。《元典章》载:"不得越诉。经官告事越本管官司者,笞五十。"⑧如对于告捕私茶者,亦要"先须于本处官司自下至上陈告,依理追问"⑨,诉讼人不得隔越径直赴运司告言。严禁动辄闻奏,越诉后告御状。至治元年(1321年),奏过事内一件:"近间御前告状的多了有。觑他每文书呵,多一半从下合干衙门里不告,径直皇帝根底告的也有,告状呵,从下路府州县里告了,不行呵,合上头衙门里告有。越诉呵,合要罪过有。从下不告、径直皇帝根底告的,要罪过呵。"对于一些涉及钱粮、造作等轻刑案件,禁止闻奏。"凡选法、钱粮、刑名、造作一切公事,近侍人员毋得隔越闻奏。"⑩如有人不分条件是否允许,径直上告到皇帝者追究其罪过,"从下告了,不行呵,省、院、台合干的大衙门里告者。这衙门里官人每,有理不行呵,我根底告者。越诉径直我根底告的,要罪过者"⑪。

2. 允许越诉的情况

越诉的原因一般包括:官府不为用心判决,拨弄是非,判决不公;监察机构

---

① 陈高华等:《元典章》卷4《朝纲一·政纪·省部减繁格例》,天津古籍出版社、中华书局2011年版,第136页。

② (明)宋濂等:《元史》卷27《英宗一》,中华书局1976年版,第610页。

③ (明)宋濂等:《元史》卷105《刑法四》,中华书局1976年版,第2672页。

④ (明)宋濂等:《元史》卷5《世祖二》,中华书局1976年版,第98页。

⑤ (元)徐云瑞:《吏学指南》(外三种)杨讷点校,浙江古籍出版社1988年版,第237页。

⑥ 陈高华等:《元典章》卷53《刑部十五·越诉·越诉的人要罪过》,天津古籍出版社、中华书局2011年版,第1774页。

⑦ (明)宋濂等:《元史》卷105《刑法四》,中华书局1976年版,第2670页。

⑧ 陈高华等:《元典章》卷4《朝纲一·政纪·省部减繁格例》,天津古籍出版社、中华书局2011年版,第134页。

⑨ 陈高华等:《元典章》卷22《户部八·茶课·巡茶及茶商不便》,天津古籍出版社、中华书局2011年版,第813页。

⑩ (明)宋濂等:《元史》卷22《武宗一》,中华书局1976年版,第493页。

⑪ 陈高华等:《元典章·新集·朝纲》,天津古籍出版社、中华书局2011年版,第2031页。

失于监察,廉访司对冤案不加审理;判决执行中的弊端;等等。当然也有越诉以无理取闹者。《元典章》载:"上下官府因循苟且,凡民间争讼,不为用心裁决,变乱是非。风宪之官失于检察,宣慰司、廉访司莫为伸理。致使告人不问事之大小、途之远近,往复赴都省陈诉。"①为此,元廷规定了几种可以越诉的情况。首先,对于诸诉官吏受赂不法,径赴宪司者,不以越诉论。② 其次,州县、路府理断不当,一定条件下允许当事人越诉。《元史》中有:诸陈诉有理,路府州县不行,诉之省部台院,省部台院不行,经乘舆诉之。③ 偏徇各路争告户婚、田产、家财、债负、强窃盗贼一切刑名公事,若"理断不公,许令直赴上司陈告"。对于上诉案件,仍旧发回合属官司断决。"有越诉告状之人,即便转发合属断罪归结。"④《元典章》中亦有类似规定:"若州县理断不当呵,赴路府、宣慰司、行省陈告,即便改正,将元行官吏究治。"⑤再次,有论告本管官司者,"许令直赴上司陈告,其余并不得越诉。如有冤枉,屡告不理,及决断不公,亦许直赴上司陈告"⑥。最后,对于本该回避却不回避的官员,允许越级上告。"若有本处官司理断偏向,及应合回避者,许令赴部或断事官处陈告。"此外,对于官员应接受却不为受理案件,或循私妄生枝节,纵受理,却不即从公判决,故延其事,日久不行结绝者,允许当事人"赴本管上司陈诉,量事立限归结"⑦。当然,对于滞讼而造成越诉也要追究有关官员的责任,"有司毋留狱滞讼,以致越诉,违者官民皆罪之"⑧。元代在司法实践中存在一些案件违规越诉得到受理的情况,如编号[F9:W34]《抢夺站户汝中吉土地案》中站户汝中吉赴省状告,就是一件越诉并得到受理的

---

① 陈高华等:《元典章》卷4《朝纲一·政纪·省部减繁格例》,天津古籍出版社、中华书局 2011 年版,第 135 页。

② (明)宋濂等:《元史》卷 105《刑法四》,中华书局 1976 年版,第 2671 页。

③ (明)宋濂等:《元史》卷 105《刑法四》,中华书局 1976 年版,第 2671-2672 页。

④ (明)宋濂等:《元史》卷 105《刑法四》,中华书局 1976 年版,第 2671 页。

⑤ 陈高华等:《元典章》卷4《朝纲一·政纪·省部减繁格例》,天津古籍出版社、中华书局 2011 年版,第 132 页。

⑥ 陈高华等:《元典章》卷 53《刑部十五·告事·告罪不得称疑》,天津古籍出版社、中华书局 2011 年版,第 1754 页。

⑦ 陈高华等:《元典章》卷4《朝纲一·政纪·省部减繁格例》,天津古籍出版社、中华书局 2011 年版,第 135 页。

⑧ (明)宋濂等:《元史》卷 7《世祖四》,中华书局 1976 年版,第 135 页。

案件。① 可见，从实际情况看，越诉案件可以变通，有些越诉案件不仅得到受理，还得到了有效处理。这是否是因为边远地方诉讼案件较少，所以对越诉案件才较为宽容，值得进一步研究。再举一越诉案例，至大元年（1308 年），一德将辞归龙兴新建老家，会燕都阿思兰以冤被诛，诏簿录其家。群奴各亡去，一德独奋曰："主家有祸，吾忍同路人耶！"即留不去，与张锦童诣中书，诉枉状，得昭雪，还其所籍。② 此例亦是越诉得到有效受理的案例。

二、直诉

直诉是元代法律中存在的一项诉讼制度，对某些案情重大和冤抑无处申诉者，可超出一般受诉官司和申诉程序的范围，直接向最高统治者申诉。直诉是一种与古代法定诉讼制度相区别、非正常的诉讼程序。

王恽在至元五年（1268 年）后任职监察御史多年，曾经提出设立登闻检鼓院。鉴于"一等狂妄小民，苦无冤抑，如婚姻、田宅、户门等事"，往往动辄就"接驾唐突。圣主爱民心切，以为事重"，惊动圣颜，所以他主张设立登闻检鼓院，这样的话，不仅"使天下冤抑之情得以上达"，而且"朝廷尊严之势，彼狂妄小民亦不能咫尺轻近矣"。③ 从王恽所述来看，在元代拦御驾是存在的，并且还很常见，针对细民动辄诉讼于皇帝的做法，元英宗曾曰："言事者直至朕前可也，如细民辄诉讼者则禁之。"④至元十二年（1275 年），元世祖"谕中书省议立登闻鼓，如为人杀其父母兄弟夫妇，冤无所诉，听其来击。其或以细事唐突者，论如法"⑤。至元十八年（1281 年）"立登闻鼓院，许有冤者挝鼓以闻"⑥。看来王恽的主张得到皇帝的认可并得以执行。至元二十年（1283 年）初"敕诸事赴省、台诉之，理决不平者，许诣登闻鼓院击鼓以闻"⑦。如至元十七年（1280 年）二月，诏命"梅国

① 塔拉等：《中国藏黑水城汉文文献》第 4 册《抢夺站户汝中吉土地案》，国家图书馆出版社 2008 年版，第 750 页。
② （明）宋濂等：《元史》卷 197《赵一德传》，中华书局 1976 年版，第 4450 页。
③ （元）王恽：《秋涧先生大全文集》卷 87《乌台笔补·请立登闻检鼓院事状》，《四部丛刊初编》第 1395 册，商务印书馆 1922 年版。
④ （明）宋濂等：《元史》卷 27《英宗一》，中华书局 1976 年版，第 608-609 页。
⑤ （明）宋濂等：《元史》卷 8《世祖五》，中华书局 1976 年版，第 165 页。
⑥ （明）宋濂等：《元史》卷 11《世祖八》，中华书局 1976 年版，第 231 页。
⑦ （明）宋濂等：《元史》卷 12《世祖九》，中华书局 1976 年版，第 250 页。

宾袭其父应春泸州安抚使职。泸州尝叛,应春为前重庆制置使张珏所杀。国宾诣阙诉冤,诏以珏畀国宾,使复其父仇。珏时在京兆,闻之自经死。国宾请赎还泸州军民之为俘者,从之"①。该记载就是梅国宾直接诣阙诉冤的案例。再如,"中统元年,廉希宪、商挺宣抚川、陕,时密力火者握重兵,居成都,希宪与挺虑其为变,以黑马有胆智,使乘驿矫诏竟诛之。其子诉于朝,世祖谕之曰:'兹朕命也,其勿复言。'"②

　　元代直诉是有条件的,条件不满足的情况下,要追究当事人的责任。《元史》中有载:"诸陈诉有理,路府州县不行,诉之省部台院,省部台院不行,经乘舆诉之。未诉省部台院,辄经乘舆诉者,罪之。"至元七年(1270年),皇帝诏释京师系囚。西域人匿赞马丁,用事先朝,资累巨万,为怨家所告,系大都狱,既释之矣,时希宪在告,实不预其事。是秋,车驾还自上都,怨家诉于帝,希宪取堂判补署之,曰:"天威莫测,岂可幸其独不署以苟免耶。"因签署释放匿赞马丁与左丞相耶律铸同罢,③就是为匿赞马丁"怨家诉于帝"所致,该事例亦是直诉的案例。再举直诉的两个案例,至治二年(1322年)三月,驸马许讷之子速怯诉曰:"臣父谋叛,臣母私从人。"帝曰:"人子事亲,有隐无犯。今有过不谏,乃复告讦。"命诛之。④ 中统元年(1260年),济南平,(赵炳)入为刑部侍郎,兼中书省断事官。时有携妓登龙舟者,即按之以法,未几,其人死,其子犯跸诉冤,诏让之,炳曰:"臣执法尊君,职当为也。"帝怒,命之出,既而谓侍臣曰:"炳用法太峻,然非循情者。"⑤

　　本质上元廷是不主张直诉的,但直诉为民众冤情的及时解决提供了一个途径,可参见表4-1。元廷允许一定条件下的直诉,是统治者关心民众权益和重视解决冤情的体现,但由于有种种条件限制,其效用的发挥较为有限。

①　(明)宋濂等:《元史》卷11《世祖八》,中华书局1976年版,第222页。
②　(明)宋濂等:《元史》卷149《刘伯林传》,中华书局1976年版,第3518页。
③　(明)宋濂等:《元史》卷115《显宗传》,中华书局1976年版,第3092页。
④　(明)宋濂等:《元史》卷28《英宗二》,中华书局1976年版,第621页。
⑤　(明)宋濂等:《元史》卷163《赵炳传》,中华书局1976年版,第3836页。

表 4-1 元代直诉案例统计表

时间	案例	出处
至元十六年	帝令乘传偕敕使数人往按琮等。至则琮假嗣王旨,入炳罪,收炳妻孥囚之。时嗣王之六盘,徙炳等于平凉北岣峒山,因闭益严。炳子仁荣诉于上,即诏近侍二人驰驿而西,脱炳,且械琮党偕来。琮等留使者,醉以酒,先遣人毒炳于平凉狱中,械琮等百余人至,帝亲鞫问,尽得其情,既各伏辜,命仁荣手刃琮、叔云于东城	《元史》卷163《赵炳传》
至元十八年	一个蛮子,跟着抬酒筲的人,入大殿里叫。皇帝让其上前,听他怎么说。此人说他原是江南好投拜人户。被干讨房军人虏到陕州,卖与人家做奴婢。他自用钱赎身,做了陕县百姓。跟着抬酒筲的,入大殿里奏来	《至正条格·断例》卷1《卫禁·阑入宫殿》
至元十八年	"义奴"案中有:"叩踾陈告,達鲁花赤以罪罢去,守复官。"①	《南村辍耕录》卷7《义奴》
成宗初	适驾北幸,哈塔不花遮乘舆诬讼公不法事,上命中丞崔彧问之。彧知其诬,将俟见上白之,未几彧卒。及驾还宫,其人复以为言,诏省、台遣官案验,卒无事实,其人坐诬抵罪,宪纲大振	《滋溪文稿》卷23《元故参知政事王宪穆公行状》
至治二年	驸马许讷之子速怯诉曰:"臣父谋叛,臣母私从人。"帝曰:"人子事亲,有隐无犯。今有过不谏,及复告讦。"命诛之	《元史》卷28《英宗二》

第三节 元代司法监督

为保证司法制度正常运行,元代建立了较为完善的司法监督机制。元代的司法监督体制包括御史台制度、约会制度、五府录囚制度、宣使制度等。学者大多从元代监察制度和司法官员的外部监督视角进行考察,如王敬松的《元代宪

---

① 参见本章第二节"义奴"案。

司分行录囚述论》一文认为元代的宪司及地方监察机构在实施行政监察职能的同时,亦承担了大量的录囚司法职责,但录囚本身也存在弊病。① 陈广恩的《研究元代刑狱制度的新史料——〈至正条格〉"狱官"条格初探》一文结合元代新史料,探讨了元代刑狱审判的大致程序,认为五府审囚官主要是为复审死刑案件而设,元代地方设立行御史台是元代监察体制的一个创造。② 王寅生在论文《元代提刑按察司制度研究》中认为监督司法机关的审理活动是古代监察机关及监察官员的主要职责,提刑按察司基本职责即是以提调刑狱为主,兼掌按察不法官吏。定期巡行制度对防止官员徇私枉法、贪赃违纪起到了重要的作用。③ 吴海航在《元朝整肃官僚队伍的钦差大臣——奉使宣抚》一文中对元代中央政府派遣奉使宣抚代替监察官员巡行地方的独特行政司法监察职能进行了考察,并指出在国家常规制度尚不能有效发挥作用的情况下,这种临时性补救措施无法达到目的。④ 申万里的《元朝国家政权内部的沟通与交流——以宣使为中心的考察》一文提到元政府临时派遣宣使监督地方司法的职能。⑤ 武波在论文《元代法律问题研究》中对元代的录囚制度进行了较为系统的阐述。⑥ 于洋的《刍议元代奉使宣抚——兼议元中后期监察制度》一文叙述了元中后期的吏治情况与奉使宣抚制度出台的背景,宣抚制度的内涵、职责、官员配置情况,并分析了奉使宣抚制度的运行和成效。⑦ 元代审判机构的多元化,造成司法监督的多重性和复杂性。在前人研究基础上,笔者认为元代司法监督可分为行政系统的司法监督(包括皇帝、刑部等由上到下的监督和行政地方官员的司法监督)、监察系统司法监督、监察系统内部的自我司法监督以及行政和监察机关的共同司法监督。

---

① 王敬松:《元代宪司分行录囚述论》,《北京联合大学学报(人文社会科学版)》2013 年第 1 期。

② 陈广恩:《研究元代刑狱制度的新史料——〈至正条格〉"狱官"条格初探》,《图书馆理论与实践》2010 年第 3 期。

③ 王寅生:《元代提刑按察司制度研究》,内蒙古大学硕士学位论文,2013 年。

④ 吴海航:《元朝整肃官僚队伍的钦差大臣——奉使宣抚》,《西安外事学院学报》2007 年第 3 期。

⑤ 申万里:《元朝国家政权内部的沟通与交流——以宣使为中心的考察》,《元史论丛》第 14 辑,天津古籍出版社 2013 年版,第 113 页。

⑥ 武波:《元代法律问题研究》,南开大学博士学位论文,2010 年;王敬松:《元代宪司分行录囚述论》,《北京联合大学学报(人文社会科学版)》2013 年第 1 期。

⑦ 于洋:《刍议元代奉使宣抚——兼议元中后期监察制度》,《新西部》2017 年第 31 期。

一、行政系统的司法监督

中国古代社会行政和司法系统不分或者说分离并不严格,司法部门从属于行政机构,中央刑部虽属于六部之一,但是从属于中书省。地方上各级司法机构亦从属于各级地方政府。司法机关的职责运行一直受到行政权力的干扰,所以行政系统的监督可以分为横向的本级地方行政系统和司法机关内部的监督以及纵向上级行政系统和司法机关的监督。鉴于地方上对案件往往推调着不肯与决,作疑呈禀,致使百姓赴上陈告文繁。元廷规定:"行省、宣慰司、路府州县合与决的勾当,自下而上,必要结绝了。若州县理断不当呵,赴路府、宣慰司、行省陈告,即便改正,将元行官吏究治。"①如果依然推调着不与决绝,或是违着体例、理断不当,致令百姓赴省部陈告,就要追究他们的罪过。对各路"其或所拟不完,所申不当,定将判署官吏依例责罚施行"②。如有故违禁令"似前非法游街拷掠囚徒,事轻,从本管上司究治",致伤人命者,取明白招伏咨省。③ 上述三条史料都体现出上级行政机构对于下级司法处理案件的监督。

至元三年(1266 年)七月,中书省奏准节该:"除人命重事外,偷大头匹等一切罪犯,赃仗完备,不须候五府官审理,令拘该衙门依例归结";此条史料说明,人命重事案件还须五府官审理,进行司法监督。具体做法是,对"所在重刑,每上下半年,亲行参照文案,察之以情,当面审问,若无异情,行移本路总管府结案,申部待报";若有番异及别有疑似者,即行推鞫。若事关人众,卒难归结者,行移附近不干碍官司,再行磨问。若更有可疑,要再次推问,无致冤枉。"若有冤滞,随即改正疏放。"行省和中书省对酷刑加以制止,如禁止绳缚罪人、磁芒刺膝、游街拷掠、遇夜问事等非法酷刑。④ 大德四年(1300 年)九月,江西行省咨请

---

① 陈高华等:《元典章》卷 4《朝纲一·政纪·省部减繁格例》,天津古籍出版社、中华书局 2011 年版,第 132 页。

② 陈高华等:《元典章》卷 4《朝纲一·政纪·依例处决词讼》,天津古籍出版社、中华书局 2011 年版,第 139—140 页。

③ 陈高华等:《元典章》卷 40《刑部二·狱具·禁治游街等刑》,天津古籍出版社、中华书局 2011 年版,第 1355 页。

④ 陈高华等:《元典章》卷 40《刑部二·狱具·禁杀杀问事》,天津古籍出版社、中华书局 2011 年版,第 1354 页。

禁止酷虐之风得到都省批准,发挥其对地方的司法监督职能,"有司亲民之官,每于问事之际,私情暴怒,辄遣凶徒,驱于公厅之下,恣意捆打,或致聋聩,终为残疾。重则因而致伤人命,深可哀怜。如准禁止,以戢酷虐之风"。都省准拟。①

(一)行政系统内部对捕盗、狱囚的监督

1. 对捕盗的监督

(1)捕盗官匿赃要受处罚

延祐二年(1315年)七月,刑部议得:"怀庆路河内县尉王璧,将强贼扈王驴家内,搜到赃物壹布袋,计肆拾陆件,私家隐放,不行牒县。估价折至元钞陆拾贰官肆伯文。虽招以后无事意欲入己,终与县吏周惟辅同行封计,不曾开封破用。量拟肆拾柒下,解见任,别行求仕,标附。"都省准拟。至元五年(1268年)的诏书规定:该诸府州司县巡捕盗官,捉获贼人,随时发与本县公厅。推问是实,解赴本州岛府,再行鞫勘。不得专委人吏、弓手拷问。② 对捕盗官捕盗加以规范。对于两官员交替期间捕盗捕获,可以免于受到停俸的处罚。至元十年(1273)五月,兵刑部呈:"博州路王阿丁被贼烧讫房舍,县尉罗旺二限不获贼人,得替,新任县尉刘源末限不获。议得:去官未及限满,后官亦非界内,各免停俸,弓手依例断决。"都省准拟。对于赦免前违限不获的捕盗官员,可以取消处罚,但对于赦免后违限不获的,如正犯不应该赦免,亦要追究捕盗官兵责任。至大四年(1311年)十一月,刑部议得:"捕盗官兵失过盗贼,革前违限不获,合行革拨,革后违限不获者,既正贼不该原免,捕盗官兵亦合依例追断。"都省准拟。③为避免捕盗官迫于捕盗期限,捉捕疑似之人或枉勘平人,赃物弄虚作假,捕人自买"赃物"的现象。江西行省对赃物处理作出有关规定:"各路仰遍行合属,今后捕盗官司凡遇受理被劫词状,须要审问所失物件备细件目,令事主封记,用印关防,回避捕人,不令知会。将元告被失物件发下捕人根索,直候根到赃物,然后令元告事主当官一同开封下验。如与元告相同,即是真赃。如有差异,别行根

① (元)《至正条格·条格》卷34《狱官》,[韩]李玠奭等校注,韩国学中央研究院2007年版,第145页。

② 陈高华等:《元典章》卷51《刑部十三·获盗·获贼随时解县》,天津古籍出版社、中华书局2011年版,第1708页。

③ (元)《至正条格·条格》卷29《捕亡》,[韩]李玠奭等校注,韩国学中央研究院2007年版,第102页。

索。似望不至泛滥。"①省府对有失巡捕的巡检加以处罚,弓兵不许差占,至治三年(1323年)十二月,刑部议得:"各处所设弓兵,专一巡防捕盗,已有定例。如是别行差占,徧行禁止。"都省准拟。② 各处弓手,本为盗贼差役。其官吏却行影占役使,及骑坐马匹,实妨巡捕。今后除例应公差外,若有私役弓手者,决贰拾柒下。三名已上加壹等。骑坐弓手马匹者,决壹拾柒下,标附过名。本管官吏,不应应付者,各减壹等科断。对捕盗官捕盗不力者也要受罚。③ 至元三十年(1296年)龙兴路乌山巡检贾义因为不即捕贼,只顾看踏踪迹,致使众贼逃脱而受到笞刑三十七下的判决。

（2）枢密院对捕捉盗贼的监督

至元二十六年(1289年)八月,枢密院议拟到:关津渡口把隘去处,当该官员军兵人等,常切用心巡绰,盘捉一等作过歹人,务要严谨,毋致私受财货放行。如违,体察得实,痛行断罪。官府对于发放文印加以监管,至元二十三年(1286年)十二月,枢密院呈:"腹里州城投下官吏,信从人户,以江南等处作买卖为由,滥放文引,因而般取军人在逃,使管军官不能拘系,拟合遍行禁约。"都省议得:"今后诸人若因事,或为商贾,前去它所勾当,经由有司衙门陈告,取问邻佑是实,令人保管,别无违碍,方许出给文引,明置文簿销照外,据其余衙门,并各投下官司,虽有印信,无得擅行出给文引。"④

（3）奖励捉获盗贼的官员和民众

对于捕盗有功的官吏,经核查属实,给予升职或赏官的奖励。如延祐七年(1320年)六月,刑部议得:"庆元路录事司达鲁花赤忻都,捉获别境劫墓开棺贼人张季五等五名,庆元路并廉访司保勘体覆相同,别无争功之人,合于本官应得资品上量减一资。"都省准拟。至顺三年(1332年)六月,刑部呈:"张伯荣,前充

---

① 陈高华等:《元典章》卷49《刑部十一·评赃·贼赃详审本物》,天津古籍出版社、中华书局2011年版,第1648页。

② （元）《至正条格·条格》卷29《捕亡》,[韩]李玠奭等校注,韩国学中央研究院2007年版,第106页。

③ （元）《至正条格·断例》卷13《擅兴·军官遇贼不捕》,[韩]李玠奭等校注,韩国学中央研究院2007年版,第310-313页。

④ （元）《至正条格·条格》卷28《关市》,[韩]李玠奭等校注,韩国学中央研究院2007年版,第89页。

崇明州司吏,犯赃断罢,捉获强贼高胜保等八人。扬州路保勘,亦无争功之人,廉访司体覆相同连到的本牒文。拟合依例与一官。"都省议得:"张伯荣获贼有功,例应给赏,缘本人前经犯赃不叙,难以牧民,拟于杂职流官内任用。"①元政府采取措施鼓励民众捕盗,至元八年(1271年)正月,枢密院呈:"事主自获强切盗贼,亦合依例给赏。"鼓励捕盗。刑部议得:"钦奉圣旨:'诸人告捕获强盗壹名,赏钞五十贯,切盗一名,赏钞二十五贯,应捕人减半,'"都省准拟。

通过以上举措,政府对官民捕盗加以有效的监督。

2.对狱囚方面的司法监督

(1)诸见禁罪囚,各处正官,每月分轮检视

凡禁系不应淹滞不决,病患不治,并合给囚粮依时不给者,并须随时究问。②"诸郡县佐贰及幕官,每月分番提牢,三日一亲临点视,其有枉禁及淹延者,即举问。月终则具囚数牒次官,其在上都囚禁,从留守司提之。诸南北兵马司,每月分番提牢,仍令提控案牍兼掌囚禁。"③

(2)对推官、提调官员管理狱囚的监督

对有不应监系者,随即疏放究问,委推官常切诣狱审录。④禁止狱囚博戏饮酒等违规行为,追究监督不力提调官员的责任。如至元二十六年(1289年)八月,刑部议得:"今后仰合属提调刑狱官员,常切厘勒司狱官吏、狱卒人等,毋令囚徒饮酒、博戏,亦不得将带刃器、纸笔、一切文字入禁。如违,定将提调官员究治。司狱官吏、狱卒人等,痛行断罪。"都省准呈。官府对于罪囚衣粮、囚病医药都有明确规定。⑤对脱囚、纵囚、放贼的官兵亦要处罚,至元三年(1266年)六月,平阳路弓手郑进监送贼人时,因贼人脱逃被部处以杖七十七下的处罚。⑥类

---

①　(元)《至正条格·条格》卷30《赏令》,[韩]李玠奭等校注,韩国学中央研究院2007年版,第114页。

②　(元)《至正条格·条格》卷33《狱官》,[韩]李玠奭等校注,韩国学中央研究院2007年版,第136页。

③　(明)宋濂等:《元史》卷102《刑法一》,中华书局1976年版,第2635页。

④　(元)《至正条格·条格》卷34《狱官·囚历》,[韩]李玠奭等校注,韩国学中央研究院2007年版,第147页。

⑤　(元)《至正条格·条格》卷34《狱官·囚历》,[韩]李玠奭等校注,韩国学中央研究院2007年版,第147-150页。

⑥　陈高华等:《元典章》卷55《刑部十七·杂犯·脱囚》,天津古籍出版社、中华书局2011年版,第1852页。

似的例子《元典章》中还有很多,对于监押犯人不用心,犯人自杀的,除受罚外,要给付苦主银钞。至元三年(1266年)八月,河间路为强盗刘千奴劫狱在逃,押狱阎聚七十七下,牢子陈德、石聚各六十七下,司狱刘义四十七下,提调官罚俸两月。至元三年九月,因东平路禁子张升等失囚,走讫杀死王重四贼人陈天佑,部拟"断禁子张升、管平各七十七下,首领李旺、宋兴各五十七下"①。延祐四年(1317年),福州路司狱司张守仁不为用心钤束罪囚,以致牢子受钱纵容罪囚脱狱在逃,受到笞决四十七下,解见任的处罚。②

(3)都省、刑部对平反冤狱监督

至大四年(1311年)七月,刑部议得:"今后若有平反罪囚,细考实迹明白,本道廉访司体覆是实,总管上司保勘相同,然后许动公文,以凭定拟。其或冒滥不实,罪及保勘体覆官司。"都省准呈。③鼓励没有平反职责的其他官员的平冤。至正十年(1273年)二月,泰州尹真定人赵公子威平反王𣈶冤狱。获世人称羡。④下面是吏员朱敏平反冤狱的案例。

天台朱敏,字明德,初为仙居县吏,县林弘道诬兄翁归与陈甲共杀其父,狱已具,明德疑而诘之,乃弘道与兄有隙,令陈诬引之而其家利得贿也。

潜卑劫杀僧大亨,词连江乙等四人杀其牛,明德疑事旁出,穷问,乃其仇朱丙自以牛皮付捕者,妄云得于乙家,于是四人皆得脱。

次吏瑞安州,庆元慈溪县盗杀海商,事久不白,分宪疑其冤,帅府命州姜判官往勘,佐以明德,实注意焉。

初,县共捕方甲等十五人,鞠之,皆承,内王乙独称掠得绫纱数段,后会赦,遂以例得释。明德察其差,则方等赃验皆非,而王乃真盗,元物三百六十有刘具存。时十四人者,死其一,余十三人悉纵遣。升吏温州,复辨明造

① 陈高华等:《元典章》卷55《刑部十七·杂犯·脱囚》,天津古籍出版社、中华书局2011年版,第1852页。

② 陈高华等:《元典章》卷55《刑部十七·杂犯·脱囚》,天津古籍出版社、中华书局2011年版,第1854页。

③ (元)《至正条格·条格》卷30《平反冤狱》,[韩]李玠奭等校注,韩国学中央研究院2007年版,第109页。

④ (元)陈基:《夷白斋稿》卷14《赵泰州平反冤狱诗序》,《四部丛刊三编·集部》,商务印书馆1922年版。

伪钞囚林乙非同情者。前后全活四十余人。后朱敏获得旌赏。①

此外,行省对地方军队的监督。如至元二十九年,"海北元帅薛赤干赃利事觉,行省檄泽验治。泽驰至雷州,尽发其奸赃,纵所掠男女四百八十二口、牛数千头,金银器物称是,海北之民欣忭相庆"②。

(4)录囚

早在元世祖时期就已经很重视录囚,至元三年五月,"遣使诸路虑囚"③。至元二十年二月,"敕遣官录扬州囚徒"④。延祐五年(1318年),对于五府推称事故,不聚会进行有效录囚的,斟酌情况追究其罪过;对已委任审理案件未毕的五府官员,"不许别除。虽有除授,不许之任,亦不得别行差占。违者,挨问究治呵"⑤。至治二年三月,"遣御史录囚。"⑥至顺四年(1333年)十二月,"遣省、台官分理天下囚,罪状明者处决,冤者辨之,疑者谳之,淹滞者罪其有司"⑦。至正七年(1347年)十二月对于录囚及官员职责分工进行规范:"刑狱之重,民命系焉。死者不可复生,伤者不可复息。各处见禁罪囚,恐有淹滞,诏书到日,所在有司,即与用心推理,合疏决者疏决,合结解者结解。毋以小节不完,淹滞囹圄。其有在禁五年之上,累审累番,疑不能决者,在内监察御史,在外廉访司吏,为谳疑状昭著释之,仍具所由,申达省部。"⑧后至元元年(1335年)三月,"诏遣五府官决天下囚"⑨。下面看几则录囚案例。

(王思诚)录囚至三河县,一囚诉不已,俾其党异处,使之言,囚曰:"贼

　　① (元)吴师道:《礼部集》卷13《朱敏平反狱事记》,《景印文渊阁四库全书》第1212册,台湾商务印书馆1986年版,第171页。

　　② (明)宋濂等:《元史》卷163《乌古孙泽传》,中华书局1976年版,第3834页。

　　③ (明)宋濂等:《元史》卷6《世祖三》,中华书局1976年版,第110页。

　　④ (明)宋濂等:《元史》卷12《世祖九》,中华书局1976年版,第251页。

　　⑤ (元)《至正条格·条格》卷34《狱官·审理罪囚》,[韩]李玠奭等校注,韩国学中央研究院2007年版,第139-140页。

　　⑥ (明)宋濂等:《元史》卷28《英宗二》,中华书局1976年版,第621页。

　　⑦ (明)宋濂等:《元史》卷38《顺帝一》,中华书局1976年版,第819页。

　　⑧ (元)苏天爵:《乞差官录囚》:《元代奏议集录(下)》,邱树森、何兆吉辑点,浙江古籍出版社1998年版,第330页。

　　⑨ (明)宋濂等:《元史》卷38《顺帝一》,中华书局1976年版,第825页。

向盗某芝麻,某追及,刺之几死,贼以是图复仇,今弓手欲捕获功之数,适中贼计。其赃,实某妻裙也。"以裙示失主,主曰:"非吾物。"其党词屈,遂释之。

丰润县一囚,年最少,械系濒死,疑而问之,曰:"昏暮三人投宿,将诣集场,约同行,未夜半,趣行,至一冢间,见数人如有宿约者,疑之,众以为盗告,不从,胁以白刃,驱之前,至一民家,众皆入,独留户外,遂潜奔赴县,未及报而被收。"思诚遂正有司罪,少年获免。①

李好文录囚河东,有李拜拜者,杀人,而行凶之仗不明,凡十四年不决,好文曰:"岂有不决之狱如是其久乎!"立出之。②

大德年间,宗王兄弟二人守边,兄阴有异志,弟谏不听,即上马驰去,兄遣奴挟弓矢追之,弟发矢毙其奴,兄诉囚其弟,狱当死。约虑囚曰:"兄之奴,即弟之奴,况杀之有故。"立释之。③

(二)对于司法官员及审判的监督

1. 对接受词讼和审理官员进行监督

元政府明确规定,词讼正官推问,④巡检、站官、军官、出使人不得接受词状,⑤以确保审案的专业性和公正性,具体参见《元典章》有关内容,不再赘述。诸随处季报罪囚,当该上司,皆须详视。但有淹滞,随即举行。其各路推官,既使专理刑狱,凡所属去处,察狱有不平,系囚有不当,即听推问明白,咨申本路,依理改正。若推问已成,他司审理,复有不尽不实,即取推官招伏,议罪。⑥

2. 对书铺和书状的监督

若词状到铺,妄行刁蹬,取受钱物,以直作曲,朦胧书写等,"许令告人径赴

---

① (明)宋濂等:《元史》卷183《王思诚传》,中华书局1976年版,第4212-4213页。
② (明)宋濂等:《元史》卷183《王思诚传》,中华书局1976年版,第4216页。
③ (明)宋濂等:《元史》卷178《王约传》,中华书局1976年版,第4139页。
④ 陈高华等:《元典章》卷53《刑部十五·问事·词讼正官推问》,天津古籍出版社、中华书局2011年版,第1756页。
⑤ 陈高华等:《元典章》卷53《刑部十五·禁例·禁治风闻公事》,天津古籍出版社、中华书局2011年版,第1749-1752页。
⑥ 陈高华等:《元典章》卷40《刑部二·察狱·罪囚淹滞举行》,天津古籍出版社、中华书局2011年版,第1360页。

所属官司陈告,取问是实,当该书状人等黜罢"①。阻止各衙门近侍官员,隔越闻奏兴词。泰定元年(1324年),都省准拟:"诸人告争草地,多因当该官府与所委官,不依先呈通例,徇情怀私,理断不当,致引百姓称词不绝。其或处断公平,好讼之徒不舍前劳,巧捏饰词,再行反告。傥不受理,营求各衙门近侍官员,隔越闻奏兴词。今后若有似前争讼者,拘该官司须要照勘始初元断文案,中间如何偏徇,拟断不平,逐节指定明白。果有合行事理,方许呈省,以凭取问。各衙门近侍官员闻奏兴词者,亦合禁止。仍取诳告招伏,依条断罪。"②

3. 元代继承唐宋之制,司法官员实行回避制度

《元典章》载:"今后凡言告官吏不公之人所犯,被告官吏并合回避。"③诸曾诉官吏之人有罪,其被诉官吏勿推。诸职官听讼者,事关有服之亲并婚姻之家及曾受业之师与所仇嫌之人,应回避而不回避者,各以其所犯坐之。有辄以官法临决尊长者,虽会赦,仍解职降叙。④如有"本处官司理断偏向,及应合回避者"而不回避者,"许令赴部或断事官处陈告"。⑤如至元二十四年六月,"时有王虎臣者,言平江路总管赵全不法,即命虎臣往按之,叶李执奏不宜遣虎臣,帝不听,孟俯进曰:'赵全固当问,然虎臣前守此郡,多强买人田,纵宾客为奸利,全数与争,虎臣怨之。虎臣往,必将陷全,事纵得实,人亦不能无疑。'帝悟,乃遣他使"⑥。

4. 对司法执行的监督

至元三年(1266年)十月,刑部议得:"今后处决重囚,比及立春,务要与决。如果已及春月,将见禁重囚,疾早追勘完备,牒审无冤,依式结案,申达省部。应死者,预为奏闻,才候秋分,依例处治。若犯恶逆以上及奴婢杀主之类,决不待

---

① 陈高华等:《元典章》卷53《刑部十五·书状·籍记吏书状》,天津古籍出版社、中华书局2011年版,第1746页。

② (元)《至正条格·条格》卷26《田令·告争草地》,[韩]李玠奭等校注,韩国学中央研究院2007年版,第66页。

③ 陈高华等:《元典章》卷53《刑部十五·被告·被告官吏回避》,天津古籍出版社、中华书局2011年版,第1763页。

④ (明)宋濂等:《元史》卷102《刑法一》,中华书局1976年版,第2619页。

⑤ 陈高华等:《元典章》卷53《刑部十五·越诉·告罪不得越诉》,天津古籍出版社、中华书局2011年版,第1772页。

⑥ (明)宋濂等:《元史》卷172《赵孟頫传》,中华书局1976年版,第4019页。

时者,不拘此例。"都省准拟。至顺三年(1332年)四月,刑部议得:"强盗图财,劫杀使命及品官者,合令事发官司,即便归勘明白。在外行省咨禀,腹里路分申达省部,备呈都省闻奏,决不待时。"都省准拟。①

(三)皇帝对于司法的干预

皇帝通过一系列诏旨和措施干预司法。如中统五年(1264年)圣旨拟以五事考较官员。"户口增、田野辟、词讼简、盗贼息、赋役平五事备者为上选,内三事成者为中选,五事俱不举者黜。"②其中二项"词讼简、盗贼息"涉及司法。类似的诏旨很多。

1. 设立奉使宣抚,到各地巡查审狱

大德九年(1305年)六月,设立奉使宣抚并赋予其很大权力。见禁罪囚,详加审录,重者依例结案,轻者随即决遣,无致冤滞。③ 泰定二年(1325年)九月,遣奉使宣抚,分行诸道,"按问官吏不法,询民疾苦,审理冤滞,凡可以兴利除害,从宜举行"。至正五年(1345年)十月,遣官分道奉使宣抚,布宣德意,询民疾苦,疏涤冤滞,蠲除烦苛,体察官吏贤否,明加黜陟。有罪者,四品以上停职申请,五品以下就便处决,民间一切兴利除害之事,悉听举行。④ 延祐三年(1316年),奉使宣抚巡历淮东,耆老士庶等列名为廉访使刘藻含冤十余年陈辨。⑤ 延祐七年(1320年)正月,元英宗"遣使分谳内外刑狱"⑥。

2. 皇帝对司法诉讼及执行的监督

至元八年(1271年)毋留狱滞讼诏,有司毋留狱滞讼,以致越诉。违者,官民皆罪之。⑦ 至元十二年(1275年)诏,"今后杀人者死,问罪状已白,不必待时,宜即行刑。其奴婢杀主者,具五刑论"⑧。皇帝对诸王属地的诉讼的干预。至元

---

① (元)《至正条格·条格》卷33《狱官》,[韩]李玠奭等校注,韩国学中央研究院2007年版,第134页。

② 陈高华等:《元典章》卷2《圣政一·饬官吏》,天津古籍出版社、中华书局2011年版,第39页。

③ 陈高华等:《元典章》卷3《圣政二·理冤滞》,天津古籍出版社、中华书局2011年版,第114页。

④ (明)宋濂等:《元史》卷92《百官八》,中华书局1976年版,第2342—2343页。

⑤ (元)许有壬:《辨廉使刘藻》:《元代奏议集录(下)》,邱树森、何兆吉辑点,浙江古籍出版社1998年版,第241页。

⑥ (明)宋濂等:《元史》卷25《英宗一》,中华书局1976年版,第598页。

⑦ (明)宋濂等:《元史》卷7《世祖四》,中华书局1976年版,第135页。

⑧ (明)宋濂等:《元史》卷8《世祖五》,中华书局1976年版,第171页。

二十七年(1290年)五月听讼诏:诸王分地之民有讼,王傅与所置监郡同治,无监郡者王傅听之。① 延祐七年正月,"遣使分谳内外刑狱"②。至顺元年(1330年),诏书内一款:"比年田宅增价,民讼滋繁。除已到官见有文案,并典质借赁,私约分明,依例归结,其余在至顺与阿尼那五月以前者,依例革拨。"③元朝政府对于死刑执行的监督。至元十七年(1280年)十一月死罪详审诏:有罪配役者,量其程远近;犯罪当死者,详加审谳。④ 中统元年(1260年),理冤滞诏:"凡有犯刑至死者,如州府审问狱成,便行处断,则死者不可复生,断者不可复续。案牍繁冗,须臾决断,万一差误,人命至重,悔将何及。朕实哀矜,今后凡有死刑,仰所在官司,推问得实,具事情始末及断定招款,申宣抚司,再行审复无疑,呈省闻奏,待报处决。"⑤大德五年(1301年)对结案及审查、官员获贼、平反冤狱功赏的咨请等明确加以规制:"今后诸处罪囚所犯,……或故延其事,作疑申禀,及结案重囚,虽经廉访司审录无冤,中间却有漏落情节,追勘不完,必致再行驳问,淹禁囚徒,不能与决。今后各路重刑结案,须要追勘一切完备,牒呈本道廉访司,仔细参详始末文案,……方许结案。行省委文资正官并首领官吏,依上用心参照,别无不完可疑情节,拟罪咨省。首领官吏对读无差,标写姓名,不许抄连备咨。如结案但有照出追勘不完、失问事理,当该正官、首领官吏,亦行究治,其获贼功赏、平反冤狱,若不依例保勘,乱行咨申者,拘该正官、首领官吏,量事轻重断罪。"⑥禁止转委公吏鞠狱,至元二十一年(1284年)七月,圣旨规定,凡遇鞠勘罪囚,须管公座圆问,除不得委公吏人等推勘外,"据捕盗人员,如是获贼,依理亲问的实,即便牒发,本县一同审问。若无冤枉,画申本管上司,不得专委司吏、弓兵人等,私下拷问"⑦。

① (明)宋濂等:《元史》卷16《世祖十三》,中华书局1976年版,第337页。

② (明)宋濂等:《元史》卷27《英宗一》,中华书局1976年版,第598页。

③ (元)《至正条格·条格》卷26《田令·争讼田宅革限》,[韩]李玠奭等校注,韩国学中央研究院2007年版,第66页。

④ (明)宋濂等:《元史》卷11《世祖八》,中华书局1976年版,第227页。

⑤ 陈高华:《元典章》卷3《圣政二·理冤滞》,天津古籍出版社、中华书局2011年版,第113页。

⑥ (元)《至正条格·条格》卷33《狱官》,[韩]李玠奭等校注,韩国学中央研究院2007年版,第135页。

⑦ (元)《至正条格·条格》卷34《狱官》,[韩]李玠奭等校注,韩国学中央研究院2007年版,第143页。

3.皇帝对察司的监督

至元二十八年(1291 年)圣旨:"肃政廉访司官吏人等,要肚皮坏了勾当的人每根底,比别个做官的人每的,他每的罪过重。"①天历元年(1328 年)九月,论御史台诏:今后监察御史、廉访司,凡有刺举,并着其赏,无则勿妄以言。廉访司书吏,当以职官、教授、吏员、乡供进士参用,②并对廉访司书吏具体选拔进行规定。举个皇帝参与对察官处罚的案例:至顺二年(1331 年)十二月,陕西行台御史捏古伯、高坦等劾奏:"本台监察御史陈良,恃势肆毒,徇私破法,请罢职籍赃,还归田里。"有旨:"虽会赦,其准风宪例,追夺敕命,余如所奏。"③

二、监察系统的司法监督

监察机关司法监督作用不容低估,《元典章》载:"廉访司按治宣慰司、路、府、州、县,而监察御史分守省、部、寺、监,刷磨诸司案牍,纠察官吏非违,别白利害,举刺贤否,奉行之吏。其责尤为不轻。"④流罪以上,须牒廉访司官,审覆无冤,方得结案,依例待报。⑤ 至元五年七月《设立宪台格例》:弹劾中书省、枢密院、制国用使司等内外百官奸邪非违,肃清风俗,刷磨诸司案牍,并监察祭祀及出使之事。至元十四年(1277 年),行台体察等例,"弹劾行中书省、宣慰司及以下诸司官吏奸邪非违,刷磨案牍。行省、宣慰司委行台监察,其余官府并委提刑按察司。自行御史台到任日为始,凡察到诸职官赃罪,追问是实,若罪至断罢停职者,咨台闻奏。其余盗官财者,虽在行台已前,并听纠察"⑥。《南台备要》中有类似御史台的规定。"刑名词讼,若审听不明及拟断不当,释其有罪,刑及无辜,或官吏受财,故有出入,一切违枉者,纠察;司狱司直隶本台,非官府不得私置牢狱;诸承取合审重刑及应照刷文案,漏报者,纠察;诸诉讼人,先从本管官司

①　陈高华等:《元典章》卷6《台纲二·体察·改立廉访司》,天津古籍出版社、中华书局2011 年版,第163 页。

②　(明)宋濂等:《元史》卷32《文宗一》,中华书局1976 年版,第711 页。

③　(明)宋濂等:《元史》卷35《文宗四》,中华书局1976 年版,第794 页。

④　陈高华等:《元典章》卷12《吏部六·吏制·考试廉访司书吏等例》,天津古籍出版社、中华书局2011 年版,第462 页。

⑤　(明)宋濂等:《元史》卷104《刑法三·盗贼》,中华书局1976 年版,第2657 页。

⑥　(元)赵承禧等:《宪台通纪·行台体察等例》,王晓欣点校,浙江古籍出版社2002 年版,第19页。

自下而上依理陈告。如有冤抑,经行中书省审断不当者,许行御史台纠察。"①
《立江南提刑按察司条画》载:"随处重刑,每上下半年,提刑按察司官亲行参照
文案,当面审视;若无异词,行移本处官司依例结案。仍具审过起数开申行台。
其有番异,及事涉疑似者,即听推鞫。若干人众卒难归结者,许委附近不干碍官
司再行磨问。更有可疑,亦听复审,毋致冤枉。其余罪囚,亦亲录问。其各处司
狱,并隶提刑按察司。"②至元十五年(1278)五月敕"诸职官犯罪,受宣者闻奏,
受敕者从行台处之,受省札者按察司治之。其宣慰司官吏,奸邪非违及文移案
牍,从本道提刑按察司磨刷。应有死罪,有司勘问明白,提刑按察司审覆无冤,
依例结案,类奏待命"③。

大德十一年,答里麻擢河东道廉访副使。"隰州村民赛神,因醉殴杀姚甲,
为首者乘? 逃去,有司逮同会者系狱,历岁不决。答里麻曰:'杀人者既逃,存亡
不可知,此辈皆迕误无罪而反桎梏耶?'悉纵之。"④

(一)监察机关对审理的监督

监察机关对司法审判监督的范围是十分广泛的。对于诸官司"冤滞不为审
理,及官员侵盗欺诳,污滥不法"⑤,"刑名违错"⑥,若此之类,皆委监察纠察。对
诸衙门"有见施行枉被囚禁及不合拷讯之人",及初不应受理之事,委监察从实
体究。如实有冤枉,即开坐事因,行移元问官司,即早归结改正。若元问官司有
违,即许纠察。对于"诸囚禁非理死损者,委监察随事推纠。诸承追取合审重
刑,及应照刷文案,若有透漏者,委监察纠察"。诸鞫勘罪囚,皆由连职官同问,
不得专委本厅及典吏推问。如违,仰监察纠察。⑦应受理却不为受理,或循私妄
生枝节,或虽受理,"不即从公与决,故延其事,日久不行结绝,许赴本管上司陈

---

①　(元)刘孟琛等:《南台备要·立行御史台条画》,王晓欣点校,浙江古籍出版社2002年版,第152
页。
②　(元)刘孟琛等:《南台备要·立行御史台条画》,王晓欣点校,浙江古籍出版社2002年版,第154
页。
③　(明)宋濂等:《元史》卷10《世祖七》,中华书局1976年版,第200—201页。
④　(明)宋濂等:《元史》卷144《答里麻传》,中华书局1976年版,第3431页。
⑤　陈高华等:《元典章》卷2《圣政一·肃台纲》,天津古籍出版社、中华书局2011年版,第35页。
⑥　陈高华等:《元典章》卷5《台纲一·内台·设立宪台格例》,天津古籍出版社、中华书局2011年
版,第143页。
⑦　陈高华等:《元典章》卷5《台纲一·内台·设立宪台格例》,天津古籍出版社、中华书局2011年
版,第144页。

诉,量事立限归结。违者,在外行台、廉访司,在内监察御史纠察究治"①。对于司法官员不加审理、动辄盲目向上司咨禀的现象,进行纠察。《至元新格》中有"诸公事明白,例应处决,而在下官府故作有疑申审,若事合申禀,而所在官司不即依理与决者,各随其事究治。仍从监察御史、肃政廉访司纠弹"②。对宣政院审理进行监督。大德六年(1302 年)春正月,"诏自今僧官、僧人犯罪,御史台与内外宣政院同鞫。宣政院官徇情不公者,听御史台治之"③。对推官的监督,具已未断讫略节缘由,咨申本路,开牒廉访司照详,逐一仔细披详。其有理断不当,随事究问。拘该廉访司依期录问,所至之处,即许取勘见数。若词情明白,罪状昭著,虽有小节不完,亦须详决。重囚,比及秋分,催督依式结案。冤者疏放,疑者申明,其有应疏决而不决,故行迁延,妄生疏驳,致使囚人淹禁,非理死损,当该官吏取招定罪,量事轻重黜降。每岁巡历,监察御史严加体察,庶几狱无停滞。④ 若推官承差,不申上司,辄离本职者,亦行治罪。其巡按官,取具平反冤抑,并在禁淹延轻重起数,行移本路,候推官任满,解由内开写,以凭考其殿最,约量升降。⑤ 同时重视监察部门对案件的审覆。大德八年(1304 年),恤民诏书内一款:诸处重刑,廉访司官详加审录,毋致冤滞。⑥ 至大二年(1309 年)九月,立尚书省钦奉诏书内一款:年岁饥馑,良民迫于饥寒,冒刑者多,深可悯恻。令廉访司审录详谳,重囚疾早依例结案,其余罪犯如得其情,即与断遣,毋致冤滞。⑦《元典章》规定,诸路总管府在审理重刑案件时,"各路追勘一切完备,牒呈廉访司仔细参详始末文案,尽情疏驳"⑧。经过"廉访司官审复无冤,方得结

① 陈高华等:《元典章》卷 4《朝纲一·政纪·省部减繁格例》,天津古籍出版社、中华书局 2011 年版,第 135 页。
② 陈高华等:《元典章》卷 4《朝纲一·政纪·减繁新例》,天津古籍出版社、中华书局 2011 年版,第 137 页。
③ (明)宋濂等:《元史》卷 20《成宗三》,中华书局 1976 年版,第 439 页。
④ (元)《至正条格·条格》卷三十四《狱官》,[韩]李玠奭等校注,韩国学中央研究院 2007 年版,第 141 页。
⑤ (元)《至正条格·条格》卷三十四《狱官》,[韩]李玠奭等校注,韩国学中央研究院 2007 年版,第 142 页。
⑥ 陈高华等:《元典章》卷 3《圣政二·理冤滞》,天津古籍出版社、中华书局 2011 年版,第 115 页。
⑦ 陈高华等:《元典章》卷 3《圣政二·理冤滞》,天津古籍出版社、中华书局 2011 年版,第 116 页。
⑧ 陈高华等:《元典章》卷 40《刑部二·断狱·重刑结案》,天津古籍出版社、中华书局 2011 年版,第 1378 页。

案",然后依例待报。① 如《审理罪囚案卷》清楚地反映了这一点:

> 皇帝圣旨里,亦集乃路总管府:今蒙
>
> 河西陇北道肃政廉访司甘肃永昌等处分司按临到路,照刷文卷、审理罪囚,仰将审理过见禁已、未断放罪囚起数,元发事由、犯人招词、略节情犯、前件议拟,开坐保结牒司。承此,府司今将审理过……
>
> ……事由、犯人招词,略节情犯,逐一对款,议拟已、未断放起数开坐前去,保结牒呈,伏乞
>
> 照验施行,须至牒呈者
>
> 一总□……②

该文书是亦集乃路总管府按照规定审理罪囚文卷,牒呈河西陇北道肃正廉访司永昌等处分司照验。这类呈牒格式与刑房、户房呈牒有所不同,略同申文。

诸大宗正府理断人命重事,必以汉字立案牍,以公文移宪台,然后监察御史审覆之;诸鞫问罪囚,除朝省委问大狱外,不得寅夜问事,廉访司察之。③ 对于僧人词讼的司法监督,御史台官员发现僧司废除后、宣政院审理的弊端,但是再设立僧司不妥,"自罢了僧司之后,教僧人生受的文书,行台廉访司都不曾有文书。若是僧人不拣甚么问的勾当,则教宣政院官人每问呵,这事行不得,只是暗藏着,待再立僧司衙门去也。又兼罢僧司衙门圣旨才开了,如今却又更改,内外听得也不宜的一般。"所以主张僧人罪过"依前则教有司问者"④。对于"僧俗相争田土的勾当",管民官与各寺院里住持的和尚头目约会解决。对于"和尚头目约会不到呵,管民官依体例断者。他每谁迟误了勾当呵",监察廉访司官依体例纠察。⑤ 对"诸婚田诉讼,必于本年结绝,已经务停而不结绝者",从廉访司及本管

① 陈高华等:《元典章》卷49《刑部十一·强窃盗·强窃盗贼通例》,天津古籍出版社、中华书局2011年版,第1626页。

② 塔拉等:《中国藏黑水城汉文文献》第4册《审理罪囚案卷》,国家图书馆出版社2008年版,第665页。

③ (明)宋濂等:《元史》卷103《刑法二·职制下》,中华书局1976年版,第2632页。

④ 方龄贵:《通制条格校注》卷29《僧道》,中华书局2001年版,第709-710页。

⑤ 方龄贵:《通制条格校注》卷29《僧道》,中华书局2001年版,第713页。

上司,正官吏之罪。①

(二)对罪囚、平反冤狱问题及保勘的体覆和监督

1. 对平反冤狱保勘的监督

凡有平反罪囚,都需细考实迹明白,经本道廉访司体覆是实,总管上司保勘相同,然后许动公文,以凭定拟。其或冒滥不实,罪及保勘体覆官司,以革侥幸之弊。诸官吏平反冤狱,应赏者,从有司保勘,廉访司体覆,而后议之。其有冒滥不实者,罪及保勘体覆官吏。②苏天爵在其文集中对在禁狱囚的状况有载,至元六年(1302年)七月内一款:"各处刑狱冤滥,盖因捕盗官迫于期限,推问官暗于刑名,审复之司不加详谳,以致在禁之人,轻则淹延岁月,破荡家产,重则死于非命",要求"在内监察御史,在外廉访司,即与有司正官,详加审理。轻者与决,冤者辨明,累审累番,果无显验,在禁日久,疑不能决者,即与疏放,具所放缘由,申达上司。如无冤抑,依例结案"。大德五年(1301年)八月,钦奉圣旨有类似表述,"诸处罪囚,仰肃政廉访司官分行审理。轻者决之,冤者辨之,滞者纠之。有禁系累年,疑不能决者,另具始末,及具疑状,申御史台,呈省详谳。在江南者,经由行御史台。仍自今后,所至审囚,永为定例"③。至大四年(1311年),诏书内一款:今后内外重囚,从监察御史、肃政廉访司审复无冤,结案待报,省部再三详谳,方许奏决。④对于长期不能决者之疑狱,对禁者予以释放。元统二年(1334年)十月,"内外见禁罪囚,中间若有赃仗未完,死伤不明,证左争差,累审累番,禁系三年不能决者,仰监察御史、肃正廉访司官,用心详谳,果是疑狱,即与疏放"。至正三年(1343年)十月,重申:"其有累审累番、别无证验、在禁日久、疑不能决者,在内监察御史、在外廉访司研究审理,具由申达省部,详谳疏放。如无冤抑,依例结案。"⑤至正五年(1345年)二月,再次强调,"累审累番,三年疑不能决者疏放,具由行移有司,申达省部"。至元四年(1338年)正月内一

---

① (明)宋濂等:《元史·刑法二》卷103《户婚》,中华书局1976年版,第2642页。

② (明)宋濂等:《元史》卷105《刑法四·盗贼》,中华书局1976年版,第2691页。

③ (元)《至正条格·条格》卷33《狱官·囚案明白听决》,[韩]李玠奭等校注,韩国学中央研究院2007年版,第135页。

④ 陈高华等:《元典章》卷3《圣政二·理冤滞》,天津古籍出版社、中华书局2011年版,第116页。

⑤ (元)苏天爵:《滋溪文稿》卷27《乞差官录囚》,陈高华、孟繁清点校,中华书局1997年版,第463页。

款,赋予监察官更大信任,取消三年一度的审囚之制,内外重囚,依旧例,"令廉访司审录,果无冤抑,移牒总管府结案,申覆详断。三年一次遣官审理,既不得人,徒增烦扰,并合住罢"。① 至正七年(1347 年)七月授权监察部门对于狱囚饮食、疾病治疗违规现象严加究治,"诸禁囚枷锁监收,饮食治疗,具有成法";但有司失于奉行,畏上司之审录,恶上司之驳问,"往往将病囚不即治疗,无粮者弗与饮食,甚者托以患病,其实抑死囚中。使为恶者失正其罪,冤抑者含恨九泉"。令监察御史、廉访司严加究治。对司狱司进行监督,司狱直隶廉访司,常知各处狱情,令其"督责司狱,整治狱事如法,每月具报收除起数,有无冤滞,开申宪司。如其司狱官吏有犯,许移文宪司,取问责罚,以称直隶之责,亦免有司挟恨罗织之患","司狱之职,专管狱事,扫除牢房,涤洗枷扭,时其衣食,病则亲临看治,设有冤枉,申达本道廉访司",②"在都司狱司直隶本台"③。

2. 监察系统录囚及平反冤狱

首先,录囚方面。大德五年(1301 年)诏:"遣官分道赈恤。凡狱囚禁系累年,疑不能决者,令廉访司具其疑状,申呈省、台详谳,仍为定例。"④诸廉访分司官,每季孟夏初旬,出录囚,仲秋中旬,出按治,明年孟夏中旬还。⑤ 诸投下轻重囚徒,从廉访司审录。⑥ 大德八年(1304 年),振恤诏书内一款:"诸处罪囚,仰肃政廉访司分明审录,轻者决之,(冤者辩之)滞者纠之。有禁系累年疑而不能决者,另具始末及具疑状申御史台,呈省详谳。在江南者,经由行御史(台)。仍自今后,所至审录,永为定例。"⑦廉访司对狱囚的监督还体现在,各道廉访司官所至之处,先行提刑体察,仍将囚历照勘,敢有违犯及外监漏报罪囚起数,就便严

① (元)苏天爵:《滋溪文稿》卷 27《建言刑狱五事疏》,陈高华、孟繁清点校,中华书局 1997 年版,第 451 页。

② 陈高华等:《元典章·新集·刑部·禁司狱用刑》,天津古籍出版社、中华书局 2011 年版,第 2161-2162 页。

③ 陈高华等:《元典章》卷 5《台纲一·内台·设立宪台格例》,天津古籍出版社、中华书局 2011 年版,第 145 页。

④ (明)宋濂等:《元史》卷 20《成宗三》,中华书局 1976 年版,第 437 页。

⑤ (明)宋濂等:《元史》卷 102《刑法一·职制上》,中华书局 1976 年版,第 2617 页。

⑥ (明)宋濂等:《元史》卷 103《刑法二·职制下》,中华书局 1976 年版,第 2625 页。

⑦ 陈高华等:《元典章》卷 3《圣政二·理冤滞》,天津古籍出版社、中华书局 2011 年版,第 113 页。

行惩戒。①

其次，平反冤狱，皆需经廉访司体覆。按察司在平反冤案中起到很大作用，皇庆元年(1312年)……今后称冤的人有呵，教台里告；外头的有呵，教行台里告。② 至元二十五年(1288年)《察司合察事理》，钦奉圣旨一款：诉讼人自下而上，若已经合属官司断讫，察司称冤者，须详审词理，视其所断，若实有不应，行移再问。其见问未决并越诉者，不得受理。③ 王盘曾在《按察司不宜省疏》云："贪官污吏侵害小民，无所控告，惟赖按察司为之申理，若指为冗官，一例罢去，则小民冤死而无所诉矣。"④大德八年(1304年)恤民诏书内一款：诸处重刑，廉访司官详加审录，毋致冤滞；大德十年(1306年)五月十八日，钦奉诏书内一款：诸处罪囚，虑有冤滞，累经差官审理。比闻久系不决者尚多，仰各路正官参照审录，肃政廉访司详加复审，应疏决改正者随即发遣，重囚疾早依例照案，疑者申明。⑤ 具体案例如下：

多尔只子不花幼有才气，好读书，善书，初仁宗闻而召之，应对称旨，欲以为翰林直学士，力辞，后遭家难，益自励节为学，佥河东廉访司事，尝出按部民，有杀子以诬怨者，狱成，不花谳之曰："以十岁儿受十一创，且彼以斧杀，所怨必尽其力，何创痕之浅，反不入肤邪！"遂得其情，平反出之。⑥

皇庆元年七月，泉州路总管马谋织罗张重七、张重九曾受贼人札付，强行奸污张重七室女月娘女身，将张重七等九名游街打死，尽数虏掠各家资财人口。具经监察御史并本道按察司力言，救活张重九等五人性命，及于马谋总管、张万户名下追到月娘，并送撒花男女计一伯一十九名，尽数放还

① （元）《至正条格·条格》卷34《狱官·囚历》，[韩]李玠奭等校注，韩国学中央研究院2007年版，第147页。

② （元）刘孟琛等：《南台备要·赴台称冤》，王晓欣点校，浙江古籍出版社2002年版，第186页。

③ 陈高华等：《元典章》卷6《台纲二·体察·察司合察事理》，天津古籍出版社、中华书局2011年版，第162页。

④ 苏天爵：《元朝名臣事略》卷12《内翰王文忠公》，《景印文渊阁四库全书》第451册，台湾商务印书馆1986年版，第651页。

⑤ 陈高华等：《元典章》卷3《圣政二·理冤滞·赈恤》，天津古籍出版社、中华书局2011年版，第115页。

⑥ （清）魏源：《元史新编》卷40《杨多尔只传》，魏源全集编辑委员会，《魏源全集》第9册，岳麓书社2004年版，第1041页。

各家,父子夫妇完聚①。

韩居仁寻佥河南道肃政廉访司事按部卫辉,推官者诬平准官刘荣伯欧晷因击万岁牌破坠,入以不敬械狱中,公明其枉,释之。②

刘宗锐,时任江南行御史台侍御史,挺囚藤梧寇黄京夫胁愚民为乱,有司坐首从皆死,公诛渠魁四人,余四十二人免。江陵豪僧谋人荻园,诬以杀三僧,焚之,置三豕心烬中为验,公辨其诈,抵僧罪,释无辜二十一人。③

邓文原,杭州人,时任承德郎佥江南浙西道肃正廉访司事。有甥盗其舅家财者,以赃满罪至死。公曰:"赃五十锭,盗惟二人,其一人所分止五锭,何也?"录之得其实,所盗十三锭而已,遂以减死论。④

从上面案例可以看出,按察司在平反冤案中所起到的作用是很大的。对于促进元代司法公正具有一定的作用,还有更多案例可参见表4-2。

表4-2 元代平反案例统计表

时间	案例	出处
中统元年	淄莱府有死囚六人,狱已具。秉恕疑之,详谳得其实,六人赖以不死	《元史》卷157《刘秉恕传》
中统初	蓟州有禁地,民不得射猎其中,逻者诬州民冒禁,籍其家,利用纠之,逻者诉于上,利用辨愈力,得以所没入悉归之民	《元史》卷170《王利用传》

---

① 方龄贵:《通制条格校注》卷20《赏令·军功》,中华书局2001年版,第583-584页。

② (元)许有壬:《至正集》卷50《故奉直大夫佥河北河南道肃政廉访司事赠朝列大夫秘书少监骑都尉高阳郡伯韩公神道碑铭》,《景印文渊阁四库全书》第1211册,台湾商务印书馆1986年版,第360页。

③ (元)欧阳玄:《圭斋文集》卷10《元故中奉大夫江南诸道行御史台侍御史刘公墓碑铭》,《景印文渊阁四库全书》第1210册,台湾商务印书馆1986年版,第110页。

④ (元)黄溍:《金华黄先生文集》卷26《岭北湖南道肃正廉访使南阳郡公谥文肃邓公神道碑》,《四部丛刊初编》第1464册,商务印书馆1922年版。

续表

时间	案例	出处
至元三年	安陆寡妇有罪自颈,或疑其夫兄及妹婿杀之,尸烂已不可验,遂皆诬伏。始则曰:"以寡妇私逸,用棠木杖击死,弃尸沟中。"次则曰:"用山桑及栗木击之而死。"公疑用杖不同,命他官发墓验之,寡妇尚以绳系其颈,于是破枷出二人狱	苏天爵《滋溪文稿》卷13《元故翰林直学士赠国子祭酒范阳郡侯谥文清宋公墓志铭并序》
至元五年	重庆铜梁县尹张文德,出遇少年执兵刃,疑为盗,擒执之,果拒敌。文德斩其首,得怀中帛旗,书曰南朝赵王。贼党闻之,遂焚劫双山。文德捕杀百余人。重庆府官以私怨使县吏诬之,乃议文德罪。守诚至,为直其事	《元史》卷183《王守诚传》
至元六年	西凉隶永昌王府,达鲁花赤及总管为人诬构,家各百余口,王欲悉致之法,佑力辨其冤。王怒甚,佑执议弥固,王亦寻悟,二人皆获免	《元史》卷168《陈佑传》
至元七年	杭州属县械反者十七人,讯之,盖因寇作,以兵自卫,实非反者,皆得释	《元史》卷170《申屠致远传》
至元十一年	历吏部、礼部郎中,审囚河南,多所平反	《元史》卷164《王构传》
至元十四年	遂州有男子、妇人各一人,各以事相从入城,投逆旅异室以宿。夜半,男子潜趋妇人将私焉,妇人已被杀,流血狼藉。男子惊逸,血在衣履,事觉,捕卒踪迹得男子,款伏,事上州。诚之察其貌,召逆旅主人问,知妇人入室前,州小吏实善之。既而交恶以去,诚之密以他事召小吏至,诘之具言状,杀娼不知为他妇人。尽得其情,狱具,男子得不死	虞集《道园学古录》卷19《王诚之墓志铭》
至元十七年	怀孟民马氏、宋氏,诬伏杀人,积岁狱不能决,提刑使者命文谦以论报。文推迹究情,得狱吏、狱卒罗织状,两狱皆释	《元史》卷170《尚文传》

续表

时间	案例	出处
至元年间	有佃民诉其田主谋为不轨者,祗通察其冤,坐告者	《元史》卷170《胡祗遹传》
至元二十年	杭州江淮行省宣使郗显、李兼诉平章忙兀台不法,有诏勿问,以显等付忙兀台鞫之,系于狱,必抵以死。致远虑囚浙西,知其冤状,将纵之,忙兀台胁之以势,致远不为动,亲脱显等械,使从军自赎	《元史》卷170《申屠致远传》
至元二十年	桑哥当国,治书侍御史陈天祥使至湖广,劾平章要束木,桑哥摘其疏中语,诬以不道,奏遣使往讯之,天祥就逮。时行台遣御史按部湖广,咸惮之,莫敢往,致远慨然请行。累章极论之,桑哥方促定天祥罪,会致远章上,桑哥气沮	《元史》卷170《申屠致远传》
至元二十八年	张孔孙擢淮东道肃政廉访司使,因谳狱盐场,民尹执中兄弟诬伏为强盗,平反之	《元史》卷174《张孔孙传》
至元年间	张孔孙行部巴陵,有囚三百人,因怒龚乙建言兴银利,发其坟墓,而烧其家,烧死者三人,有司以真图财杀人坐之,孔孙原其情,减罪	元史》卷174《张孔孙传》
至元二十九年	济南路有元掀儿者,役于盐场,不胜艰苦,因逃去。其父求得他人尸,遂诬告同役者杀掀儿,既诬服。孟頫疑其冤,留弗决,踰月,掀儿自归	《元史》卷172《赵孟頫传》
至元三十年	平反邕州黄震被诬赃罪,及藤州唐氏妇被诬杀夫罪,凡两冤狱	《元史》卷177《臧梦解传》
至元三十一年	滦城过贾见杀于逆旅者,县长吏急不能得贼,执逆旅主人隆氏父子鞫治之,诬服。狱上,公疑之,县吏卒不肯改,朝廷遣决狱使者至,事竟,公问死者之母曰:尔子所赍钞有私识乎?曰:有。隆氏所纳赃则无,公曰:信冤矣。居一月,得真盗于德兴,冤者释	胡聘之《山右石刻丛编》卷34《两浙转运使智公神道碑铭》

续表

时间	案例	出处
元贞年间	兰溪州民叶一、王十四有美田宅,范欲夺之,不可,因诬以事,系狱十年不决。事闻于省,省下理问所推鞫之,适拜降至官,冤遂得直。置范于刑,叶一、王十四得释	《元史》卷131《拜降传》
大德元年	潭州路州械三盗,以具狱上。公按状,知其冤,而虑四使适至,为立办,皆释之。已而果得真盗	刘敏中《中庵集》卷8《故中顺大夫开州尹左公墓道碑铭》
大德二年	安西、兴元两路有妇毒杀其夫,问药所从来,吏教妇指为富商所货。狱上,利用曰:"家富而货毒药,岂人情哉?"讯之,果冤也	《元史》卷170《王利用传》
大德三年	三河县耕者得古铜印于田中,未及送官,怨家告以为反,县吏究之,既诬服,事上府,一府愕然。公取印观之,则故三河县印也,笑释其缚而遣之,立治县吏与告者	胡聘之《山右石刻丛编》卷34《两浙转运使智公神道碑铭》
大德七年	王安贞改承事郎温州永嘉县尹,平反张明一等冤狱,全活二十三人	杨谔纂《至正昆山郡志》卷2《名宦》
大德十一年	宗王兄弟二人守边,兄阴有异志,弟谏不听,即上马驰去,兄遣奴挟弓矢追之,弟发矢毙其奴,兄诉囚其弟,狱当死。约虑囚曰:"兄之奴,即弟之奴,况杀之有故。"立释之	《元史》卷178《王约传》
至大年间	监烧昏钞者欲取能名,概以所烧钞为伪钞,使管库者诬服。狱既具,若愚知其冤,覆之,得免死者十余人	《元史》卷176《韩若愚传》
延祐年间	中使代祀秦、蜀山川,道出延安驿,以马不善驰,命从者以革带系馆人耳悬于柱端,挞之流血。馆人憾之,俟中使还宿驿中,夜入扼其肮以死,从者弗觉也。明日有司疑盗杀之,盗竟弗获,按戮从者,诬服。中书命公验治,乃呼其众告之曰:"中使过此,曾虐汝乎?"众惊曰:"独尝困苦一馆人耳。"公徐召其人讯之,遂伏其辜。从者获免	苏天爵《滋溪文稿》卷12《元故奉元路总管致仕工部尚书韩公神道碑铭并序》

续表

时间	案例	出处
延祐年间	有盗窃官帑弗获,执其主藏吏坐之。狱具,公疑其冤,弗署,果获真盗	苏天爵《滋溪文稿》卷12《元故奉元路总管致仕工部尚书韩公神道碑铭并序》
延祐年间	京师之民有夫死疑其妻杀之者,狱十余年不决,公辨其诬,释之	苏天爵《滋溪文稿》卷12《元故陕西诸道行御史台治书侍御史赠集贤直学士韩公神道碑铭并序》
延祐三年	齐人栾某因官家汴,既没焉,有弟利其资产,迫嫂发所藏返葬于乡。嫂不愿行,匿其夫枯骨一体。弟讼之官,嫂遂下狱。邻有豪民欲乘急贱买其田宅,乃与弟共赂狱卒杀嫂,以病死闻。公疑其冤,讯之即伏,弟及豪民、狱卒皆死	苏天爵《滋溪文稿》卷12《元故荣禄大夫御史中丞赠推诚佐治济美功臣河南行省平章政事冀国董忠肃公墓志铭有序》
延祐三年	宛邱恶少构同党武断乡曲,众不能堪,讽同党杀恶少,挈其妻出走。事觉,官执恶少族人坐之。公阅其牍,问曰:"恶少之妻何往?"乃擒同党讯之,具得其情,族人获免	苏天爵《滋溪文稿》卷12《元故荣禄大夫御史中丞赠推诚佐治济美功臣河南行省平章政事冀国董忠肃公墓志铭有序》
延祐五年	平江僧有憾其府判官理熙者,赂其徒,告熙赃,熙诬服。文原行部,按问得实。杖僧而释熙	《元史》卷172《邓文原传》

续表

时间	案例	出处
延祐五年	平江吴兴民夜归,巡逻者执之,系亭下。其人遁去,有追及之者,刺其胁,仆地。明旦,家人得之以归,比死,其兄问杀汝者何如人,曰:"白帽、青衣、长身者也。"其兄诉于官,有司问直初更者曰张福儿,执之,使服焉。械系三年,文原录之曰:"福儿身不满六尺,未见其长也;刃伤右胁,而福儿素用右手,伤宜在左,何右伤也!"杀真杀人者,而释福儿	《元史》卷172《邓文原传》
延祐六年	徽民谢兰家僮汪姓者死,兰侄回赂汪族人诬兰杀之,兰诬服。文原录之,得其情。释兰而坐回	《元史》卷172《邓文原传》
至治元年	开州达鲁花赤石不花歹颇着政绩,同僚忌之,嗾民诬其与民妻俞氏饮。答里麻察知俞氏乃八十老妪,石不花歹实不与饮酒。抵诬告者罪,石不花歹复还职	《元史》卷144《答里麻传》
至治元年	行唐县民斫桑道侧,偶有人借斧削其杖,其人夜持杖劫民财,事觉,并逮斧主与盗同下狱。答里麻原其未尝知情即纵之	《元史》卷144《答里麻传》
至治元年	济阳县有牧童持铁连结击野雀,误杀同牧者,系狱数岁。答里麻曰:"小儿误杀同牧者,实无杀人意,难以定罪。"罚铜遣之	《元史》卷144《答里麻传》
泰定三年	瑞州民罗与弟治圃,卒腹痛遽没,其妻黄在父母家,闻夫死而还。邻里为买棺,将殓矣,其母见其爪青黑,疑中毒、买棺者与妇有私,事闻官,定验为中毒,罗死已二十余日。执其妻而讯之,答前后不一。黄已坐狱六年,每录问则反异,吏不察。别遣上高尹详讞之,得实状,食菰子中毒死。公论而平之,黄得不冤	虞集《道园类稿》卷46《靖州路总管捏古台公墓志铭》

续表

时间	案例	出处
泰定四年	山阴白洋港有大船飘近岸,史甲二十人,适取卤海滨,见其无主,因取其篙橹,而船中有二死人。有徐乙者,怪其无物而有死人,称为史等所劫。史佣作富民高丙家,事遂连高。史既诬服,高亦就逮。师泰密询之,则里中沈丁载物抵杭而回,渔者张网海中,因盗网中鱼,为渔者所杀,史实未尝杀人夺物,高亦弗知情,其冤皆白	《元史》卷187《贡师泰传》
天历年间	吴中州先有魁卒杀人,而吏受赇,诬平人承之。狱既具,而君至,读其狱词,洞见其诬隐,立召曹吏诘之。魁卒者方执杖于庭,即趋前叩头自服。爰状立具,君即出冤者之械,械其卒。同官先判此事者,各托故宵遁	虞集《道园类稿》卷46《高州判官墓志铭》
至顺三年	江南湖北道有诬服杀人者,在禁六年,五府不能明,公竟免其辜	戴震《(乾隆)汾州府志》卷29《吕简肃公神道碑铭》
后至元六年	温州路平阳州民倪景元尝捕海寇,后为克埒州判及其子雅勒呼攘其功赏,反以倪为贼,遂枉问于连沈贵宁,拷掠死。仲温察倪冤,克埒坐罪,减死一等,倪冤获伸	郑元佑《侨吴集》卷12《江西行中书省左右司郎中高昌布达实哩公墓志铭》
后至元六年	松江属邑上海民徐德讼戴千户强劫二人,瘐死十九人,狱具,民皆以为冤,君平反之	郑元佑《侨吴集》卷12《白雪漫士陶君墓碣》
至正三年	还至松州三河县,一囚诉不已,俾其党异处,使之言,囚曰:"贼向盗某芝麻,某追及,刺之几死,贼以是图复仇,今弓手欲捕获功之数,适中贼计。其赃,实某妻裙也。"以裙示失主,主曰:"非吾物。"其党词屈,遂释之	《元史》卷183《王思诚传》

续表

时间	案例	出处
至正三年	松州丰润县一囚,年最少,械系濒死,疑而问之,曰:"昏暮三人投宿,将诣集场,约同行,未夜半,趣行,至一家间,见数人如有宿约者,疑之,众以为盗告,不从,胁以白刃,驱之前,至一民家,众皆入,独留户外,遂潜奔赴县,未及报而被收。"思诚遂正有司罪,少年获免	《元史》卷183《王思诚传》
至正三年	湖广省民伍氏子争家财,其母与伯母相垢已,伯母疾作卒。有司当伍氏子殴伯母致卒,众知其冤,而无敢言,公得其情,破械出之	虞集《道园类稿》卷43《湖南宪副赵公神道碑铭》

（三）监察机关对诉讼主体的监督

对首告、捉事人奖励的监督,"首告、捉事人赏钱,如板印到官,犯人招证明白,廉访司审录无冤,本路随即当官给付,仍申合干上司照验,若应给而迁延不给,听廉访司纠察究治"①。对诉讼人的监督。诸"诉讼人,若于应管公事官员私第谒托者,委监察纠察";若诉讼人咆哮陵忽者,"并行断罪"。② 对设立书状人数量进行监督,书状人"所设人数,从各处斟酌遴选差役。若有泛滥",廉访司就便究治。对于书状人取受钱物、故作刁难等舞弊现象,"若所属官司看询不行,廉访司到官体察究问"。③

（四）刷卷是监察系统重要工作内容

"照刷"一词最早见于宋代,是指对相关官府案牍的查看与核实活动。到了元代,照刷之制趋于完善,该制度的实施"遍及地方诸官府"④。至正八年(1348年)规定,内台按治地面,交内台监察御史每照刷;两行台按治地面里,教行台监

---

① 陈高华等:《元典章》卷20《户部六·伪钞·禁治伪钞》,天津古籍出版社、中华书局2011年版,第736页。

② 陈高华等:《元典章》卷5《台纲一·内台·设立宪台格例》,天津古籍出版社、中华书局2011年版,第145页。

③ 陈高华等:《元典章》卷53《刑部十五·书状·籍记吏书状》,天津古籍出版社、中华书局2011年版,第1745-1746页。

④ 李治安:《元代行省制度》,中华书局2011年版,第62页。

察御史照刷者。① "廉访司职在提刑,所在之处,先行取会干碍人命事目,详加照刷元置文簿卷宗体问。"②刷卷程序,有学者归纳为:首先,各个被照刷官府的司吏要将被照刷文卷按时间先后顺序黏连为一个整体,且整个文卷之前要粘贴检目文书。其次,由被照刷案牍的官府官吏书写相关公事的始末和主要内容、文书的数量、起止等,同时被照刷文卷的官府司吏要在刷尾纸上签押,并将刷尾纸粘于主体文卷之后。再次,被照刷官府司吏将粘连刷尾的文卷上呈廉访司,由廉访司官吏进行照刷,廉访司官吏并将照刷意见用朱笔写于刷尾纸上。最后,肃正廉访司钤盖廉访司的"刷讫"印和廉访司印,并由该司负责照刷的书吏进行签押,这样此份文卷照刷工作方算完毕。③ 所说应是不差。需要补充的是,诸系囚听讼事理,当该官司,自始初勾问,及中间施行,至末后归结,另须置。肃政廉访司,专一照刷,毋致淹滞。④ 此处规定被照刷官府置朱销文簿是硬性要求,便于将来检复和追责。刷卷如"其所告不应,不得受理,将退状明白标写合退缘故、当该人吏书名画字,退付告人。仍须置簿,将退受文状依上附写,每月一次署押,监察御史、廉访司常加照刷",但如有不应退受者,要随事究问判署正官、首领官。⑤ 但同样,监察官亦不能未候案件判决完毕,急于追卷,"诸官府见问未决之事,监察御史不得辄凭告人饰词,取人追卷,候判决了毕,果有违错,依例纠弹。其罪囚有冤,随即究问"⑥。行政部门和察司一度存在争夺检复和照刷文案的权力。桑哥为了限制察司的刷卷权,他曾经上奏皇帝察司到省部刷卷,竟然一度被应允,是对监察机构的打击,限制了监察部门的职责开展,造成很多恶果。当时江南行台与行省,并无文移,事无巨细,必咨内台呈省闻奏。至元二十四年(1287 年),桑哥以其往复稽留误事,宜如内台例,分呈各省。又言:"按察

---

① (元)刘孟琛等:《南台备要·照刷宣慰司卷》,王晓欣点校,浙江古籍出版社 2002 年版,第 210 页。

② 陈高华等:《元典章》卷 43《刑部五·检验·检尸格式》,天津古籍出版社、中华书局 2011 年版,第 1483 页。

③ 杜立晖:《黑水城元代汉文军政文书研究》,天津古籍出版社 2015 年版,第 172 页。

④ (元)《至正条格·条格》卷 33《狱官》,[韩]李玠奭等校注,韩国学中央研究院 2007 年版,第 137 页。

⑤ 陈高华等:《元典章》卷 4《朝纲一·政纪·省部减繁格例》,天津古籍出版社、中华书局 2011 年版,第 136 页。

⑥ 陈高华等:《元典章》卷 5《台纲一·内台·设立宪台格例》,天津古籍出版社、中华书局 2011 年版,第 148 页。

司文案,宜从各路民官检复,递相纠举。且自太祖时有旨,凡临官事者互相觉察,此故事也。"从之。① 造成台察机构的在监察职责方面一度处于行政机构的压制状态。赵天麟对此愤慨云:"于是台官以下,察院之属,闭口吞声,见如不见,宴居高坐,闻若未闻。"②台察机构完全失去其应有职权。期望皇帝加强宪台职权,提高其官员品级,则会有奸邪难蔽,中外永清之效。认为"近年完备结案者,百无一二,盖为此也。纵有结案到部,反复参考,中间紧关情节多有不完,事涉疑似,必须驳问,比及完备,往复动经岁,由此淹滞数年,不能与决,往往死于狱中,是致感伤和气。此皆有司不得其人,风宪官姑息之故也"。廉访司、监察御史,依旧审理纠察。都省准拟。③

(五)监察部门对其他方面的监督

对军人的监督,"若是依前不行守催起补,遍诣军户索要钱物,及接受词状,勾唤欠已债军人家属者,合令各道廉访司体察"④。"诸军官不法,各处宪司就问之,枢府不得委官同问。"⑤泰定元年二月,"御史李嘉宾劾逆党左阿速卫指挥使脱帖木儿,罢之"⑥。获伪钞贼的检复。大德七年(1303年)十月,中书省江浙行省咨……。都省议得:伪造宝钞已获贼徒,追搜板印伪钞物无疑,廉访司审复无冤,先行结案。首告捉事人赏钱,如板印到官,犯人招证明白,廉访司审录无冤,本路随即当官给付。仍申合干上司照验。若应给而迁延不给者,听廉访司纠察治罪。至大四年(1311年)四月,诏书内一款:告获印造伪钞者,赏银伍定,仍给犯人家产。应捕人减半。告捕挑剜裨辏者,赏中统拾定,犯人名下追给。应给而不给者,肃政廉访司纠察。⑦ 对于官吏司法政绩的察举也要经过监察部门。至大四年(1301年)三月,诏书内一款:内外百司,各有攸职。其清慎公勤、

---

① (明)宋濂等:《元史》卷205《桑哥传》,中华书局1976年版,第4572页。
② (元)赵天麟:《论重御史台职权》;《元代奏议集录(上)》,陈得芝辑点,浙江古籍出版社1998年版,第310页。
③ (元)《至正条格·条格》卷33《狱官·恤刑》,[韩]李玠奭等校注,韩国学中央研究院2007年版,第129页。
④ 陈高华等:《元典章》卷34《兵部一·军官·禁起军官骚扰》,天津古籍出版社、中华书局2011年版,第1160页
⑤ (明)宋濂等:《元史》卷103《刑法二》,中华书局1976年版,第2625页。
⑥ (明)宋濂等:《元史》卷29《泰定帝一》,中华书局1976年版,第644页。
⑦ 方龄贵:《通制条格校注》卷20《赏令·军功》,中华书局2001年版,第580页。

政迹昭著、五事备具者,从监察御史、肃政廉访司察举,优加迁擢。废公营私,贪污败事,诸人陈告得实,依条断罪。① 监察对书铺和书状的监督。若词状到铺,妄行刁蹬,取受钱物,以直作曲,朦胧书写等,许令告人径赴所属官司陈告。"若所属官司看询不行,廉访司到官体察究问。"②廉访司官劾罢平章例子,如天历二年,江西廉访使纳麟"平章政事把失忽都贪纵不法,纳麟劾罢之"③。再如,顺帝初,自当复起为浙西肃政廉访使。"时有以驸马为江浙行省丞相者,其宦竖恃公主势,坐杭州达鲁花赤位,令有司强买民间物,不从辄殴之。有司来白自当,自当即逮之械以令众,自是丞相府无敢为民害者。"④再如,元仁宗时,月鲁帖木儿拜监察御史"巡按上都,劾奏太师、右丞相帖木迭儿受张弼赇六万贯贷死"⑤。

至治元年,廉惠山海牙拜监察御史。"时中书省有大臣贪猥狼藉,即抗章劾之,语同列曰:'傥以言责获罪,吾之职也。'既又劾奏明里董阿不当摄祭太庙。"⑥

再如王忱授山北辽东道提刑按察司副使。"驸马伯忽里,数驰猎蹂民田,忱以法绳之。宪史耿熙言征北京宣慰司积年逋负,计可得钞二十万锭。帝遣使核实。熙惧事露,擅增制语,有'并打算大小一切诸衙门等事'凡十二字,追系官吏至数百人。忱验问,知其诈,熙乃款伏。"⑦

"泰定元年,升福建廉访使。朝廷遣宦官伯颜催督绣段,横取民财,宣政院判官尤邻亦取赂于富僧,答里麻皆劾之。"⑧

至元十四年,张础"迁岭南广西道提刑按察使。广西宣慰使也里脱强夺民财,础按其罪"⑨。

至元十六年,姚天福"转湖北道按察使,发省臣赃事数十以闻""二十六年,

① 陈高华等:《元典章》卷2《圣政一·饬官吏》,天津古籍出版社、中华书局2011年版,第43页。
② 陈高华等:《元典章》卷53《刑部十五·书状·籍记吏书状》,天津古籍出版社、中华书局2011年版,第1746页。
③ (明)宋濂等:《元史》卷142《纳麟传》,中华书局1976年版,第3406-3407页。
④ (明)宋濂等:《元史》卷143《自当传》,中华书局1976年版,第3419页。
⑤ (明)宋濂等:《元史》卷144《月鲁帖木兒传》,中华书局1976年版,第3434页。
⑥ (明)宋濂等:《元史》卷145《廉惠山海牙传》,中华书局1976年版,第3447页。
⑦ (明)宋濂等:《元史》卷151《王忱传》,中华书局1976年版,第3568页。
⑧ (明)宋濂等:《元史》卷144《答里麻传》,中华书局1976年版,第3432页。
⑨ (明)宋濂等:《元史》卷167《张础传》,中华书局1976年版,第3929页。

复为淮西按察使,按巨奸一人,没其家赀,政化大行"。①

中统初,"都元帅塔海,抑巫山县民数百口为奴,民屡诉不决,利用承檄核问,尽出为民"②。

至顺元年二月,"监察御史言:'中书平章朵儿(失)[只],[五]职任台衡,不思报效,铨选之际,紊乱纲纪,贪污着闻,恬不知耻,黜罢为宜。'从之"③。

三、监察机关的内部监督

监察机构作为监察机关,其本身的公正廉洁更为重要,至元二十四年(1287年)三月,中书省奏,节该:"御史台、按察司、监察御史,系纠弹衙门官吏,正己方可正人,不应受脏出首。今后有犯,比之有司官吏,加罪一等。"延祐元年(1314年)九月,御史台奏监察文书里说有:"世祖皇帝圣旨:'台察官吏,但犯赃呵,永不叙用,在后又教加等断罪者。'"都省议得:"台察官吏犯赃,不枉法者,加至壹伯柒,永不叙用。"同样,《元典章·肃台纲》中载:"若罪状明白,廉访司、御史台不为纠弹,受赂循情,或别作过犯,诸人陈告得实,罪比常人加重。"④《元史·刑法志》中载:"诸风宪官吏但犯赃,加等断罪,虽不枉法亦除名。"⑤上面所引都提到对监察官吏犯赃加重处罚的规定。

对按察司监督尤其值得关注,"提刑按察司(官)有声迹不好者,仰御史台体察,……随路京府州军司狱,并隶提刑按察司"⑥。至元二十年,"迁行台侍御史,奉母之官,分司湖广、江西,奏劾按察使二人及行省官吏之不法者"⑦。对诸廉访分司官出去录囚"惮远违期、托故避事者,从监察御史劾之"⑧。皇庆二年(1313年)六月,"御史台臣言:'比年廉访司多不悉心奉职,宜令监察御史检核名实而黜升之。广海及云南、甘肃地远,迁调者惮弗肯往,乞今后加一等官之。'

---

① (明)宋濂等:《元史》卷168《姚天福传》,中华书局1976年版,第3961页。

② (明)宋濂等:《元史》卷170《土利用传》,中华书局1976年版,第3994页。

③ (明)宋濂等:《元史》卷34《文宗三》,中华书局1976年版,第752页。

④ 陈高华等:《元典章》卷2《圣政一·肃台纲》,天津古籍出版社、中华书局2011年版,第35页。

⑤ (明)宋濂等:《元史》卷102《刑法一》,中华书局1976年版,第2618页。

⑥ 陈高华等:《元典章》卷6《台纲二·体察·察司体察等例》,天津古籍出版社、中华书局2011年版,第158页。

⑦ (明)宋濂等:《元史》卷170《雷膺传》,中华书局1976年版,第3991页。

⑧ (明)宋濂等:《元史》卷102《刑法一》,中华书局1976年版,第2617页。

制曰'可'"①。七月,"今后一切重囚,凡在官守,钦体累将圣旨条画,及遵都省节次已行通例,有司取问明白,追勘完备,廉访司即为审复无冤,结案待报。枉滥淹滞者,严行纠治。其或廉访司官吏迁延苟避,故行疏驳,从监察御史追照究问"。都省准拟。②举具体案例如下:大德六年(1302年)十月,"南人林都邻告浙西廉访使张珪收藏禁书及推算帝五行,江浙运使合只亦言珪阻挠盐法,命省、台官同鞫之"③。这里提到省、台对廉访使的监督。至顺元年(1330年)五月,福建道廉访司书吏样祯、李民瞻小名的,根随宇罗金事,前去漳泉分司,取受南安县尹张居恭等中统钞柒阡三伯贰拾捌定、金银、珠子、匹帛等物。明白招伏,追赃到官。将他每依体例,断罪、籍没了。那元举覆察的官吏,都合黜退。将该廉访惩戒多人,"流将迤东奴儿干田地里去,那元举覆察官吏黜退了,风宪再不委用"④。至元二十一年(1284年),御史台:今逐一条具于后,自今已后,按察司经历司、知事、书史、书吏、通事、译史、奏差人等,如有违犯,体察得知,或人首告,取问是实,照依违背圣旨断罪,仍标私罪过名,终身废黜。⑤大德三年(1299年)正月,"浙西肃政廉访使王遇犯赃罪,托权幸规免,命御史台鞫治之"⑥。还有御史劾罢御史大夫的例子,如泰不华拜江南行台监察御史。"时御史大夫脱欢怙势贪暴,泰不华劾罢之。"⑦对于监察机关违背程序的案例可参见表4-3。

---

①　(明)宋濂等:《元史》卷24《仁宗一》,中华书局1976年版,第557页。

②　(元)《至正条格·条格》卷33《狱官·重囚结案》,[韩]李玠奭等校注,韩国学中央研究院2007年版,第133页。

③　(明)宋濂等:《元史》卷20《成宗三》,中华书局1976年版,第442页。

④　(元)《至正条格·断例》卷6《职制·风宪犯赃》,[韩]李玠奭等校注,韩国学中央研究院2007年版,第222页。

⑤　陈高华等:《元典章》卷6《台纲二·体察·禁治察司等例》,天津古籍出版社、中华书局2011年版,第159—160页。

⑥　(明)宋濂等:《元史》卷20《成宗三》,中华书局1976年版,第425页。

⑦　(明)宋濂等:《元史》卷143《泰不华传》,中华书局1976年版,第3423页。

表 4-3　元代廉访司、奉使录囚渎职、台官违背程序案例统计表

时间	案例	出处
大德三年	浙西肃政廉访使王遇犯赃罪,托权幸规免,命御史台鞫治之	《元史》卷 20《成宗三》
延祐三年	河西廉访使杜某以赦后杀人者作赦前原之,肆意废法	苏天爵《滋溪文稿》卷 9《元故资德大夫御史中丞赠摅忠宣宪协正功臣魏郡马文贞公墓志铭》
延祐五年	南安路镇守万户朵儿赤,持官府短长,郡吏王甲,殴伤属县长官,诉郡,同僚畏朵儿赤,托故不视事,泽民独捕甲,系之狱。朵儿赤略巡按御史,受甲家人诉,欲出之,泽民正色与辨,御史沮怍,夜竟去,乃卒罪王甲	《元史》卷 185《汪泽民传》
延祐五年	潮州府判官钱珍,以奸淫事杀推官梁楫,事连广东廉访副使刘珍,坐系者二百余人,省府官凡六委官鞫问,皆顾忌淹延弗能白,复檄泽民谳之,狱立具,人服其明	《元史》卷 185《汪泽民传》
至治二年	监察御史何守谦坐赃仗免	《元史》卷 28《英宗二》
至治三年	刑部尚书乌马儿坐赃仗免	《元史》卷 28《英宗二》
至治三年	监察御史拜住、教化,坐举八思吉思失当,并黜免	《元史》卷 28《英宗二》
泰定元年	河南廉访使买奴,坐多征公田租免官	《元史》卷 29《泰定帝一》
泰定二年	中书议:"三人皆勋旧子孙,罪无实状,乞复其职,仍敕宪台勿以空言妄劾。"从之	《元史》卷 30《泰定帝二》
泰定三年	晋州达鲁花赤有罪就逮,而奉使宣抚以印帖征之,欲缓其事,翀发其奸,奉使因遁去	《元史》卷 183《李尤鲁翀传》

续表

时间	案例	出处
至顺元年	福建道廉访司书吏李样祯,根随孛罗金事,前去漳泉分司,取受南安县尹张居恭等钱物	《元典章》卷6《台纲二·禁治察司等例》
至顺三年	湖北囚有言冤状者,天爵曰:"宪司岁两至,不言何也?"皆曰:"前此虑囚者,应故事耳。今闻御史至,当受刑,故不得不言。"天爵为之太息	《元史》卷183《苏天爵传》
至正四年	西蜀奉使以私憾摭拾廉访使曾文博、金事兀马儿、王武事,文博死,兀马儿诬服,武不屈,以轻侮抵罪。好文率御史力辨武等之枉,并言奉使不法者十余事	《元史》卷183《李好文传》
后至元十七年	皇太子遂令监察御史买住、桑哥失理劾左丞成遵、参政赵中等下狱死,以二人为太平党也	《元史》卷140《太平传》

奉使对宪司官的监督。"诸奉使循行郡县,有告廉访司官不法者,若其人尝为风宪所黜罢,则与监察御史杂问之,余听专问。"①

至元二十年,"迁行台侍御史,奉母之官,分司湖广、江西,奏劾按察使二人及行省官吏之不法者"②。

察司官有时处境危险,甚至有性命之忧,特别是在触动了高官利益时。泰定元年(1324年),仇浚官拜监察御史,先是,他御史劾中书参政杨某赃状,得旨将讯诘,宰相欲逭其罪,奏命省台宗正杂治,公抗疏曰:"御史台职专纠劾,今宰相欲变乱祖宗法,不可。"誓以死请,竟从台鞠杖免。仇公章三上,陈缺政,并言御史大夫秃忽都奸邪不忠,囊附阿宰相,曲庇参政杨某,自隳纪纲,不胜重任。移文上都分台,事闻,大夫罢,宰相不悦,激天子怒,行幸还,将织罗罪名,逮捕治书侍御史苗某、治书侍御史蔡某等,系诏狱置对,公等上印绶,待罪于家。众惧祸不测,公泰然以处。狱久,始释,置公等不问。③ 仇浚两次都险象环生。至元二十八年(1291年)御史中丞崔彧上奏,对建宁路总管马谋,因捕盗延及平民,

---

① (明)宋濂等:《元史》卷103《刑法二》,中华书局1976年版,第2630页。
② (明)宋濂等:《元史》卷170《雷膺传》,中华书局1976年版,第3991页。
③ (元)宋褧:《燕石集》卷14《太中大夫陕西诸道行御史台治书侍御史仇公墓志铭》,《景印文渊阁四库全书》第1212册,台湾商务印书馆1986年版,第495—496页。

榜掠至死者多；又俘掠人财，迫通处女，狱未具，会赦。因其以非罪杀人，不在原例。主张宜令行台诘问，明白定罪。昔行御史台监察御史周祚，劾尚书省官忙兀儿带、教化的、纳速剌丁、灭里奸赃，纳速剌丁、灭里，反诬祚以罪，遣人诣尚书省告桑哥。桑哥暧昧以闻，流祚于憨答孙，妻子家财并没入官。后桑哥又遣诣云南理算钱谷，以赎其罪。崔彧与省臣阅其伏词，为罪甚微，宜复其妻子。帝皆从之。① 御史中丞杨朵儿只②、行台御史中丞刘宣③、御史观音保、锁咬儿、哈的迷失、李谦亨、成珪等④都死于奸臣之手。至元十二年，程思廉"调同知淇州，徙东平路判官，入为监察御史，以劾权臣阿合马系狱"⑤。张起严上奏云："台臣按劾百官，论列朝政，职使然也。今以奉职获戾，风纪解体，正直结舌，忠良寒心，殊非盛世事。且世皇建台阁，广言路，维持治体，陛下即位诏旨，动法祖宗。今台臣坐谴，公论杜塞，何谓法祖宗耶！"⑥

元统元年正月，"丞相伯颜、御史大夫唐其势二家家奴怙势为民害，朵尔直班巡历至漷州，悉捕其人致于法，民大悦。及还，唐其势怒曰：'御史不礼我已甚，辱我家人，我何面目见人耶。'答曰：'朵尔直班知奉法而已，它不知也。'唐其势从子马马沙为钦察亲军指挥使，恣横不法，朵尔直班劾奏之。马马沙因集无赖子欲加害，会唐其势被诛乃罢"⑦。如果不是唐其势被杀，朵尔直班性命难保。

四、行政和监察机构的共同监督

元代行政机构有时和监察部门共同对司法运作进行监督，共同抵制司法审讯中的非法酷刑。如至元二十年（1283 年）十一月，御史台准本台中丞崔少中牒，呈奉中书省同意，禁止惨刻酷刑。⑧ 至元二十九年（1292 年），怀孟路分司签

---

① （元）崔彧：《荐举·弹劾·平反》，《元代奏议集录（上）》，陈得芝辑点，浙江古籍出版社 1998 年版，第 239 页。

② （明）宋濂等：《元史》卷 179《杨朵儿只传》，中华书局 1976 年版，第 4153 页。

③ （明）宋濂等：《元史》卷 168《刘宣传》，中华书局 1976 年版，第 3953 页。

④ 柯劭忞：《新元史》卷 103《刑法志下》，中华书局 1988 年影印版，第 478 页。

⑤ （明）宋濂等：《元史》卷 163《程思廉传》，中华书局 1976 年版，第 3829 页。

⑥ （明）宋濂等：《元史》卷 182《张起严传》，中华书局 1976 年版，第 4194 页。

⑦ （明）宋濂等：《元史》卷 139《朵尔直班传》，中华书局 1976 年版，第 3357 页。

⑧ 陈高华等：《元典章》卷 40《刑部二·狱具·禁止惨刻酷刑》，天津古籍出版社、中华书局 2011 年版，第 1352-1353 页。

事赵朝列逐级呈牒至御史台并呈都省批准,"罪人毋得鞭背"①。御史台、刑部和中书省共同对越分审囚进行监督。如至大元年(1308 年)闰十一月,御史台呈:"徽政院金院完颜泽钦奉圣旨,前来交割嘉兴、隆兴、瑞州、松江等路钱粮,辄将松江府见禁罪囚,审断过二十三起九十七名。越职干分,拟合禁革。"刑部议得:"各处见禁罪囚,已有审断定例。完颜泽因差交割钱粮,不应擅自审决,罪过革拨。今后诸衙门出使人员,合行禁约。"都省准拟。② 至元九年(1272 年)七月,御史台呈报都省禁止非理鞫囚并获批准:"陕西等路凡有鞫问罪囚,除拷讯外,更将犯人枷立大披挂,上至头髻,下至两膝,绳索栓缚,四下用砖吊坠,沈若难任。即系法外凌虐,中间恐有冤抑,致伤人命。又虑其余路分亦有此事,拟合禁约。"都省准拟。③ 大德十一年(1307 年)十四日,御史台呈:"福州路练门巡检司弓手钟志屋等,侵扰乡民,诈取钱物。若止科罪,不行革去,切恐恃其久役,肆无忌惮,愈为民害。拟合罢役,别行差补。"刑部议得:"所设弓手,本以捕盗。若因事受脏,合准御史台所拟,依例断罪,罢役别行金补。"都省准拟。④ 上述两个引文都是监察机关和行政机关共同进行司法监督的证明。当然,在此过程中,监察和行政部门也争夺权力,如元贞元年(1297 年)九月,湖州司狱郭玘诉浙西廉访司金事张孝思多取廪饩,孝思系玘于狱。行台令监察御史杨仁往鞫,而江浙行省平章铁木而逮孝思至省讯问,又令其属官与仁同鞫玘事,仁不从,行台以闻。诏省台遣官鞫问,既引服,皆杖之。⑤

五、官和民的司法监督

官员个人以及民间有识之士对当时司法乱象上书或提出建议,行政官员直接诉讼对官员加以监督,如至元九年(1272)九月,"同金河南省事崔斌讼右丞阿

---

① 陈高华等:《元典章》卷 40《刑部二·狱具·罪人毋得鞭背》,天津古籍出版社、中华书局 2011 年版,第 1352–1353 页。

② (元)《至正条格·条格》卷 33《狱官·恤刑》,[韩]李玠奭等校注,韩国学中央研究院 2007 年版,第 143 页。

③ (元)《至正条格·条格》卷 34《狱官》,[韩]李玠奭等校注,韩国学中央研究院 2007 年版,第 144 页。

④ (元)《至正条格·断例》卷 6《职制》,[韩]李玠奭等校注,韩国学中央研究院 2007 年版,第 224 页。

⑤ (明)宋濂等:《元史》卷 18《成宗一》,中华书局 1976 年版,第 396 页。

里妄奏军数二万,敕杖而罢之"。① 再如至元十八年,"有小吏诬告漕臣刘献盗仓粟,宰相桑哥方事聚敛,众阿其意,锻炼枉服。立智理威曰:'刑部天下持平,今辇毂之下,漕臣以冤死,何以正四方乎?'即以实闻"。元贞二年,"蜀有妇人杀夫者,系治数十人,加以棰楚,卒不得其实,立智理威至,尽按得之"②。如布衣赵天麟针对狱案滞留不决和囚徒久系于狱曾上书元世祖,云:"夫罪人系狱,文卷未完,未得即决,或有至于十余年而犹系者。其言下招伏,事情昭灼,又适遇理官出审,而不停滞者,万无一二焉。"主张"凡有罪当死以上,命省部秋冬遣理官出而报之;凡罪不至死,及非常之事宜速决者,不在此限外,依上实行"③。及罪不至死等适宜速决者应该速决,不必候秋冬理官出而报之。他针对籍没罪犯亲属家财的做法,承认是"斯皆尽除恶务本之当然",但同时又发出"切恐有委沙遗金之余恨也"的感叹。主张父、子、兄、弟罪不相及,刑赏出于公。籍没之人不宜终身禁锢,听有司公举,录德量能而用之,不在禁锢之限。同时,鉴于"国家不患无财货之用,右族不患有饥寒之窘,岂赖夫籍没贪秽之财以周所用乎?"认为不当籍没之财不应一概籍没。④ 针对元朝皇帝屡次赦免罪犯问题,他亦上策文,主张"请无肆赦","伏望陛下信赏决罚,无肆赦宥,使上下有纪,内外绝幸,则治天下可运之掌上矣"⑤。张养浩对于诏赦看法亦有高见:"臣尝官县,见诏赦之后,罪囚之出,大或仇害事主,小或攘夺编民,有朝蒙恩而夕被执,且出禁而暮杀人。数四发之,未尝一正厥罪者。又有始焉鼠偷,终成狼虎之噬者。问之,则曰'赦令之频故而!'"⑥

①　(明)宋濂等:《元史》卷7《世祖四》,中华书局1976年版,第143页。

②　(明)宋濂等:《元史》卷120《立智理威传》,中华书局1976年版,第2958—2959页。

③　(元)赵天麟:《论秋冬决囚》;《元代奏议集录(上)》,陈得芝点,浙江古籍出版社1998年版,第338—339页。

④　(元)赵天麟:《论籍没罪犯亲属家财》;《元代奏议集录上》,陈得芝等辑点,浙江古籍出版社1998年版,第340—341页。

⑤　(元)赵天麟:《请无肆赦》;《元代奏议集录(上)》,陈得芝辑点,浙江古籍出版社1998年版,第345页。

⑥　(元)张养浩:《时政书》;《元代奏议集录下》,陈得芝辑点,浙江古籍出版社1998年版,第189页。

六、司法监督系统的特征与成效

　　元代司法监督呈现多元化、体系化特点。元代对于司法监督既有来自于同级的行政机构的监督,也有来自于相对专业化的上至刑部官员下至推官之类的监督,还有来自于监察的专门监督,对有审判之权的监察机构本身又有来自于本系统和皇帝的监督,可以说司法监督是比较全面和系统的。元代的司法的运行应该是良好的。这些监督对于元代司法的健康运行起到了一定作用。但这些监督各自都存在很大的问题,也使元代司法监督的效果大打折扣。比如行政系统的司法监督,来自于皇帝的监督,但皇帝往往违背规则,比如对于死刑的判决往往由于他的一道圣旨就得以不死。五府录囚后来成为权力各方权益博弈的场所,使本该得以改判的案件旷日持久得不到解决。对于上司录囚,路县官员有自己的应对之策,"路县官吏,未饱其欲,每闻上司官至,则将囚徒保候,审录既毕,仍复收禁"①。同样的,元代约会,对于解决元代复杂的诸色户计的纠纷无疑是元代的一个创造,也由于涉事方的约会不至或者相互扯皮而使诉讼双方的利益受到损害。胡祗遹云:"奸吏反藉约会虚调关文,累年不决。"②加上一些徒刑以上案件都要经过上司和按察司的反复体覆,来复多次造成案件久拖不决,"起迹于司县,申解于州府,府下别管司县体覆。体覆相同,复申解至府,府牒呈按察司,按察司以本府官未曾体覆,复牒总府,总府行移同僚曰请体覆某事。同僚官体覆相同,移关总府,总府再牒呈察司体覆,察司移碟本司同僚官一员体覆。同僚官体覆相同,移碟本司按察司,回牒总府曰体覆相同,总府才方申部,部呈省,省复下部准拟施行。少有疑难,则反复六降而至于县,再六转申而至于省,又三降而才至于府。每事略无凝滞,凡十六往返而始得结绝,一有疑难疏驳则倍之"③。肩负皇帝圣命的奉使宣抚、监察官吏也往往限于地方的利益泥潭不可自拔。"是以今年以来,当是任者,全身远祸,闭口不言。为书吏、书史

————————

① (元)郑介夫:《上奏一纲二十目》:《元代奏议集录下》,陈得芝辑点,浙江古籍出版社 1998 年版,第 83 页。

② (元)胡祗遹:《紫山大全集》卷 21《又小民词讼奸吏因以作弊》,《景印文渊阁四库全书》第 1196 册,台湾商务印书馆 1986 年版,第 381 页。

③ (元)胡祗遹:《紫山大全集》卷 21《又小民词讼奸吏因以作弊》,《景印文渊阁四库全书》第 1196 册,台湾商务印书馆 1986 年版,第 382 页。

者,委靡贪污,与州县吏无异;甚者反与之文过饰非,隐比其罪恶,滋长其贪冒。"①元代处于皇帝耳目地位的监察系统,无论官品和待遇都有了很大提高,但也由于得不到皇帝的支持或限于被行政系统包围中,最终其权限受到很大牵制,有些监察官员在重重压力而看不到光明前途的状况下,自甘堕落,更使监察的司法监督功能得不到很好施展。有的按察司官遭到诬告,如至元十五年初,"顺德府总管张文焕、太原府达鲁花赤太不花,以按察司发其奸赃,遣人诣省自首,反以罪诬按察司"②。再如至元十六年(1279)九月,"同知扬州总管府事董仲威坐赃罪,行台方按其事,仲威反诬行台官以他事"③。有的监察御史被杀被流远,如"初,司徒刘夔妄献浙右民田,冒出内帑钞六百万贯,丞相帖木迭儿分取其半,监察御史发其奸,由是疾忌台谏。至是,帖木迭儿之子琐南为治书侍御史,密奏曰:'彼宿卫旧臣,闻事有不便,弗即入白,今讪上以扬己之直,大不敬。'帝乃杀锁咬儿哈的迷失与观音保,杖珪、谦亨,黥之,窜诸遐裔"④。史料中四位御史,两位被杀,两位被判处黥刑并流远。再者,有的监察御史丧失原则,成为统治高层的工具,如后至元十七年,"皇太子遂令监察御史买住、桑哥失理劾左丞成遵、参政赵中等下狱死,以二人为太平党也"⑤。再比如,大德四年,"监察御史郭章,劾郎中哈剌哈孙受赃,具服,而哈剌哈孙密结权要,以枉问诬章。玮率台臣入奏,辩论剀切,章遂得释"⑥。张养浩对言官的重要性及省台关系进行过阐释:"今阖台之官,皆从尚书省调之。夫选尉,所以捕盗也。尉虽不职,而使盗自选之,可乎? 况中外之司,论其关系,重者无过省台。就二者言之,台为尤重,盖省有宰执,为朝廷股肱。若耳目有所蒙蔽,股肱虽能运动,讵得如其意哉! 以是论之,则人主苟欲保全宰相,莫如精选言官。言官得人,则宰相必恒恐惧。修省不至颠危。言官不得其人,则宰相必肆行非度,卒与祸会! 是知言官之严,乃宰相之福;言官之懦,乃宰相速祸之阶。臣尝观史籍所载,自古奸臣欲固结恩

①　(元)胡祗遹:《紫山大全集》卷21《又小民词讼奸吏因以作弊》,《景印文渊阁四库全书》第1196册,台湾商务印书馆1986年版,第418页。

②　(明)宋濂等:《元史》卷10《世祖七》,中华书局1976年版,第197页。

③　(明)宋濂等:《元史》卷10《世祖七》,中华书局1976年版,第216页。

④　(明)宋濂等:《元史》卷124《锁咬儿哈的迷失传》,中华书局1976年版,第3046页。

⑤　(明)宋濂等:《元史》卷140《太平传》,中华书局1976年版,第3370页。

⑥　(明)宋濂等:《元史》卷150《何玮传》,中华书局1976年版,第3546页。

宠、移夺威福者,必先使台谏默然,乃行其志。为人上者苟不时引台臣访以得失,则奸至前而不察,弊盈外而不知,衅伏中而不闻,庶绩毁而群心摇矣。"①郑介夫针对宪台的弊端亦感慨:"国家立御史台,立肃正廉访司,不拣什么勾当,并令纠弹,凡有取问公事,诸人无得沮坏。今所纠劾者,仅可施之小官下吏,若据要津凭城社者,莫敢谁何。纵令言之,亦不听之。……而外任巡按书吏人等,反有借风宪之威,徇私纳贿,无所畏忌,其为民患,过于有司。"②加上司法系统官员素质低下,最终使元代的司法一片黑暗。司法监督中,行政系统对之内部监督,很容易出现问题。察司地位很重要,但其地位并不稳固,有时处于行政的强势监督下,其作用得不到应有发挥。元代司法运作给我们的启示是,任何情况下,都不能剥夺言官监察机构的监察权和进言权,唯有此才可以使司法监督得以真正贯彻,促进司法运作的效率和公正性。

第四节　元代刷卷制度
——元代司法监督的重要形式之一

　　刷,刮也;清也;引申为刷抹、查核等义,也就是检查文卷有无稽迟、失错、遗漏、违枉等事,由于刷卷时必须对照前后查核首尾,所以称为"刷卷"。刷卷磨勘文卷,审核各级部门各种文书档案,以及时发现和处理其中的拖延、失措、疏忽、隐没、规避、违枉和营私行为,是一种常用的司法监督方式。

　　元代是我国古代监察制度较为完备的时代,刷卷作为元代颇具特色的监察方式,在元代的监察体系中发挥着重要的作用。李治安在《元代政治制度研究》一书中从地方监察的角度,认为刷卷案牍将行政监察贯彻于"薄书期会"之中,某种意义上是廉访司监察活动深入细致的表现,对刷卷范围、时间、监察内容、结果、问责、演变及开展的困境进行研究。郝时远、洪金富、杨树藩、周继中、吴

---

① (元)张养浩:《时政书》:《元代奏议集录下》,陈得芝辑点,浙江古籍出版社1998年版,第192页。

② (元)郑介夫:《上奏一纲二十目》:《元代奏议集录下》,陈得芝辑点,浙江古籍出版社1998年版,第99页。

文涛都对元代监察制度做过研究，①对刷卷都有涉及，本节拟在前人研究的基础上，从中央和地方进行较为全面的探讨。

元世祖至元五年（1268 年）初下诏设立御史台，作为中央最高监察机构，其后，逐渐设立了地方行御史台、南台、西台和 22 道肃正廉访司（宪司），形成了独立的较为完备的监察机构，充当帝王之耳目。设立行御史台是元代监察制度的一个重要特点。廉访司开创了地方分道专职监察的新体制。② 其中的刷卷制度是最重要的职责之一。任江南行台监察御史的许有壬描述："风纪之设，振肃纲维，宣明风化，振遏奸邪为重，至于刷磨案牍，特薄书期会之末。然而，刑狱之重轻，金谷之出纳，舞弄于巧密之内，包括乎繁冗之中。故刷卷之时，尤宜介意。且诸司文案，宪司得以治之，迟者，督之使行，错者，厘之使正，随其轻重而施其决罚。虽一检一札之失行，十日半月之稽缓，盖必较而不恕也。"③刷卷制度是体现蒙古统治者统治理念的制度。

一、刷卷的相关规定

（一）刷卷的权限与范围

刷卷一般而言是指监察机构对于各级行政机构的刷卷，实际上对于各级行政机构内部，也存在内部刷卷的问题，此处主要研究的是一般意义上的刷卷。一般说来，元代监察御史刷卷的对象，在内朝"自中书以下诸司文卷俱就御史台刷卷"；各处行省包括行省一级的宣慰司文卷则由行台的监察御史刷卷；行省以下的路府、州、县的各部门地方政府文卷，则由廉访司派官刷卷。"行省、宣慰司委行台监察，其余官府并委提刑按察司。"④中央御史台的主要任务是监察"内

---

①　郝时远：《元代监察制度概述》，元史研究会，《元史论丛》第 3 辑，中华书局 1986 年版；洪金富：《元朝监察制度的特色》，《"国立"成功大学历史学系历史学报》1975 年第 2 期；杨树藩：《元代监察制度》，《张金鉴先生八十荣庆论文集》，台北联经出版公司 1982 年版；周继中：《论元朝监察制度的特点》，《中国人民大学学报》1987 年第 3 期；吴文涛：《论元代地方监察制度的特点》，《华中师范大学学报（哲学版）》1993 年第 3 期。

②　李治安：《元代行省制度》，中华书局 2011 年版，第 897—898 页。

③　（元）许有壬：《至正集》卷 74《文案稽迟》，《元人文集珍本丛刊》第 7 册，新文丰出版股份有限公司 1985 年版，第 334 页下。

④　陈高华等：《元典章》卷 5《台纲一·行台·行台体察等例》，天津古籍出版社、中华书局 2011 年版，第 150 页。

外百官奸邪非违、肃清风俗,刷磨诸司案牍,并监察祭祀及出使之事"①,以及监察中书省、枢密院、制国用使司"奏禀公事"的情况。行御史台的主要任务是弹劾"诸司官吏奸邪非违,刷磨案牍"②。

从以上监察机构的职权划分看,其中刷磨案牍都是很重要的一项职责,总之,中央御史台、行台、提刑按察司的监察范围主要是与自己相平行的机构,上一级的监察机构可以监察下一级的监察机构。作为最重要的监察方式之一的刷卷的职责范围也应该与此一致的(重要的监察方式还有出巡和言事)。也有特殊情况,元代顺帝时,曾把对宣慰司的刷卷的权力交给了廉访司。"监察御史分巡守省,体覆声迹,若令刷卷各处宣慰司元帅府问卷,地里马远难于便利。今后宣慰司元帅府文卷,并依旧制,令拘该廉访司刷卷。"③元代的监察法规还对不同监察机构的处理权限作出了规定。对于地方官员犯赃、枉法的一般要报请中央御史台处理,而"吏员有犯"者,行台和提刑按察司就有权处理了。

对于枢密院、行省、徽政院等企图逃避刷卷的行为,元政府也通过一些具体法规加以规制,把他们纳入了刷卷的范围。《元史·刑法志》也有更为明确的规定,"其文卷非边远军情重事,并从监察御史考阅之。诸宣政院文卷,除修佛事不在刷卷外,其余文卷及所隶内外司存,并刷卷之。诸徽政院及怯怜口人匠,旧设诸府司文卷,并从台宪刷卷"④。对于枢密院以自己"有军数数目么道"为由逃避刷卷,元政府通过制定具体的法规加以规范,皇帝降诏:"里头院里,外头行省里军马数目,这边关军情机密勾当,不交刷卷外"⑤,其余委付大小军官选各宗文卷,并勾补逃亡事故军文卷,都要刷卷。天下军马数目是绝密,涉及国家的安全,所以只有皇帝、枢密院头目等少数人才有权力掌握,而修佛事务有利于巩固元政府的统治,当然也没必要刷卷。据《宪台通纪》记载,元代先后制定了刷卷

①　陈高华等:《元典章》卷5《台纲一·内台·设立宪台格例》,天津古籍出版社、中华书局2011年版,第143页。

②　陈高华等:《元典章》卷5《台纲一·行台·行台体察等例》,天津古籍出版社、中华书局2011年版,第150页。

③　(元)刘孟琛等:《南台备要·照刷枢密院文卷》,王晓欣点校,浙江古籍出版社2002年版,第215页。

④　(明)宋濂等:《元史》卷102《刑法一》,中华书局1976年版,第2617页。

⑤　(元)赵承禧等:《宪台通纪·照刷枢密院文卷》,王晓欣点校,浙江古籍出版社2002年版,第43页。

枢密院文卷、刷卷铁冶提举司文卷、刷卷中政院文卷、刷卷徽政院文卷,几乎把所有行政机关都置于刷卷之内,当然这些规定都是针对这些欲置身于刷卷范围之外的特权机关而制定的。① 此外,按察司还刷卷运司文卷,至元十九年四月,"议设盐使司卖盐引法,择利民者行之,仍令按察司磨刷运司文卷"②。诸王傅文卷被亦列入刷卷范围,"诸王傅文卷,监察御史考阅,与有司同""诸投下轻重囚徒,并从廉访司审录"③。

（二）刷卷的时限

对于刷卷的时间,最初规定诸官府文卷是每季刷卷,但由于监察御史刷夏季者不照春季,刷秋季者不问夏季,中间很多错漏发现不了,后来改成上下半年通行刷卷。李治安认为刷卷案牍的时间是与廉访司出巡按部一并实施的。在黑水城文献中也得到印证,编号[F125：W5]文书中,"皇帝圣旨里亦集乃路总管府,今蒙河西陇北道肃政廉访使甘、肃、永昌等处分司按临到路、刷卷文卷、审理罪囚"④。从这里可以看出,河西陇北地道区廉访司巡行、审理罪囚和刷卷文卷是同时进行的。《元典章·察司巡按事理》中载:"今后各道除使二员守司,余拟每年八月为始,分行各道,按治勾当。至次年四月还司。"⑤所以李治安认为刷卷的时间应该是每年八月出巡、次年四月还司。这是在至元二十三年（1286 年）规定的。实际上至元二十五年（1288 年）前,官府的文卷是按季刷卷,之后,刷卷的时间改为半年一次。⑥ 台湾学者洪金富认为"自成宗大德三年（1299 年）起,原则上,九月出头出司,四月初还司"⑦。至元三十一年（1294 年）规定,"廉访司官每岁以五月分按所属,次年正月还司"⑧。后又定为"秋七、八月出司,明年春还司"⑨。笔者认为刷卷是有时间段变化的,不能一概而论。对于边远地区

---

①　王宗秀:《试论元代行御史台对行省的监察》,西南政法大学硕士学位论文,2006 年。

②　（明）宋濂等:《元史》卷 12《世祖九》,中华书局 1976 年版,第 242 页。

③　（明）宋濂等:《元史》卷 103《刑法二》,中华书局 1976 年版,第 2626 页。

④　李逸友:《黑城出土文书（汉文文书卷）》,科学出版社 1991 年版,第 144 页。

⑤　陈高华等:《元典章》卷 6《台纲二·按治·察司巡按事理》,天津古籍出版社、中华书局 2011 年版,第 174 页。

⑥　朱建路:《黑水城所出元代"议札"文书初探》,《宁夏社会科学》2018 年第 2 期。

⑦　洪金富:《元代监察官吏的出巡日期问题》,《新史学》2002 年 13 卷 2 期。

⑧　（元）宋濂等:《元史》卷 18《成宗纪一》,中华书局 1976 年版,第 384 页。

⑨　（元）袁桷:《清容居士集》卷 24《王正臣浙东宪司饯行诗序》,《四部丛刊初编》第 1418 册,商务印书馆 1922 年版。

分巡的日期,元代法规根据实际情况作出了灵活的规定,如"云南、广海地面,多系烟瘴,又经值变乱以来,生民百无一二,虽有郡名,无州县之实。若与中原一体八月分巡,次年四月还司正当烟瘴肆毒之时。其出巡官吏多系生长中原,不服水土,刷按已毕,他每不敢回还,坐待日期,虚吃着祗应,久在瘴乡,因而感冒成疾死于边荒,诚可哀悯"。后来元统三年(1335年)规定,对云南、广海地面的出巡改为,"今后至十月初间分巡,次年二月末旬还司"①。

(三)刷卷的程序

关于御史台刷卷文卷的程序,记载比较详细的是王恽的《乌台笔补》:

> 旧例刷卷所司先具事目到台,其文卷后粘连刷尾,具公事本末。赴台刷卷,监察御史于正位坐,阅朱销簿,台令史一人在旁亦坐,执掌具到事目,其当该人员引卷通读。若系算数文卷,更设帐科司吏一名,与台令史一同刷磨。其中,但有违错稽迟,监察将文卷收讫申台,量情治罪。余无违错者,即令大程官于刷尾骑缝近下先用刷讫铜墨印,然后盖以监察御史朱印,及于朱销簿上结尾后亦用刷讫铜墨印。②

这里的旧例应指金旧制,且是有关御史台的刷卷,元代很多制度是承袭中原和金制。元代的刷卷应该与此类似,只不过地方的具体工作是由书吏执行的,刷卷程序更为复杂和细致。刷卷是由监察御史负责,由台令史具体实施。刷卷前被涉有司要把事目上交,事目相当于现在的文卷目录,刷卷条目清楚明晰,便于刷卷。至元二十一年(1284年)三月二十八日江西行省咨:据御史台呈,本台职掌纠弹刷卷诸司稽违等事,当上体圣意,作新庶事。合从中书省以下在内大小诸衙门、并各处行中书省以下在外大小诸衙门,各置朱销文簿,将应行大小公事尽行标附,依程期检举勾销,准备察御史、提刑按察司官不测比对元行

---

① (元)刘孟琛等:《南台备要·照刷枢密院文卷》,王晓欣点校,浙江古籍出版社2002年版,第198页。

② (元)王恽:《秋涧先生大全文集》卷83《乌台笔补·录呈宪台典故条例七十三件》,《四部丛刊初编》第1395册,商务印书馆1922年版。

文卷施行月日,刷卷稽迟。① 从上述材料可知,元代刷卷程序主要分为以下步骤:

首先,设置朱销文簿。凡应处理的公文按时间顺序逐个登记于文簿上,处理完一件就及时用朱笔勾销一件。按照孙继民的说法,朱销簿是一种类似于现在工作日历的簿册,中书省及行中书省以下的大小衙门每日所要办理的公务都要记录在册,实行这一政策的目的是便于对官员的政绩进行考核。廉访司利用朱销簿对官府案牍进行刷卷,利用它去检核对应的文卷,既防止了官吏在案牍上作假和舞弊,也可以通过阅读朱销簿对官员为官期间的政绩进行考察,决定一个官员的升迁与否。②

其次,刷卷的文卷后面要粘连刷尾,刷尾上面要讲清楚所刷公事的情由。刷卷时,由当该人员引卷通读,也就是当着御史和令史的面,通读解释,可随时检核。如涉及计算的文卷,台里另置一名帐科司吏参与其中。

最后,刷卷要给出明确的结论,一般有四种结论,即违错已绝、违错未绝、稽迟已绝、稽迟未绝。如有违错或稽迟,要于刷尾标写"稽迟"或"违错"二字。照刷过的文卷一般都要在刷尾纸上标"刷过"二字。监察官要将文卷收讫向御史台上层申请酌情治罪。于文卷刷尾卷骑缝稍下的位置先用铜墨印"刷讫",在"刷讫"的上面还要印上监察御史或廉访使朱印,注明"已绝"或"未绝"二字,最后负责刷卷的台令或书吏要系书,即签押,便于以后追责,同时在朱销簿结尾后亦用铜墨印刷讫。要求"刷印并司印,须要圆正分明"③。刷卷结果上报上级,文卷返归原来的各被刷部门架阁库存档。如文卷上的公务没有完结,就要注明"未绝"。刷卷没有通过,文卷限期修正,未修正的追究罪责。如若完成,即注明"已绝"二字。刷卷尾上"已绝""未绝"二字④,须要标写,先照后刷。"先照后

---

① 陈高华等:《元典章》卷13《吏部七·公事·置立朱销文簿》,天津古籍出版社、中华书局2011年版,第510-511页。

② 孙继民、郭兆斌:《从黑水城出土文书看元代的肃政廉访司刷案制度》,《宁夏社会科学》2012年第2期。

③ 陈高华等:《元典章》卷6《台纲二·照刷·照刷抹子》,天津古籍出版社、中华书局2011年版,第177页。

④ 郭兆斌结合黑城文书[F116:W552]中"创行未绝一件为计置军粮"和[F116:W390]文书中的"接行已绝"及[F116:W485]中"接行未绝",认为还应包括"创行已绝",共四种情况,但此种没有列出史实证据。创行是指最先被照刷的,接行就是接着上次照刷过的案卷继续照刷。

刷"的意思是先前后对照,再刷卷,其实是指明了一种刷卷的方法,目的是发现文卷是否有疏漏。"先照后刷"四字不需要写在刷尾上。刷卷内容和规则在《元典章》中有明确的记载:

> 改抹日月,文义差错。辨验印押,涂注字样,补勘文字并倒题月日。虚调行移,磨算钱粮。杂泛差役,验是何分数科差。和籴、和买已未支价,照时估合算体覆。成造诸物有。已断词讼有无偏屈。人命事理,仔细详审初复检验尸状、端的致命根因,及照死者元犯轻重罪名、则付何人烧埋、有无冤枉。……照承受指挥月日有无稽迟。卷内刷住稽迟,取甘结举行。……刷住稽迟文卷,于刷尾上标写"稽迟"或"违错"二字。于刷尾纸上标"照过"二字。于刷尾缝上缝上使墨印"刷讫"字一半,上使司印,勿漏系书。照刷尾上"已绝"、"未绝"二字,须要标写,先照后刷。刷印并司印,须要圆正分明。①

(四)卷宗的规范处理

我国古代早就有由监察机构通过问卷来检查官府文书承办情况的做法,比如唐代的勾检制度②,但只有到了元代,才从真正意义上建立了完备的照磨勘制度。

其一,刷卷程限的规定。为了保证及时刷卷,促进行政效率,增强监督效果,及时发现问题,防止官吏的不法行为,规定文卷限三日照勘完毕,没问题的文卷及时归还被涉部门。至元三十年(1293 年)四月,廉访司奉行御史台札付,除已付各房,今后如是追照有司文卷,限三日照勘了毕,即便发还施行。③

元代针对不同监督对象规定了不同的刷卷开始时间。大德三年(1299 年)八月,"年例,七月科拨矿碳,八月般载大石,修选炉座,冬春兴煽,次年五月炉

① 陈高华等:《元典章》卷 6《台纲二·照刷·照刷抹子》,天津古籍出版社、中华书局 2011 年版,第 177 页。
② 勾检制度是指决策集团、谏官等对决定国家大政方针的诏书进行勘覆、纠察失误,从而保证科学决策的一种制度,是唐代职官制度的一个重要组成部分。
③ 陈高华等:《元典章》卷 6《台纲二·照刷·追照文卷三日发还》,天津古籍出版社、中华书局 2011 年版,第 181 页。

终。若将行过文卷,于夏季四月至六月内照刷,似不相妨"。就改为"候炉终日刷卷相应"①。把对盐运司年终刷卷文卷的时间由原来的腊月至次年一月变为"自十一月为始至正月"。延长刷卷的时间,就是为了防止官吏年终刷卷时弄虚作假,逃避惩罚。而转运使一般是年终刷卷。

其二,刷卷须见首尾。为防止官吏舞弊,对于刷卷的要求进一步严格化,成宗大德十年(1306 年)五月,从技术层面加以规定:

> 今照勘到某年上下半年应合该刷文卷,与委定首领馆共眼同检勘过某号,计几张、缝,粘连刷尾完备,逐一具报前去结定,中间并无隐漏差报宗数。如后因事发露或查勘得,却有漏报该刷卷宗,首领官、吏情愿当罪,厘事罢役无词。
>
> 一,总计若干宗。已经刷卷若干宗。已绝若干宗。月分若干宗。刷尾一宗,自几年月日始,除前刷外,今月某年月日,甚文字,至几年月日,是何文字为尾,计纸几张、缝,通前几经照刷,计纸几张、缝。余依上开。未绝若干宗。月分若干宗。开刷尾[云云]。余依上开。未经照刷若干宗。已绝若干宗。月分若干宗。开刷尾[云云]。余依上开。未绝若干宗。开刷尾[云云]。余以上开。②
>
> 可自今以始,立式该括,一体遍行。责备首领官躬督,须兴该吏眼同检勘无差,结罪供报,庶得重事首尾相见,恐难漏落。每遇刷卷,仍将前刷未绝一一查对,设或差漏,随事究治。③

为了自己的便利,有些官员另外制作卷宗,刷过也不通粘起来,这不符合要求,按察司如果止验上、下半年应该刷卷的,不对始末详细察看,就不能发现违错。所以这里提出明确要求,刷卷须见首尾,不然难以发现问题,刷卷也会流于

---

① (元)赵承禧等:《宪台通纪·照刷枢密院文卷》,王晓欣点校,浙江古籍出版社 2002 年版,第 45 页。

② 陈高华等:《元典章》卷 6《台纲二·照刷·刷卷首尾相见体式》,天津古籍出版社、中华书局 2011 年版,第 179 页。

③ 陈高华等:《元典章》卷 6《台纲二·照刷·刷卷首尾相见体式》,天津古籍出版社、中华书局 2011 年版,第 180 页。

形式。通过这一制度，"某衙门吏员，与委定首领馆共眼同检勘"，可以防止官员藏匿漏报，使每次刷卷都能做到"始末详查"，监察官员通过上述的详细报告，可以全面了解前次刷卷的情况，并能准确掌握下一步需要监察的内容，包括文卷的宗数、起止日期、文字甚至内容的多少（纸的张数），从而可以通盘计划，可以做到准确详查，监督力度更大。

其三，给了监察官吏斟酌处置权。"百姓田禾灾伤不检踏的，或怠慢的，并刷出稽迟、违错公罪，合责罚的，斟酌责罚，不须问审，就便行呵。"①不必经过问审程序，一定意义上使他们具有司法审判的职能。

其四，指卷刷卷。大德五年，规定如今"合免的文卷不刷卷，人命的、钱粮的勾当，争田产、婚姻、驱良的勾当，错了的、合改正的勾当，用着的文卷，指卷刷卷"②。

其五，问卷不得私放在家。至元十七年（1280年）五月，河北河南道按察司：准襄阳路牒呈"韩伯英争池文卷，本路达鲁花赤宣德将于伊家收顿。候本官迤北回来取索归结，请照验"事。准此。除别行外，宪司照得大小公事，钦奉圣旨定立程限，按察司巡行照刷，其卷别无各官私家顿放体例。牒请遍行合属，今后凡官司文卷，官吏并不得私家收放。如违，严行究治施行。③

其六，新旧官吏交割、问卷当面交清。"各处经历、知事、提控案牍、都吏目、典吏人等，俱系专管案牍人员，年来不为用心关防，多有丢失文凭簿历。新任官吏不知首尾，中间耽误公事。拟合自至元二十年（1283年）已前应行文卷，厘勒尽数分拣，已、未结绝卷宗，伺候刷卷了毕，将已绝文卷附籍入架，未绝卷宗依理检举施行。以后照刷了绝，依上编类入架。将来满替，依例相沿交割，于解由内明白开写，仍取新官交牒。提控案牍以下，亦取收管抄连，一就申呈，似望不致丢失，革除前弊。"④为防止文卷遗失，作出此规定。为了保证监察官员安全准时

---

① 陈高华等：《元典章》卷6《台纲二·照刷·稽迟罚俸不须问审》，天津古籍出版社、中华书局2011年版，第183页。

② 陈高华等：《元典章》卷6《台纲二·照刷·指卷照刷》，天津古籍出版社、中华书局2011年版，第184–185页。

③ 陈高华等：《元典章》卷14《吏部八·案牍·禁治私放文卷》，天津古籍出版社、中华书局2011年版，第523页。

④ 陈高华等：《元典章》卷14《吏部八·案牍·文卷已绝编类入架》，天津古籍出版社、中华书局2011年版，第526页。

到达出巡地,元政府规定"提邢按察司官若遇分轮巡按,并听驰驿。经行去处,须差弓兵防送,不致疏失"①。

此外,元政府还通过很多的具体法规加以规范刷卷。除了正式的文书,议札等非正式的文书也在刷卷之列。② 元代的刷卷制度,在执行过程中,确实收到了一定效果。

二、刷卷的实施及其问责

对于刷卷的内容可以通过上文提到的《元典章》中的"刷卷抹子"加以归纳:包括字面同检(有无涂注、补勘文字)、事理测度(有无倒题、改抹月日)、文义推敲(有无文义差错)、印押辨验(有无模糊伪冒)和程限有无稽迟等。虚调行移、磨算钱粮、杂泛差役等都是刷卷内容。

(一)元代刷卷发现的问题及改进措施

列表如下:

表4-4 元代刷卷发现的问题及改进措施统计表

时间	发现问题	解决措施	出处
至元二十五年	卷宗丢失	府州司县文卷俱有检校案牍人员掌管,责令当面对卷,牵照完备明立案验依例交割	《元典章》卷14《吏部八·人吏交代当面交卷》
大德二年	饿死囚徒	合无官支日食口粮及定立满限疏放,庶使人得改过自新.都省照得罪囚徒年验元犯轻重.日用口粮委无营赡,官为支给	《元典章》卷49《刑部十一·囚徒配役给粮》
大德六年	告拦后接讼	凡告婚姻田宅家财债负若有愿告拦详审别无违枉准告已后,不许妄生词讼,违者治罪	《元典章》卷53《刑部十五·灶户词讼约会》

① (元)刘孟琛等:《南台备要·照刷枢密院文卷》,王晓欣点校,浙江古籍出版社2002年版,第156页。

② 孙继民、郭兆斌:《从黑水城出土文书看元代的肃政廉访司刷案制度》,《宁夏社会科学》2012年第2期。

续表

时间	发现问题	解决措施	出处
大德六年	诈申漂流文卷	县官达鲁花赤驴驴县尹王英、簿尉李德用各决四十七下,罢职别行求仕	《元典章》卷52《刑部十四·诈申漂流文卷》
大德十年	把问卷绽去首尾,另起卷宗	责备首领馆躬督,须与该吏眼同检勘无差,……设或差漏,随事究治	《元典章》卷6《台纲二·刷卷首尾相见体式》
至大三年	变卖官物	今后凡卖官物须令有司估体时直,别无高抬少估,重行覆实相应,方许货卖,听从百姓交易。见任官吏不得收买,违者究治	《元典章》卷14《吏部八·变卖官物》
延祐四年	溺子故意杀人	依故杀子孙论罪,主首、社长、邻右有失觉察,亦行治罪	《元典章》卷42《刑部四·溺子依故杀子孙论罪》

有关刷卷的史料还有不少,不再列举,从以上就可以看出,元代刷卷发现的问题涉及各个方面,这一方面说明刷卷制度发展得十分完善,另外也说明刷卷措施产生了应有的效果,对元代的政治、经济、法律等都产生了很大的影响。

(二)对于照刷出问题的官员的处置

监察御史在刷卷案牍过程中,若发现文卷有稽迟或违错现象,对官吏的处罚方式主要有罚俸和追究罪过。有关稽迟和违错的处罚,《元典章》作出明确规定,列表如下:[①]

表4-5　元代刷卷稽迟、违错处罚表

断例	免罪	五下	七下	一十七下	二十七下	三十七下	御史台断过例
稽迟	六日之下	半月之下七日之上	一月之下半月之上	两月之下一月之上	两月之上罪止	一年之上罪止	重事者临时裁断
违错	—	—	—	—	卷宗数少者	卷宗数多者	—

---

① 陈高华等:《元典章》卷6《台纲二·照刷》,天津古籍出版社、中华书局2011年版,第176页。

从表中可以看到,相比之下,违错的处罚要重些,违错"卷宗数少者,二十七;卷宗数多者,三十七",后因这种处罚方式太轻而起不到惩戒作用,所以在《元典章·台纲二》有:违错轻的罚俸,重的要罪过。

> 至大元年(1308年)十月,江东建康道廉访司申:准廉访司卢正议牒该:"追问刷卷之际,往往一概责罚,人多玩视轻犯,甚非惩戒之意。当职所见,如字书差讹、数目谬误,当量情责罚。若违制违例,伤官害政,形迹可疑,侥幸显露,虽赃滥未形,其当该人吏重者罢役,轻者降等,主行章判官轻者的决,重者勒停。"江南行台官奏:"如今俺寻思得,因着公事文字里稽迟违错,轻的也有,重的也有。若事轻的,交罚俸钱,事重的,依着在先圣旨体例里要罪过呵。"①

相较前者进行补充和修正,加重对稽迟、违错的处罚力度,事重的要追究"罪过"。至元八年(1271),元代为内外诸衙门公事稽迟立限,规定:"今后小事限七日,中事十五日,大事二十日。若令史迟慢,断决令史、检正、都事、主事、经历、知事以下官员迟慢,中事罚俸,三犯的决,大事但犯的决。以上首领官并其余官员,小事呈省罚俸,大事闻奏。"②对公文三催不报的问罪。至元八年(1271年)规定:"今后应据行下随处文字,量公事大小、途程远近,依例三催不报者,当该违慢人吏,本部量情就便断遣。外据官员取招,拟定呈省。"③对公文违错的处罚。对伪造官文书和官府印信的处罚,"诸主谋伪造符宝,及受财铸造者,皆处死";"伪造制敕者,与符宝同";"诸近侍官辄诈传上旨者,杖一百七,除名不叙。诸伪造省府印信文字,但犯制敕者处死"。④

---

① 陈高华等:《元典章》卷6《台纲二·照刷·违错轻的罚俸重要罪过》,天津古籍出版社、中华书局2011年版,第184页。

② 陈高华等:《元典章》卷13《吏部七·公事·行移公事程限》,天津古籍出版社、中华书局2011年版,第508页。

③ 陈高华等:《元典章》卷13《吏部七·公事·三摧不报问罪》,天津古籍出版社、中华书局2011年版,第512页。

④ (明)宋濂等:《元史》卷105《刑法四·诈伪》,中华书局1976年版,第2667页。

（三）对刷卷监察官员的要求

1.监察官员必须服从御史台指挥，坚持汇报制度，必须依制度办事

《察司体察等例》规定："提刑按察司非奉朝命，不得擅自离职。"重大事情必须上报，不能擅作决定，"所在重刑，每上下半年亲行参照文案"，"若无异词，行移本路总管府结案，申部待报，仍具审过起数，复审文状申台"。①提刑按察司官，如果分轮巡按所管官司，须得遍历。②"诸人陈告职官俸吏取受不公，监察御史、肃政廉访司官亲行追问，不得转委有司。"③同样，对于那些监临之官，如果"所部有犯法，不举劾者，减罪人罪五等；纠弹之官，知而不举劾，亦减罪人罪五等"④。"巡按去处并不得求娶妻妾。如违，治罪"；凡在司或巡按，不得与各路府州司县应管公事官吏人等，私下宴饮。书吏、史吏奏差人等宿娼饮会，已经遍行禁治，如违者依条断罪。并且不得因日节辰送洗尘，受诸人礼物，违者以赃论处。"任所并巡按去处，并不得拜识亲眷，因而受人献贺财物，如违以赃论。"⑤

2.元代对监察官员赃罪惩治的规定严于其他官员

至元二十二年（1285年），"诏各道廉访司，能尊奉条画，莅事有成者，任满升职；赃污不称职者，罢黜除名"⑥。至元二十四年（1287年）颁布的《台察咨禀等事》规定："御史台、按察司监察御史，系纠弹衙门官吏，正己方可正人，不应受赃出首。今后有犯人，比之有司官吏加罪一等，经赦不赦，经减降不减降。"⑦至元二十五年（1288年）规定，"按察司系纠弹衙门，其本司官吏有犯违法不公，照依已降圣旨条画加等治罪"⑧。还规定"若罪状明白，廉访司、御史台不为纠弹，

---

① 陈高华等：《元典章》卷6《台纲二·体察·察司体察等例》，天津古籍出版社、中华书局2011年版，第155页。

② 陈高华等：《元典章》卷6《台纲二·体察·察司体察等例》，天津古籍出版社、中华书局2011年版，第157-158页。

③ （元）刘孟琛等：《南台备要·振举台纲制》，王晓欣点校：浙江古籍出版社2002年版，第191页。

④ （元）赵承禧等：《宪台通纪·设立宪台格例》，王晓欣点校，浙江古籍出版社2002年版，第17页。

⑤ 陈高华等：《元典章》卷6《台纲二·体察·禁治察司等例》，天津古籍出版社、中华书局2011年版，第160页。

⑥ （明）宋濂等：《元史》卷18《成宗一》，中华书局1976年版，第275页。

⑦ （元）赵承禧等：《宪台通纪·台察咨禀等事》，王晓欣点校，浙江古籍出版社2002年版，第26页。

⑧ 陈高华等：《元典章》卷6《台纲二·体察·察司合察事理》，天津古籍出版社、中华书局2011年版，第162页。

受贿徇情,或别作过犯,诸人陈告得实,罪比常人加重"。① 延祐二年(1315 年)仁宗重申,"台察官吏人等因事取受,加等断罪,虽不枉法,合除名不叙"。②

3.定期考核监察官吏

《元典章》载:"按察司刷卷尽心,按治有法,使官吏畏谨,一道镇静,为称职。若于合察大事不为尽心,专务苛细,暗于大体者,为不称职。其能否为实迹,行御史台差官体究,一并黜陟。"③如今"廉访司的文卷,管民官休刷卷者。管民官的文卷,肃政廉访司官人每依旧刷卷者。廉访司官人每行的是与不是的,省里、台里差的人去,他每根底体察刷卷文卷者。更肃政廉访司官吏人等,要肚皮、坏了勾当的人每根底,比别个做官的人每的,它每的罪过重者。更别个体察的勾当,依着初立按察司行来的圣旨体例里行者"④。对于廉访司官的考核由省里、台里派人体察,廉访司官索贿犯了罪过,较其他官员处以更重的处罚。

监察官吏起初对发现的问题没有处置权,要向上级反映,就很容易使一些官员逃避应有的惩罚,刷卷的作用得不到应有的发挥。对此,忽必烈亦采取应对措施加以解决,如发现行省令史稽迟等轻罪过,监察即可就便断决。

> 至元二十八年十二月,奏过事内一件:"各处行省文卷,每年台里差监察刷卷去来。里头寻出令史每错了、迟了底勾当来呵,取了招伏,回来这台里定了罪过,第二年再差监察每去呵,断来。比及断去底人到呵,他每都使见识回避了,不曾断底。月儿鲁那颜为头俺商量来:今后差监察,各处行省刷卷出稽迟、违错底轻罪呵,教监察就便斟酌断者。外,但犯赃底,罢役底,重些个底罪过,申台定夺呵。"⑤

---

① (元)赵承禧等:《宪台通纪·风宪官吏赃罪加重》,王晓欣点校,浙江古籍出版社 2002 年版,第 36 页。

② (元)赵承禧等:《宪台通纪·台察官吏犯赃加重》,王晓欣点校,浙江古籍出版社 2002 年版,第 61 页。

③ (元)赵承禧等:《宪台通纪·台察官吏犯赃加重》,王晓欣点校,浙江古籍出版社 2002 年版,第 60 页。

④ 陈高华等:《元典章》卷 6《台纲二·体察·改立廉访司》,天津古籍出版社、中华书局 2011 年版,第 163 页。

⑤ 陈高华等:《元典章》卷 6《台纲二·照刷·行省令史稽迟监察就断》,天津古籍出版社、中华书局 2011 年版,第 182 页。

该上奏得到皇帝的批准,可以看出,元政府给了监察官吏对于轻罪的及时处置权,这样就提高了工作效率,也使有问题的地方官吏得到及时惩处,当然重罪还需要申台定夺。

三、刷卷制度的作用与历史影响

(一)刷卷制度的作用

1. 积极性的作用

其一,整顿吏治,提高行政效率。元代监察部门的刷卷上至中书省、行省诸官府,下至路府州县,通过检阅文书档案,实现对官府日常政务的细致、严密监控,可以监督政务,考核官吏;对于纠察官吏违法,减少舞弊行为,提高行政效率具有积极意义,成为元代整顿吏治的重要手段之一。李治安在其著作《元代政治制度研究》中谈到:元代廉访司开创了地方分道专职监察的新体制,其监察按治全面和广泛,很大程度上又是直接服务于朝廷控制地方诸多官府这一政治需要的。廉访司刷卷案牍,涉及诸地方官府所办理的政务,其监察职能在唐宋监察御史"六察"及金代提刑按察司职权的基础上进一步深化和扩充,成为名副其实的凌驾于地方官府之上,并对其日常政务进行细密监督的监司了。[①] 这与地方官府繁冗之间也存在一定的因果关系。但是,总体上,通过细致全面的刷卷制度,能发现很多问题并限期得以纠正,提高了行政效率,对于蒙元政权的稳固起了重要的作用。从中央到地方的行政机关内部也兴起了刷卷制度,提前加以刷卷,虽然有应对监察的主观愿望,但在客观上促进了行政机关的行政的效率和质量。

其二,促进了文书档案制度的发展。文书得到及时处理,不致造成案牍堆积,已绝的文书及时归档,对于元代文书档案制度的发展起到了很大的促进作用。刷卷制度的完备和细致促进元代形成了一套完备的文书工作制度,包括文书登记、注销、署押、缮写、承办、立卷、移文和管理各个环节,使元代成为中国古代文书工作的重要发展时期,并为以后的朝代所继承。

其三,在对治风俗、促教化等方面有重要作用。窃惟古者建立言事之官,非

---

① 李治安:《元代政治制度研究》,人民出版社 2003 年版,第 312 页。

徒摘拾百官短长,刷卷诸司文案盖亦拾遗补阙,振举纲维上有关于社稷,下有系乎民,人礼文风俗治体所存,名爵谥赠政理,斯在教化有方,则善恶自别,设施有法,则缓急自明,重谷则农自勤,定制则官自守,修武则先恤兵,严事则可劝吏,事欲究其本末,言似涉于繁芜,统论难悉条析,……①马祖常此段话,说明了元代刷卷对于风俗教化的作用。

2.局限性

由于元末统治的日益腐朽,地方官贪污受贿,为避免刷卷,相互推诿,拖延时日的现象多有发生。"每遇上项本职合断事理于元告人被论人处两下受讫贿赂,或瞻徇嘱托或畏避形势,欲从正归结则恐倒钱告讦,欲从邪处断则恐提刑司刷卷兼负冤者,不肯准服。所以申州申府一解释怨谤,二洗雪已过,嫁是非于州府,为州府得此复效司县所为,嫁是非于总府,总府复效州县贪求厌足调发于州县,以致或争地一亩,价钱不直数贯,上下前后官吏行求费钞数百贯,逗遛七年十年不能杜绝。"②

监察官本身的腐化。正如元末明初文人叶子奇说:"自秦王伯颜专政,台宪官皆谐价而得,往往至千缗。及其分巡,竟以事势相渔而偿其直……肃政廉访使官所至州县,各带库子,检钞秤银,殆同市道矣。"③监察官吏已经堕落成监守自盗的小市侩了。后至元五年(1339年),台官奏称:"比年以来,各处有司贪纵之徒,脏污狼藉。宪司所至之处,或方受状,或方取问,巧生奸计,以钱物置之床榻之间,以金珠投之户牖之下,彼宪司官岂能早见预防?谓之有失钤束,致使而然,因而黜退,遂使奸计得逞。彼有司之所犯轻者罢役,重者追夺,乃以赃物陷司,自脱解危。"可见监察官员的受贿情形很普遍。各道廉访司的"书吏、奏差,名役虽微,所关甚重"这些人"往往请托官府,坏乱纪纲"。④

由于监察系统管理实行垂直领导,监察官通过刷卷的方式监察地方官吏工

---

① (元)马祖常:《石田文集》卷七《建白一十五事》,《景印文渊阁四库全书》第1206册,台湾商务印书馆1986年版,第564页。

② (元)胡祗遹:《紫山大全集》卷22《县政要式》,《景印文渊阁四库全书》第1196册,台湾商务印书馆1986年版,第347页。

③ (明)叶子奇:《草木子》卷4下《杂俎篇》,中华书局1959年版,第82页。

④ (元)唐惟明等:《宪台通纪续集·越道弹劾》,王晓欣点校,浙江古籍出版社2002年版,第136页。

作,监察御史和行省执行权力方面,时有矛盾和冲突。尤其在阿哈马、桑哥等当权时,甚至提出反刷卷的无理要求。提议监察御史到省部去刷卷,并在刷卷完毕后在卷末署上自己的名字,此后发现疏漏好追究监察官的责任。官吏故意把大批文卷交上去,使监察官疲于应付,稍不留意,就被追究责任。桑哥用心可谓险恶。幸运的是后来忽必烈感觉不妥,很快改正了这种做法。① "居官难,居宪司又难,治罪夺职而人弗怨,此其尤难也。"②监察人员倍感头疼,以致"摇手莫敢问"③,并且"刷卷案牍,繁重芜杂,事无巨细,悉查无略",很容易引起有司的不满和抵触。④ 刷卷工作耗费了监察官员大量的精力,对于监察机构基本职能的发挥也有一定的消极作用。元代的刷卷也存在民族不平等因素。元世祖曾规定:"凡有官守不勤于职者,勿问汉人回回,皆以论诛之,且没其家"⑤,但蒙古人不在此限。

(二)刷卷制度的历史影响

覃兆刿认为,元代刷卷制度是在宋代磨勘转官制度之法的基础上演变而来的监察制度,"磨勘的评价功能转变为稽查监控功能,由注重行政的后果转变为追踪控制行政的过程,由对官员的直接审查转变为对记录行政过程的文卷进行复核,由看政绩之已果转变为防患于未然"⑥。元代监察机构成为和中书省、枢密院三院并列的机构,而且建立了完善的地方监察机构,这是以往朝代没有过的。元代刷卷案牍的制度是对前代监察机构工作方法和制度创新和发展,开创了中国古代监察制度的完善体制,真正实现了监察制度化、规范化,不能不说是元代对中国古代行政制度作出的重大贡献。元代的刷卷已经是一种比较完备的制度,这项制度也被后来的明清所继承。对于整顿元代吏治,促进统治秩序起了很重要的作用。明代改革家张居正曾说,"致理之道,莫急于安民生;安民

---

① 王宗秀:《试论元代行御史台对行省的监察》,西南政法大学硕士学位论文,2006年。

② (元)苏天爵:《滋溪文稿》卷10《故河东山西道肃政廉访使赠礼部尚书王正肃侯墓志铭》,《景印文渊阁四库全书》第1214册,台湾商务印书馆1986年版,第121页。

③ (元)袁桷:《清容居士集》卷34《萧御史家传》,《四部丛刊初编》第1418册,商务印书馆1922年版。

④ 李治安:《元代政治制度研究》,人民出版社2003年版,第312页。

⑤ (明)宋濂等:《元史》卷10《世祖七》,中华书局1976年版,第215页。

⑥ 覃兆刿:《磨勘转官与照刷磨勘文卷制度》,《光明日报》2005年5月19日。

之要,唯在于核吏治"①,历朝历代都重视对官员的监督核查,元代刷卷制度给了我们很大的启示,尤其对我们目前的巡视制度不无借鉴意义。

第五节　从《元典章·都省通例·贴书犯赃却充俸吏》②看元代的"民对官的诉讼"及监察监督

一、案件的大致情况及分析

　　本节涉及前建康路总管府刑房贴书戴必显案件的审理经过与处断结果的案牍。这件案子,前后经过十七年,通过三次审判,全文超过三千多字,几乎被原封不动地抄下来,这在《元典章》中是绝无仅有的。我们可以通过其中建康路溧水州的申文大致了解整个案例的情况。南台监察御史巡历至本州岛,吴显忠告:州吏戴必显大德八年(1304年)充建康路刑房贴书,取受孔丙六钞四十两,断讫三十七下,革去。大德九年(1305年)正月,补充句容县吏。延祐元年(1314年),有汪荣赴监察御史告戴必显前过,将本人革去。其戴必显告,蒙本路申奉江浙行省札付改正。参详:司吏戴必显虽是改正,即非省部定拟,似难为例遵行。

　　本案例经过三次审理,其中有两次都是当地民众向巡历中监察御史检举引起的,都具有"民告官"性质的案例,类似于当今的行政诉讼。探讨其中的诉讼程序,有利于笔者充实对于元代司法程序的研究成果。第一次审理是围绕时任建康路刑房书吏的戴必显受贿案进行的,文中说是"蒙监察御史察知",后两次审理都是民众向监察御史告发引起。第二次审理发生在皇庆二年(1313年),是由句容县当地人汪荣举报时任句容县司吏的戴必显引起的。被告在任建康路总管府刑房贴书时受过笞三七、罢免的处分,然而经过溧水州吏,又被任用为句容县司吏,并非法领取俸禄。判决认定被告"隐匿前过,冒充句容县请俸司

---

　　①　(明)张居正:《张太岳集》卷三十八《清定面奖廉能仪注疏》,上海古籍出版社1984年版,第485页。

　　②　陈高华等:《元典章·新集·都省通例》,天津古籍出版社、中华书局2011年版,第2267-2268页。

吏",即日罢免,追讨俸禄,笞二七。句容县追讨已支付的俸禄(皇庆二年十二月,监察御史案札没有行台的承认手续)执行:句容县移文建康路录事司,要求执行追讨。未执行的时候,戴必显成为溧水县的书状人,即代写状纸的人。延祐四年(1317)三月,溧水县收到建康路以帖文形式发来的咨询,答以"未执行"。第三次审理亦是由溧水州民吴显忠状告时任溧水州司吏戴必显引发。这三次除了第一次是由监察御史察知外,后两次都是由民告发引起。

此类案件诉讼程序可归纳如下:

第一步,要由作为原告的民众的告发,这是该类案例进入司法程序的开端。必须要有状纸,状纸内容包括告状时间、原告、被告、接受案件的主审者、请求内容、事实和缘由陈述等。比如第三次告状的要素有:时间——延祐七年(1320年);原告——吴显忠(溧水州);被告——戴必显(溧水州司吏);主审者——巡历中的监察御史(书证调查在溧水州);请求内容——执行州吏戴必显的既定判决;陈述——延祐元年(1314年)汪荣告发,根据监察御史的判决,作出笞二七、罢免、追讨俸禄的判决结果。

第二步,接受状纸部门的受理。接受状纸的是监察御史,都得到受理并且进行了审理。审理进行了收集证据和调查以往卷宗的过程,以第三次告状为例,延祐七年(1320年),江南诸道行御史台监察御史巡历至溧水州,接到在城住民吴显忠状告后,令溧水州抄案行移句容县,照勘革去戴必显缘由,并取元行文卷,申解前来。

第三步,监察御史作出判决。比如第二次审理作出"认定被告隐匿前过,冒充句容县请俸司吏,即日罢免,追讨俸禄,笞二七。句容县追讨已支付俸禄"的判决。在第二次判决作出后,戴必显提出反诉,"其戴必显告,蒙本路申奉江浙行省札付改正"。然而"戴必显虽是改正,即非省部定拟,似难为例遵行"。第三次判决是"既南台监察御史比例革去,别难议拟,合咨行省依例施行"①。

第四步,判决的执行。监察御史向行政官厅要求执行判决的时候,则送发"案札"形式的下行文书。第二次审判,句容县移文建康路录事司,要求执行追讨。未执行的时候,戴必显成为溧水县的书状人,即代写状纸的人。延祐四年

---

① 陈高华等:《元典章·新集·都省通例》,天津古籍出版社、中华书局 2011 年版,第 2267—2268页。

（1317 年）三月,溧水县收到建康路以帖文形式发来的咨询,答以"未执行"。第二次审判依照"南台监察御史比例革去",得到执行。

二、案件启示

从延续十七年,前后三次审理的本案例可以看出,对于"民告官"这类案件的审理机构是监察机构。"各处行省并所辖衙门令译史、怯里马赤、知印、宣使、奏差、典吏人等,须要照依元定通例,于相应人内补用,……其或补用违例不应者,行省从监察御史,宣慰司从廉访司,取具应设人数,各各历仕脚色,依例照刷。"①本案件是监察机构对官员进行司法监督的鲜明例子,从案件的受理、案件的调查、案件的审理、文书书证的收集到判决的司法过程,都是由监察御史来主持的。

总之,元代监察机关亲自审理"民告官"案件,是元代有特色的司法监督形式。

本章小结

一、诉讼及监督特色

元代诉讼审判机关的多元化和审判权的属人主义是元代诉讼的显著特点。与其他朝代一样,元代的司法权和行政权没有分开,但是元代司法审判权的专属化明显,比如在路府设立专门掌管刑狱的推官,行省有专管司法的理问所。此外,在中国法律史上元代正式出现诉讼代理制度。元代还开创了具有特色的约会制度,这是和元代诉讼中的"各仍其俗"原则相契合的一种制度。元代诉讼仍然坚持自下而上逐级上诉,一般不允许越诉。在诉讼中施行回避制度。诉讼当事人对判决不服的,可以上诉、直诉,特殊情况下可以越诉。元代司法监督形式多元化,既有行政机关的内部司法监督、专门司法监察机关的监督也有来自于最高统治者定期派遣五府录囚对刑狱的监督、皇帝临时派遣奉使宣抚的司法

---

① 陈高华等:《元典章·新集·都省通例》,天津古籍出版社、中华书局 2011 年版,第 2264 页。

监督,还有司法监察部门内部的自我司法监督以及来自于官员个人和民众的民意监督。

二、诉讼及监督存在的弊端

（一）书铺和书状人方面存在不合理地方

状铺之设,本欲书写有理词状,使知应告、不应告言之例,庶革泛滥陈词之弊,亦使官府词讼静简,公事易于杜绝。但是"所在官司设立书状人,多是各官梯己人等于内勾当,或计会行求充应。所任之人既不谙晓吏事,反以为营利之所"。一味贪图个人私利,"凡有告小事,不问贫富,须费钞四五两而后得状一纸,大事一定、半定者有之。两家争竞一事,甲状先至,佯称已有乙状,却观其所与之多寡而后与之书写。若所与厌其所欲,方行书写,稍或悭吝,故行留难,暗行报与被论之人使作元告,甚至争一先费钞数定者"。更有甚者,对于当事人以金钱作为论理的前提,"一等有钱告状者,自与妆饰词语,虚捏情节,理虽曲而亦直;无钱告状者,虽有情理,或与之削去紧关事意,或与之减除明白字样"。百般调弄,起灭词讼,造成案件烦冗,卒难穷治,失掉设置书状之初意。①

（二）元代监察官吏、录囚官员自身贪腐渎职,司法监督、录囚流于形式

苏天爵录囚于湖北。湖北地僻远,民獠所杂居,天爵冒瘴毒,遍历其地。囚有言冤状者,天爵曰:"宪司岁两至,不言何也?"皆曰:"前此虑囚者,应故事耳。今闻御史至,当受刑,故不得不言。"天爵为之太息。② 可见对于很多录囚者,只是应故事而已,失去了录囚的本意。再举监察官员贪腐的例子:至正五年(1345年),四川廉访使某与行省平章某不相能,诬宣使苏伯延行贿于平章某,瘐死狱中。至是,伯延亲属有诉。会茶盐转运司官亦讼廉访使累受金,廉访使仓皇去官,至扬州死。③ 大德八年(1304年),杭州江南浙西道廉访司偏负追征布牙钱,当该谢书吏取受讫中统钞二十七定、东隅酒三十瓶、竹倚床等物。④ 还有奉使不

---

① 陈高华等:《元典章》卷12《吏部·司吏·待阙吏充书铺》,天津古籍出版社、中华书局2011年版,第489页。

② (明)宋濂等:《元史》卷183《苏天爵传》,中华书局1976年版,第4225页。

③ (明)宋濂等:《元史》卷183《王守诚传》,中华书局1976年版,第4209-4210页。

④ 陈高华等:《元典章》卷46《刑部八·取受·廉访书吏不公断没财产一半》,天津古籍出版社、中华书局2011年版,第1565页。

法的例子:泰定三年(1326 年),晋州达鲁花赤有罪就逮,而奉使宣抚以印帖征之,欲缓其事,翀发其奸,奉使因遁去。[①] 御史受贿的案例:延祐五年(1318 年),南安路镇守万户朵儿赤,持官府短长,郡吏王甲,殴伤属县长官,诉郡,同僚畏朵儿赤,托故不视事,泽民独捕甲,系之狱。朵儿赤赂巡按御史,受甲家人诉,欲出之,泽民正色与辨,御史沮怍,夜竟去,乃卒罪王甲。[②] 此类例子不少,不再赘举。如此行事,元代的司法监督受到很大的影响。

　　总之,元代诉讼和监督有其时代特色,与其弊端并存。

---

① (明)宋濂等:《元史》卷 183《宇尤鲁翀传》,中华书局 1976 年版,第 4220-4221 页。

② (明)宋濂等:《元史》卷 185《汪泽民传》,中华书局 1976 年版,第 4252 页。

第五章

从元代案例看元代法律表达与司法程序实践

第一节　元代司法程序实践

——以"珠宝欺诈案"等三案为中心

一、珠宝欺诈案

《史集》第二卷《成宗纪》记载了"珠宝欺诈案"这则案例,某次有数商人携大量珠宝和珍饰售给成宗,"在场之诸异密、诸维昔儿与牙侩估定其价值为六十万巴里失。此款由国库支给"。其实,这些商人以其中 15 万巴里失对诸异密和维昔儿进行贿赂。当时诸牙侩中有二人因受排挤而不能参与此项交易,故而向另一因遭弹劾而被黜的名为木黑必勒的平章告发其间阴谋。成宗乃令"当时在朝"的已罢黜丞相失哈不丁重行"估定其值为三十万巴里失"。于是案发,商人及牙侩被捕,经过审讯,"彼等招认贿送每异密之款数"。"诸异密与维昔儿"共十二人被捕,内有答失蛮丞相、脱因纳、撒儿班、亦黑迷失、铁哥平章、爱薛怯里马赤、伯颜平章和兄弟伯颜察儿、赡思丁及其他平章三人。他们"皆拘于中书省,有旨尽皆处死"。诸官之妻与侍从求阔阔真可敦调护无效,乃复求胆巴法师。时值彗星见,胆巴以解禳为由,建言"释囚"。系者才最终得以尽释。诸人"仍各事所事"。超出实值的 30 万巴里失"复自彼等手中追还"。

案中涉及承相、平章等高官十几人,已经下旨处死,诸官之妻与侍从寄希望于成宗的母亲阔阔真,成宗一向孝顺母亲,加上阔阔真本人信仰宗教,宅心仁厚,按理说有了母亲亲自出面求情,事情会有转机,但是结果于事无补,看来成宗对参与该案的高官下定了处死的决心。后来还是多亏了胆巴法师以解禳为由,才出现转机,诸人才得以幸免。这一戏剧化的变化足以看出佛教的独尊地位及佛教对成宗的影响,同样更为重要的是彰显了皇帝在司法方面至高无上的权力,其干预及态度的变化,决定着这些高官的生死。

二、赵世延案

赵世延字子敬,其先雍古族人,居云中北边。后家成都。世延天资秀发,喜读书,究心儒者体用之学。世延扬历省台五十余年,卒谥文忠。① 皇庆三年(1314 年),世延劾奏权臣太师右丞相帖木迭儿罪恶十有三,诏夺其官。② 内外台劾其不可辅导东宫者又四十余人,帝以太后故皆不听。③ 仁宗崩,帖木迭儿复居相位,锐意报复,属其党何志道,诱世延从弟胥益儿哈呼诬告世延罪,逮世延置对,至夔路,遇赦。世延以疾抵荆门,留就医。帖木迭儿遣使督追至京师,俾其党煅炼使成狱。会有旨,事经赦原,勿复问。帖木迭儿更以它事白帝,系之刑曹,逼令自裁,世延不为动,居囚再岁。胥益儿哈呼自以所诉涉诬欺,亡去。中书左丞相拜住屡言世延亡辜,得旨出狱,就舍以养疾。先是,帝猎北凉亭,顾谓侍臣曰:"赵世延,先帝所尊礼,而帖木迭儿妄入其罪,数请诛之,此殆报私怨耳,朕岂能从之。"侍臣皆叩头称万岁。帖木迭儿在上京,闻世延出狱,索省牍视之,怒曰:"此左丞相罔上所为也。"事闻,帝语之曰:"此朕意耳。"未几,帖木迭儿死,事乃释。世延出居于金陵。④ 许有壬在《辩平章赵世延》一文中,更是对帖木迭儿陷害赵世延的过程进行详细介绍并为之极力辩解。⑤

---

① （明）李贤:《明一统志》卷 21《赵世延》,《景印文渊阁四库全书》第 472 册,台湾商务印书馆 1986 年版,第 484 页。

② （明）宋濂等:《元史》卷 180《赵世延传》,中华书局 1976 年版,第 4165 页。

③ （明）陈邦瞻:《元史纪事本末》卷 20《铁木迭儿之奸》,中华书局 1955 年版,第 123 页。

④ （明）宋濂等:《元史》卷 180《赵世延传》,中华书局 1976 年版,第 4163~4165 页。

⑤ （元）许有壬:《至正集》卷 76《辩平章赵世延》,《元人文集珍本丛刊》第 7 册,新文丰出版股份有限公司 1985 年版,第 342 页。

该案体现了以帖木迭儿为代表的高层官员对司法程序的粗暴干涉,其因赵世延对他的检举揭发而怀恨在心,一心欲置赵世延于死地。为使赵世延限于诉讼,帖木迭儿一手操纵,不惜诱使赵世延从弟对其进行诬告。遇到大赦,犹锻炼成狱,并逼其自裁,而赵不从。而赵世延最终在皇帝大赦和抵制下得救,也说明在帖木迭儿和皇帝面前,正常的司法程序很难得到真正贯彻。

三、贺伯颜案

贺伯颜,本名胜,字贞卿,一字举安。上都留守仁杰之子,幼从鲁斋学,仁杰守上都,为世祖所倚任。仁杰卒,拜上都留守,以嗣其任。至元二十八年(1291年),贺伯颜尝为世祖陈其(桑哥)奸欺。久而言者益众,世祖始决意诛之。① 奏丞相铁木迭儿之贪秽,罢之。② 上都富人张弼杀人系狱,铁木迭儿使家奴胁留守贺伯颜,使出之,伯颜持正不可挠。杨朵儿只已廉得丞相所受张弼赂有显征,乃与拜住及伯颜奏之,帝罢其相位。延祐二年(1315年)五月,英宗在上都,铁木迭儿嫉留守贺伯颜素不附己,奏其以便服迎诏为不敬,下五府杂治,竟杀之,籍其家。③ 事情始末在《元史·贺伯颜传》中有详细记载:

> 初,开平人张弼,家富。弼死,其奴索钱民家,弗得,殴负钱者至死。有治其狱者,教奴引弼子,并下之狱。丞相铁木迭儿受其赂六万缗,终不为直。胜素恶铁木迭儿贪暴,居同巷,不与往来。闻弼事,以语御史中丞杨朵儿只。杨朵儿只以语监察御史玉龙帖木儿、徐元素。遂劾奏丞相,逮治其左右,得所赂事实以闻。帝亦素恶铁木迭儿,欲诛之。铁木迭儿走匿太后宫中,太后为言,仅夺其印绶而罢之。及英宗即位,在谅闇中,铁木迭儿遂复出据相位,乃执杨朵儿只及中书平章政事萧拜住,同日戮于市。且复诬胜乘赐车迎诏,不敬,并杀之。胜死之日,百姓争持纸钱,哭于尸傍甚哀。④

---

① (明)宋濂等:《元史》卷205《奸臣传》,中华书局1976年版,第4575页。
② (清)黄宗羲:《宋元学案》卷90《惠愍贺举安先生伯颜》,清道光刻本。
③ (明)宋濂等:《元史》卷205《奸臣传》,中华书局1976年版,第4580页。
④ (明)宋濂等:《元史》卷179《贺胜传》,中华书局1976年版,第4150-4151页。

皇帝以贺伯颜、失列门、阿散家赀、田宅赐铁木迭儿等。① 大小之臣不知死所。② 皇帝被铁木迭儿迷惑，发布圣旨称："贺伯颜轻侮诏书，殊乖臣礼，不加惩创，曷示等威。"③虞集的说法是"萧、杨二公既已被害，即诬公乘赐车出迎诏书，为非礼而执之，激怒主上，遂遇害"④。后来经过御史台进言，该案得以平反，有御史言："曩者铁木迭儿专政，诬杀杨朵儿只、萧拜住、贺伯颜、观音保、锁咬儿哈的迷失，黥窜李谦亨、成珪，罢免王毅、高昉、张志弼，天下咸知其冤，请昭雪之。"诏存者召还录用，死者赠官有差。⑤ 监察御史许有壬又言："萧拜住、杨朵儿只、贺伯颜天下皆知其无罪，铁木迭儿盗弄威权，致之必死，御史观音保、锁咬儿、哈的迷失、李谦亨、成珪虽以言事忤旨，实为铁木迭儿父子所媒孽，又复阴庇逆贼，铁失使先帝暴崩，皆铁木迭儿为之张本也。"⑥贺伯颜其冤始雪，赠太傅秦国公，谥惠愍。⑦

该案系铁木迭儿为贺伯颜素不附己，曾经揭发张弼之狱，奏其轻侮诏书为大不敬，借五府杀之。监察御史许有壬说天下皆知其无罪，是铁木迭儿盗弄威权，致之必死。皇帝也被铁木迭儿所迷惑，铁木迭儿杀害贺伯颜，是经过上奏且得到了皇帝的允许。皇帝并未经过认真核查，贺伯颜之死也是违反司法程序的结果。

皇帝为首的统治上层对司法的干涉，是皇权至上的体现。元贞元年（1295年）六月，"河西陇北道廉访司鞫张万户不法，西平王奥鲁赤阻挠其事，帝命谕之"⑧。再如，大德十年（1306年）六月，御史台臣言："江南行台监察御史教化劾江浙行省宣使李元不法，行省亦遣人撼拾，教化不令检核案牍。中书省臣复言，教化等不循法度，擅遣军士守卫其门，搒掠李元，诬指行省等官，实温省事。"诏

---

① （明）宋濂等：《元史》卷27《英宗一》，中华书局1976年版，第603页。
② （元）苏天爵：《元文类》卷53《平章政事张公墓志铭》，《四部丛刊初编》第2030册，商务印书馆1922年版。
③ 陈高华等：《元典章》卷3《圣政二·明政刑》，天津古籍出版社、中华书局2011年版，第113页。
④ （元）虞集：《道园学古录》卷18《贺丞相墓志铭》，《四部丛刊初编》第1439册，商务印书馆1922年版。
⑤ （明）宋濂等：《元史》卷29《泰定一》，中华书局1976年版，第640-641页。
⑥ 柯劭忞：《新元史》卷103《刑法志下》，中华书局1988年影印版，第478页。
⑦ （明）宋濂等：《元史》卷179《贺胜传》，中华书局1976年版，第4151页。
⑧ （明）宋濂等：《元史》卷18《成宗一》，中华书局1976年版，第394页。

省、台及也可札鲁忽赤同讯之。① 再如"会行省丞相铁木迭儿贪暴擅诛杀,罗织安抚使法花鲁丁,将置于极刑,朵儿赤谓之曰:'生杀之柄,系于天子,汝以方面之臣而专杀,意将何为? 小民罹法,且必审覆,况朝廷之臣耶!'法花鲁丁竟获免,寻复其官"②。

纵观元代,早在蒙古政权时期,以皇帝为首的上层统治者动辄以权势阻挠司法。列举两例加以说明:

案例一:根据习惯法,蒙古人春夏二季,日间禁在流水中沐浴,禁以手浸其中等规定,一日窝阔台与其兄察合台共猎还,见一穆斯林沐浴于水中。察合台持法严,欲立杀其人。窝阔台曰:"待明日鞫讯其罪,再杀未晚。"即夜窝阔台遣人密投一银巴里失于其人浴处,并告其人,翌日被鞫讯时可言仅有此银一锭,不幸落水中,故入水以求之。鞫讯时其人果执此词。最后,窝阔台又在其兄面前劝说,说此情可悯。其人最后被赦免,并被窝阔台赐银十巴里失。③

此案例固然体现了窝阔台充满仁慈的一面,但是作为一国国君,带头违反司法程序,并为了一平民,不惜制造假的案情以欺瞒其兄,使得违法的此人,不仅没有被杀,还被赏赐银两。试问,法律如何树立权威性,民众如何才能守法。

案例二:有仇视穆斯林者,谒窝阔台而语之曰:"曾梦成吉思汗语我曰:'可往告吾子尽杀穆斯林,除此恶种。'"窝阔台闻言,思久之,询其人,成吉思汗在梦中是否曾用译人? 答曰:"否。"又问曰:"汝知蒙古语乎?"其人复答曰:"仅知突厥语。"窝阔台曰:"然则汝言伪矣,盖成吉思汗仅知蒙古语也。"遂杀其人。④

案中此人虽然可恨,但其恶行不致死。但即使应该判死刑,那也是司法机关的职责,也不能全凭皇帝一句话,就把人杀了。这也是皇权凌驾于司法权之上的一个例子。类似例子还有不少,如至元十八年,"有两卒自伤其手以示不可用,阿八赤檄枢密并行省奏闻,斩之以惩不律"⑤。"真人蔡道泰以奸杀人,狱已成,铁木迭儿纳其金,令有司变其狱。"⑥当然元代亦有皇帝或高官守法、重视司

① (明)宋濂等:《元史》卷21《成宗四》,中华书局1976年版,第470页。
② (明)宋濂等:《元史》卷134《朵儿赤传》,中华书局1976年版,第3255页。
③ [瑞典]多桑:《多桑蒙古史》卷二,冯承钧译,中华书局1962年版,第205-206页。
④ [瑞典]多桑:《多桑蒙古史》卷二,冯承钧译,中华书局1962年版,第206页。
⑤ (明)宋濂等:《元史》卷129《来阿八赤传》,中华书局1976年版,第3142页。
⑥ (明)宋濂等:《元史》卷136《拜住传》,中华书局1976年版,第3304页。

法程序的例子,如延祐七年(1320 年)二月,参议中书省事乞失监坐鬻官,刑部以法当杖,太后命笞之,帝曰:"不可。法者天下之公,徇私而轻重之,非示天下以公也。"卒正其罪。① 至治三年(1323 年)八月,八思吉思下狱,元英宗谓左右曰:"法者,祖宗所制,非朕所得私。八思吉思虽事朕日久,今其有罪,当论如法。"②再如至元三十一年年初,"适有盗内府银者,宰执以其幸赦而盗,欲诛之,伯颜曰:'何时无盗,今以谁命而诛之?'人皆服其有识"③。

蒙元政权有像元英宗这样推崇法度至上的皇帝实在难能可贵。

第二节　从元人笔记看元代司法实践

——以"义奴"和"奸僧见杀"两案为中心

笔者在前文介绍了元代的拘捕程序、证据收集程序、审判程序,并结合黑城出土文书及元杂剧有关内容进一步探讨元代的司法程序。因大多是官方的记载,元杂剧也势必带有一定的委婉书写。那么,相比前者,元人的笔记对元代司法程序的记载,应该更具有较高的灵活性,是考察元代司法程序的又一个有趣的视角。探研元人笔记中的相关案例,有利于加深对元代司法程序的了解和把握。在元人笔记中,把看到有关元代司法实践的案例,撷取典型案例摘抄如下,再作分析。

一、"义奴"案

刘信甫,扬州人,郡富商曹氏奴。曹濒死。以孤托之。孤渐长,孤之叔利孤财,妄诉于府曰:"某家赀产未尝分析,今悉为侄所据。"郡守刘察其诈,直之。叔之子以父讼不胜,渐且愤,毒父死,而复诉于府曰:"弟挟怨杀吾父。"达鲁花赤马马火者,受署之初,与守不和,竟欲置孤法,并得以中守。引致百余人,皆抑使诬服,曰:"孤俾某等杀叔,守受孤贿若干。"末鞫信甫,信甫曰:"杀人者某也,孤实不知,守亦无贿。"既被锻炼无完肤,终无两辞。

---

① (明)宋濂等:《元史》卷 27《英宗一》,中华书局 1976 年版,第 589 页。
② (明)宋濂等:《元史》卷 28《英宗二》,中华书局 1976 年版,第 633 页。
③ (明)宋濂等:《元史》卷 127《伯颜传》,中华书局 1976 年版,第 3115 页。

初，信甫先遣人密送孤至京师，避于一达宦家，嘱之曰："慎毋出。"至是，乃厚以金帛赂达鲁花赤，孤得无预，而信甫减死。既出。叩阍陈告，达鲁花赤以罪罢去，守复官。凡狱讼道里费盖巨万计，孤归，悉算偿。信甫曰："奴之富皆主翁之荫也，今主有难，奴救脱之，分内事耳，宁望求报哉！"力辞不受。①

上述案例记述了江南扬州富商曹氏家义奴刘信甫的故事，读后令人感叹不已，其反映出的义奴刘信甫的忠义暂且不论，笔者力求探索其中包含的元代司法程序特点，并进行适当分析。隋代以后郡守不再是正式官名，而用作刺史或知府的别称。此文中刘郡守即刘知府是一个正直官员，发现孤儿之叔妄诉之诈。但达鲁花赤马马火者，因为与刘郡守不和，竟不顾案情真相，欲枉法置孤儿于败诉境地，借机达到陷害刘郡守的险恶目的。可见，在司法实践中，一些地方官员，为了排除异己，谋取个人私利，而置司法当事人的利益甚至生命于不顾，并不稀奇。该案中牵连达百余人，在司法审判中，达鲁花赤马马火者为了既达到自己的目的，又可以顺利结案，拿出惯常的刑讯手段，迫使这些人诬服，按其意思供出有利于他的证据，招供称孤儿本人指使他们杀害了他的亲叔叔，并且郡守收受了遗孤的贿赂若干。

可以看出，比起以往朝代，元代非法刑讯的状况并无任何改观。盲目刑讯，动不动就打，"不打不招"成为中国古代社会司法审判中的惯常手段，与当今司法审判不同的是，刑讯是中国古代社会得到当时允许的审判手段，只不过要满足一定条件并履行一定程序而已。在这样的刑讯中，很难有人能承受这种身心的刑罚，不得不就范，试想如此，怎么能保证不出现冤假错案？当然，对于本案的主角刘信甫，在审讯中使用刑讯更是有过之而无不及，"被锻炼无完肤"，但是其"终无两辞"，至始至终承认是自己杀的人，"孤实不知，守亦无贿"，为遗孤和郡守开脱罪名，这种为救主子遗孤于水火，视死如归，大义凛然的气概值得钦佩。事实的真相是遗孤叔之子为了霸占曹氏遗产，亲手杀害自己父亲。案情口供依赖刑讯手段获得，这也从另外一个层面反映了中国古代社会获取案件证据

---

① （元）陶宗仪：《南村辍耕録》卷7《义奴》，中华书局1980年版，第91页。

的手段的狭隘性,除了当事人的呈堂招供,除了惯常的刑讯手段外,缺乏验证案情事实证据的更多的方法和途径。当然在科技发展落后的古代社会,又是可以理解的。根据元代法律,杀人当死,可是刘信甫最后并没有死,"厚以金帛赂达鲁花赤,孤得无预,而信甫减死"。亦可看出,在官吏贪污盛行的元王朝,在司法实践中,用金钱可以买生死,而不仅是根据法律规定判定当事人的生死。当然这不是一般的平民百姓所能享受的特权,从文中"凡狱讼道里费盖巨万计"可以看出,要想买命,花费的自然不是小数目。当然并不是说,元代的司法没有一点公正性,就最高统治者而言,为了维护统治阶级的利益,为了维护国家的长治久安,肯定希望树立法律的权威。值得注意的是,本引文中出现了刘信甫"既出","叩跸陈告"的字眼。这是很宝贵的记录。就是说刘信甫被释放后,并没有就此罢休,而是继续上告。"跸"本意是帝王出行时开路清道,禁止他人通行,引申义是指帝王出行的车驾。"叩"是指磕头。"叩跸陈告"是指刘信甫拦御驾,告御状。这在元代司法诉讼程序中属于"直诉"的一种。向皇帝告状,一方面反映出刘信甫的高见卓识,另一方面反映出元王朝存在告御状的真实情况。有人说元代不存在拦御驾的情况,这里就是最有力的驳斥。结果可想而知,真相大白于天下,达鲁花赤马马火者被罢免,刘郡守复官。

再举一例奴仆为主伸冤的案例,参政张颐孙初为新淦富人胡制机养子,后制机自生子而死,颐孙利其赀,与其弟珪谋杀之,赂郡县吏获免。其仆胡忠诉主之冤于官,大德四年(1300年)四月,乃诛之,其赀悉还胡氏。[①]

二、"奸僧见杀"案

> 奸邪之人不可交接。苟不得已,则当敬而远之,不然轻则招谤,重则贻祸不小。尝闻一某官,平日自任以辟异端为事,凡僧道流皆数耻辱之。所居近有一寺,寺僧多富贵者,一僧尤甚奸侠,某官尝薄之。一日,某官出外,其僧盛服过其门,惟见某官之妻倚门买鱼菜之类,盖尝习惯也。适雨霁,僧乃诈跌仆污衣,且佯笑而起。某官之妻偶亦付之一笑,僧遂向前求水洗濯。明日,馈以毅核数品,相馈某官之妻。初不肯受,以谓未尝相识,且无故也。

---

① (明)宋濂等:《元史》卷20《成宗三》,中华书局1976年版,第431页。

僧但曰感谢濯衣之恩，强掷而去。某官归，余豰未尽，问其故，惟怒其妻之
不谨，亦未以为疑也。一日，潜使人以僧鞋置于某官厅次侧房，适见之，怒
其妻有外事，遂逐去。且僧数有奸计，某官益愈疑之矣。此僧闻之，即卷资
囊，一夕避去，莫知所之。其妇归母家，依兄而居年余，不能受清苦。此僧
已长发为俗商矣，赁缘成姻，其妇初不知也。逾三年，已生二子。一夜月
明，夫妇对酌浅斟，其夫问其妻曰："尔可认得我否？"妻曰："成亲三载，何不
认得耶？"夫曰："我与你今日团圞，岂是易事，费多少心机耳！"其妻问故，夫
曰："我便是向日污衣之僧也。"备述前计。其妻即佯言曰："因缘却是如此，
乃前世之分定也。"遂再饮。大醉后，其妻操刀刺杀其夫并二子，明日自赴
有司陈罪。官不能决，系狱者一年。忽朝廷遣官分道决狱，见之，乃壮其事
而释之。后与前夫某官复相见，其妇曰："我所以与你报奸人之仇而明此心
者也。今既失节，即不可同处。"乃筑室某山，夫妇各异居云。二十余年前
事也。①

　　该案例中妻子操刀刺杀其丈夫和两个儿子，按照元代法律，应判死刑。经
查，该女子系被其丈夫欺骗，被其前夫逐后嫁给后来的丈夫。女子为明心智报
奸人之仇而杀三人，其中包括自己亲生的两子。后自赴有司自首陈罪。这样案
情实属少见，所以"官不能决，系狱者一年"。按照元代法律，加害人杀人自首，
但妻妾杀夫，按律当斩。司法官了解案情的前因后果后，被该女子贞烈所感，案
例最终的判决是，"朝廷遣官分道决狱，见之，乃壮其事而释之"。女子杀夫及其
子，不仅没有判死刑，而且被无罪释放。这在古代是否体现了礼大于法的一
面呢？

　　笔者无意于感叹该女子的贞烈，主要着意于该案例所反映的元代司法特点
和实际运作。元代司法的实际运作与法律规定并不是时时吻合的，有时出于各
方面的原因，会发生背离，具体案例可参见表5-1。官员审判案件，并非都是根
据法律规定判案，有时还会受到其他因素，比如审判官员的个人因素、儒家伦理
学说礼法等的影响。如至治二年（1322年）三月，驸马许讷之子速怯诉曰："臣

① （元）孔齐：《至正直记》，上海古籍出版社1987年版，第106-107页。

父谋叛,臣母私从人。"帝曰:"人子事亲,有隐无犯。今有过不谏,及复告讦。"命诛之。① 此案例即是考虑到伦理因素把速怯杀掉了。官员不能决的案件,当事人被系于狱,官员出于政绩的考虑,有时并不及时上报,当事人死于狱中的并非罕见。该案例幸被朝廷遣官决狱发现,得以结案。可以看出元代朝廷出于狱囚人满为患的考虑,派员录囚,对于冤案和解决上述问题有一定作用,对于元代地方的司法审判有一定的监督作用。

表 5-1　元代司法实践与规定不一致的案例统计表

时间	案例	出处
中统初	顺天路民王住儿,因斗误杀人,其母年七十,言于朝曰:"妾寡且老,恃此儿以为生,儿死,则妾亦死矣。"裕言于执政曰:"囚误杀人,情非故犯,当矜其母,乞宥之。"执政以闻,帝从之,囚得免死	《元史》卷 144《袁裕传》
中统三年	真定民郝兴仇杀马忠,忠子荣受兴银,令兴代其军役。中书省以荣纳赂忘仇,无人子之道,杖之,没其银。事闻,诏论如法。有司失出之罪,俾中书省议之	《元史》卷 5《世祖二》
至元六年	开封府洧川县达鲁花赤贪暴,盛夏役民捕蝗,禁不得饮水,民不胜忿,击之而毙,有司当以大逆置极刑者七人,连坐者五十余人。裕曰:"达鲁花赤自犯众怒而死,安可悉归罪于民!"部使者录囚至县,疑其太宽,裕辨之益力,陈其事状于中书,刑曹从裕议。议诛首恶者一人,余各杖之有差	《元史》卷 170《袁裕传》
延祐元年	晋宁民侯喜儿昆弟五人,并坐法当死,帝叹曰:"彼一家不幸而有是事,其择情轻者一人杖之,俾养父母,毋绝其祀。"	《元史》卷 25《仁宗二》
延祐二年	约至卫辉,有殴母置狱者,其母泣诉,言老妾惟此一息,死则一门绝矣。约原其情,杖一百而遣之	《元史》卷 178《王约传》

---

① (明)宋濂等:《元史》卷 28《英宗二》,中华书局 1976 年版,第 621 页。

续表

时间	案例	出处
延祐三年	袁州路宜春县贼人贺六盗讫谢庆二钞定。即系切盗初犯,依例杖断七十七下,刺左臂外,徒一年。若将本人发付居役,缘祖母贺阿刘年九十五岁,母阿甘年六十五岁,父六十四岁,俱各年老患病,别无以次侍丁。经刑部审议、江西行省咨、都省批准,许权留养亲,免配	《元典章》卷49《刑部十一·免配·窃盗父母免配》
延祐年间	丹徒县民有二弟共杀其姊者,狱久不决,浙西廉访司俾文传鞫之,既得其情,其母乞贷二子命,为终养计,文传谓二人所承有轻重,以首从论,则为首者当死,司官从之	《元史》卷185《于文传传》
延祐年间	婺源有富民江丙,出游京师,娶娼女张为妇,江既客死,张走数千里,返其柩以葬,前妻之子困苦之,既而杀之,瘗其尸山谷间。官司知之,利其贿不问,文传乃发其事,而论如法	《元史》卷185《于文传传》
至治元年	深州民媪怒殴儿妇死,妇方抱其子,子亦误触死。媪年七十,同僚议免刑,答里麻不可,曰:"国制,罪人七十免刑,为其血气已衰不任刑也。媪既能杀二人,何谓衰老。"卒于狱中	《元史》卷144《答里麻传》
至治二年	驸马许讷之子速怯诉曰:"臣父谋叛,臣母私从人。"帝曰:"人子事亲,有隐无犯。今有过不谏,及复告讦。"命诛之	《元史》卷28《英宗二》
至治三年	河东王傅撒都剌,以足踏人而死,众皆曰:"杀人非刃,当杖。"好文曰:"怙势杀人,甚于用刃,况因有所求而杀之,其情为尤重。"乃置之死,河东为之震肃	《元史》卷183《李好文传》
泰定初	温州逮犯私盐者,以一妇人至,怒曰:"岂有逮妇人千百里外,与吏卒杂处者,污教甚矣!自今毋得逮妇人。"建议着为令	《元史》卷184《王克敬传》

续表

时间	案例	出处
至顺三年	宁宗崩,燕南俄起大狱,有妄男子上变,言部使者谋不轨,按问皆虚,法司谓:"唐律,告叛者不反坐。"起岩奋曰:"方今嗣君未立,人情危疑,不亟诛此人,以杜奸谋,虑妨大计。"具狱,都人肃然,大事寻定	《元史》卷182《张起岩传》

第三节　从《朴通事》有关材料看百姓的诉讼意识

《朴通事》是元末明初即朝鲜李朝(1392—1910年)时期流行的两种汉语教科书之一(另一种是《老乞大》),专供朝鲜人学习汉语用。《朴通事》有有关写状纸以及追究人犯责任的年龄规定的表述,这是当时人们诉讼意识、法律知识普及程度提高的表现,摘抄两则材料如下:

我家里一个汉子,城外种稻子来,和一个汉儿人厮打来,那厮先告官,把我家小厮拿将去监了贰日。又一个小厮,半夜里起来,煤场里推煤去时节,被巡夜的拿着,冷铺里监禁着。咳,"事不过三日",却又招灾!"祸不单行"真个是!

种稻子那厮因何监着?他一家住的汉儿人,不见了几件衣裳,却说我家汉子偷了,那厮性急,便合口厮打,那厮告官,把我小的监了。由他,无赃时有甚么事?律条里明白有:"妄告官司,抵罪反坐。"这的便是:"闭门屋里坐,祸从天上来。"①

陆书吏,你馈我写一个状子。

甚么状子?

有一个没理的村牛打我来。这般着。那厮多少年纪?那厮不到六十的模样。

---

① 汪维辉:《朝鲜时代汉语教科书丛刊》(一),中华书局2005年版,第291页。

那般时,正是吃打的裁儿。官法内,七十以上,十五已下,不合加刑。你听我念:

"告状人李万见,年几岁,无病,系本府本县附籍人户。状告:伏为于今月某日某时已来,前去街上勾当,到某处,逢着本府张千带酒,实时躲避,张千前来赶上,将某衣领扯住,言道:'你那里去?'是某回言道:'你醉,家去。'张千言说:'你买与我吃来。'便行作恶,于某面上,用拳打破。某并不曾抵敌,当有某县某村住人王大户为证。有此情理难甘,今不免具状,上告某官,伏乞详状施行。某年月日,告状人李万见。"

状不过三日便告时好,你更有伤,有何愁? 常言道:"捉贼见赃,厮打验伤。"①

材料一因为打架,被对方告了,自家小厮被监禁了两日。另外一个小厮夜里去煤场推煤,被巡夜的拿住冷铺里监禁。"和一个汉儿人厮打来",在当时的日常生活中,人们颇为注意区分民族的界限;"那厮先告官,把我家小厮拿将去监了二日",为斗殴而通过提起诉讼维护自己权益说明平民有较为强烈的诉讼意识,反映了一般被告都要先被监禁。此种反映出的司法制度有告状、监禁、代理和禁夜制度,前两项很清楚,自家的汉子与人打架,自己小厮被监禁,显然被监禁者不是本人,推测两者应是主仆关系,所以代替主人出庭诉讼是一种代理。

"禁夜"制度,是元政府为了防盗和维护城市治安而采取的措施之一。中统五年(1264年)八月,圣旨条画内有"其夜禁之法:一更三点,钟声绝,禁人行;五更三点,钟声动,听人行(有公事急速及丧病、产育之类,不在此限)。违者笞二十七下,有官者笞一下,准赎元宝钞一贯"。② 材料中小厮半夜出去拉煤显然犯了禁,被关监禁,被笞应该也是少不了的。从发言者的语气看得出,他是认可这种处罚的。从当时政府的举措还有民众的认识可以反映出对于告状、防盗、监禁、代理等法律意识的提高。

材料二中,"捉贼见赃,厮打验伤"。涉及赃物、伤情检验等内容,是对于诉

---

① 汪维辉:《朝鲜时代汉语教科书丛刊》(一),中华书局2005年版,第312–313页。
② 陈高华等:《元典章》卷57《刑部十九·诸禁·禁夜》,天津古籍出版社、中华书局2011年版,第1903页。

讼物证认识提高的体现。和谐和无讼只是理想追求,因为斗殴、打人而诉讼,可见民间的诉讼意识之强,也反映出社会经济的进步,民众的纷争是不可避免的,和文化价值语境上的无讼追求的差异将长期存在。"无赃时有甚么事?"这句话正是体现了赃物作为物证在司法程序中重要作用。普通老百姓在言谈中表达出来说明其对司法证据的作用认识,其诉讼意识可见一斑。并且老百姓对元代法律律条了解也不少,知道"妄告官司,抵罪反坐",也从另一侧面表明元代法律的普及程度。

李万见因为被张千打伤央求陆书吏为其写状子,说明百姓的诉讼意识的提高。大德三年(1299年)明文禁止,"代为主户冒名陈告之人,取问是实,痛行惩治"①。陆书吏对诉讼和元代法律非常了解,其主要职责可能是专管书状的吏员,所以才"通明法律,熟娴吏业"②。材料中"官法内,七十以上,十五已下,不合加刑","捉贼见赃,厮打验伤"都是与元代法律吻合的。国家为了控制民间日益繁兴的诉讼,设有"书铺"类似"官牙人"的机构,专门替人书写状子。鉴于书铺里的"书状人"往往"多是各官梯己人等于内勾当,或计会行求充应,所任之人既不谙晓吏事,反以为营利之所"的状况;有官员建议"有司于籍记吏员内遴选行止谨慎、吏事熟娴者,轮差一名,专管书状"③。由此看出,官府针对书铺因敛财而"起灭词讼"的现象,已经在书铺里"派驻"吏员,以便监控、掌管书状,书铺里也有书吏。

> 一个放债财主,小名唤李大舍,开着一座解当库,但是直钱对象来当时,便夺了那物,却打死那人,正房背后掘开一个老大深浅地坑,㽻在那里头。有一日卖布绢的过去,那大舍叫将屋里去,把那布绢来都夺了,也打杀撒在坑里。又一日,一个妇人将豆子来大的明真珠一百颗来当,又夺了,也打杀撒在那坑里,用板盖在上头。频频的这般做歹勾当。他有两个浑家,

---

① 陈高华等:《元典章》卷53《刑部·代诉·禁治富户令干人代诉》,天津古籍出版社、中华书局2011年版,第1775页。

② 陈高华等:《元典章》卷12《吏部一·儒吏·随路岁贡儒吏》,天津古籍出版社、中华书局2011年版,第424页。

③ 陈高华等:《元典章》卷12《刑部·司吏·待缺吏充书铺》,天津古籍出版社、中华书局2011年版,第489页。

小媳妇与大妻商量说:"我男儿做这般迷天大罪的事,假如明日事发起来时,带累一家人都死也,怎的好?"大妻见那般说,对他男儿说劝:"常言道:'若作非理,必受其殃。'你做这般不合理的勾当,若官司知道时,把咱们不偿命那甚么? 你再来休做。"说罢,老李听了恼燥起来,便要打杀那媳妇,那妇人便走了,走到官司告了,官人们引着几个皂隶,将棍绳到那家里,把老李拿着背绑了,家后坑里搜出三、四十个血沥沥的尸首和那珠子、布绢。将老李打了一百七,木桩上剐了。一个官人就便娶了那媳妇,那媳妇道:"妻贤夫省事,官清民自安。"①

媳妇知道杀人罪连累家人,遂告发丈夫。通常情况下,妻子告发丈夫,属于"干名犯义"的违法行为,为法律所禁止;同时,丈夫可以比照自首,免于论处。《元史·刑法四》载:"诸子证其父,奴讦其主,及妻妾弟侄不相容隐,凡干名犯义,为风化之玷者,并禁止之。诸亲属相告,并同自首。诸妻讦夫恶,比同自首原免。凡夫有罪,非恶逆重事,妻得相容隐,而辄告讦其夫者,笞四十七。"②"非恶逆重事,妻得相容隐"一言表明,若丈夫犯有恶逆重罪,那就准许妻子告发。"禁止干名犯义"的条款明文规定:"如有子证其父,奴讦其主,及妻妾弟侄干名犯义者,一切禁止。""如主家犯有反叛、谋逆、故杀人之事,许令首告",杀人当然属于重罪,妻妾告发丈夫是应当允许的。可见妻妾对丈夫、子女对父母的容隐并不是漫无边际,是有一定界限的。丈夫犯有恶逆重罪名,也应准许妻妾首告。李大舍妻子的告发行为,符合元代法律的规定。另外,此案例中李大舍被处以"打了一百七,木桩上剐了"的判决,"剐了"即凌迟处死,与元代法律规定是一致的。元代法律普及程度较高,民众诉讼意识有了较大提高。

从高丽人的汉语教科书《朴通事》中一些案例和对话来看,其所反映的元代司法程序和民众诉讼意识是真实可靠的,是研究元代司法程序不可多得的域外史料。从上面所述可以看出民众诉讼意识不仅体现在其对告状、监禁、代理和禁夜制度的认识,还体现在对司法证据、司法审判的认识上。

---

① 汪维辉:《朝鲜时代汉语教科书丛刊》(一),中华书局 2005 年版,第 267-268 页。
② (明)宋濂等:《元史》卷 105《刑法四》,中华书局 1976 年版,第 2671 页。

第四节　告拦
——元代诉讼程序中的调解

一、"告拦"的含义及适用

运用调解的方法劝说诉讼当事人双方消除纠纷、平息讼争,然后原告撤诉,称为告拦。这是一种处理某些特定案件的重要方法,在我国古代有悠久的历史。《元史》中载:"诸戏伤人命、自愿休和者听。"①有关元代告拦留下的史料不多,其中三则史料尤显珍贵,它们是《元典章》中的《田土告拦》条,②李逸友编订的《黑城出土文书(汉文文书卷)》编号为[F116:W98]的一则法律文书,③另外一则同样是选自该书的《麦足朵立只答站户案文卷》。④ 黑城出土文书元代留存较多,学者们已经利用这些文书展开了相关研究,成果显著。本节希望通过梳理这三则史料所蕴含的信息,加深对元代告拦的认识。

究竟何为告拦? 陈高华曾指出,元代民事案件在正式审讯前,原被告经过调解,"自愿商议休和",然后原、被告和干证人连名状告,撤回原状,被称为"拦告"或"告拦"⑤,其是对古代调解制度的一种称谓。调解适用原则:一是限于一部分特定案件,主要是普通轻罪过案件,如财产、婚姻、田土纠纷及赡养纠纷等,还有一部分轻微刑案,如过失伤害等,超出范围是不允许的,如故意杀人案件是不允许告拦的,否则,当事人和有关官员都要受到处罚。二是坚持双方自愿的原则。三是履行一定的程序并形成正式文书,表明案件已结。元代官府调处往往由司法官当堂进行,得到发展,其仍被作为一种重要的结案方式。

---

① (明)宋濂等:《元史》卷105《刑法四》,中华书局1976年版,第2678页。

② 陈高华等:《元典章》卷53《刑部十五·田土告拦》,天津古籍出版社、中华书局2011年版,第1789页。

③ 李逸友:《黑城出土文书(汉文文书卷)》,科学出版社1991年版,第151页。

④ 李逸友:《黑城出土文书(汉文文书卷)》,科学出版社1991年版,第154-157页。

⑤ 陈高华:《元代的审判机构和审判程序》,《元史研究新论》,上海科学院出版社2005年版,第134页。

二、三则"告拦"史料略览

《麦足朵立只答站户案文卷》共有五件,分别是[F116：W237][F116：W242][F116：W467][F116：W501][F116：W502]。文书较残,但文书的内容还能基本反映出来。文书中麦足合干布是在城站户,其子麦足朵立只答继承父业仍为站户,李保为他家驱口为其服站役,按照元代法律,"驱口所生子孙世代为奴婢"[①]。文书反映的纠纷就在于此,李保的儿子不承认是其驱口,不愿意为其服站役。于是麦足朵立只答上告官府,引发此案。从文书可见"劝说""劝道""劝付"等语,投下官乔智布、赵答麻充当劝和人角色。[F116：W98]文书内容亦有残缺,但通过尚存文字也能使人大致了解案件,孙占住和陈伴旧因田土发生纠纷,所以甘肃等处管军万户府派官员调解该案,经过劝和人李文通、闵用两人的调解,孙、陈二人自愿休和并告拦。关于前两件文书的价值,学者胡兴东、张盼、苏力都有关注。虽然学者观点不一,比如对于[F116：W98]文书的性质,胡兴东认为是元代的"甘结状",苏力认为是元代的"告拦文状",并进而认为告拦双方都是元代亦集乃路屯田军人。

三则中较为完备就属《元典章·田土告拦》条,其详细记录了大德十一年(1307年)卞梁路封丘县王成与祁阿马相争地土,通过"有知识人"郑直劝和而达成告拦的案例。结合前两件黑城文书的考察,对元代的告拦有了较为清晰的认知。元代告拦大多都是由官方派出官员从中调处的,但实际上,民间调解也是一个不可或缺的方面。下面就从史料分析中来探讨这一制度。

三、"告拦"的运作程序与适用范围

《元典章·田土告拦》是一则告拦史料的完整记录,按照苏力的观点,[F116：W98]文书就是元代的告拦文状,结合两者和《麦足朵立只答站户案文卷》,对整个告拦流程有所理解:

第一,引起争讼告拦的起因和前提条件。一方面,可从"近据卞梁路封丘县王成与祁阿马相争地土,差委前临江路总管李倜归断""缘为成等递相赴上司陈

---

① 陶宗仪:《南村辍耕录》卷17《奴婢》,中华书局1959年版,第208页。

告见争地一顷一十六亩半",①看出此案的起因是王成与祁阿马因相争地土。
[F116:W98]文书中"元争地土壹石均分三分,内分与孙占住贰分,陈伴旧分与
壹分",起因亦是孙占住与陈伴旧争分地土。《麦足朵立只答站户案文卷》中的
纠纷是由亦称布不承认是在城站户麦足朵立只答驱口所引起的。可见诉讼起
因都是基于财产和人身关系纠纷引起的。另一方面,告拦产生的前提条件是建
立在双方"情愿休和"的基础上,如《田土告拦》中"即目冬天寒冷,连累人众,以
此成等自愿商议休和"②和[F116:W98]文书中"……情愿当官告拦休和将上项
元争地土……"。当然双方休和都是以满足双方利益需求为条件的。以此文书
为例,孙占住和陈伴旧休和的条件是"元争地土壹石均分,三分内分与孙占住贰
分,陈伴旧分与壹分。意愿将孙占住元种地小麦三斗与陈伴旧收持,碾到市斗
小麦壹石陆斗,就交付与孙占住了当"③。自愿的含义还包括"并不是官司上下
抑勒"。

　　第二,在双方自愿休和的前提下,往往需有第三方"劝和人"的介入,没有第
三方的调解劝和,双方的合意往往很难达成。对于劝和人要求具备一定条件,
比如身体健康无疾病、德高望重、具有权威性。从[F116:W98]文书中尾部"告
拦劝和人一名李久通,年五十五岁,无病。一名闵用,年六十三,无病"④可以看
出,这样才能保证休和结果的公正有效。在《田土告拦》中王成与祁阿马相争地
土一案,在知识人郑直的劝和下最终以告拦了解。《麦足朵立只答站户案文卷》
中出现了"驱亦称布等、求今投下官乔智布等,向朵立只答等劝说"⑤,可见投下
官乔智布充当了劝和人的角色。其实依据黑城文书和其他所见史料,元代民事
纠纷的调解方式有民间调解和官府调解两种,官方调解主要是官吏来完成,而
民间调解的主体是乡里望族、宗族、有知识人、仕宦之家、村社社长等年高德劭

　　①　陈高华等:《元典章》卷53《刑部十五·告拦·田土告拦》,天津古籍出版社、中华书局2011年
版,第1789页。
　　②　陈高华等:《元典章》卷53《刑部十五·告拦·田土告拦》,天津古籍出版社、中华书局2011年
版,第1790页。
　　③　李逸友:《黑城出土文书(汉文文书卷)》,科学出版社1991年版,第156页。
　　④　李逸友:《黑城出土文书(汉文文书卷)》,科学出版社1991年版,第151页。
　　⑤　李逸友:《黑城出土文书(汉文文书卷)》,科学出版社1991年版,第156页。

人士充当。如霍邑县杜庄村与宋圣村有关水利的纠纷,①就是民间调解的典型案例。官方调解人,主要是地方基层的官员,当与审理轻罪过案件的官员相一致。各奥鲁官和僧侣头目都有责任调解所管民人的诉讼纠纷,以达息讼的目的。奥鲁官除负责军事管理事务外,还对军事系统内"蒙古人相犯者婚姻、债负、斗殴、私奸、杂犯不系官军捕捉者"之类非重大诉讼争端予以调解平息由奥鲁官调解,调解不成则予以归断。当时和尚们、先生们,以及也里可温们的"取受不公、不法勾当多有",其中较简单的诉讼纠纷都要由各宗教头目调解解决。

第三,告拦的实现有相对应的惩戒措施来保证它的实现。对于告拦结案后再兴起诉讼的,当事人与受理官员会受到惩罚。为避免出现反复,对违背者告拦状中都有明确的惩戒措施。如《田土告拦》中王成和祁阿马二人约定"如此拦告,以后各不番悔。如有番悔之人,成等情愿甘当八十七下,更将前项地土尽数分付与不悔之人,永远为主,再不赴官争告"②;[F116:W98]文书中"告争竞如后,不依告拦,却有二人争竞者,占住情愿当官罚骗马三匹,白米壹拾石,充本管官司公用,更甘当重罚不词"③;《麦足朵立只答站户案文卷》中"或有反拦之人依……□或当罪不词"④。史料虽有缺失,我们不难推测其大意,告拦后番悔要受惩罚。再如霍邑县杜庄村与宋圣村有关水利的纠纷中,矛盾双方也是在杜壁、石鼻等村的社长及里老等的劝和下进行了告拦,中间亦有约定"如今后但有违犯之人,情愿准罚白米三十石,充本村祇应用度"⑤。通过上述的史料可以看出,双方告拦后如要反悔,违法者要付出不小的代价,案件在一定程度上保证了告拦双方的法律拘束力。当然,对告拦后再兴词讼的案件,官员盲目再次接受处理的,元政府同样规定了严厉的惩罚措施。"民间词讼甚多,肯自休和者十无一二。纵有元告、被论初到自愿告拦,在后稍有违意,却称抑勒为由,复兴讼端。

---

① (清)胡聘之:《山右石刻丛编》卷25《霍邑县杜庄碑》,《辽金元石刻文献全编》第1册,国家图书馆出版社2003年版,第293页。

② 陈高华等:《元典章》卷53《刑部十五·告拦·田土告拦》,天津古籍出版社、中华书局2011年版,第1789页。

③ 李逸友:《黑城出土文书(汉文文书卷)》,科学出版社1991年版,第151页。

④ 李逸友:《黑城出土文书(汉文文书卷)》,科学出版社1991年版,第156页。

⑤ (清)胡聘之:《山右石刻丛编》卷25《霍邑县杜庄碑》,《辽金元石刻文献全编》第1册,国家图书馆出版社2003年版,第293页。

……致令兴讼不绝,深为未便。"①所以元政府规定案件"若已拦告,所在官司不许轻易再接词状归问。如违,从廉访司照刷究治相应"②。总之,告拦以后,不得再兴诉讼,否则,无论对于当事人双方,而且对于再接词状的官员亦加以处罚,以达到减轻政府讼累之目的。

第四,告拦调解范围是十分广泛的。三则史料,两则是调解地土纠纷,一则是有关驱口身份问题。《霍邑县杜庄碑》记载的是解决两村的有关水利的纠纷。调解一般多为解决婚姻、田土、债务等案件,但有个别重案甚至命案亦可调解。比如因戏耍杀人就可以进行调解。举例如下:至元十年(1273 年),太原路陈猪狗于至元七年(1270 年)十一月与小舅赵羊头作戏,相夺干麻,因用右拳将赵羊头后心头打了一拳,死了。救不得活,用背麻绳子拴了赵羊头项上,推称自缢身死,背来到家。问出前因,郭和等休和,陈猪狗休妻赵定奴,又赵旺交讫陈猪狗父陈贵准折钞二十七两休罢。二十四日,赵羊头尸首埋殡了当,不曾初、复检。至闰十一月内,为争私和物折钞店舍,事发到官。捕到一干人,招证完备。最后经中书省批准,依例准许私和。"告发到官,当该官吏故意迁延,纵令行凶人或恃权势,或行贿赂,或有转托他人关节,或驰骋凶暴,恐吓告者,百端需要元告人自愿拦告休和文状到官,擅便准拦了当。不唯如此,使贪吏得为其弊,小人敢肆其恶,善人无地可容,深为未便。又见刑部重刑卷内,斗殴杀人起数甚多。详此,盖是官司自来禁断不严,及听从拦告,使行凶之徒不知畏惧,以致殴人至死。况兼殴人罳人,俱系刑名事理,旧来并无拦告体例。"③可见,元代对有些斗殴、杀人等案件,一般不允许告拦。"诸诉殴罳,有阑告者勿听,违者究之。"④对于盗贼不许私和,"敕凡盗贼必由管民官鞫问,仍不许私和"⑤。"诸事主及盗私相休和者,同罪;所盗钱物头匹、倍赃等,没官。"⑥

---

① 陈高华等:《元典章》卷 53《刑部十五·告拦·田土告拦》,天津古籍出版社、中华书局 2011 年版,第 1789 页。
② 陈高华等:《元典章》卷 53《刑部十五·告拦·田土告拦》,天津古籍出版社、中华书局 2011 年版,第 1790 页。
③ 陈高华:《元典章》卷 44《刑部六·杂例·欧罳不准拦告》,天津古籍出版社、中华书局 2011 年版,第 1514 页。
④ (明)宋濂等:《元史》卷 105《刑法四》,中华书局 1976 年版,第 2672 页。
⑤ (明)宋濂等:《元史》卷 12《世祖九》,中华书局 1976 年版,第 258 页。
⑥ (明)宋濂等:《元史》卷 104《刑法三》,中华书局 1976 年版,第 2660 页。

告拦所能解决的恐怕不止这些方面,一些涉及财产利益和人身的轻罪过案件都可以调解。

第五,调解一经生效,即具有法律效力,获得官方承认。经过调解后的案件,不得再次引起词讼。"今后凡告婚姻、田宅、家财、债负,若有愿告拦,详审别无违枉,准告已后,不许妄生词讼,违者治罪。"①

四、"告拦"的司法意义

中国自西周以降,历代统治者都很重视对于"无讼"的追求,调解制度作为一种诉前调解机制,使很多矛盾在朝堂外得以化解,既缓和了矛盾,又减轻了政府的诉讼压力,节省了诉讼成本,节约了司法资源。春秋时期孔子最早提出了"无讼"的宝贵思想,"听讼,吾犹人也,必也使无讼乎"②,并进一步阐释"君子矜而不争,群而不党",以后历代加以发展。张养浩审理民事纠纷时,就多以理谕之,促使和解,他在《三事忠告》中说:"书讼者,诚能开之以枉直,而晓之以利害,鲜有不愧服两释而退者。"③这是他为政司法的经验之谈。正因为如此,元代官府对于民事诉讼通过告拦方式解决采取了鼓励和支持的态度,"今后凡告婚姻、田宅、家财、债负,若有愿告拦,详审别无违枉,准告"④。这种以告拦方式,在双方自愿基础上达成的协议,元政府是依法认可的,通过前面的论述,可以看出调解的结果如同判决,对于当事人有很大的约束力,必须遵照执行,并且在程序上引起了诉讼的结束,不得再行诉讼,官府也不得再次受理。上述三则史料都印证了此说法。《田土告拦》反映的是中原卞梁路的告拦,而另外两则史料则说明即使在相对偏远的亦集乃路,这种诉前的法律调解机制仍然存在,进一步说明告拦制度在元代的广泛运用。

当然,元代一些告拦案件的出现,往往并非出自当事人的意愿,而"往往是

---

① 陈高华等:《元典章》卷53《刑部十五·告拦·田土告拦》,天津古籍出版社、中华书局2011年版,第1790页。

② 黄时鉴:《元代法律资料辑存》,浙江古籍出版社1988年版,第96页。

③ (元)张养浩:《为政忠告·牧民忠告》卷上《听讼·察情弥讼》,《四部丛刊三编·史部》,上海商务印书馆1936年初版影印。

④ 陈高华等:《元典章》卷53《刑部十五·告拦·田土告拦》,天津古籍出版社、中华书局2011年版,第1790页。

官吏们营私舞弊的又一种方式,目的在于使被告免于追究"。陈高华就认为,元代官吏腐败,经常利用处理争讼的机会谋取私利。个别官员借重视调解之名,对于案件久调不决,以此达到勒索当事人双方财物之目的。针对此种腐败现象,胡氏在《官吏稽迟情弊》一文中提道:"原告、被论两家公共贿赂,又不决断,岁月既久,随衙困苦,破家坏财,废失劳务岁计,不免商和之心,本非得已,皆出于奸吏揑勒延迟之计。"①时任御史台官员的王恽认为这些官员"如此开闭幸门,扰乱公法,事属违枉,合行一就纠弹"②。

元代的司法制度中民间调解活动的成效是值得称道的。民间的调解活动可以起到"则讼源可清而民间浇薄之俗庶几乎复归于厚矣"③的良好作用。元代调解制度中的成功经验对后世的司法制度产生了积极的影响。

总之,调解是司法诉讼程序的必要补充,对于案件的最终解决提供了一个有效的途径。调解被西方认为是最具有东方特色的法律实践,是"和为贵"儒家思想的反映。调解在中国古代普遍存在的"熟人社会"中尤其得到重视,是当时甚至现今协调社会矛盾的屡试不爽的措施之一。胡平仁曾称之为中国传统听断狱艺术之一④是很有道理的。

---

① （元）胡祗遹:《紫山大全集》卷21《官吏稽迟情弊》,《景印文渊阁四库全书》第1196册,台湾商务印书馆1986年版,第379页。

② （元）王恽:《秋涧先生大全集》卷88《乌台笔补·弹石巡院准拦王得进事状》,《四部丛刊初编》第1396册,商务印书馆1922年版。

③ （元）张养浩:《为政忠告·牧民忠告》卷上《听讼·察情弥讼》,《四部丛刊三编·史部》,上海商务印书馆1936年初版影印版。

④ 胡平仁:《中国传统诉讼艺术》,北京大学出版社2017年版,第160页。

表 5-2　元代官府强行休和案例统计表

时间	案例	出处
至元五年	赵仲谦诣中都左巡院告王四打死妹赵喜莲事,郝警使、马警判等,不行将王四扑捉到官,有干证人亦不勾唤。虚调行遣,将潞县取发到干连人等,不与元告、被论当官对问,从放还家。事主赵仲谦见巡院故意迁延,再行告到总府并右三部行下巡院。巡院官吏依前虚调行遣,并不理问。……元告、被论人等,与限二日,劝和了者	王恽《秋涧集》卷87《乌台笔补·弹左巡院官休和赵仲谦事》
至元六年	都西曲河坊丁阿齐女心哥,召到弘河人户王得进弟王千奴为婿,为病卧于积粪团标内冻饿身死,恐邻佑知觉,抬尸出城,烧扬了当。丁心哥不持服,平准库刘大使财钱钞,为妻了当,买与丁心哥女妇一名。王千奴兄王得进具状告到右巡,本院官吏虽判并不详审,并无取责,接受拦状,纵令私下折和	王恽《秋涧集》卷88《乌台笔补·弹右巡院淮拦王得进事状》
至元六年	倡户鱼王嫂赴大兴县告称,男妇阿肖欲行私遁还家,想见别有奸事。周县尹并司吏张荣禄将阿肖枷收,辄行推问,指称曾与刘和尚等通奸。扑捉各人不见,将平人刘贵等监收。周县尹将鱼王嫂、刘贵等公厅省会,休和了者。系是称疑词因,别无堪信显迹,依例不许经告,却令休和	王恽《秋涧集》卷88《乌台补·弹大兴县官吏乞受事状》
大德六年	定襄县禁山官速剌浑男忻都伯用弓梢将侄男桃儿推落崖下致死。县尹杜行简等至王村王居敬家,将忻都伯等捉捕,取讫招词,李仲宽等指证明白,不即检验尸伤,却听怯来等言,受告免检文状,纵令休和	黄时鉴《元代法律资料辑存·大元检尸记》

本章小结

　　从元代的司法实践可以看出元代司法实际运作和法律规定时常出现不一致的情况。试分析其原因如下:一方面,元代皇帝及统治高层对司法的干涉。

案件的审判和执行受到皇帝为代表的高层的干涉，其结果可想而知。如至元十年（1273年）元世祖下诏："天下狱囚，除杀人者待报，其余一切疏放，限以八月内自至大都，如期而至者皆赦之。"①后来八月，前所释诸路罪囚，自至大都者凡二十二人，并赦之。② 此处皇帝仁慈暂且不论，对于如期而至者并赦之，不能不说是对司法执行的极大干预。再如，大德七年（1303年），御史台臣劾江浙行省平章阿里不法，帝曰："阿里朕所信任，台臣屡以为言，非所以劝大臣也。后有言者，朕当不恕。"③只是因为阿里为皇帝所信任，就不许台官弹劾。至元二十年，杭州江淮行省宣使郗显、李兼诉平章忙兀台不法，有诏勿问，仍以显等付忙兀台鞫之，系于狱，必抵以死。④ 此例亦是皇帝干预司法的案例。

　　另一方面，传统伦理思想对官员判案的影响及官员个人因素亦是重要原因。如"奸僧见杀"案件的判决结果不是依法判决，按照元代法律"妻妾杀夫，按律当斩"，但案中女子并没有被判死刑，且无罪释放，究其原因是传统伦理思想起到了很大作用，文中用"壮其事而释之"作解。再如泰定初，温州逮犯私盐者，毋逮妇人。相反，在至治二年（1322年），许讷之子速怯诉曰："臣父谋叛，臣母私从人。"帝曰："人子事亲，有隐无犯。今有过不谏，及复告讦。"命诛之。⑤ 速怯因为告诉其父母之罪而被杀，这也是受到伦理思想的影响。类似例子再如：中统三年（1262年），真定民郝兴仇杀马忠，忠子荣受兴银，令兴代其军役。中书省以荣纳赂忘仇，无人子之道，杖之，没其银。事闻，诏论如法。⑥ 马荣受银而忘记杀父之仇，受杖刑。

　　元代民众诉讼意识增强，这从《朴通事》中的有关材料中可以看出。此外，在司法诉讼中，尤其在有关婚姻、田土、债权纠纷中，重视调解的运用，既可以节省司法资源，又可以缓和当事人之间尖锐的冲突，符合中国古代传统文化和谐理念，是元代政府推广和宣传法律的结果。

①　（明）宋濂等：《元史》卷8《世祖五》，中华书局1976年版，第149页。
②　（明）宋濂等：《元史》卷8《世祖五》，中华书局1976年版，第151页。
③　（明）宋濂等：《元史》卷21《成宗四》，中华书局1976年版，第455页。
④　（明）宋濂等：《元史》卷170《申屠致远传》，中华书局1976年版，第3989页。
⑤　（明）宋濂等：《元史》卷28《英宗二》，中华书局1976年版，第621页。
⑥　（明）宋濂等：《元史》卷5《世祖二》，中华书局1976年版，第88页。

结　语

　　综合看来,元代的逮捕、勾摄、勾唤、保候都具有强制性,强制性程度又有所不同,不像当前司法领域中强制措施的区别那么明显,有时还混淆使用。但元代的司法强制措施根据不同情况采取相适应的做法,体现出元代司法的进步。元代的拘捕程序已经十分明确,从案件进入司法程序后,从上司签署拘捕训令后,启动拘捕程序,拘捕人犯到案后,根据具体情形采取对应的强制措施,或拘禁或召保等,每一步都有明确规定。在继承唐宋的基础上,元代政府在司法诉讼过程中更加重视证据的作用。为此,元代政府作出了种种有关规定,证据对于案件的受理、审理方式、判决结果、论刑轻重等都有重要的影响。元代政府对证据重要性的认识还体现在《儒吏考试程式》中各种证据收集的方法和程序上。元代司法检验中仵作的职役化,司法检验的制度化和规范化,司法文书的进步,元代保辜的进一步普及和发展,无不体现元代对于证据收集和利用的重视。元代的审判接受了中原的法律传统,行政与司法并没有分开。尤其是地方司县、州官府,都是地方官兼司法官。到路府层级开始有了专理刑狱的推官,行省有了理问官,但是最终的判决要经过本级正官的集体圆署确定,司法权并没有摆脱行政权力的掌控。相比唐宋,地方上没有了死刑的判定权,流刑和死刑都要上奏皇帝,且死刑要经过皇帝批准方可执行,即重刑的审复权被皇帝加以控制,是专制皇权加强的表现。元代诉讼仍然坚持自下而上逐级上诉,一般不允许越诉。在诉讼中施行回避制度。诉讼当事人对判决不服的,可以上诉、直诉,特殊情况下可以越诉。元代司法监督形式多元化,既有行政机关的内部司法监督,还有专门司法监察机关的监督,既有来自于最高统治者定期派遣五府录囚对刑狱的监督,还有皇帝临时性派遣奉使宣抚的司法监督。还有司法监察部门内部的自我司法监督以及来自于官员个人和民众的民意监督。从元代的司法实践可以看出元代司法实际运作和法律规定时常出现不一致的情况。元代民众诉讼意识增强,在司法诉讼中,尤其在有关婚姻、田土、债权纠纷中,重视调解的运用,符合中国古代传统文化和谐理念,是元代政府推广和宣传法律的结果。

一、元代司法程序的优点

元代司法程序继承唐宋并有所发展,司法程序具有优越性。

(一)司法程序中体现出平恕、以人为本思想

平恕、以人为本思想体现在元代司法程序中的很多环节,比如强制措施中针对老疾幼小、妇女的保候措施,对监狱狱囚的人性化管理,为狱囚医治和提供衣食,司法检验中的保辜制度等。中统初,"顺天路民王住儿,因斗误杀人,其母年七十,言于朝曰:'妾寡且老,恃此儿以为生,儿死,则妾亦死矣。'裕言于执政曰:'囚误杀人,情非故犯,当矜其母,乞宥之。'执政以闻,帝从之,囚得免死"①。再如,天历元年十一月,"速速坐受赂,杖一百七,徙襄阳;以母年老,诏留之京师"②。至元十二年,"帝语如德曰:'朕治天下,重惜人命,凡有罪者必令面对再四,果实也而后罪之,非如宋权奸擅权,书片纸数字即杀人也。汝但一心奉职,毋惧忌嫉之口。'"③国初,颁条画五章,"刑狱惟重罪处死,其余杂犯量情笞决"④。如大德四年(1300年)通例:诸犯罪时虽未老疾,而事发时老疾者,依老疾论;犯罪时幼小,事发时长大,依幼小论,听依合得杖数收赎。⑤妇人犯罪有孕,产后百日决遣,无保及犯死罪,产时令其他妇人入禁侍奉。如"庾人有盗凿秫米者,罪当死。铁哥谏曰:'臣鞫庾人,其母病,盗秫欲食母耳,请贷之。'"⑥审理中的代理制度,除了避免官民诉讼,有失官员身份考虑外,亦体现出对老疾残幼的照顾。为减少冤案和狱囚的淹滞,元代政府采取定期录囚和复审案件结合

---

① (明)宋濂等:《元史》卷170《袁裕传》,中华书局1976年版,第3998页。
② (明)宋濂等:《元史》卷32《文宗一》,中华书局1976年版,第720页。
③ (明)宋濂等:《元史》卷165《管如德传》,中华书局1976年版,第3871页。
④ (明)宋濂等:《元史》卷149《郭宝玉传》,中华书局1976年版,第3521页。
⑤ (元)沈仲纬:《刑统赋疏》,《枕碧楼丛书》,知识产权出版社2006年版,第221页。
⑥ (明)宋濂等:《元史》卷125《铁哥传》,中华书局1976年版,第3076页。

的措施,当事人有冤,可以上诉,一定条件下可以越诉,甚至可以拦御驾、击登闻鼓进行直诉,一直诉讼到皇帝。元代司法程序中的以人为本还体现在对死刑的谨慎执行上,死刑判决执行要奏告皇帝批准。中统三年(1262)十二月,"犯罪应死者五十三人,诏重加详谳"①。至元十年(1273)十月,"有司断死罪五十人,诏加审覆,其十三人因斗殴杀人,免死充军,余令再三审覆以闻"②。

(二)司法程序体系完备

元代完备的司法程序体系,可以从一系列司法程序的政策规定以及各级司法机关遵守司法程序的情况加以说明。从《元典章·刑部》单独列出"诉讼"一章对有关司法程序作具体规定。③ 该章对书状、听讼、告事、问事、告状、诉讼、折证、约会、停务、告拦、禁例等司法程序都进行了详细规定,对于监督官员正确行政和执法起到了很好的作用。

(三)法律适用各仍其俗,适应性广泛

元代司法系统中刑部地位很高,但其权力并未延伸到与蒙古人和畏兀儿的有关案件中,如大宗正府审断涉及蒙古人的案件,都护府审断有关畏兀儿的案子,回回哈的司则审理有关色目人的案件等。"成吉思汗皇帝降生,日出至没,尽收诸国,各依风俗"的原则。④ 元代不同民族按照各自的法律和风俗来判决。⑤ 针对中原汉地的司法主要是对金律和中原唐宋律司法的继承和发展。另外,元代司法还包含着蒙古法和回回法的成分,分别施用于蒙古人和回回人,如蒙古婚姻从本俗,对汉族的禁令,蒙古人可以例外。汉族禁止"有妻更娶妻者",但蒙古人不在此限。回回人之间的民事诉讼和轻罪,往往由元政府任命的回回哈的大师依照回回法归断。哈的大师的职责是依据宗教法律断决教徒的案件,元政府允许色目人各依本俗处理本族事务,朝廷设置回回哈的司作为管理伊斯兰教教徒案件的机构。元代实行"各依本俗法"的原则,在中国是史无前例的。

① (明)宋濂等:《元史》卷5《世祖二》,中华书局1976年版,第89页。

② (明)宋濂等:《元史》卷8《世祖五》,中华书局1976年版,第152页。

③ 陈高华:《元典章》卷53《刑部十五·诉讼》,天津古籍出版社、中华书局2011年版,第1744页。

④ 陈高华等:《元典章》卷57《刑部十九·诸禁·禁回回抹杀羊做速纳》,天津古籍出版社、中华书局2011年版,第1893页。

⑤ [德]傅海波、[英]崔瑞德:《剑桥中国辽西夏金元史(907-1368年)》,史卫民译,中国社会科学出版社1998年版,第596页。

二、元代司法程序的弊端

（一）元代司法审判权分散，各自管领，不相统摄，效率低，不利于司法公正

胡祗遹说道："今既无法，邑异政，县异法，州异文，郡异案，六曹异议，三省异论，冤枉之情无所控诉，生杀祸福一出于文深之吏，比获叩九重而申明则枉死者已十九矣。民知畏吏而不知畏法，知有县邑而不知有朝廷。"①元代和以往朝代一样，皇帝仍然享有司法审判权的最高权力，司法机关没有独立的审判权，死刑和徒流等重大案件的最终决定权掌控在皇帝手里。中央刑部虽然"掌天下刑名法之政令"，同时设置御史台"掌纠察百官善恶政治得失"，使二者互相监督、相互牵制，但实质两者都是皇帝的附庸而已。而路府州县各级地方司法权更没有独立性而言，司法审判最终判决由行政长官掌握。虽然路府有推官，行省有理问官的设置，并不代表司法权的独立，而是政府出于提高司法审判的效率和专门性的目的而采取的举措而已，两者都没有司法审判的独立权限。尤其值得注意的是，元政府"衙门纷杂，事不归一，十羊九牧"的现象比较严重，正宫位下立中政院，匠人属金玉府，军人属枢密院，诸王位下自有宗正府内史府，僧则宣政院，道则道教所，又有宣徽院、徽政院、都护府等。它们"家自为政，人自为国"，"各自管领，不相统摄"，给执法带来很大困难，若案件牵涉几个衙门，则需要几个部门"约会"一起共同审理，但是却很难达到理想的效果。这也造成司法案件淹滞现象，《元典章》有载"有淹禁十年之上不行结案者"②。苏天爵云："在禁之人轻则淹延岁月，破荡家产，重则死于非命"③，无辜之人淹禁身死者不可胜计。王恽云："窃见随路淹禁罪囚极多。"④

（二）审判中刑讯逼供，冤狱丛生

元代官员动辄刑讯，大披挂、王侍郎绳索、暮夜问事及法外惨酷之刑种类不

---

①　（元）胡祗遹：《紫山大全集》卷21《论治法》，《景印文渊阁四库全书》第1196册，台湾商务印书馆1986年版，第365页。

②　陈高华等：《元典章》卷40《刑部二·鞫狱·重刑结案》，天津古籍出版社、中华书局2011年版，第1378页。

③　（元）苏天爵：《滋溪文稿》卷27《乞差官录囚》，陈高华、孟繁清点校，中华书局1997年版，第463页。

④　（元）王恽：《秋涧先生大全文集》卷91《事状·为审断罪囚事状》，《四部丛刊初编》第1397册，商务印书馆1922年版。

一,造成大量冤假错案。"致有拷讯而死,捏合文案者,此弊江南尤甚。"①"除拷讯外,更将犯人枷立大披挂,上至头髻,下至两膝,绳索栓缚,四下用砖吊坠,沈若难任。即系法外凌虐,中间恐有冤抑,致伤人命。"②成宗时,"府州司县官失其人,奉法不虔,受成文吏,舞弄出入,以资渔猎,愚民冒法,小有词诉,根连株累,动至千百,系累满途,囹圄成市。至于相争田地、婚姻、债负、家财、殴詈、干证之类,被勾到官,罪无轻重,即入监禁,百端扰害,不可胜言"③。至元间,湖广平章政事要束木贪纵淫虐,诛求无厌。"随地置狱,株连蔓引,备极惨酷,民以考掠瘐死者载道。"④仁宗时,"侥侥之徒,不计事理虚实,欲图升进,往往锻炼成狱,反害无辜"⑤。英宗时,奸相铁木迭儿屡兴大狱,公报私仇,栽赃陷害,置御史中丞杨朵儿只,平章肖拜住,上都留守贺伯颜于死地。"近年完备结案者,百无一二","此皆有司不得其人,风宪官姑息之故也"。⑥

(三)司法程序中民族色彩浓厚,优待国人表现明显

元代法律反映出蒙古人中心主义,带有浓厚的优待国人色彩。早在蒙古汗国时期就存在民族等级的划分,将各族人民划分为四等,即蒙古人、色目人、汉人、南人。四个等级在官制、军务、法律地位上有很大的不同。

首先,科刑轻重不同。如盗窃,元代法律规定,"盗窃初犯刺左臂(谓已得财者),再犯刺右臂,三犯刺项,强盗初犯刺项"⑦,但是蒙古人初犯者,不在刺字之例。⑧"诸色目人犯盗,免刺科断。"⑨监禁,蒙古人一般是散收,活动较自由。杀伤案件,汉人、南人犯者,死,并征烧埋银五十两给苦主;蒙古人殴死汉人者,只

---

① (元)《至正条格·条格》卷34《狱官·非理鞫囚》,[韩]李玠奭等校注,韩国学中央研究院2007年版,第144页。

② (元)《至正条格·条格》卷33《狱官·恤刑》,[韩]李玠奭等校注,韩国学中央研究院2007年版,第130页。

③ 陈高华等:《元典章》卷40《刑部二·系狱·讼情监禁罪囚》,天津古籍出版社、中华书局2011年版,第1362页。

④ (明)宋濂等:《元史》卷163《乌古孙泽传》,中华书局1976年版,第3833页。

⑤ 柯劭忞:《新元史》卷103《刑法志下》,中华书局1988年影印版,第479页。

⑥ (元)《至正条格·条格》卷33《狱官·恤刑》,[韩]李玠奭等校注,韩国学中央研究院2007年版,第129页。

⑦ 陈高华等:《元典章》卷49《刑部十一·强窃盗·强窃盗贼通例》,天津古籍出版社、中华书局2011年版,第1625页。

⑧ (明)宋濂等:《元史》卷105《刑法四·盗贼》,中华书局1976年版,第2657页。

⑨ (明)宋濂等:《元史》卷105《刑法四·盗贼》,中华书局1976年版,第2665页。

需"断罚出征,并征烧埋银"。① 对于斗殴,对汉人则"严加禁约"②,"禁汉人聚众与蒙古人斗殴"③,对蒙古人则不加禁制,"蒙古人殴打汉儿人,不得还报,指立证见,于所在官司陈诉。如有违犯之人,严行断罪"④。色目人、汉人在法律上处于不平等地位。窝阔台对戏弄伊斯兰教俘虏的汉人转述成吉思汗法令说:"杀一穆斯林者罚黄金四十巴里失,而杀一汉人者其偿价仅与一驴相等。"⑤刑案审讯过程中,一般都要确定犯人属于哪个等级,再决定使用何种刑罚。如延祐四年(1317 年),"济南路申禀:盗贼张卜花,跟脚女直人氏,不见是否同色目汉人?"但由于女真属于"汉人"等级,因此刑部批复"一体刺断"⑥。

其次,处罚宽严、待遇不同。"蒙古人居官犯法,论罪既定,必择蒙古官断之,行杖亦如之。"⑦蒙古人犯法,除"犯真奸盗者"外,一概不得拘捕,其中犯死罪者"有司毋得拷掠,仍日给饮食",在狱中享受优遇。审囚官如果违反规定给蒙古犯人刺字,不仅"杖七十七,除名",还得设法除去已刺之字。⑧ "诸色目人犯盗,免刺科断,发本管官司设法拘检,限内改过者,除其籍(警迹人)。"⑨诸内郡官仕云南者,有罪依常律;土官有罪,罚而不废。⑩ "诸蒙古人因争及乘醉殴死汉人者,不处死刑,断罚出征,全征烧埋银。"⑪

最后,服刑时待遇不同。汉人入狱,"昼则带镣居役,夜则入囚牢房",甚至囚粮也要"亲属供给";而"蒙古人除犯死罪,监禁依常法,有司毋得拷掠,仍日给饮食"。⑫

(四)司法实践中,违背司法程序现象突出

元代司法实践中存在很多违背司法程序的现象,如捕盗官员捕盗过程中存

---

① (明)宋濂等:《元史》卷 105《刑法四·杀伤》,中华书局 1976 年版,第 2675 页。
② 方龄贵:《通制条格校注》卷 27《杂令·汉人殴蒙古人》,中华书局 2001 年版,第 626 页。
③ (明)宋濂等:《元史》卷 7《世祖四》,中华书局 1976 年版,第 141 页。
④ 方龄贵:《通制条格校注》卷 28《杂令·蒙古人殴汉人》,中华书局 2001 年版,第 689 页。
⑤ [瑞典]多桑:《多桑蒙古史》卷二,冯承钧译,中华书局 1962 年版,第 206 页。
⑥ 黄时鉴辑点:《元代法律资料辑存》,浙江古籍出版社 1988 年版,第 196 页。
⑦ (明)宋濂等:《元史》卷 102《刑法一》,中华书局 1976 年版,第 2611 页。
⑧ (明)宋濂等:《元史》卷 103《刑法二》,中华书局 1976 年版,第 2632 页。
⑨ (明)宋濂等:《元史》卷 104《刑法三》,中华书局 1976 年版,第 2665 页。
⑩ (明)宋濂等:《元史》卷 103《刑法二》,中华书局 1976 年版,第 2635 页。
⑪ (明)宋濂等:《元史》卷 105《刑法四·杀伤》,中华书局 1976 年版,第 2675 页。
⑫ (明)宋濂等:《元史》卷 103《刑法二》,中华书局 1976 年版,第 2632 页。

在不作为、违慢、受贿放贼甚至枉民为盗的现象,监禁罪囚中存在枉禁平民身死、脱放罪囚的情况,司法检验中官员存在检验违错、不亲临检验及虚捏检验结论的现象,审理官员存在非法拷讯、借买赃物的情形,没有审理权限的官员受理词讼、违背约会体制、违反官员回避等情况。

总之,元代司法程序在继承中原文化的基础上有所创设,对中国司法制度的发展作出了一定贡献,但仍保留着固有的司法程序特点。但不可否认的是,元代司法程序仍存在很多弊端,这也加快了元王朝灭亡的步伐。

序

一、古籍文献

（一）正史、杂史、政书

1.（战国）荀子:《荀子·礼论》,廖名春、邹新明校点,新世纪万有文库1997年版。

2.（汉）司马迁:《史记》,中华书局1959年版。

3.（唐）长孙无忌等:《唐律疏议》,刘俊文点校,中华书局1983年版。

4.（唐）杜佑:《通典》,中华书局1988年版。

5.（宋）谢深甫:《庆元条法事类》,黑龙江人民出版社2002年版。

6.（元）脱脱等:《辽史》,中华书局1974年版。

7.（元）脱脱等:《金史》,中华书局1975年版。

8.（宋）窦仪等:《宋刑统》,吴翊如点校,中华书局1984年版。

9.（元）脱脱等:《宋史》,中华书局1985年版。

10.（明）宋濂等:《元史》,中华书局1976年版。

11.（元）龚端礼:《五服图解》(宛委别藏本),江苏古籍出版社1988年版。

12.（元）陈澔:《礼记》,金晓东点校,上海古籍出版社1987年版。

13.（宋）《名公书判清明集》,中国社会科学院历史研究所宋辽金元史研究室点校,中华书局1987年版。

14.（明）高于泰:《敬止录》(北京图书馆古籍珍本丛刊本),书目文献出版社1988年版。

15.（明）黄淮、杨士奇:《历代名臣奏议》,上海古籍出版社1989年版。

16.［波斯］拉施特:《史集》,余大钧译,商务印书馆1997年版。

17.（元）《大元圣政国朝典章》,中国广播电视出版社1998年版。

18.（元）徐元瑞:《吏学指南》,杨讷点校,浙江古籍出版社1999年版。

19.（元）《通制条格》,方龄贵校注,中华书局2001年版。

20.（清）文廷式:《经世大典》(罗氏雪堂藏书遗珍本),中华全国图书馆文献缩微复制中心2001年版。

21.（清）黄虞稷:《千顷堂书目》,瞿凤起、潘景郑整理,上海古籍出版社2001年版。

22.（元）赵承禧:《宪台通纪》,王晓欣点校,浙江古籍出版社2002年版。

23.［意］柏朗嘉宾:《柏朗嘉宾蒙古行纪》,耿昇、何高济译,中华书局2002年版。

24.［法］鲁布鲁克:《鲁布鲁克东行纪》,何高济译,中华书局2002年版。

25.（唐）长孙无忌等:《故唐律疏议》(中华再造善本丛书),北京图书馆出版社2005年版。

26.（元）王与:《无冤录》(枕碧楼丛书本),知识产权出版社2006年版。

27.（元）沈仲纬:《刑统赋疏》(枕碧楼丛书本),知识产权出版社2006年版。

28.（清）胡文炳:《折狱龟鉴补》,陈重业译注,北京大学出版社2006年版。

29.（元）孟奎:《粗解刑统赋》(枕碧楼丛书本),知识产权出版社2006年版。

30.（宋）傅霖:《刑统赋解》(枕碧楼丛书本),知识产权出版社2006年版。

31.（清）沈钦韩等:《汉书疏证》(外二种),上海古籍出版社2006年版。

32.（元）《至正条格》,李玠奭等校注,韩国学中央研究院2007年版。

33.（元）《元典章》,陈高华等点校,中华书局、天津古籍出版社2011年版。

34.（元）乌兰校勘:《蒙古秘史（校勘本）》,中华书局2012年版。

35.［意］马可波罗:《马可波罗行纪》,冯承钧译,商务印书馆2012年版。

36.［瑞典］多桑:《多桑蒙古史》,冯承钧译,中华书局1962年版。

37.（清）徐松:《宋会要辑稿》,刘琳等点校,上海古籍出版社2014年版。

38.（清）阿桂等:《大清律例》（清史研究资料丛编），中华书局2015年影印版。

（二）类书、方志

1.（宋）李昉等:《太平御览》，中华书局1960年版。

2.（元）《居家必用事类全集》（北京图书馆古籍珍本丛刊本），书目文献出版社1988年版。

3.（宋）陈元靓:《事林广记》（至顺和后至元合刻本），中华书局1999年版。

4.（元）《新编事文类要启札青钱》，大化书局1980年版。

5.（清）张应麟修、张永和纂:《民国成安县志》，《中国方志丛书·华北地方·第199号》，成文出版社1931年版。

6.（明）钟崇文:《隆庆岳州府志》，《天一阁藏明代方志选刊》第88册，上海古籍书店1963年版。

7.（明）王雄:《正德汝州志》，《天一阁藏明代方志选刊》第66册，上海古籍书店1963年影印版。

8.（明）蔡汝楠:《嘉靖夏邑县志》，《天一阁藏明代方志选刊》第71册，上海古籍书店1963年版。

9.（明）汪舜民:《弘治徽州府志》，《天一阁藏明代方志选刊》第29册，上海古籍书店1963年版。

10.（明）夏良胜:《正德建昌府志》，《天一阁藏明代方志选刊》第46册，上海古籍书店1964年版。

11.（明）李辂等:《正德大名府志》，《天一阁藏明代方志选刊》第2册，上海古籍书店1965年版。

12.（明）姚鸣鸾等:《嘉靖淳安县志》，《天一阁藏明代方志选刊》第20册，上海古籍书店1965年版。

13.（清）蔡芝卿等:《民国鄞县通志》，《中国方志丛书·华中地方·第216号》，成文出版社1937年版。

14.（清）李祖年修、于森逢纂:《文登县志》，《中国方志丛书·华北地方·第368号》，成文出版社1933年版。

15.（明）解缙等:《永乐大典》，中华书局1980年版。

16. (清)储大文等:《山西通志》,《景印文渊阁四库全书》,台湾商务印书馆1983年版。

17. (元)脱因修、俞希鲁纂:《至顺镇江志》,《宋元方志丛刊》第3册,中华书局1990年版。

18. (元)马泽修、袁桷纂:《延佑四明志》,《宋元方志丛刊》第6册,中华书局1990年版。

19. (元)王元恭修,王存孙、徐亮纂:《至正四明续志》,《宋元方志丛刊》第7册,中华书局1990年版。

20. (元)张铉:《至正金陵新志》,《宋元方志丛刊》第6册,中华书局1990年版。

21. (明)顾清:《正德松江府志》,《天一阁藏明代方志选刊续编》第5册,上海书店1990年版。

22. (明)谭大初:《嘉靖南雄府志》,《天一阁藏明代方志选刊续编》第66册,上海书店1990年版。

23. (清)李熙龄修、邹恒撰:《咸丰武定府志》,《中国地方志集成·山东府县志辑》第21—22册,凤凰出版社2004年版。

(三)总集、别集、法律典籍、笔记、戏曲

1. (元)王恽:《秋涧先生大全集》(四部丛刊初编本),商务印书馆1922年版。

2. (汉)郑玄:《周礼》(四部丛刊初编本),商务印书馆1922年版。

3. (元)刘因:《静修先生文集》(四部丛刊初编本),商务印书馆1922年版。

4. (元)柳贯:《柳待制文集》(四部丛刊初编本),商务印书馆1922年版。

5. (元)欧阳玄:《圭斋文集》(四部丛刊初编本),商务印书馆1922年版。

6. (元)苏天爵:《国朝文类》(四部丛刊初编本),商务印书馆1922年版。

7. (元)戴表元:《剡源戴先生文集》(四部丛刊初编本),商务印书馆1922年版。

8. (元)戴良:《九灵山房集》(四部丛刊初编本),商务印书馆1922年版。

9. (元)黄溍:《金华黄先生文集》(四部丛刊初编本),商务印书馆1922年版。

10. (元)揭傒斯:《揭文安公全集》(四部丛刊初编本),商务印书馆1922年版。

11. (元)杨维桢:《东维子文集》(四部丛刊初编本),商务印书馆1922年版。

12. (元)虞集:《道园学古录》(四部丛刊初编本),商务印书馆1922年版。

13. (元)袁桷:《清容居士集》(四部丛刊初编本),商务印书馆1922年版。

14. (宋)桂万荣:《棠阴比事》(四库丛刊续编),商务印书馆1934年版。

15. (元)朱德润:《存复斋集》(四部丛刊初编本),商务印书馆1934年版。

16. (元)许谦:《许白云先生文集》(四部丛刊初编本),商务印书馆1934年版。

17. (元)陈基:《夷白斋稿》(四部丛刊初编本),商务印书馆1936年版。

18. (元)谢应芳:《龟巢稿》(四部丛刊初编本),商务印书馆1936年版。

19. (元)熊禾:《熊勿轩先生文集》(丛书集成初编本),商务印书馆1936年版。

20. (明)臧晋叔:《元曲选》,中华书局1958年版。

21. (元)叶子奇:《草木子》,中华书局1959年版。

22. (元)郑元佑:《侨吴集》(元代珍本文集汇刊本),中央图书馆1970年版。

23. (元)刘岳申:《申斋集》(元代珍本文集汇刊本),中央图书馆1970年版。

24. (元)蒲道源:《闲居丛稿》(元代珍本文集汇刊本),中央图书馆1970年版。

25. (元)陈旅:《安雅堂集》(元代珍本文集汇刊本),中央图书馆1970年版。

26. (元)程钜夫:《程雪楼文集》(元代珍本文集汇刊本),中央图书馆1970年版。

27. (元)张伯淳:《养蒙先生文集》(元代珍本文集汇刊本),中央图书馆1970年版。

28. (元)陶宗仪:《南村辍耕录》,中华书局1980年版。

29.（明）杨士奇、黄淮等:《历代名臣奏议》(影印文渊阁四库全书本),台湾商务印书馆 1988 年版。

30.（元）虞集:《道园类稿》(元代珍本文集汇刊本),新文丰出版股份有限公司 1985 年版。

31.（元）元明善:《清河集》(元代珍本文集汇刊本),新文丰出版股份有限公司 1985 年版。

32.（元）危素:《危太朴文集》(元代珍本文集汇刊本),新文丰出版股份有限公司 1985 年版。

33.（元）胡炳文:《云峰集》(元代珍本文集汇刊本),新文丰出版股份有限公司 1985 年版。

34.（元）陆文圭:《墙东类稿》(元代珍本文集汇刊本),新文丰出版股份有限公司 1985 年版。

35.（元）沈梦麟:《花溪集》(元代珍本文集汇刊本),新文丰出版股份有限公司 1985 年版。

36.（元）吴澄:《吴文正公集》(元代珍本文集汇刊本),新文丰出版股份有限公司 1985 年版。

37.（元）吴海:《闻过斋集》(元代珍本文集汇刊本),新文丰出版股份有限公司 1985 年版。

38.（元）孔齐:《至正直记》,上海古籍出版社 1987 年版。

39.（宋）周密:《癸辛杂识》,吴企明点校,中华书局 1988 年版。

40.（元）许有壬:《至正集》(北京图书馆古籍珍本丛刊本),书目文献出版社 1988 年版。

41.（元）张之翰:《西岩集》(影印文渊阁四库全书本),台湾商务印书馆 1988 年版。

42.（元）程钜夫:《程雪楼文集》(元代珍本文集汇刊),中央图书馆 1970 年版。

43.（元）赵汸:《东山存稿》(影印文渊阁四库全书本),台湾商务印书馆 1988 年版。

44.（明）胡翰:《胡仲子集》(影印文渊阁四库全书本),台湾商务印书馆

1988 年版。

45. (元)徐东:《运使复斋郭公言行录》(宛委别藏本),江苏古籍出版社 1988 年版。

46. (元)徐明善:《芳谷集》(影印文渊阁四库全书本),台湾商务印书馆 1988 年版。

47. (元)姚燧:《牧庵集》(四部丛刊初编),商务印书馆 1922 年版。

48. (元)魏初:《青崖集》(影印文渊阁四库全书本),台湾商务印书馆 1988 年版。

49. (元)吴师道:《礼部集》(影印文渊阁四库全书本),台湾商务印书馆 1988 年版。

50. (元)萧㪤:《勤斋集》(影印文渊阁四库全书本),台湾商务印书馆 1988 年版。

51. (元)鲁贞:《桐山老农集》(影印文渊阁四库全书本),台湾商务印书馆 1988 年版。

52. (元)马祖常:《石田文集》(影印文渊阁四库全书本),台湾商务印书馆 1988 年版。

53. (元)胡祇遹:《紫山大全集》(影印文渊阁四库全书本),台湾商务印书馆 1988 年版。

54. (元)胡助:《纯白斋类稿》(影印文渊阁四库全书本),台湾商务印书馆 1988 年版。

55. (明)唐桂芳:《白云集》(影印文渊阁四库全书本),台湾商务印书馆 1988 年版。

56. (明)王袆:《王忠文公文集》(北京图书馆古籍珍本丛刊本),书目文献出版社 1988 年版。

57. (明)乌斯道:《春草斋文集》(影印文渊阁四库全书本),台湾商务印书馆 1988 年版。

58. (元)刘敏中:《中庵集》(影印文渊阁四库全书本),台湾商务印书馆 1983 年版。

59. (元)陈元靓:《事林广记》,中华书局 1963 年版。

60.(元)周南瑞:《天下同文集》(影印文渊阁四库全书本),台湾商务印书馆 1988 年版。

61.(宋)刘辰翁:《刘须溪先生记钞》(北京图书馆古籍珍本丛刊本),书目文献出版社 1988 年版。

62.(元)曹伯启:《汉泉曹文贞公诗集》(北京图书馆古籍珍本丛刊本),书目文献出版社 1988 年版。

63.(元)方回:《桐江集》(宛委别藏本),江苏古籍出版社 1988 年版。

64.(元)傅若金:《傅与砺文集》(北京图书馆古籍珍本丛刊本),书目文献出版 1988 年版。

65.(元)程端礼:《畏斋集》(影印文渊阁四库全书本),台湾商务印书馆 1988 年版。

66.(元)程端学:《积斋集》(影印文渊阁四库全书本),台湾商务印书馆 1988 年版。

67.(元)贡师泰:《玩斋集》(影印文渊阁四库全书本),台湾商务印书 1988 年版。

68.(元)何中:《知非堂稿》(北京图书馆古籍珍本丛刊本),书目文献出版社 1988 年版。

69.(元)刘将孙:《养吾斋集》(影印文渊阁四库全书本),台湾商务印书馆 1988 年版。

70.(元)刘敏中:《中庵先生刘文简公文集》(北京图书馆古籍珍本丛刊本),书目文献出版社 1988 年版。

71.(明)王祎:《王忠文集》(影印文渊阁四库全书本),台湾商务印书馆 1988 年版。

72.(元)刘埙:《水云村稿》(影印文渊阁四库全书本),台湾商务印书馆 1988 年版。

73.(元)同恕:《榘庵集》(影印文渊阁四库全书本),台湾商务印书馆 1988 年版。

74.(元)王沂:《伊滨集》(影印文渊阁四库全书本),台湾商务印书馆 1988 年版。

75.（元）危素:《危学士全集》（四库全书存目丛书），齐鲁书社 1997 年版。

76.（明）刘惟谦:《大明律》，怀效锋点校，法律出版社 1999 年版。

77.（元）赵偕:《赵宝峰先生文集》（续修四库全书本），上海古籍出版社 2002 年版。

78.（明）程敏政:《新安文献志》，何庆善、于石点校，黄山书社 2004 年版。

79.（元）郑玉:《师山先生文集》（中华再造善本丛书），北京图书馆出版社 2005 年版。

80.（元）王恽:《玉堂嘉话》，杨晓春点校，中华书局 2006 年版。

81.（元）杨瑀:《山居新语》，余大钧点校，中华书局 2006 年版。

82.（元）张养浩:《张文忠公文集》（中华再造善本丛书），北京图书馆出版社 2006 年版。

83.（清）钱大昕:《十驾斋养新录》，杨勇军整理，上海书店出版社 2011 年版。

84.（元）谭景星:《西翁近稿》（日本宫内厅书陵部藏宋元版汉籍选刊本），上海古籍出版社 2013 年版。

85.（明）刘崧:《槎翁文集》（中华再造善本丛书），国家图书馆出版社 2014 年版。

86.（明）宋濂:《宋学士文集》（四部丛刊初编），商务印书馆 1922 年版。

87.（元）苏天爵:《滋溪文稿》，陈高华、孟繁清点校，中华书局 1997 年版。

88. 王季思:《全元戏曲》，人民文学出版社 1990 年版。

89. 隋树森:《全元散曲》，中华书局 1964 年版。

90.［法］孟德斯鸠:《论法的精神》，欧启明译，译林出版社 2016 年版。

（四）石刻、出土文献、文书、史料汇编

1. 蔡美彪:《元代白话碑辑录》，科学出版社 1955 年版。

2.（清）胡聘之:《山右石刻丛编》（石刻史料新编本），新文丰出版公司 1977 年版。

3.（清）罗振玉:《金石萃编未刻稿》（石刻史料新编本），新文丰出版公司 1977 年版。

4.（清）阮元:《两浙金石志》（石刻史料新编本），新文丰出版公司 1977

年版。

5.（清）陆心源：《吴兴金石录》（石刻史料新编本），新文丰出版公司 1977 年版。

6. 陈垣：《道家金石略》，陈智超、曾庆瑛校补，文物出版社 1988 年版。

7. 睡虎地秦墓竹简整理小组：《睡虎地秦墓竹简》，文物出版社 1990 年版。

8. 甘肃省文物考古所等：《居延新简·甲渠候官与第四燧》，文物出版社 1990 年版。

9. 李逸友：《黑城出土文书（汉文文书卷）》，科学出版社 1991 年版。

10. 塔拉等：《中国藏黑水城汉文文献》，北京图书馆出版社 2008 年版。

11. 王钰欣、周绍泉：《徽州千年契约文书·宋元明编》，花山文艺出版社 1992 年版。

12. 国家图书馆善本金石组：《辽金元石刻文献全编》，北京图书馆出版社 2003 年版。

13.《元代台宪文书汇编》，洪金富点校，"中央研究院"历史语言研究所 2003 年版。

14. 杨一凡、田涛：《中国珍稀法律典籍续编》，戴建国点校，黑龙江人民出版社 2004 年版。

15. 章国庆：《天一阁明州碑林集录》，上海古籍出版社 2008 年版。

16.《元代法律资料辑存》，黄时鉴辑点，浙江古籍出版社 1988 年版。

二、今人成果

（一）专著、编著

1. 陈顾远：《中国法制史》，商务印书馆 1934 年版。

2. 蔡枢衡：《中国刑法史》，广西人民出版社 1983 年版。

3. 陈鹏：《中国婚姻史稿》，中华书局 1990 年版。

4. 陈高华、史卫民：《中国政治制度通史·元代》，人民出版社 1996 年版。

5. 陈彩云：《元代温州研究》，浙江人民出版社 2011 年版。

6. 陈光中：《中国古代司法制度》，北京大学出版社 2017 年版。

7. 戴炎辉：《中国法制史》，三民书局 1966 年版。

8. 费孝通:《中国绅士》,惠海鸣译,中国社会科学出版社 2006 年版。

9. 高潮、马建石:《中国历代刑法志注释》,吉林人民出版社 1994 年版。

10. 高绍先:《法史探微》,法律出版社 2003 年版。

11. 韩儒林:《元朝史》,人民出版社 2009 年版。

12. 胡兴东:《中国古代死刑制度史》,法律出版社 2008 年版。

13. 黄瑞亭、陈新山:《中国法医学史》,华中科技大学出版社 2015 年版。

14. 贾静涛:《中国古代法医学史》,群众出版社 1986 年版。

15. 李剑农:《宋元明经济史稿》,生活·读书·新知三联书店 1957 年版。

16. 刘俊文:《唐律疏议笺解下》,中华书局 1996 年版。

17. 李治安:《唐宋元明清中央与地方关系研究》,南开大学出版社 1996 年版。

18. 李治安:《元代政治制度研究》,人民出版社 2003 年版。

19. 李治安:《元代行省制度》,中华书局 2011 年版。

20. [日]滋贺秀三:《明清时期的民事审判与民间契约》,梁治平、王亚新译,法律出版社 1998 年版。

21. 柳立言:《宋元时代的法律思想和社会》,国立编译馆 2001 年版。

22. 李交发:《中国诉讼法史》,中国检察出版社 2002 年版。

23. 李伯重:《多视角看江南经济史:1250—1850》,生活·读书·新知三联书店 2003 年版。

24. 林端:《韦伯论中国传统法律:韦伯比较社会学的批判》,三民书局 2003 年版。

25. 刘晓:《元史研究》,福建人民出版社 2006 年版。

26. 吕伯涛、孟向荣:《中国古代的告状与判案》,商务印书馆 2013 年版。

27. 蒙思明:《元代社会阶级制度》,中华书局 1980 年版。

28. 乔伟:《唐律研究》,山东人民出版社 1985 年版。

29. 屈万里:《大明律集解附例》,台湾学生书局 1986 年版。

30. 瞿同祖:《清代地方政府》,范忠信、晏锋译,法律出版社 2003 年版。

31. 瞿同祖:《中国法律与中国社会》,商务印书馆 2010 年版。

32. 沈家本:《历代刑法考》,邓经元、骈宇骞点校,中华书局 1985 年版。

33. 苏力:《法律与文学:以中国传统戏剧为材料》,生活·读书·新知三联书店 2006 年版。

34. 苏力:《元代地方精英与基层社会——以江南地区为中心》,天津古籍出版社 2009 年版。

35. 申万里:《理想、尊严与生存挣扎:元代江南士人与社会综合研究》,中华书局 2012 年版。

36. 申万里:《元代教育研究》,武汉大学出版社 2007 年版。

37.《十三经》,吴树平等点校,北京燕山出版社 1991 年版。

38. 吴海航:《元代法文化研究》,北京师范大学出版社 2000 年版。

39. 吴松弟:《中国人口史·辽宋金元时期》,复旦大学出版社 2000 年版。

40. 汪维辉:《朝鲜时代汉语教科书丛刊》,中华书局 2005 年版。

41. 王纬甄:《元代狱讼剧研究》,花木兰文化出版社 2010 年版。

42. 王秀丽:《文明的吸纳与历史的延续:元代东南地区商业研究》,澳亚周刊出版有限公司 2005 年版。

43. 王清穆、崔龙:《农隐庐文钞》,《近代中国史料丛刊续编》第 40 辑,文海出版社 1983 年版。

44. 许凡:《元代吏制研究》,劳动人事出版社 1987 年版。

45. 徐忠明:《包公故事:一个考察中国法律文化的视角》,中国政法大学出版社 2002 年版。

46. 徐忠明:《案件、故事与明清时期的司法文化》,法律出版社 2006 年版。

47. 徐忠明:《情感、循吏与明清时期司法实践》,上海三联书店 2009 年版。

48. 徐忠明:《明镜高悬:中国法律文化的多维观照》,广西师范大学出版社 2014 年版。

49. 徐忠明、杜金:《传播与阅读:明清法律知识史》,北京大学出版社 2012 年版。

50. 徐忠明:《老乞大与朴通事:蒙元时期庶民的日常法律生活》,上海三联书店 2012 年版。

51. 徐忠明:《众声喧哗:明清法律文化的复调叙事》,清华大学出版社 2007 年版。

52. 萧启庆:《内北国而外中国——蒙元史研究》,中华书局 2007 年版。

53. 徐朝阳:《中国古代诉讼法·中国诉讼法渊源》,吴宏耀、童友美点校,中国政法大学出版社 2012 年版。

54. 杨鸿烈:《中国法律发达史》,上海书店出版社 1990 年版。

55.(元)佚名:《庙学典礼》,王颋点校,浙江古籍出版社 1992 年版。

56. 杨一凡:《中国法制史考证》,《历代刑法考·宋辽金元法制考》,中国社会科学出版社 2003 年版。

57. 袁瑜㻛:《讼师文化解读》,中国法制出版社 2011 年版。

58. 姚大力:《蒙元制度与政治文化》,北京大学出版社 2011 年版。

59. 尤陈俊:《法律知识的文字传播:明清日用类书与社会日常生活》,上海人民出版社 2013 年版。

60. 郑秦:《清代司法审判制度研究》,湖南教育出版社 1988 年版。

61. 周良霄、顾菊英:《元代史》,上海人民出版社 1993 年版。

62. 张金铣:《元代地方行政制度研究》,安徽大学出版社 2001 年版。

63. 张群:《"人命至重"的法度:烧埋银》,《读书》2002 年第 2 期。

64. 张群:《烧埋银与中国古代生命权侵害赔偿制度》,《中西法律传统》2004 年第 4 卷。

65. 张晋藩:《中国司法制度史》,人民法院出版社 2004 年版。

66. 郑显文:《唐代律令制研究》,北京大学出版社 2004 年版。

67. 张翅:《冤抑与讼诉——清代上控制度研究》,中国社会科学出版社 2013 年版。

68.[日]仁井田升:《唐令拾遗》,东京大学出版社 1983 年版。

69.[日]植松正:《元代江南政治社会史研究》,汲古书院 1997 年版。

70.[日]滋贺秀三等:《明清时期的民事审判与民间契约》,王亚新等编译,法律出版社 1998 年版。

71.[日]森田宪司:《元代知识人と地域社会》,汲古书院 2004 年版。

72.[日]沟口雄三、小岛毅:《中国的思维世界》,孙歌等译,江苏人民出版社 2006 年版。

73.[日]籾山明:《中国古代诉讼制度研究》,李力译,上海古籍出版社 2009

年版。

74.［日］仁井田升：《中国法制史》，牟发松译，上海古籍出版社 2011 年版。

75.［日］寺田浩明：《权利与冤抑：寺田浩明中国法史论集》，王亚新等译，清华大学出版社 2012 年版。

76.［日］中岛乐章：《明代乡村纠纷与秩序：以徽州文书为中心》，郭万平、高飞译，江苏人民出版社 2012 年版。

77.［日］滋贺秀三：《中国家族法原理》，张建国、李力译，商务印书馆 2013 年版。

78.［美］黄宗智：《民事审判与民间调解：清代的表达与实践》，中国社会科学出版社 1998 年版。

79.［美］D. 布迪、C. 莫里斯：《中华帝国的法律》，朱勇译，江苏人民出版社 2004 年版。

80.［美］罗斯科·庞德：《通过法律的社会控制》，沈宗灵译，商务印书馆 2008 年版。

81.［美］黄宗智、尤陈俊：《从诉讼档案出发：中国的法律、社会与文化》，法律出版社 2009 年版。

82.［美］黄宗智、尤陈俊：《从诉讼档案出发：中国的法律、社会与文化》，法律出版社 2009 年版。

83.［美］马伯良：《宋代的法律与秩序》，杨昂、胡雯姬译，中国政法大学出版社 2010 年版。

84.［美］黄宗智：《清代以来民事法律的表达与实践：历史、理论与现实》，法律出版社 2014 年版。

85.［法］皮埃尔·布迪厄、华康德：《实践与反思：反思社会学导论》，李猛、李康译，中央编译出版社 1998 年版。

86.［韩］郑光主：《原本老乞大》，外语教学与研究出版社 2002 年版。

87.［法］米歇尔·福柯：《规训与惩罚：监狱的诞生》，刘北成，杨远婴译，生活·读书·新知三联书店 2007 年版。

88.［德］马克斯·韦伯：《儒教与道教》，洪天富译，江苏人民出版社 2008 年版。

89.［德］马克斯·韦伯:《经济与社会》,阎克文译,上海人民出版社 2010 年版。

90.［德］傅海波、［英］崔瑞德:《剑桥中国辽西夏金元史(907—1368 年)》,史卫民等译,中国社会科学出版社 1998 年版。

91.［美］Paul Jakov Smith and Richard von Glahn eds.. *The Song-Yuan-Ming Transition in Chinese History.* Harvard University Press,2003.

92.［美］Anne Gerritsen. *Ji'an Literati and the Local in Song-Yuan-Ming China.* Leiden:Brill,2007.

(二)论文

1.陈得芝:《元代江南之地主阶级》,《元史及北方民族史研究集刊》第 7 辑,南京大学历史系研究组 1983 年版。

2.陈得芝:《从元代江南文化看民族融合与中华文明的多样性》,《北方民族大学学报(哲学社会科学版)》2010 年第 5 期。

3.陈高华:《元朝的审判机构和审判程序》,《东方学报》1994 年第 66 号。

4.陈高华等:《〈元典章·户部·户计〉校释》,《暨南史学》第 4 辑,暨南大学出版社 2005 年版。

5.陈高华:《〈至正条格·条格〉初探》,《中国史研究》2008 年第 2 期。

6.陈景良:《元代民事诉讼与民事法规略论》,《法律史论集》第 2 卷,法律出版社 1999 年版。

7.柴荣:《论古代蒙古习惯法对元朝法律的影响》,《内蒙古大学学报(人文社会科学版)》2000 年第 6 期。

8.陈志英:《元皇庆元年(公元 1312 年)十二月亦集乃路刑房文书初探》,《内蒙古社会科学(汉文版)》2004 年第 5 期。

9.陈瑞:《元代徽州的宗族建设》,《安徽师范大学学报(人文社会科学版)》2009 年第 2 期。

10.陈雯怡:《"吾婺文献之懿"——元代一个乡里传统的建构及其意义》,《新史学》第 20 卷第 2 期,商务印书馆 2009 年版。

11.陈广恩:《研究元代刑狱制度的新史料——〈至正条格〉'狱官'条格初探》,《图书馆理论与实践》2010 年第 3 期。

12. 崔永东:《论司法秩序与司法权威》,《中国司法》2012 年第 1 期。

13. 邓小南:《走向"活的"制度史——以宋代官僚政治制度史研究为例的点滴思考》,《浙江学刊》2003 年第 3 期。

14. 戴建国:《宋代审判制度考》,《中国法制史考证·甲编》第 5 卷,中国社会科学出版社 2003 年版。

15. 戴建国:《元〈至元杂令〉发覆》,《河北学刊》2012 年第 4 期。

16. 杜荣坤、白翠琴:《元朝狱政及特点刍议》,《蒙元史暨民族史论集:纪念翁独健先生诞辰一百周年》,社会科学文献出版社 2006 年版。

17. 邓建鹏:《中国法律史研究思路新探》,《法商研究》2008 年第 1 期。

18. 党宝海:《略论元代江南学田与地方社会——以碑刻上的学田诉讼案为中心》,《13、14 世纪东アジア史料通信》第 11 号,2009 年版。

19. 方龄贵:《〈通制条格〉新探》,《历史研究》1993 年第 3 期。

20. 封志晔:《保辜制度:和谐视角的重新解读》,《江汉论坛》2008 年第 1 期。

21. 高荣盛:《元代市镇管窥》,《江海学刊》1997 年第 3 期。

22. 郭超颖、王承略:《从〈吏学指南〉看元代吏员意识》,《江西社会科学》2015 年第 2 期。

23. 郭颖:《论元朝法律对唐朝法律的反动》,《青春岁月》2012 年第 23 期。

24. 胡兴东:《元代"社"的职能考辨》,《云南师范大学学报(哲学社会科学版)》2001 年第 4 期。

25. 胡兴东:《元代民事审判制度研究》,《民族研究》2003 年第 1 期。

26. 胡兴东:《元代刑事审判制度之研究》,《云南大学学报(法学版)》2005 年第 2 期。

27. 胡兴东:《元代司法运作机制之研究》,《云南大学学报(法学版)》2006 年第 6 期。

28. 胡兴东:《元代民事法律中的习惯法因素》,《法史学刊》2006 年第 1 卷,社会科学文献出版社 2007 年版。

29. 胡兴东:《元代司法中判例适用问题研究》,《司法》第 4 辑,厦门大学出版社 2009 年版。

30. 胡兴东:《元代"例"考——以〈元典章〉为中心》,《内蒙古师范大学学报(哲学社会科学版)》2010 年第 5 期。

31. 胡兴东:《元代法律史研究几个重要问题评析(2000—2011)》,《内蒙古师范大学学报(哲学社会科学版)》2013 年第 4 期。

32. 胡兴东:《宋元断例新考》,《思想战线》2018 年第 1 期。

33. 胡永恒:《法律史研究的方向:法学化还是史学化》,《历史研究》2013 年第 1 期。

34. 洪金富:《〈元典章〉点校释例》,《中国史研究》2005 年第 2 期。

35. 洪丽珠:《元代镇江路官员族群分析》,《元史论丛》第 10 辑,中国广播电视出版社 2005 年版。

36. 侯爱梅:《失林婚书案文卷初探》,《宁夏社会科学》2007 年第 3 期。

37. 黄道诚:《先秦到汉代的司法检验略论》,《河北大学学报(哲学社会科学版)》2008 年第 3 期。

38. 黄宽重:《从活的制度史迈向新的政治史——综论宋代政治史研究趋向》,《中国史研究》2009 年第 4 期。

39. 韩飞:《批判与构建:评大木雅夫〈东西方的法观念比较〉》,《法律史评论》第 5 卷,四川大学近代法文化研究所主办 2012 年版。

40. 何泉达:《论元代对江南关的开发——江南区位简论》,《史林》2000 年第 4 期。

41. 黄道诚:《先秦到汉代的司法检验略论》,《河北大学学报(哲学社会科学版)》2008 年第 3 期。

42. 贾静涛:《中国古代的检验制度》,《法学研究》1980 年第 6 期。

43. 靳红曼:《浅论元朝刑事诉讼程序》,《黑龙江省政法干部管理学院学报》2011 年第 4 期。

44. 蒋超:《法制史研究存在的问题:以〈中国诉讼法溯源〉为例的解读》,《重庆工商大学学报(社会科学版)》2011 年第 5 期。

45. 蒋楠楠:《社会变革下的宋代司法秩序——从司法活动中的"干"说起》,《南京大学学报(哲学·人文·社会科学)》2014 年第 4 期。

46. 李干:《元代的商品经济》,《中南民族学院学报》1985 年第 2 期。

47. 梁治平:《"法"辨》,《中国史社会科学》1986 年第 4 期。

48. 梁治平:《法律的文化解释》,《中国社会科学季刊》(香港) 1993 年第 4 期。

49. 梁治平:《法律史的视界:方法、旨趣与范式》,《中国文化》2002 年第 1 期。

50. 李逸友:《元代文书档案制度举隅——记内蒙古额济纳旗黑城出土元代文书》,《档案学研究》1991 年第 4 期。

51. 刘晓:《元代的警迹与警迹人》,《北大史学》第 2 辑,北京大学出版社 1994 年版。

52. 刘晓:《元代大宗正府考述》,《内蒙古大学学报(哲学社会科学版)》1996 年第 2 期。

53. 刘晓:《日本有关元代法制史研究概述》,《中国史研究动态》1996 年第 4 期。

54. 刘晓:《元朝断事官考》,《中国社会科学院研究生院学报》1998 年第 4 期。

55. 刘晓:《元代的监狱制度》,《元史论丛》第 7 辑,江西教育出版社 1999 年版。

56. 刘晓:《〈大元通制〉到〈至正条格〉:论元代的法典编纂体系》,《文史哲》2012 年第 1 期。

57. 刘晓:《元代劓刑小考》,《中国古代法律文献研究》第 6 辑,社会科学文献出版社 2012 年版。

58. 刘向明:《元朝法制中的僧侣特权》,《嘉应大学学报》1998 年第 4 期。

59. 李明德:《元代司法制度述略》,《法学研究》1995 年第 1 期。

60. 刘广安:《法史学评论的范式问题——徐忠明〈思考与批评〉读后》,《法律史学研究》第 1 辑,中国法制出版社 2004 年版。

61. 李治安:《元代及明前期社会变动初探》,《中国史研究》2005 年增刊。

62. 李治安:《两个南北朝与中古以来的历史发展线索》,《文史哲》2009 年第 6 期。

63. 李治安:《元和明前期南北差异的博弈与整合发展》,《历史研究》2011

年第 5 期。

64. 李治安:《中古以来南北差异的整合发展与江南的角色功用》,《文史哲》2015 年第 1 期。

65. 李丽鹏:《明朝诉讼制度的蜕变——兼谈文官体制对司法的影响》,《法制与社会》2008 年第 7 期。

66. 李祎恒、金俭:《论法律史研究方法的路径选择》,《学海》2009 年第 5 期。

67. 李泽岩:《元代法律研究概述》,《法律文献信息与研究》2007 年第 4 期。

68. 里赞:《中国法律史研究中的方法、材料和细节——以清代州县审断问题研究为例》,《法学》2009 年第 3 期。

69. 李晓春:《监察法律视角下元代恢复发展经济的措施》,《滁州学院学报》2011 年第 1 期。

70. 吕志兴:《元代"约会"审判制度与多民族国家的治理》,《西南政法大学学报》2011 年第 4 期。

71. 李莎:《试析元代的刑律优免政策》,《学术探索》2012 年第 1 期。

72. 默书民:《元代前期腹里地区的土地开发与田产争讼》,《河北师范大学学报(哲学社会科学版)》2003 年第 4 期。

73. 马娟:《元代伊斯兰法与蒙古法冲突与调适——以〈元典章·禁回回抹杀羊做速纳〉为例》,《元史论丛》2004 年第 9 辑。

74. 马建春:《元代答失蛮与回回哈的司的设置》,《宗教学研究》2005 年第 1 期。

75. 马建春、徐虹:《元一统与地方多元社会的构建——基于杭州回回社区史料与碑铭的考察》,《暨南史学》第 8 辑,广西师范大学出版社 2013 年版。

76. 牛忠志:《借鉴古代保辜制度》,《北京理工大学学报(社会科学版)》2003 年第 3 期。

77. 潘修人:《元代达鲁花赤的职掌及为政述论》,《内蒙古社会科学(文史哲版)》1993 年第 6 期。

78. 邱树森:《元"回回哈的司"研究》,《中国史研究》2001 年第 1 期。

79. 阮剑豪:《释元代"警迹人"》,《西南交通大学学报(社会科学版)》2009

年第 2 期。

80. 申万里:《元代学官选注巡检考》,《中央民族大学学报(哲学社会科学版)》2005 年第 5 期。

81. 申万里:《元代的浦江郑氏——中国古代同居共财家族的一个个案考察》,《人文论丛》2005 年卷,武汉大学出版社 2007 年版。

82. 申万里:《元代的粉壁及其社会职能》,《中国史研究》2008 年第 1 期。

83. 申万里:《元朝国家政权内部的沟通与交流——以宣使为中心的考察》,《元史论丛》第 14 辑,天津古籍出版社 2013 年版。

84. 苏力:《黑城出土 F116:W98 号元代文书研究》,《古代文明》2011 年第 4 期。

85. 宋国华:《论元代的拘捕制度》,《福建江夏学院学报》2013 年第 4 期。

86. 舒炳麟:《试析〈元典章〉的特色》,《法学》1995 年第 1 期。

87. 仝晰纲:《元代的村社制度》,《山东师范大学学报(社会科学版)》1996 年第 6 期。

88. 田莉姝:《论元朝法制的民族特色》,《贵州民族研究》2002 年第 1 期。

89. 谭晓玲:《浅析元代的判决离婚》,《内蒙古大学学报(人文社会科学版)》2003 年第 3 期。

90. 汤敏:《"传统"的进路:法律"文化类型"研究视角的转向——〈梁治平自选集〉读后》,《法律史评论》第 5 卷,四川大学近代法文化研究所主办 2012 年版。

91. 王健:《瞿同祖与法律社会史研究——瞿同祖先生访谈录》,《中外法学》1998 年第 4 期。

92. 王东平:《元代的回回、回回法和回回哈的司》,《民族史研究》第 1 辑,民族出版社 1999 年版。

93. 王平原:《一枝一叶总关情——蒙元法制的开端与学术社会思潮的演变》,《法律文化研究》(第二辑),中国人民大学出版社 2006 年版。

94. 王晓欣:《论元代与江南有关的出镇宗王及江淮镇戍格局问题》,《西北师大学报(社会科学版)》2009 年第 3 期。

95. 吴海航:《中国传统法制的嬗递:元代条画与断例》,知识产权出版社

2009 年版。

96. 吴海航:《论元代判例的生成及其运用》,《法治研究》2014 年第 5 期。

97. 王盼:《由黑水城文书看亦集乃路民事纠纷的调解机制》,《西夏研究》2010 年第 2 期。

98. 王敬松:《论元代法律中没有"十恶"体系》,《民族研究》2013 年第 5 期。

99. 王敬松:《元代宪司分行录囚述论》,《北京联合大学学报(人文社会科学版)》2013 年第 1 期。

100. 汪雄涛:《迈向生活的法律史》,《中外法学》2014 年第 2 期。

101. 吴艳红:《制度与明代推官的法律知识》,《浙江大学学报(人文社会科学版)》2015 年第 1 期。

102. 王翠柏:《元代弓手制度初探》,《中国史研究》2017 年第 1 期。

103. 许凡:《元代的首领官》,《西北师大学报(社会科学版)》1983 年第 2 期。

104. 徐忠明:《"仵作"源流考证》,《政法学刊》1996 年第 2 期。

105. 徐忠明:《中国法律史研究的可能前景:超越西方,回归本土?》,《政法论坛》2006 年第 1 期。

106. 徐忠明:《关于中国法律史研究的几点省思》,《现代法学》2001 年第 1 期。

107. 徐忠明:《偏好与追求:中国法律史的跨学科研究》,《华南师范大学学报(社会科学版)》2015 年第 1 期。

108. 萧启庆:《中国近世前期南北发展的歧异与统合——以南宋金元时期的经济社会文化为中心》,《清华历史讲堂初编》,生活·读书·新知三联书店 2007 年版。

109. 夏锦文:《21 世纪中国法律史学研究的基本思路》,《学习与探索》2001 年第 1 期。

110. 夏新华:《比较法制史:中国法律史学研究的新视角》,《法制与社会发展》2003 年第 5 期。

111. 薛磊:《元代县尉述论》,《史学月刊》2011 年第 12 期。

112. 杨讷:《元代农村社制研究》,《历史研究》1965 年第 4 期。

113. 杨奉琨:《"仵作"小考》,《法学》1984 年第 7 期。

114. 殷啸虎:《论〈大元通制〉"断例"的性质及其影响——兼与黄时鉴先生商榷》,《华东政法学院学报》1999 年第 1 期。

115. 殷啸虎:《中国古代司法鉴定的运用及其制度化发展》,《中国司法鉴定》2001 年第 1 期。

116. 杨德华、胡兴东:《元代"约会"制度初探》,《云南师范大学学报(哲学社会科学版)》,1999 年第 5 期。

117. 杨淑红:《元代有关民事司法制度及其实效》,《元史及民族史研究集刊》第 17 辑,澳亚周刊出版公司 2004 年版。

118. 尤陈俊、范忠信:《中国法律史研究在台湾——一个学术史的述评》,《中西法律传统》(第 6 卷),北京大学出版社 2008 年版。

119. 尤陈俊:《"新法律史"如何可能——美国的中国法律史研究新动向及其启示》,《开放时代》2008 年第 6 期。

120. 赵文坦:《元代的诉讼管辖与约会制度》,《中国史论集》,天津古籍出版社 1994 年版。

121. 赵文坦:《元代的刑部和大宗正府》,《历史教学》1995 年第 8 期。

122. 曾代伟:《〈大元通制〉渊源考辨》,《现代法学》2003 年第 1 期。

123. 曾代伟:《金朝诉讼审判制度述略》,《民族研究》1999 年第 2 期。

124. 张晋藩:《中国古代民事诉讼制度通论》,《法制与社会发展》1996 年第 3 期。

125. 张金铣:《元代地方圆署体制考略》,《江海学刊》1999 年第 4 期。

126. 张金铣:《元代路总管府的建立及其制度》,《中国史研究》2001 年第 3 期。

127. 赵世瑜:《二十世纪中国社会史研究的回顾与思考》,《历史研究》2001 年第 6 期。

128. 周绍泉:《退契与元明的乡村裁判》,《中国史研究》2002 年第 2 期。

129. 张柿:《"中国历史上的宋元明过渡"简介》,《宋史研究通讯》2003 年第 2 期。

130. 张艳云、宋冰:《论唐代保辜制度的实际运用》,《陕西师范大学学报(哲学社会科学版)》2003 年第 6 期。

131. 郑显文:《唐代律令研究》,北京大学出版社 2004 年版。

132. 章毅:《理学社会化与元代徽州宗族观念的兴起》,《中国社会历史评论》第 9 卷,天津古籍出版社 2008 年版。

133. 邹敏、李学华:《试论蒙古族习惯法对元朝法制的影响》,《西北民族大学学报》2008 年第 2 期。

134. 赵晶:《〈至正条格〉研究管窥》,《法律文化研究》2010 年第 00 期。

135. 张重艳:《也火汝足立嵬地土案文卷初探》,《西夏学》第 6 辑,上海古籍出版社 2010 年版。

136. 张斌:《从黑城汉文书看元代地方社会民事纠纷的解决机制》,《青海社会科学》2012 年第 1 期。

137. 张重艳:《中国藏黑水城所出元代律令与词讼文书的史学价值》,《南京师大学报(社会科学版)》2012 年第 5 期。

138. 张笑峰:《元代亦集乃路诸案成因及处理初探——以黑水城出土元代律令与词讼文书为中心》,《西夏学》第 10 辑,上海古籍出版社 2013 年版。

139. 张田田:《元代律学探析——以王元亮"纂例"图表为中心》,《中西法律传统》第 9 卷,北京大学出版社 2014 年版。

140. 张金铣:《元代屯田研究述评》,《古今农业》2014 年第 3 期。

141. 郑鹏:《元代大赦与政治关系论析》,《史学月刊》2014 年第 12 期。

142. 郑鹏:《官、民与法——元代判决离婚的制度与实践》,《古代文明》2015 年第 4 期。

143. 于洋:《刍议元代奉使宣抚——兼议元中后期监察制度》,《新西部》2017 年第 31 期。

144. 郑鹏:《元代民众诉讼实践中的"诉冤"与"告奸"》,《西北师大学报(社会科学版)》2017 年第 4 期。

145. 郑鹏:《文本·话语·现实——元代"江南好讼"考论》,《中国史研究》2018 年第 1 期。

146. 郑鹏:《元代江南地区的司法秩序与地域社会——以湖田争讼案为中心的考察》,《北京社会科学》2018 年第 2 期。

147. 郑鹏:《20 世纪以来元代司法研究回顾与展望》,《中国史研究动态》

2018 年第 6 期。

148.［日］田村实造:《元朝札鲁忽赤考》,《桑原博士还历纪念东洋史论丛》,弘文堂 1930 年版。

149.［日］有高严、松元善海:《元代に于ける社制の创立》,《东方学报》1940 年第 11 卷第 1 号。

150.［日］海老沢哲雄:《约会に关する觉书》,《元史刑法志の研究訳注》,教育书籍 1962 年版。

151.［日］宫崎市定:《宋元时代的法制和审判机构》,《日本学者研究中国史论著选译》(第 8 卷),中华书局 1992 年版。

152.［日］宫崎市定:《宋元时期的法制与审判机构——〈元典章〉的时代背景及社会背景》,《日本学者中国法制史论著选·宋辽金元卷》,中华书局 2016 年版。

153.［日］寺田浩明:《清代民事审判:性质及意义——日美两国学者之间的争论》,王亚新译,《北大法律评论》1998 年第 2 期。

154.［日］中岛乐章:《元代社制の成立と展开》,《九州岛岛大学东洋史集》2001 年第 29 号。

155.［日］大岛立子:《元朝の首领官》,《明代史研究》2002 年第 30 号。

156.［日］大岛立子:《元代的刑事案件与女性》,《中国女性史研究》2008 年第 17 号。

157.［美］黄宗智:《中国法律制度的经济史、社会史、文化史研究》,《中国经济史研究》1999 年第 2 期。

158.［美］黄宗智:《中国法律的实践历史研究》,《开放时代》2008 年第 4 期。

159.［美］柏清韵:《辽金元法律及其对中国法律传统的影响》,《中国史新论·法律史分册》,蔡京玉译,联经出版事业股份有限公司 2008 年版。

(三)学位论文

1.陈玺:《唐代诉讼制度研究》,陕西师范大学博士学位论文,2009 年。

2. 洪丽珠:《元代县级官员群体研究》,(台湾)"国立"清华大学历史研究所博士学位论文,2012 年。

3. 侯爱梅:《黑水城所出元代词讼文书研究》,中央民族大学博士学位论文,2014 年。

4. 李玉年:《元代多元法律问题研究》,南京大学博士学位论文,2008 年。

5. 武波:《元代法律问题研究——以蒙汉二元视角的观察为中心》,南开大学博士学位论文,2010 年。

6. 王翠柏:《金元之际北方地区政治秩序重建与汉人军功家族研究》,武汉大学博士学位论文,2017 年。

7. 张延昭:《下沉与渗透:多元文化背景下的元代教化研究》,华东师范大学博士学位论文,2010 年。

8. 郑鹏:《元代江南地区司法秩序研究——以司法场域中的官、民实践为中心》,武汉大学博士学位论文,2016 年。

9. 陈銮:《元代地方监察法制研究》,湘潭大学硕士学位论文,2010 年。

10. 范洋达:《元代的地方狱政初探》,(台湾)"国立"清华大学历史研究所硕士学位论文,2006 年。

11. 郭蕊:《元代讼师研究》,内蒙古大学硕士学位论文,2010 年。

12. 罗叶丹:《元代诉讼的二元制及其当代启示》,中央民族大学硕士学位论文,2011 年。

13. 李哲申:《国图藏公文纸本〈魏书〉纸背所见元肃正廉访司职责问题研究》,河北师范大学硕士学位论文,2016 年。

14. 萨尔娜:《元代蒙古族经济史研究》,中央民族大学硕士学位论文,2013 年。

15. 乌日乐格:《元代刑事诉讼制度研究》,内蒙古大学硕士学位论文,2006 年。

16. 余德琴:《元明时期法医学文献整理研究》,贵阳中医学院硕士学位论文,2010 年。

17. [美] J. D. Langlois. *Chin-Hua Confucianism Under the Mongols (1279 - 1368)*. Ph. D. dissertation, Princeton University, 1974.

18. [美] Wen Yichen. *Networks, Communities, and Identities: on the Discursive Practices of Yuan Literati*. Ph. D. dissertation, Harvard University, 2007.

后　记

　　这篇论著是我在武大博士论文的基础上修改而成的,毕业后利用工作之余又几易其稿。当然文章还不成熟,许多地方仍需要进一步完善与修正。为写此文,却也很是花费一番心血,多少个日日夜夜,其中酸甜苦辣,此时很难用言语来表达。论文之所以能够完成,有太多的感谢,不能不言。

　　首先,感谢恩师申万里先生,我本人年龄偏大,硕士读的是世界史专业,然而申老师还是积极接纳了我,给了我人生中一个难得的攻读博士学位的机会。申老师学识渊博,治学严谨,正是在他无微不至的帮助和亲切关怀下,才使我蒙元史的学习逐渐深入并走上元史研究之路。申老师在学生选题上持开放的心态,正是这种态度,使我对元代司法问题产生较浓厚的兴趣。为打好自己研究元代法律问题的基础,我业余学习法律、参加国家司法考试并顺利过关,在此过程中,也逐渐明确了我的博士论文的方向。在申老师的精心指导和帮助下,最终确定了博士论题。申老师倾注了大量心血,没有他的精心指导和帮助,论文很难如期完成。对申老师的教诲,我终生难忘! 另外,武汉大学徐少华教授、杨果教授、晏昌贵教授在我的开题和论文预答辩过程中提出了很多中肯、有价值的建议,论文答辩委员会主席南开大学刘晓教授、答辩委员湖北大学熊海英教授、武汉大学陈曦教授的答辩建议使我收获颇多,在此向几位专家学者致以衷心谢意!

　　师长们的教诲之恩难忘,师兄弟和师妹们对我的帮助和支持,同样使我万分感激。郑鹏师兄、王翠柏师兄在我前期学习过程中给予了帮助和鼓励,后期建增师弟、向瑞雪师妹、杨蕊师妹都为我修改论文提供了力所能及的帮助,白居正师弟为我写作论文保驾护航,每当电脑出现问题,他总在第一时间帮助我。还有很多热心的朋友们,在此一并感谢。

我不是天分很高的人,但我绝对是非常幸运的人。得益于湖北省社会科学后期资助项目以及黄冈师范学院政法学院的大力资助,拙著才能够顺利出版。需要感激的人还有很多,谨在此鞠躬叩首,以表谢意!

最后,我要感谢我的妻子、父母、兄弟姐妹以及我的一对儿女,他们一直默默支持我在学术道路上跋涉。这本小书的出版,凝聚着亲人们的厚爱。希望此书的出版能够给瘫痪在床的母亲以安慰,并给她带来幸运!

本书虽然数易其稿,但其中肯定还会有一些错误或不当之处,请学界方家不吝赐教。在本书即将付梓之际,我的心情非常激动,感慨万千,搁笔于此,是为后记。

2021 年 2 月 10 日于碧桂园寓所